Lecciones Preparatorias

BARRON'S
E-Z
SPANISH

Ruth J. Silverstein, M.A.
Heywood Wald, Ph.D.
Allen Pomerantz, Ph.D.

General Editor
Nathan Quiñones

BARRON'S

Better Grades or Your Money Back!

As a leader in educational publishing, Barron's has helped millions of students reach their academic goals. Our E-Z series of books is designed to help students master a variety of subjects. We are so confident that completing all the review material and exercises in this book will help you, that if your grades don't improve within 30 days, we will give you a full refund.

To qualify for a refund, simply return the book within 90 days of purchase and include your store receipt. Refunds will not include sales tax or postage. Offer available only to U.S. residents. Void where prohibited. Send books to **Barron's Educational Series, Inc., Attn: Customer Service** at the address on this page.

Fifth Edition
© Copyright 2009, 2003, 1996, 1989, 1982 by Barron's Educational Series, Inc.

All right reserved. No part of this publication may be reproduced or distributed in any form or by any means without the written permission of the copyright owner.

All inquiries should be addressed to:
Barron's Educational Series, Inc.
250 Wireless Boulevard
Hauppauge, NY 11788
www.barronseduc.com

ISBN-13: 978-0-7641-4129-4
ISBN-10: 0-7641-4129-5
Library of Congress Control Number 2008942588

Printed in the United States of America
9 8 7 6 5 4 3 2 1

CONTENTS

iv   **Contents**

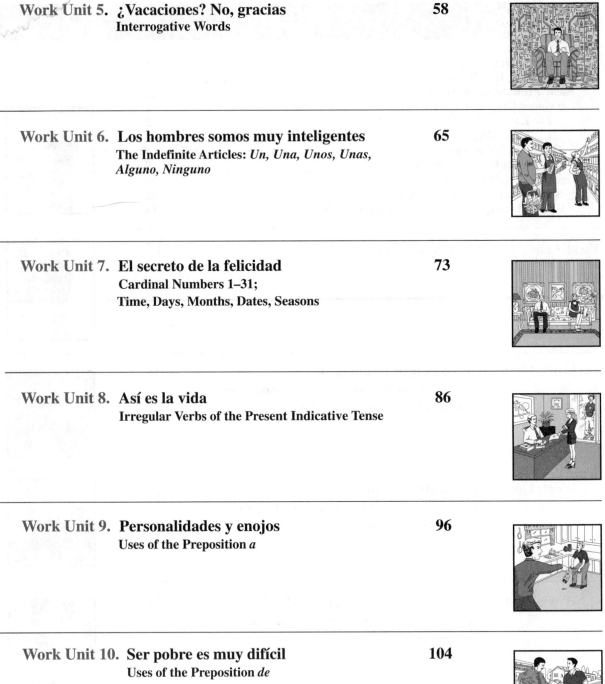

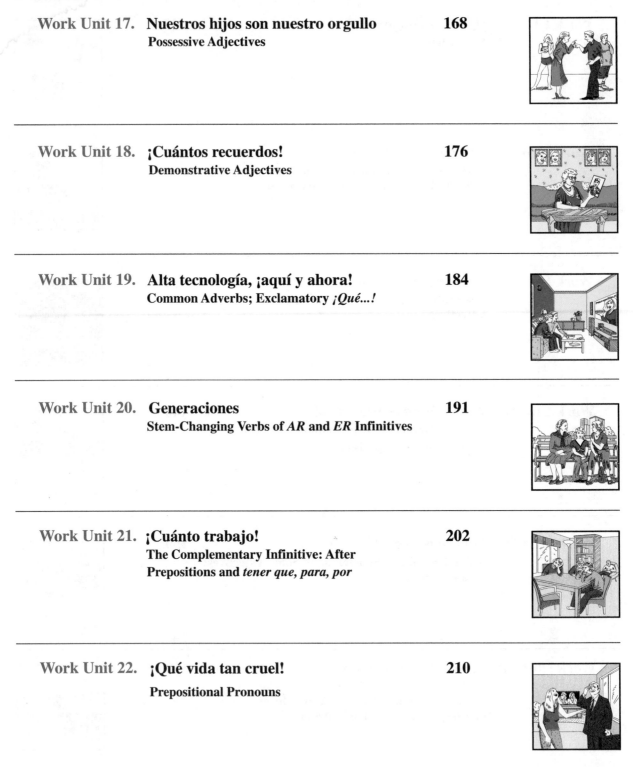

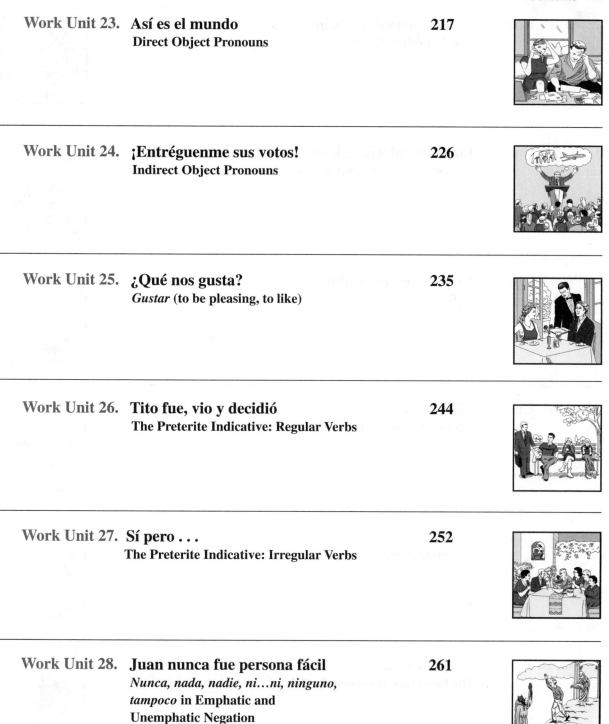

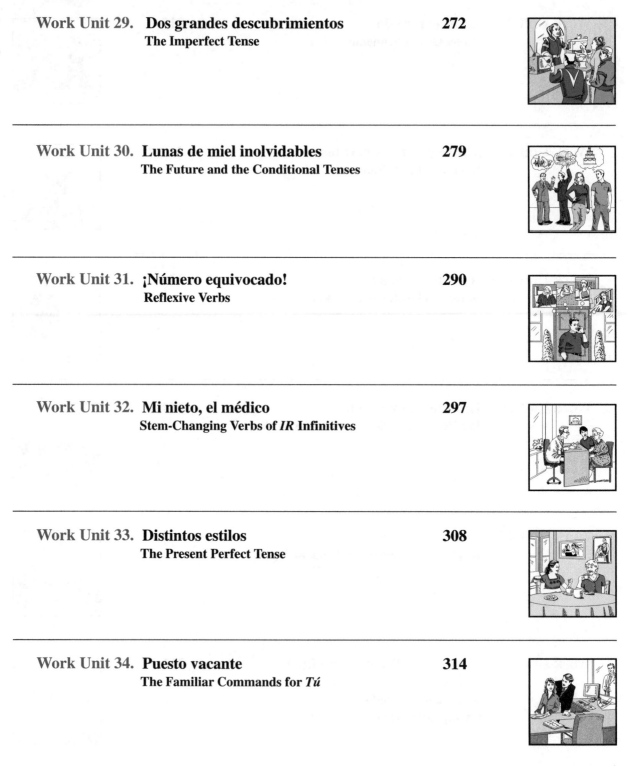

Your Speaking Skill

Developing your ability to *speak* Spanish is easy. Here are some suggestions.

- Begin with your Pronunciation Guide. Practice the Spanish examples aloud.
- Read aloud and answer the Lecciones Preparatorias, which begin on page 1.
- Read aloud everything you see in Spanish in this book, including the stories, which you can dramatize alone or with a friend. Read aloud all models, examples, and rules. Say each answer before you write.
- Do the composition exercise orally before you write it. Oral composition is learning how to express several ideas in an organized, mature way. You can say it aloud again after you write the composition, for smoother, more confident oral expression.
- Do the Speak up! exercise at the end of each Work Unit to build your extended speaking power. You may do the Speak up! practice alone, or you may invite a friend to take the minor role while you take the major role. Your friend may also prompt your responses by using the clues or suggestions given in the exercise.
- Read aloud dramatically the idioms and dialogues, which begin on page 322, either alone or with a friend. Memorize several practical, short dialogues for daily use.
- Listen to Spanish being spoken by friends, on the radio, on television, and the Internet.
- Speak Spanish at every opportunity with friends and Spanish-speaking people you meet—and even to yourself when alone. Practice with the CD set called *Spanish Now, Level 1*, available from Barron's and at bookstores.

How to Use This Book

Part One

THE STORY AND ITS EXERCISES

- Imagine yourself in the same situation as the character(s) in Lecciones Preparatorias (pages 1–15) and the Work Units (pages 17–321).

- Study the Palabras Nuevas or "New Words." Read one word at a time silently, and repeat it aloud. Try to associate its meaning with that of a similar word you know. Copy some of the words as you say them.
- Test your word memory. Cover the English first, then the Spanish.
- You are ready to read. Read silently, then aloud. Read to understand the main idea. Reread for details. Dramatize, role-play (with a friend or alone) and aloud.
- Consult the Palabras Nuevas and the Spanish-English Glossary as needed. Now you are ready to do the exercises.
- Read the instructions. Consult the story if you need to do so.
- Check your answers with the Answer Key at the back of the book when you finish each exercise. Write corrections. Review Palabras Nuevas and the story to redo an exercise.
- Proceed to the next exercise when 80 percent of your writing is correct.

GRAMMAR AND ITS EXERCISES

- Appreciate why the grammar topic is important for your communication.
- Read each point of grammar, as well as illustrative sentences given in Spanish with their English meanings. Discover the rules as you study the illustrative sentences. Read aloud or role-play those that are conversational.
- Now study the rules that follow the examples. Do they match your concepts?
- Review the complete presentation. Now you are ready to begin the exercises.
- Read the instructions. Study the Spanish model(s) that illustrate how to do the exercise.
- Complete the exercise without referring to the material you have just studied.
- Consult the Spanish-English Glossary as needed.
- Check your answers with the Answer Key. Note the number of correct responses.
- Cross out any incorrect answer, and write the correct one. If many of your responses are not correct, restudy the appropriate section of the lesson and redo the exercise.
- Proceed to the next exercise when 80 percent of your writing is correct.

Part Two

IDIOMS AND DIALOGUES

- Read the parallel column of English dialogue, to clue you into the Spanish.
- Read the Spanish dialogue dramatically for enjoyment. Act it out, role-play with a friend.

- Notice the use of the Spanish idioms in the conversations. See the idioms' explanation in the last column.
- Learn interesting snatches of conversation. Record them to replay often.
- Write the exercises to learn the idioms. Check answers with the Key.
- Use the idioms in your conversation, and in inner speech when alone!

Basic Pronunciation Guide

Read aloud both the English and Spanish examples, pronouncing them carefully. The similarity between the English and the Spanish pronunciations is shown in bold type. (Note that the English examples are the closest approximations possible.)

	English Example	Spanish Example
VOWELS		
a	mama, yacht	cama, masa, Ana
e	ten, desk, let	tele, mete, nene
i	trio, chic, elite	sí, mitin, di
o	obey	solo, moto, oso
u	lunar	uso, uno, puro
y (alone)	many, penny	y
COMMON DIPHTHONGS		
ai, ay	ice	bailáis, ¡ay!, caray
ei, ey	vein	veinte, ley, rey
oi, oy	oil, joy	oigo, soy, doy
au	cow, how	auto, aula, ausente
CONSONANTS		
b and v	bat (at the beginning of a breath group, and after m and n)	bamba; vamos un beso un vals
	vat when between vowels	evitar, iba, uva
c before a, o, u	cat (c but without a puff of air)	casa, cosa, cuna
c before e, i	cent, city (in most of Spanish America)	celos, cinco, cesto
	theater, thin (in a large part of Spain)	celos, cinco, cesto
ch	check	chico, ocho, lucha
d	do (at beginning of a breath group and after l and n—tongue touches back of upper teeth)	donde, aldea, anda
	though (between vowels— with tongue between upper and lower teeth)	ida, oda, pude

	English Example	Spanish Example
CONSONANTS (cont.)		
f	fame	fama, fe, foto
g before *a, o, u*	gas, go, gun	gala, goma, gustar
g before *e, i*	hot (heavy aspirant *h*)	gesto, Gil, gime
h	silent as in hour, honest, honor	hasta, hora, hola
j before all vowels	hot (heavily aspirated *h*)	jota, jefe, ojo
k	kit (not used in words of Spanish origin)	kilómetro
l	similar, although not identical to English	lento, ala, ola
ll	million, billion, or yes	llama, ella, olla
m	same in Spanish	mi, me
n	similar; but usually like an m before *b, p,* and often *v*.	no, un paso; un beso; enviar.
ñ	onion, union	uña, año, niño
p	similar to English, but without puff of air	paso, sopa
qu used only before *e* or *i*	clique (similar to English k, but without puff of air)	que, quien, queso
r	"thrree"—trilled r (tongue tip flutters against bony ridge behind upper teeth)	aroma, era, ira
rr and R at beginning of a breath group	doubly trilled r	arroz, Rosa, horror
s	similar, but like z before *b, v, d, l, m, n*	sin, son, esa
t	tongue touches ridge behind upper teeth.	tu, te, ti, tos
w	not used in words of Spanish origin	
x	similar, although not identical to English	excepto, excelente, extra
z	s sound in most of Hispanic America and parts of Spain	zona, zeta, zapato
	th as in thin in a large part of Spain	zona, zeta, zapato
COMMON SEMI-CONSONANTS		
i before *e*	yes	bien, tienes, hielo
y before *a, e, i*	was, went, wind	agua, bueno, huir
y before *a, e, o*	yam (usually, and in most Spanish-speaking areas)	ya, yo, yeso

The Spanish alphabet as you have probably noticed, consists of **a, b, c, d, e, f, g, h, i, j, k, l, m, n, ñ, o, p, q, r, s, t, u, v, w, x, y, z.**

WHERE TO STRESS OR EMPHASIZE SPANISH WORDS

Rule One: Spanish speakers normally emphasize the last syllable of the word when the word ends in a consonant, provided that it is not an **n** or an **s**. *Examples:* alrede**dor**, pa**pel**, ac**triz**.

Rule Two: When the last syllable ends in **n**, **s**, or a vowel, the *next to the last syllable* receives the stress or emphasis. *Examples:* re**su**men, **ro**sas, **ca**sa.

The Accent Mark: Some Spanish words do not follow Rule One or Rule Two. These words show us where to place the stress or emphasis by using a mark over the vowel in the stressed syllable. That mark is called an accent mark; it look like this ´. *Examples:* **lám**para, **lá**piz, de**trás**, reu**nión**.

The accent mark has other uses. It distinguishes meanings between words that otherwise have the same spelling, for example, **el** (the) and **él** (he). The accent mark also causes **i** and **u** to be pronounced apart from the vowel near them, breaking the diphthong or semi-consonant; for example, pa**ís**, poli**cí**a, a**ún**. Finally, the accent mark appears on the stressed vowel of every question word: ¿**dón**de? (where), ¿**có**mo? (how), ¿**quién**? (who), ¿**qué**? (what), ¿**cuán**do? (when).

LECCIONES PREPARATORIAS

I. La casa The House (Home)   [El; la: The]

La sala y la cocina   The living room and the kitchen

Preguntas

Modelo:

¿Es el televisor?

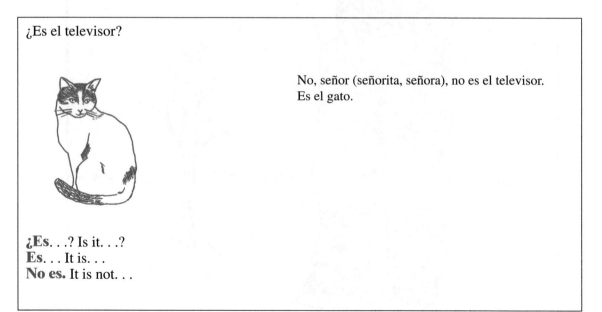

No, señor (señorita, señora), no es el televisor.
Es el gato.

¿Es. . .? Is it. . .?
Es. . . It is. . .
No es. It is not. . .

A.

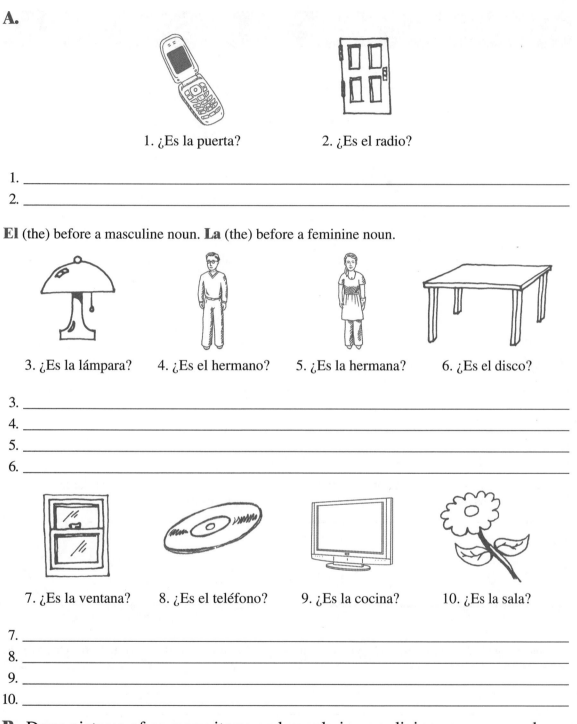

1. ¿Es la puerta?

2. ¿Es el radio?

1. _____

2. _____

El (the) before a masculine noun. **La** (the) before a feminine noun.

3. ¿Es la lámpara?   4. ¿Es el hermano?   5. ¿Es la hermana?   6. ¿Es el disco?

3. _____

4. _____

5. _____

6. _____

7. ¿Es la ventana?   8. ¿Es el teléfono?   9. ¿Es la cocina?   10. ¿Es la sala?

7. _____

8. _____

9. _____

10. _____

B. Draw pictures of as many items and people in your living room as you know how to label in Spanish. Label them in Spanish.

Remember these words in order to answer questions in the lessons that follow:

¿**Qué?** What? ¿**Quién?** Who? ¿**Dónde?** Where? ¿**Cómo es . . .?** What is . . . like?

II. Una oficina An office   [Un; una: A; an]

Preguntas

Modelo:

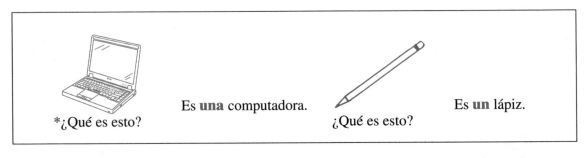

*¿Qué es esto?   Es **una** computadora.   ¿Qué es esto?   Es **un** lápiz.

A.

1. ¿Qué es esto?   2. ¿Qué es esto?   3. ¿Qué es esto?   4. ¿Qué es esto?   5. ¿Qué es esto?   6. ¿Qué es esto?

1. _____
2. _____
3. _____
4. _____
5. _____
6. _____

Un (a, an) before a masculine noun. **Una** (a, an) before a feminine noun.
*¿**Qué es esto?**   What is this?

Modelo:

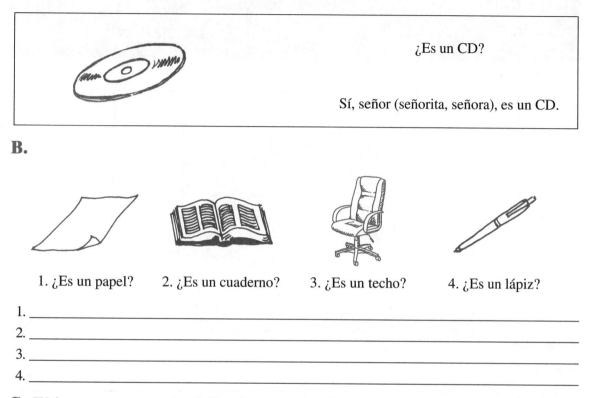

¿Es un CD?

Sí, señor (señorita, señora), es un CD.

B.

1. ¿Es un papel?   2. ¿Es un cuaderno?   3. ¿Es un techo?   4. ¿Es un lápiz?

1. _____
2. _____
3. _____
4. _____

C. Write an answer to the following question for each of the pictures seen below.

Modelo: ¿Qué es esto? Es un libro.

1.   2.   3.   4.

5.   6.   7.   8.

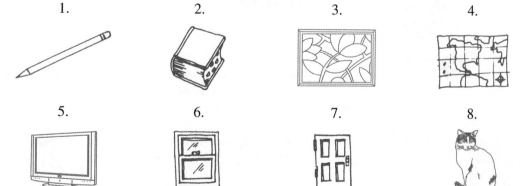

1. _____
2. _____
3. _____
4. _____
5. _____
6. _____
7. _____
8. _____

III. La ciudad The City   [El; la: The]
                                              [Un; una: A; an]

Preguntas

Modelo:

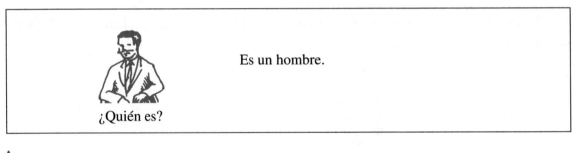

¿Quién es?   Es un hombre.

A.

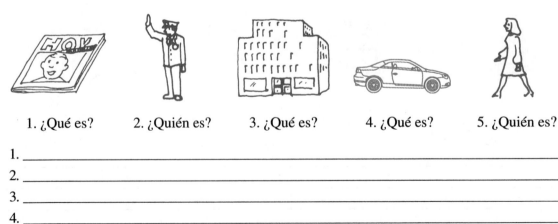

1. ¿Qué es?   2. ¿Quién es?   3. ¿Qué es?   4. ¿Qué es?   5. ¿Quién es?

1. _____

2. _____

3. _____

4. _____

5. _____

*¿Quién?   Who?   ¿Es. . .?   Is he (she) (it)?

Modelo:

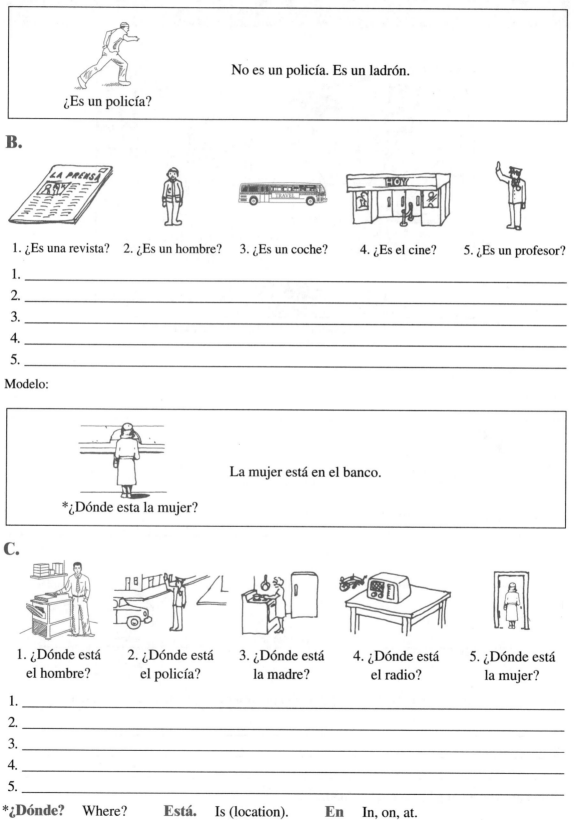

¿Es un policía?

No es un policía. Es un ladrón.

B.

1. ¿Es una revista?   2. ¿Es un hombre?   3. ¿Es un coche?   4. ¿Es el cine?   5. ¿Es un profesor?

1. _____
2. _____
3. _____
4. _____
5. _____

Modelo:

*¿Dónde esta la mujer?

La mujer está en el banco.

C.

1. ¿Dónde está el hombre?   2. ¿Dónde está el policía?   3. ¿Dónde está la madre?   4. ¿Dónde está el radio?   5. ¿Dónde está la mujer?

1. _____
2. _____
3. _____
4. _____
5. _____

*¿Dónde?   Where?   Está.   Is (location).   En   In, on, at.

IV. Los alimentos Foods   [Los; las: The]

El supermercado   The supermarket

Preguntas

Modelo:

*¿Qué compra usted?

*Compro alimentos.

A.

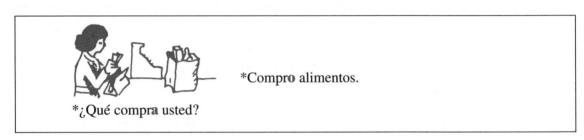

1. ¿Qué compra usted?   2. ¿Qué compra usted?   3. ¿Qué compra usted?

1. _____
2. _____
3. _____

*What are you buying? I am buying food.

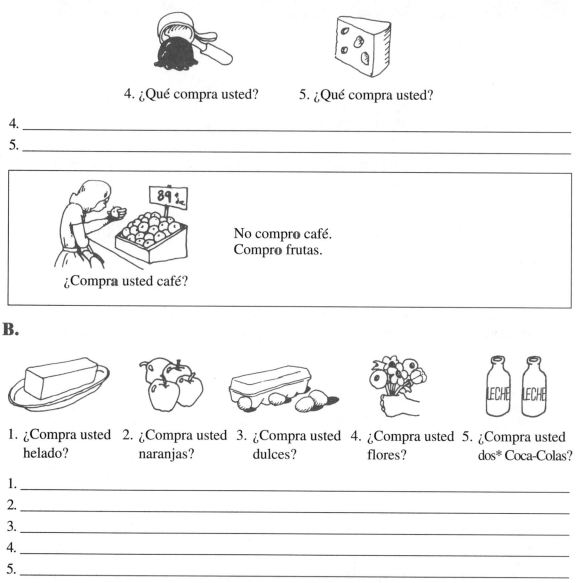

4. ¿Qué compra usted?   5. ¿Qué compra usted?

4. _____

5. _____

¿Compra usted café?

No compro café.
Compro frutas.

B.

1. ¿Compra usted
   helado?

2. ¿Compra usted
   naranjas?

3. ¿Compra usted
   dulces?

4. ¿Compra usted
   flores?

5. ¿Compra usted
   dos* Coca-Colas?

1. _____

2. _____

3. _____

4. _____

5. _____

*two

C. Draw pictures of as many foods in your house as you know how to label in Spanish. Label them in Spanish.

V. Acciones Actions

El alumno <u>estudia</u> la lección.

El padre <u>mira</u> la televisión.

La muchacha <u>escribe</u> la frase.

La hermana <u>lee</u> la revista.

El policía <u>ve</u> el accidente.

El hombre <u>corre</u> en la calle.

La mujer <u>come</u> helado.

El muchacho <u>bebe</u> leche.

La gerenta <u>pregunta</u>.

El alumno <u>contesta</u> mucho.

La señorita <u>canta</u>.

El señor <u>escucha</u> la radio.

La mujer <u>baila</u>.

El padre <u>trabaja</u>.

Las mujeres <u>van</u> a la tienda.

La mujer <u>compra</u> alimentos.

María <u>camina</u> al banco.

Carlos <u>descansa</u> en casa.

Francisco <u>sale</u> de la casa.

Antonio <u>pone</u> la televisión.

Preguntas

A.

1. ¿Quién escribe en la computadora?
2. ¿Quién come el pan?
3. ¿Quién sale del edificio?
4. ¿Quién bebe la Coca-Cola?
5. ¿Quién lee el periódico?

1. _____
2. _____
3. _____
4. _____
5. _____

B.

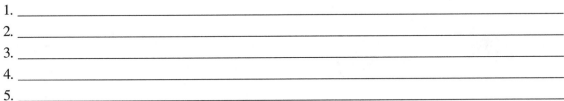

1. ¿Mira la mujer la televisión?
2. ¿Canta la niña?
3. ¿Corre el policía?
4. ¿Estudia Carlos?
5. ¿Come María el queso?

1. _____
2. _____
3. _____
4. _____
5. _____

VI. Descripciones Descriptions (Paired Opposites)

fácil

difícil

grande

pequeño (a)

mucho (a)

poco

trabajador (a)

perezoso (a)

allí

aquí

flaco (a)

gordo (a)

bonito (a)

feo (a)

viejo (a)

joven

Preguntas

Modelo:

Fifí es bonita. Fifí no es fea.

*¿Cómo es Fifí?

A.

1. ¿Cómo es el hombre?
2. ¿Cómo es el libro?
3. ¿Cómo es el profesor?
4. ¿Cómo es el niño?
5. ¿Cómo es la madre?

1. _____
2. _____
3. _____
4. _____
5. _____

B.

1. ¿Es pequeño el elefante?
2. ¿Hay pocos oficinistas en la oficina?
3. ¿Está aquí la casa?
4. ¿Está delicioso el helado?
5. ¿Come mucho el hombre?

1. _____
2. _____
3. _____
4. _____
5. _____

*¿**Cómo es...?** What is...like?   **¿Hay?** Are there?   **Hay.** There are.   **Está.** Is (tastes).

VII. El cuerpo humano The Human Body   [Es: Is] [Son: Are]

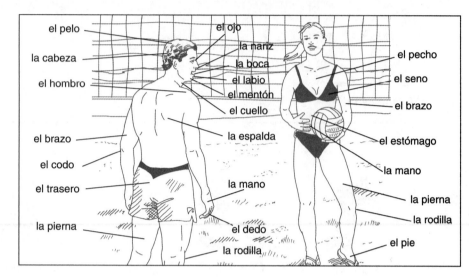

el pelo
la cabeza
el hombro
el brazo
el codo
el trasero
la pierna

el ojo
la nariz
la boca
el labio
el mentón
el cuello
la espalda
la mano
el dedo
la rodilla

el pecho
el seno
el brazo
el estómago
la mano
la pierna
la rodilla
el pie

Preguntas

Modelo:

¿Qué es?	Es un ojo.

A. ¿Qué es?

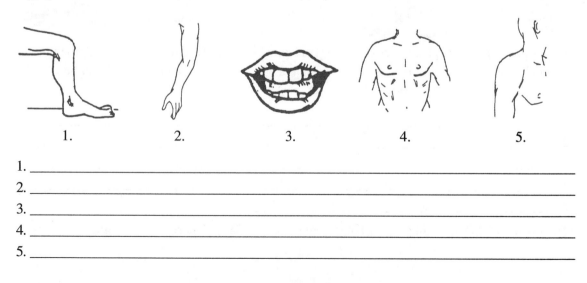

1.   2.   3.   4.   5.

1. _____
2. _____
3. _____
4. _____
5. _____

Modelo:

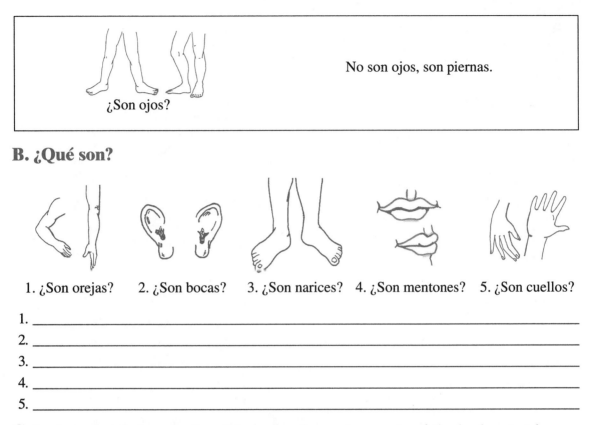

¿Son ojos?

No son ojos, son piernas.

B. ¿Qué son?

1. ¿Son orejas?   2. ¿Son bocas?   3. ¿Son narices?   4. ¿Son mentones?   5. ¿Son cuellos?

1. _____
2. _____
3. _____
4. _____
5. _____

C. In the space below, in Spanish, name the part or parts of the body most important to complete the action seen in each of the pictures.

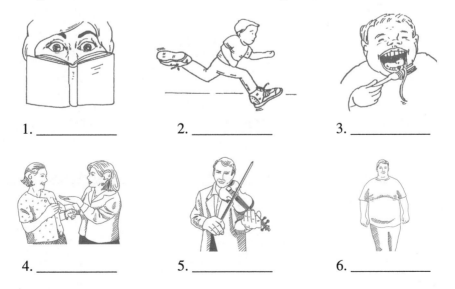

1. _____   2. _____   3. _____

4. _____   5. _____   6. _____

Part One
STRUCTURES AND VERBS

Work Unit One
THE NOUN AND THE DEFINITE ARTICLE (SINGULAR)

¿Qué es más importante?

Ana estudia mucho en la universidad y en la casa. Esta noche ella estudia la lección sobre España y América en la sala. Ana lee el libro de historia mientras copia fechas, palabras y frases en su computadora. El padre y la madre están en el sofá, el hermano escucha canciones en su iPod y la hermana habla por el celular. La hermana termina de hablar y prende el televisor.

Hermana:	Esta noche hay programas buenos.
Ana:	¡Ay, no! ¡Yo necesito estudiar! Tengo el examen mañana.
Hermana:	Tú puedes estudiar después, ¿no?
Ana:	¡Por favor! El examen es importante. Yo necesito estudiar ahora. ¿Por qué no lees tú el periódico o limpias la mesa?
Hermana:	No quiero leer o limpiar. ¡Yo quiero mirar televisión!
El padre:	La televisión no es importante. Puedes mirar la televisión otro día.
Televisor:	Y ahora, el programa *El amor y la pasión*.
Ana:	¡Mi telenovela favorita! ¡Sí! ¡Es mejor estudiar después!

PALABRAS NUEVAS

SUSTANTIVOS *(NOUNS)*
América   America
el amor   the love
la canción   the song
la casa   the house
el celular   the cell phone
la computadora the computer
el día   the day
España   Spain
el examen   the exam
la fecha   the date
la frase   the sentence
la hermana   the sister
el hermano   the brother
la historia   the history
la lección   the lesson
el libro   the book
la madre   the mother
la mesa   the table
el padre   the father
la palabra   the word
la pasión   the passion
el periódico   the newspaper
el programa   the program
la sala   the living room

el sofá   the sofa
la telenovela   the soap opera
la televisión   the television
el televisor   the TV set
la universidad the university

ADJETIVOS* *(ADJECTIVES)**
bueno, a   good
favorito, a   favorite
importante   important
mejor   better
mi   my
su   her, his

VERBOS *(VERBS)*
copia   (she) copies
es   (it) is
escucha   (she) listens to
están   (they) are (location)
estudia   (she) studies
estudiar   to study
habla   (she) talks
hablar   to talk
hay   there are, there is
leer   to read

lees   (you) read
limpiar   to clean
limpias   (you) clean
mirar   to look at
necesito   (I) need
prende   (she) turns on
puedes   (you) can
quiero   (I) want
tengo   (I) have
termina   (she) finishes

OTRAS PALABRAS *(OTHER WORDS)*
ahora   now
de   of
después   afterwards, later
ella   she
en   in, on, at
esta noche   tonight
mañana   tomorrow
más   more
mientras   while
mucho   a lot
no   no, not
o   or
otro día   another day

por el celular on the cell phone	**qué** what	**tú** you (familiar, sing.)
por favor please	**sí** yes	**y** and
por qué why	**sobre** about	**yo** I
	también also	

*Adjectives that end in **o** describe masculine nouns.

Adjectives that end in **o** change that **o** to **a** when describing feminine nouns.

El (the) indicates a masculine noun. **La** (the) indicates a feminine noun.

EJERCICIOS

I. **(A)** Complete the sentences according to the story.

1. Ana estudia mucho en la _____

2. Esta noche ella lee mucho el _____

3. El hermano escucha _____

4. La hermana habla por el _____

5. La hermana prende _____

6. Esta noche hay _____ muy buenos.

7. Ana: Yo tengo el _____ mañana.

8. Ana: Yo _____ estudiar.

9. ¿Por qué no _____ la mesa?

10. ¡Ay! Mi _____ favorita. Es posible estudiar _____

I. **(B)** Rewrite the sentence replacing the underlined word with a word that will make the sentence correct.

1. Ana estudia *El amor y la pasión.*
2. Ella copia las fechas en su <u>libro.</u>
3. <u>El libro</u> es su favorito.
4. La hermana habla por el <u>televisor.</u>
5. Es mejor estudiar <u>ahora.</u>

1. _____

2. _____

3. _____

4. _____

5. _____

II.   ¿Cómo se dice en español? Can you find these expressions in the story?

1. I need to study. _____

2. It is better to study later. _____

3. It's my favorite program. _____

4. The exam is important. _____

III.   Word Hunt—Find these 15 words in Spanish in the squares.

1. father
2. living room
3. book
4. program
5. sentence
6. brother
7. also
8. with
9. mother
10. now
11. there is
12. he looks at
13. night
14. he reads
15. love

P	A	A	F	B	S	C	N	P	L
R	H	E	R	M	A	N	O	A	I
O	O	H	A	Y	L	E	C	D	B
G	R	E	S	D	A	I	H	R	R
R	A	L	E	E	F	B	E	E	O
A	G	H	I	J	K	M	I	R	A
M	L	M	N	O	M	A	D	R	E
A	R	A	M	O	R	T	A	P	Q

IV.   Composición: (A) Por celular (B) Por correo electrónico (e-mail)

(A) Look at the picture on page 18. Tell what is happening and how the story ends.

(B) E-mail a friend a note about your evening at home. Subject:
La telenovela es importante.

1. What you need to study. 2. Which brother or sister turns on the TV. 3. What you want to watch. 4. What your father or mother reads and also listens to. 5. Who talks on the cell phone. 6. Which is more (*más*) important, to study or to watch TV.

ESTRUCTURAS DE LA LENGUA (GRAMÁTICA)
THE NOUN (PERSONS, THINGS, PLACES, IDEAS) AND THE DEFINITE ARTICLE (SINGULAR)

A. In Spanish, things as well as persons are of either masculine or feminine gender.

Examples:

Masculine Nouns	*Feminine Nouns*
1. **El chico** es grande. The boy is big.	3. **La chica** es grande. The girl is big.
2. **El libro** es grande. The book is large.	4. **La sala** es grande. The living room is large.

Rules:

1. **El** means *the* before a masculine noun. Example: **el muchacho** *the boy.*

2. **La** means *the* before a feminine noun. Example: **la muchacha** *the girl.*

3. Masculine nouns often end in **o.** Feminine nouns often end in **a.** Feminine nouns also end in **–dad, –ción, –sión.** Learn: **la ciudad** (the city); **la canción** (the song); **la lección** (the lesson); **la nación** (the nation); **la televisión** (the television).

B. **El** and **la** are called the definite articles. They indicate the gender of nouns that do not have the typical masculine ending **–o,** or the typical feminine endings **–a, –dad, –ción, –sión.**

Examples:

Masculine Nouns	*Feminine Nouns*
El hombre lee el periódico.	**La mujer** mira **la telenovela** en **la televisión.**
The man reads the newspaper.	The woman looks at the soap opera on TV.

Rules:

1. Nouns whose endings do not follow the rule for indicating gender should be memorized *with* their articles: **el** or **la.**

2. Learn these masculine nouns: **el avión** (the plane), **el coche** (the car), **el examen** (the test), **el hombre** (the man), **el hotel** (the hotel), **el lápiz** (the pencil), **el padre** (the father), **el papel** (the paper), **el profesor** (the teacher), **el reloj** (the clock, watch), **el tren** (the train), **el metro** (the subway).

3. Learn these feminine nouns: **la calle** (the street), **la clase** (the class), **la frase** (the sentence), **la madre** (the mother), **la mujer** (the woman), **la noche** (the night).

4. The appropriate definite article must be used before each noun in a series: **el padre y la madre** (the father and mother); **el hombre y la mujer** (the man and woman).

C. Special uses of **el** and **la**. Special omissions of **el** and **la**.

Indirect Address (Talking about)	*Direct Address (Talking to)*
1. **El señor Gómez** escucha *el programa*. Mr. Gomez listens to the program.	1. **Señor Gómez,** ¿escucha usted *la radio* todo *el día*? Mr. Gomez, do you listen to the radio all day?
2. **La señorita Molina** estudia *el idioma* y *el mapa*. Miss Molina studies the language and the map.	2. **Señorita Molina,** ¿estudia usted *el idioma* y *el mapa* de España? Miss Molina, do you study the language and the map of Spain?

Rules:

1. **El** or **la** is used *before a title* when talking *about* the person, but **el** or **la** is *omitted* when talking *directly* to the "titled" person, in direct address.

2. A small number of masculine nouns end in **a** or **ma** and must be memorized with their articles: **el día** (the day), **el mapa** (the map), **el idioma** (the language), **el programa** (the program). But **la mano** (the hand) and **la radio** (the radio broadcast) are feminine. Some nouns are the same for masculine and feminine. Only **el** or **la** before them show their gender: **el estudiante** (m), **la estudiante** (f) (the student).

D. More uses of **el** and **la**. More special omissions of **el** and **la**.

1. **La universidad** está entre **la Avenida Arcos** y **la Calle Diez.** The university is between Arcos Avenue and Tenth Street.	1. En la universidad Pepita estudia **la lección de español** para **hablar español.** At the university, Pepita studies the Spanish lesson in order to speak Spanish.
2. En **la clase,** Pepita escucha **el español*** y **el inglés.*** In class, Josie listens to Spanish and English.	2. Ella lee **en español** en **la clase de español.** She reads in Spanish in the Spanish class.

*Languages *do not* begin with a capital letter in Spanish.

Rules:

1. Use **la** before **Avenida** and **Calle,** then identify them by name or number.

2. Use **el** before all languages except when they directly follow **hablar,** or **de,** or **en.**

3. **De** indicates *concerned with* in expressions such as the following: **la clase de español** (the Spanish class), **la lección de español** (the Spanish lesson), **el profesor (la profesora) de inglés** (the English teacher), **el maestro (la maestra) de música** (the music teacher).

Study the rules, examples, and models before beginning the exercises!

EJERCICIOS

I.   You are in a summer program in Spain. E-mail home telling what is or is not important for learning Spanish. Use the clues in complete sentences.

(A) Model: **¿Qué es importante?**   (idioma inglés). **El idioma inglés es importante.**
      What is important?   The English language is important.

1. (computadora) _____
2. (telenovela) _____
3. (lección de español) _____
4. (programa de música) _____
5. (conversación) _____

(B) Model: **¿Quién habla español?**   (profesora) **La profesora habla español.**
      Who speaks Spanish?   The teacher (fem.) speaks Spanish.

1. (muchacho, Roberto) _____
2. (estudiante, Ana) _____
3. (amigo, Luis) _____
4. (muchacha, Gloria) _____
5. (señor profesor) _____

II. Your Spanish teacher today points to pictures of things and people. You identify them in Spanish, using **Es el** _____ or **Es la** _____ and the word in parentheses. Role-play

Model: Señora Mendoza—¿Qué o quién es?   (libro)— Es el libro.
                    What or who is it?   It is the book.

1. (libro) _____
2. (padre) _____
3. (madre) _____
4. (celular) _____
5. (periódico) _____
6. (hombre) _____
7. (mujer) _____
8. (televisor) _____
9. (mesa) _____
10. (clase) _____

III. You interview five people. Then you tell us about each one.

Model: —Señor Smith, ¿estudia usted el español?   **El** señor Smith estudia el español.
　　　　Mr. Smith, do you study Spanish?   Mr. Smith studies Spanish.

1. Señor Moreno, ¿mira usted el programa de televisión esta noche?

　　_____

2. Profesora Mendoza, ¿necesita usted el programa con la lección de historia?

　　_____

3. Presidente Guzmán, ¿entra usted en la ciudad capital de la nación mañana?

　　_____

4. Señorita Gómez, ¿estudia usted el idioma en la universidad?

　　_____

5. Señora Molina, ¿escucha usted el radio todo el día y toda la noche?

　　_____

IV. You introduce travel club members. Tell what language each speaks and reads. Tell what other languages each one now studies.

Model: El hombre es de España.   The man is from Spain.
　　　　El español
　　　　Habla español y lee el español.   He speaks Spanish and reads Spanish.
　　　　Ahora estudia el *alemán*.   He is studying *German* now.

1. El profesor es de México.
　 el español

　　_____

2. La estudiante es de Francia.
　 el francés

　　_____

3. El muchacho es de Italia.
　 el italiano

　　_____

4. Luis es de Inglaterra.
　 el inglés

　　_____

5. La muchacha es de Alemania.

   el alemán

   _____

V.　In this new country Pancho studies his English book wherever he goes. Tell us where he studies in a complete sentence. Use the cue in parentheses.

　　(A)　Model:　**Pancho estudia el inglés en**　　Frankie studies English in the classroom.
　　　　　　　　　 la clase.
　　　　　　　　　 (dormitorio) Pancho estudia también　Frankie studies in the bedroom, too.
　　　　　　　　　 en el *dormitorio*.

1. (avión de México) _____
2. (ciudad) _____
3. (coche) _____
4. (casa) _____
5. (tren) _____

　　(B)　Model:　Pancho también escucha el inglés　Frankie also listens to English on the CD.
　　　　　　　　　 en el CD.

　　Tell where else he listens to English.

1. (avenida) _____
2. (iPod) _____
3. (canciones) _____
4. (calle) _____
5. (telenovelas en inglés) _____

　　(C)　Model:　Su hermano, Pepe, lee el inglés　His brother, Joey, reads English a lot.
　　　　　　　　　 mucho.

　　Tell what else he reads.

1. (periódico) _____
2. (libro de gramática) _____
3. (diccionario) _____
4. (vocabulario) _____
5. (novela en inglés) _____

　　(D)　Model:　Pepe y Pancho miran ahora　　Joey and Frankie now look at the important
　　　　　　　　　 el hotel importante, el Hilton.　hotel, the Hilton.

　　Tell what else they now look at.

1. (ciudad de Nueva York) _____
2. (metro) _____
3. (calle importante de Wall Street) _____
4. (televisión interesante) _____
5. (programa favorito) _____
6. (mapa de toda la nación) _____

VI. Recombinación: Tell us the story with an appropriate selection: **el** or **la.** Write an X if no article is necessary.

_____ muchacha entra en _____ escuela en _____ Avenida de Las Américas de _____ ciudad de
  1   2   3   4

Nueva York. Su profesor, _____ señor Valdés, habla _____ español muy bien. _____ clase
                           5   6   7

estudia _____ lección de _____ español y escucha _____ idioma en _____ radio y en _____
      8   9   10   11   12

telenovela. Su clase practica _____ inglés también. _____ Profesor Valdés, ¿lee él _____
                            13   14   15

periódico en _____ inglés? Sí, _____ Profesor Valdés lee mucho en _____ tren y también en
           16   17   18

_____ casa por _____ noche.
  19   20

VII. Speak up! Role-play

(A) Situation: You began your first Spanish class. Your friend, Carlos, wants to know your impression. You tell him, using *es* and *no es, two complete Spanish sentences.*

Carlos: ¿Cómo es el español?
Yo: . . .

Clues: *clase favorita, buena, idioma importante, mejor que* (better than)

(B) Situation: He also wants to know what you need for the class. You tell him what you need in *two complete sentences.*

Carlos: ¿Qué es necesario (necessary)?
Yo: . . .

Clues: *Yo necesito...; libro bueno, profesor bueno, disco de español también es importante...*

(C) Situation: There is one television set. Your older brother or sister does not want to watch your favorite soap opera tonight, and tells you to study. You give reasons for not studying tonight and for watching television.

Hermano (a): El examen de español es mañana.
Yo: (Tell whether the Spanish test is/is not, important.)

Hermano (a): Es importante estudiar ahora.
Yo: (Suggest another possible day.)

Hermano (a):	Es posible estudiar con la música del iPod.
Yo:	(Tell what <u>you</u> <u>want</u> to do tonight.)

Hermano (a):	Yo no quiero mirar "El amor y la pasión."
Yo:	(Tell the name of another soap opera that is also your favorite.)

Work Unit Two
THE NOUN AND THE DEFINITE ARTICLE (PLURAL)

¿Adónde queremos vivir?

María vive en el pequeño pueblo de Miramar, pero ahora visita la ciudad de Buenos Aires. Francisco, su primo, es de esta ciudad. Los dos visitan los teatros, los museos y los parques. Los primos miran los edificios altos, las tiendas grandes, el río ancho y van al Teatro Colón. María mira cómo los hombres y las mujeres van por las calles.

María:	¿Adónde va la gente con tanta prisa?
Francisco:	Bueno, van a las oficinas, a los cines, a los restaurantes y a sus casas.
María:	¿Y por qué la gente cruza la calle tan rápido?
Francisco:	Para controlar el tráfico tenemos semáforos. Hay que cruzar con la luz verde y no hay mucho tiempo.
María:	¡Ay, mira! Y esos niños, ¿por qué corren?
Francisco:	Quieren tomar el autobús o el metro para no llegar tarde a sus clases.
María:	¿Y por qué hay tanta prisa?
Francisco:	Todas las ciudades grandes son así. Es necesario comer de prisa, trabajar de prisa y vivir de prisa. Así todos ganan dinero y, después de treinta o cuarenta años pueden descansar en un pequeño pueblo, mirar las flores y respirar el aire fresco.
María:	¡Ay, pero eso es estúpido! En Miramar, ¡yo hago todo eso ahora!

PALABRAS NUEVAS

SUSTANTIVOS *(NOUNS)*
el aire   the air
el año   the year
el autobús   the bus
la casa   the house
el cine   the movie house
la ciudad   the city
la clase   the class
el dinero   the money
el edificio   the building
la flor   the flower
la gente   the people
el hombre   the man
la luz   the light
el metro   the subway
la mujer   the woman
el museo   the museum
el niño   the boy, the child
la oficina   the office
el parque   the park
el primo   the cousin
el pueblo   the village

el restaurante   the restaurant
el semáforo   the traffic light
el teatro   the theater
el tiempo   the time
la tienda   the store
el tráfico   the traffic

ADJETIVOS *(ADJECTIVES)*
adónde   where
alto, a   tall, high
ancho, a   broad
bueno, a   well, good
cuarenta   forty
eso, a   that
esos, as   those
este, a   this
estúpido, a   stupid
fresco, a   fresh
necesario, a   necessary
pequeño, a   small, little
sus   their

tanto, a   so much
tarde   late
todas, os   every, all
todo   everything
treinta   thirty
verde   green

VERBOS *(VERBS)*
caminan   (they) walk
comer   to eat
controlar   to control
corren   (they) run
cruza   (he, she, it) crosses
descansar   to rest
ganan   they earn
hago   (I) do
llegar   to arrive
mira   (she) looks
¡Mira!   Look!
miran   (they) look at
mirar   to look
pueden   (they) can, may

queremos (we) want	**OTRAS PALABRAS** (OTHER WORDS)	**Hay que cruzar** It's necessary to cross
quieren (they) want		
respirar to breathe	**a** to	**las** the (f.pl.)
son (they) are	**adónde** where	**los** the (m.pl.)
tenemos (we) have	**ahora** now	**para** for, to, in order to
tomar to take	**así** this way, thus	**pero** but
trabajar to work	**cómo** how	**que** that
va (he, she, it) goes	**con** with	**qué** what
van (they) go	**con tanta prisa** in such a hurry	**tan rápido** so fast
visita (she) visits		**tarde** late
visitan (they) visit	**de** from	
vive (she) lives	**después de** after	
vivir to live	**eso** that	

EJERCICIOS

I.   **(A)** Rewrite the sentence using the expression that best completes it.

1. El primo vive en (a) San Francisco (b) el pueblo (c) Buenos Aires

   _____

2. Ana visita (a) el pueblo (b) la aldea (c) la gran ciudad

   _____

3. Ana es (a) del pueblo (b) de Buenos Aires (c) de San Francisco

   _____

4. Los primos miran cómo la gente (a) descansa (b) toma un taxi (c) cruza la calle

   _____

5. Hay que cruzar rápido con la luz (a) roja (b) rosada (c) verde

   _____

6. Los niños corren para tomar (a) el metro y el taxi (b) el taxi y el autobús (c) el autobús y el metro

   _____

7. Los semáforos controlan (a) el río (b) a los niños (c) el tráfico

   _____

8. En la ciudad es necesario trabajar y vivir de prisa para ganar (a) muchos amigos (b) mucho dinero (c) muchos edificios

   _____

9. La gente puede respirar aire fresco después de (a) otros días (b) cuarenta años (c) la oficina

_____

10. Es estúpido vivir ahora en (a) la ciudad (b) el pueblo (c) la aldea

_____

I. **(B)** Rewrite these sentences substituting the correct word, according to the story, for the underlined word.

1. Es estúpido <u>respirar</u> de prisa.

_____

2. En <u>el pueblo</u> todo es muy rápido.

_____

3. Los niños toman el autobús para llegar a <u>las oficinas.</u>

_____

4. <u>Todos los pueblos</u> son así.

_____

5. Hay que <u>descansar</u> de prisa.

_____

II. Answer in a complete sentence.

1. ¿Adónde va la gente para trabajar?
2. ¿Adónde van para comer?
3. ¿Qué es más importante, leer el periódico o mirar las telenovelas?
4. ¿Hay que mirar más los semáforos en las avenidas grandes o en las calles pequeñas?
5. ¿Es mejor llegar con mucha prisa o llegar tarde?

III. **Juego de palabras**—Translate these words to fill in the boxes of the puzzle below.

1. book
2. love
3. movie
4. important
5. a (f.)
6. money
7. now
8. to rest

IV. Picture Match: Choose and write the sentence(s) suggested by each sketch. Then tell something more about each one.

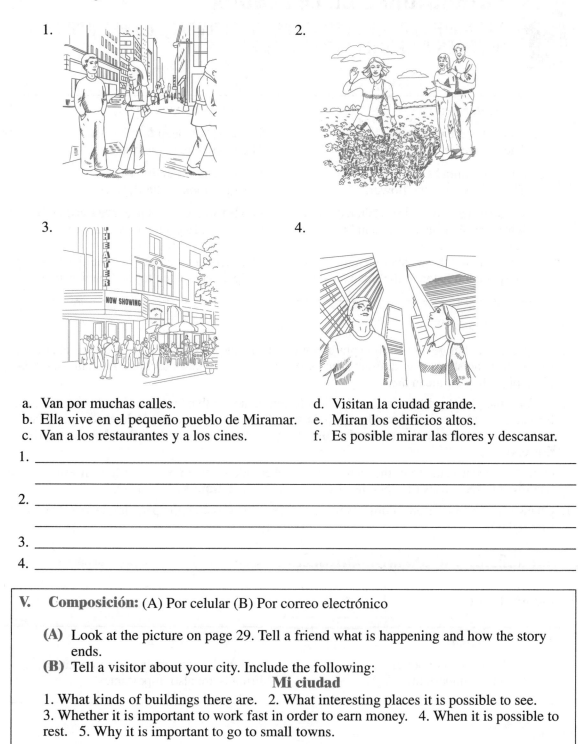

1.

2.

3.

4.

a. Van por muchas calles.
b. Ella vive en el pequeño pueblo de Miramar.
c. Van a los restaurantes y a los cines.

d. Visitan la ciudad grande.
e. Miran los edificios altos.
f. Es posible mirar las flores y descansar.

1. _____
   _____
2. _____
   _____
3. _____
4. _____

V.   Composición: (A) Por celular (B) Por correo electrónico

(A) Look at the picture on page 29. Tell a friend what is happening and how the story ends.

(B) Tell a visitor about your city. Include the following:

Mi ciudad

1. What kinds of buildings there are.   2. What interesting places it is possible to see.
3. Whether it is important to work fast in order to earn money.   4. When it is possible to rest.   5. Why it is important to go to small towns.

ESTRUCTURAS DE LA LENGUA
THE NOUN AND THE DEFINITE ARTICLE (PLURAL). COMPARISONS BETWEEN SINGULAR AND PLURAL FORMS.

Singular (one)	*Plural (more than one)*
1. **La mujer** lee **el libro.** The woman reads the book.	**Las mujeres** leen **los libros.** The women read the books.
2. **La chica** mira **la flor.** The girl looks at the flower.	**Las chicas** miran **las flores.** The girls look at the flowers.
3. **El hombre** y **la mujer** visitan **el teatro** en España y escuchan **la canción española.** The man and the woman visit the theater in Spain and listen to the Spanish song.	**Los hombres** y **las mujeres** visitan **los teatros** en España y escuchan **las canciones españolas.** The men and women visit the theaters in Spain and listen to the Spanish songs.

Rules:

1. **Los** means *the* before a masculine plural noun. **Las** means *the* before a feminine plural noun. In summary, Spanish has *four* definite articles: **el** (masc. sing.), **los** (masc. pl.), **la** (fem. sing.), **las** (fem. pl.). They all mean *the*.

2. To form the plural, add **s** to masculine and feminine nouns that end in a vowel (**a**, **e**, **i**, **o**, **u**), for example, **el uso, los usos** (the uses); **la uva, las uvas** (the grapes). Add **es** to a noun that ends in a *consonant*, for example, **el papel, los papeles** (the papers); **la flor, las flores** (the flowers).

3. Omit the accent mark from the final syllable when adding **es** to nouns ending in **ión**, e.g., **la lección, las lecciones** (the lessons), **la canción, las canciones** (the songs).

4. Change final **z** to **c** before adding **es**, *e.g.,* **el lápiz, los lápices** (the pencils), **la luz, las luces** (the lights).

OTHER USES OF THE DEFINITE ARTICLES

A. Generalizing

Singular	*Plural*
La familia es importante. Family is important.	**Los amigos** también son importantes. Friends are also important.

Rules:

1. Spanish insists on using **el, la, los,** or **las** *before nouns used to make generalizations*.
2. *English omits* the definite article *the* in making a generalizing statement.

B. Before Some Geographic Names

Examples: **La Argentina, el Brasil, el Canadá, la China, los Estados Unidos de América (U.S.A.), los Estados Unidos de México, la Florida, la Habana (Havana), la India, el Japón, el Panamá, el Perú, el Salvador**

Rules:

1. The use of the definite article before the name of a country has been on the wane in the last quarter century. However, this practice is still quite popular and generally accepted.

2. *English* does not use *the* before these place names, except for **Los Estados Unidos,** *The United States*, or in rare reference to **La Argentina** as *The Argentine*.

C. The Inclusive Masculine Plural

1. —¿Miran todo el chico y la chica? Do the boy and the girl look at everything?	— Sí, **los chicos** miran todo. Yes, **the boy and the girl** look at everything.
2. —¿Visitan museos el primo Juan y la prima Ana?	— Sí, **los primos** Juan y Ana visitan museos.

Rules:

1. The masculine plural article and noun may refer to both feminine and masculine persons when they are grouped together.

2. The *context alone* tells whether the reference is to a group consisting of feminine and masculine persons or only of masculine persons.

STUDY THE RULES, EXAMPLES, AND MODELS BEFORE BEGINNING THE EXERCISES

EJERCICIOS

I. E-mail us about the people, places, and things in your new neighborhood. Complete the sentence with the plural of the article and noun in *italics*.

1. *El chico* _____ son estudiosos.
2. *La avenida* _____ son grandes.
3. *El semáforo* _____ controlan el tráfico.
4. *El autobús* _____ son necesarios.
5. *La luz* _____ están por todas partes.
6. *El hombre* _____ trabajan de prisa.
7. *La mujer* _____ son elegantes.
8. *El museo* _____ son interesantes.

9. *El celular* _____son pequeños.

10. *El año* _____pasan rápido.

II. El Señor Gil is at a travel agency. When offered "some," he answers that he wants "all." Answer for him using: **Sí, todos los** _____ or **Sí, todas las** _____ according to the gender of the noun in the question. Role-play.

Model 1.— ¿Desea usted dulces?   — Sí, **todos los dulces.**
          Do you want some candy?   Yes, all the candy.

       2.— ¿Desea usted uvas?   — Sí, **todas las uvas.**
          Do you want grapes?   Yes, all the grapes.

1. ¿Estudia usted libros sobre España para su viaje? _____

2. ¿Necesita usted folletos? _____

3. ¿Usa usted mapas? _____

4. ¿Escucha usted canciones y programas desde España? _____

5. ¿Usa usted metros o un carro allí? _____

6. ¿Escucha usted idiomas en MP3? _____

7. ¿Visita usted universidades y museos allí? _____

III. You are a travel agent. Your English-speaking client wants to know what languages are spoken in places she may visit. She asks in English. You answer in a complete Spanish sentence, selecting a language from those given below. Role-play.

Model: —*Japan?*   —**El Japón** habla japonés.
                          —Japan speaks Japanese.

1. *Havana?* _____

2. *Venezuela?* _____

3. *Peru?* _____

4. *U.S.A.?* _____

5. *Mexico?* _____

Vocabulary: **español, inglés**

IV. Your uncle Leo expresses his opinions in sweeping generalizations. You play Leo. Generalize using the words given in parentheses in complete sentences using **es** (is) and **son** (are).

Model: / trabajo no / difícil   Pero / horas / muchas
          El trabajo no es difícil.   Pero las horas son muchas.
          Work is not hard.   But hours are long.

1. a. (/ amor / todo) _____

   b. (Pero / experiencia / profesora) _____

2. a. (/ televisión / importante) _____

   b. (Pero / aire fresco / necesario) _____

3. a. (/ ciudades aquí / grandes) _____

   b. (Pero / parques / pequeños) _____

4. a. (/ programas de T.V. / tontos) _____

    b. (Pero / museos / interesantes) _____

5. a. (/ universidades / excelentes) _____

    b. (Pero / dinero / importante para pagarlas) _____

V.   Tell us who are going to the rave. Use the masculine plural to include the feminine members. Note: **abuela** is grandmother. **Tía** is aunt. Role-play.

Model: ¿Van **el sobrino** Pepe y **la**   —Sí, **los sobrinos** Pepe y Lola van.
           sobrina Lola?
           Are Nephew Joe and Niece   —Yes, Nephew Joe and Niece Lola
           Lola going?   are going.
           ¿Y **el hijo y la hija**?   —Sí, **los hijos** también.
           And the son and daughter?   —Yes, the son and daughter, too.

1. ¿Van el padre y la madre? _____

2. ¿Y el hermano y la hermana? _____

3. ¿También el abuelo y la abuela?_____

4. ¿Y el tío Manolo y la tía Clara? _____

5. ¿También el niño Juan y las niñas Ana y Sonia? _____

VI. **Speak up!** Role-play

       Situation: Your cousin asks your opinion about whether it is good to live in a large city or in a small town. You explain the advantages of each. [Three sentences are good; four very good; five or more are excellent.]

       Primo (a):   ¿Es mejor vivir en la ciudad o en el pueblo?
       Yo: . . .

       Clues: *Tell what it is possible to do in* **el pueblo***; using* **es posible** *and* **puedes** *(you can); now say what there is in the city; where it is better to live; where it is possible to earn more money; why it is foolish to live in the city, or why it is better to live in a small town.*

Work Unit Three
THE PRESENT INDICATIVE TENSE—REGULAR
AR CONJUGATION

¿Qué necesitas tú para ser feliz?

Estela es mujer de negocios. Debe volar a México para comprar serapes y luego viajar a Miami para venderlos.

Su avión aterriza en México. Estela camina por el aeropuerto y encuentra a su amigo Luis.

—Luis, mi amor, ¿cómo estás?—Ella lo abraza y lo besa en la boca.—¿Vamos a cenar, bailar y cantar como siempre?

—Sí, querida,—dice Luis.—Vamos a tomar tequila y después a nadar en el mar y caminar bajo las estrellas.

—¡Maravilloso!—grita Estela.—Necesito un hombre dinámico, ruidoso y romántico para ser feliz.

Tres días después su avión aterriza en Miami. En la sala de espera, Estela encuentra a John.

—John, querido, ¿cómo estás?—Ella lo abraza y lo besa en la mejilla.—¿Vamos a tu casa a cocinar, hablar, escuchar música y mirar una película como siempre?

—Sí, amor, —dice John. — Vamos a preparar una pizza, tomar cerveza y después a hablar sobre escritores cubanos y chilenos.

—Muy bien, —dice Estela.—Necesito un hombre tranquilo, callado y culto para ser feliz.

PALABRAS NUEVAS

SUSTANTIVOS *(NOUNS)*
el aeropuerto the airport
el avión the plane
la boca the mouth
el escritor the writer
la espera the wait
la estrella the star
el mar the sea
la mejilla the cheek
la mujer de negocios the businesswoman
la música the music
el negocio the business
la película the film
la sala de espera the waiting room
el serape Mexican small blanket

VERBOS *(VERBS)*
abraza (she) embraces
aterriza (it) lands

bailar to dance
besa (she) kisses
camina (she) walks
caminar to walk
cantar to sing
cenar to dine
cocinar to cook
comprar to buy
debe (she) must
dice (she) says
encuentra (she) finds, meets
escuchar to listen
estás (you) are
grita (she) screams
hablar to talk
nadar to swim
necesitas (you, fam.) need
preparar to prepare
ser to be
¿Vamos a cenar? Are we going to dine?

Vamos a tomar tequila We are going to drink tequila
viajar to travel
volar to fly
venderlos to sell them

ADJETIVOS *(ADJECTIVES)*
bien well
callado, a silent
chileno, a Chilean
cubano, a Cuban
culto, a cultured
dinámico, a dynamic
feliz happy
maravilloso, a wonderful
romántico, a romantic
ruidoso, a noisy
tranquilo, a calm
tres three
tu your (fam.)
tú you (fam.)

OTRAS PALABRAS *(OTHER WORDS)*	**como** as	**luego** then
	cómo how	**siempre** always
bajo under	**lo** him	**sobre** about

EJERCICIOS

I. **(A)** Complete the sentence according to the story.

1. Estela es mujer de _____

2. Ella compra cosas en México para _____ en Miami.

3. Con su amigo mexicano Estela va a _____ en el mar.

4. Luis, el amigo mexicano, es ruidoso y _____

5. Estela encuentra a John, su amigo norteamericano, en la _____ de _____

6. Estela y John escuchan buena _____ y hablan de varios _____ hispanos.

7. John es un hombre _____, callado y culto.

8. Para ser _____, ¿A qué amigo necesita Estela más?

I. **(B) Preguntas personales y generales.** Answer in a complete sentence.

1. ¿Desea usted amigos(as) como John o como Luis?
2. ¿Adónde desea usted viajar?
3. ¿Qué grita usted cuando encuentra a un amigo?
4. ¿Cena usted en casa o en restaurantes?
5. ¿Por dónde camina usted?

II. Choose and write the correct letter and expression to complete the sentence.

1. Estela es una mujer _____   a. nadar

2. Su avión _____   b. ser feliz

3. Luis y ella van a _____   c. escuchar música

4. Estela necesita dos hombres para _____   d. de negocios

5. John y ella van a _____   e. aterriza en México.

III. Acróstico. Translate the words to fill in the boxes of the puzzle.

1. embraces
2. star
3. noisy
4. another
5. movie
6. a (fem.)
7. writer
8. romantic
9. calm
10. office

1	2	3	4	5	6	7	8	9	10
A	E	R	O	P	U	E	R	T	O

IV. Composición: (A) Por celular (B) Por correo electrónico

(A) Call a friend to talk about the story. Tell what is happening in the picture on page 38, and how the story ends.

(B) E-mail home about the last evening of your vacation.

Esta noche mi amigo (amiga) y yo vamos a ...

1. Using **vamos a**, tell what each one of you is going to do (**mi amigo, a va a . . . yo voy a . . .**). 2. Then tell two things you are going to do together (**vamos a . . .**). 3. Where you two are going to dine. 4. What you two are going to eat. 5. When you are going to fly home (**a casa**) after your vacation.

ESTRUCTURAS DE LA LENGUA
THE PRESENT INDICATIVE TENSE: REGULAR *AR* CONJUGATION

A. The chart below shows how the subject causes the verb endings to change from the simple infinitive, in this case, **cantar**, to sing.

	AR conjugation (I)
Infinitive:	**cantar** *to sing*
	I sing; do sing; am singing well.
Subject pronouns for emphasis	
Singular:　1. **Yo** *I*	cant**o** bien.
2. **Tú** *You* (fam.)	cant**as**
3. **Él** *He*; **Ella** *She* **Usted** *You* (formal)	cant**a**
Plural:　　1. **Nosotros-as** *We*	cant**amos**
2. **Vosotros-as** *You, pl.* (fam.)	cant**áis**
3. **Ellos-as** *They* **Ustedes** *You, pl.* (formal)	cant**an**

Rules:

1. A Spanish verb has one of the following infinitive group endings: **ar, er,** or **ir.** These endings represent the English *to*. Examples: *cantar* to sing; *comer* to eat; *escribir* to write.

2. This Unit deals with **ar** infinitives. When the subject is known, the infinitive ending **ar** drops and is replaced by *personal endings* according to the subject (**o, as, a, amos, áis, an**).

   After removing the infinitive group ending **ar,** add the correct personal ending **o, as, a, amos, áis,** or **an,** according to the subject given.

3. The endings of the present tense tell us that an act or a state of being is taking place at present or that it occurs as a general rule. **Am, is, are, do, does** are included in the Spanish verb form of the present tense. Examples: *I am singing* **yo canto;** *she does sing* **ella canta.**

B. Subject pronouns

1. Excepting **usted** and **ustedes,** subject pronouns are *normally omitted* because the verb *ending identifies the subject*.

2. The subject pronoun is used *to clarify* or *to emphasize* the subject. The subject pronoun *precedes* the verb in a statement. The subject pronoun must be used when no verb is given.

Normal unstressed subject.	*Stressed subject.*	*Without a verb.*

Cant**a.** He sings (does sing / is singing).	**Él** canta y **yo** canto, también.	**¿Él?** Sí, **él** y **yo.**
Cant**o.** I sing (do sing / am singing).	*He* sings, and *I* am singing, too.	*He?* Yes, *he* and *I.*

3. Spanish subject pronouns show gender not only in **él** *he*, **ella** *she*, but also in **nosotros** *we* masculine, **nosotras** *we* feminine, and in **ellos** *they* masculine, **ellas** *they* feminine.

4. Spanish has *four* subject pronouns meaning *you*. **Tú** addresses one person with familiarity, e.g., an intimate friend or someone younger. **Usted** (abbreviation: **Ud.**) addresses one person with formality, e.g., a teacher, the president, someone older than the speaker. **Ustedes** (abbreviation **Uds.**) you *plural*, generally adresses two or more persons with either formality or familiarity in Latin America. In Spain **ustedes (Uds.)** addresses two or more persons only with formality. **Vosotros-as** is used chiefly in Spain to address two or more persons with familiarity. **Vosotros-as** is *not* in general use in Latin America. It will receive limited treatment in this book.

C. Formation of simple questions:

Statement	*Question*
1. **Juan** canta aquí. John sings here.	¿Canta **Juan** aquí? *Does John* sing here?
2. **Ud.** canta también. You sing, too.	¿Canta **Ud.** también? *Do you* sing, too?

Rules:

1. The subject is generally placed *after* the verb to form a question.

2. An inverted question mark at the beginning of each written question informs the reader that a question is about to be asked. A final question mark punctuates the end of each question, like the English question.

D. The simple negative

Questions	*Statements*
1. ¿**No** lee Luis periódicos?	1. No, Luis **no** lee periódicos.
2. ¿**No** mira él televisión?	2. No. Él **no** mira televisión.

Rule:

Place **no** *before* the verb in both *questions* and *statements* to form the negative.

STUDY THE RULES, EXAMPLES, AND MODELS BEFORE BEGINNING THE EXERCISES

EJERCICIOS

I.   Learn these **ar** verbs in addition to the **ar** verbs you learned for the stories in order to understand questions and to answer.

AR: andar *to walk;* **bailar** *to dance;* **caminar** *to stroll, to walk;* **cantar** *to sing;* **comprar** *to buy;* **contestar** *to answer;* **desear** *to want;* **entrar** *to enter;* **escuchar** *to listen;* **estudiar** *to study;* **gozar de** *to enjoy;* **hablar** *to speak;* **invitar** *to invite;* **llegar** *to arrive;* **necesitar** *to need;* **practicar** *to practice;* **preguntar** *to ask;* **preparar** *to prepare;* **regresar** *to return;* **tocar** *to play* (instrument), **tomar** *to take;* **trabajar** *to work;* **visitar** *to visit.*

(A) Agree with your friends' comments. Rewrite the sentence, substituting ONE appropriate pronoun for the subject(s) in *italics*. Role-play.

Model: —*Juanita y yo* hablamos español.   —Sí. **Nosotros** hablamos español.
           Joan and I speak Spanish.   Yes. We speak Spanish.

1. *Roberto* toca bien. _____

2. *María* canta bien. _____

3. *Alberto y Tomás* solamente escuchan. _____

4. *Ana y Clara* preparan pizza. _____

5. *Ella y yo* gozamos de las vacaciones._____

(B) What fun we have! Substitute the subject in parentheses for the word(s) in *italics*. Make the necessary change in the verbs.

Model: *Pedro y yo* bailamos y cantamos.   (Vosotros) **Vosotros bailáis y cantáis.**
           Peter and I are dancing and singing.   You (*fam., pl.*) are dancing and singing.

1. (Yo) _____   6. (Tú y yo) _____

2. (Él) _____   7. (Ella) _____

3. (Ud.) _____   8. (Ellas)_____

4. (Tú)_____   9. (Ellos) _____

5. (Uds.) _____   10. (Nosotros) _____

(C) Tell Francisca, an exchange student from Chile, what you and your friends do or do not do. Answer **(a)** in a complete *affirmative* sentence, and **(b)** in a complete *negative* sentence. Role-play.

Model: a. ¿Bailas *tú*?   a. **Sí, yo bailo.**
       ¿Baila *Ud.*?   Yes, I dance.

     b. ¿Y *Uds.* Diego y David?   b. **Nosotros no bailamos.**
       And do you, Diego and David?   We don't dance.

1. a. ¿Trabaja la amiga, Elena, después de las clases? _____

    b. ¿Y todos ustedes? _____

2. a. ¿Cocinan las amigas mucho en casa? _____

    b. ¿Y el amigo? _____

3. a. ¿Escuchan rap los amigos? _____

    b. ¿Tú y yo? _____

4. a. ¿Nadas bien tú en el mar? _____

    b. ¿Juanita y Pablo? _____

5. a. ¿Cenan los amigos en los restaurantes?_____

    b. ¿Y tú?_____

(D) Your friend has completely misunderstood the story. Express your doubt and amazement by your negative question to each of his wrong statements. Role-play.

Model: —Estela no debe volar a México.   —¿No debe volar Estela a México?
      Estelle does not have to fly to Mexico.   Doesn't Estelle have to fly to Mexico?

1. El avión no aterriza en México _____

2. Estela no besa a Luis. _____

3. Luis no desea nadar. _____

4. John no es un hombre culto. _____

5. Estela no abraza a John. _____

II. Directed Dialogue: Por celular. Your friend calls on Saturday to find out whether you are busy. Answer in complete sentences using the clues below the writing line.

1. Hola. ¿Estás ocupado?

_____

Yes, I have to take the bus to the airport.

2. ¿Ahora?

_____

No, later. My father is arriving by plane tonight.

3. ¿Va tu hermano?

_____

Of course. My brother is going to greet him in the waiting room.

4. ¿Y tu madre cocina en casa?

_____

No. We are going to dine in the restaurant.

5. ¡Maravilloso! ¿Qué más?

_____

Well, we are going to buy flowers for the house.

III. Speak up! Role-play

> **Situation:** Friends talk about what it takes to make them happy [three sentences are good; four are very good; five are excellent].

> **Amigo:** ¿Qué necesitas para ser feliz?
> **Yo:**   Hmmm...vamos a ver.

> **Clues:** _Tell whether or not you need a great deal of money; whether you wish to work in business; whether you want to talk with friends about music, videos, or books; whether you also want to swim, dance, and to sing with friends; whether you have a friend who is cultured, noisy, quiet, or romantic. Other ideas?_

Work Unit Four
THE PRESENT INDICATIVE TENSE—REGULAR *ER* AND *IR* CONJUGATIONS

¿Quién es más fuerte?

Hugo Peña es un hombre tímido y pequeño que vive en el mundo virtual de los videojuegos. Allí Hugo es Matón Horrible, el héroe que bebe sangre y come huesos, y vive sin saber de jefes desagradables o restaurantes baratos. Hugo mira la pantalla.

—¡Ahá!—dice Hugo.—¿Los gigantes abren las puertas del castillo y corren a herir y morder a la princesa Inocente? ¡Jamás! ¡Con Matón en contra, los gigantes van a morder el polvo!

Pero, un momento, la princesa sonríe.

¿Qué hace Inocente?

La princesa rompe el brazo de un gigante, muerde a otro y hiere a uno más.

Matón no sabe qué hacer. Inocente está con gigantes muertos hasta las orejas. La princesa sonríe a Matón y le dice:

—Ahora las mujeres son más fuertes que antes.

PALABRAS NUEVAS

SUSTANTIVOS *(NOUNS)*
el brazo   the arm
el castillo   the castle
el gigante   the giant
el héroe   the hero
el hueso   the bone
el jefe   the boss
el matón   the thug, bully
el momento   the moment
el mundo   the world
la pantalla   the screen
la princesa   the princess
la puerta   the door
la sangre   the blood
el videojuego   the video
   game

VERBOS *(VERBS)*
abren   (they) open
bebe   (he) drinks

come   (he) eats
corren   (they) run
está   (she) is (location)
¿hace?   does she do?
hacer   to do
herir   to hurt
hiere   (she) hurts
morder el polvo   to bite the
   dust
muerde   (she) bites
rompe   (she) breaks
sabe   (he) knows
sonríe   (she) smiles

ADJETIVOS *(ADJECTIVES)*
barato, a   cheap
desagradable   unpleasant
fuerte   strong
horrible   horrible
inocente   innocent

muerto, a   dead
tímido, a   shy, timid
virtual   virtual

OTRAS PALABRAS *(OTHER
   WORDS)*
al (a + el)   to the
allí   there
antes   before
del (de + el)   of the
en contra   against them
hasta las orejas   up to her
   ears
jamás   never
le   to him
que   who
qué   what
quién   who
sin   without

EJERCICIOS

I. **(A)** Complete the sentence according to the story.

1. En el mundo real, Hugo Peña es un hombre _____ que trabaja bajo jefes _____.

2. En el mundo virtual de su imaginación, Hugo es Matón _____, un _____ fuerte que _____ sangre y _____ huesos.

3. Hugo mira la _____. Ve a los _____ que abren las _____ del castillo, y corren a herir a la princesa.

4. En su personalidad de Matón Horrible, Hugo dice ¡_____! Los _____ van a moder el polvo.

5. Pero la princesa rompe _____ , y está con gigantes _____ hasta las orejas.

6. Ella sonríe y dice, —Ahora las mujeres son más _____ que antes.

I. **(B) Preguntas personales y generales.** Answer in a complete sentence.

1. ¿Es usted tímido(a) o fuerte?

_____

2. ¿Juega usted mucho con videojuegos?

_____

3. ¿Qué mira usted en su computadora?

_____

4. ¿Trabaja usted con jefes agradables o desagradables?

_____

5. ¿No come usted jamás en restaurantes baratos y horribles?

_____

I. **(C)** Next to the word in column A write the letter of the word from column B that means the opposite.

A	B
1. ruidoso _____	a. después
2. virtual _____	b. siempre
3. desagradable _____	c. curar
4. antes _____	d. con
5. jamás _____	e. agradable
6. herir _____	f. real
7. sin _____	g. tranquilo

II.   Juego de palabras.

1. Breaks
2. Is (location)
3. Knows
4. Timid (masc.)
5. Before
6. One (masc.)
7. Romantic (masc.)
8. (They) open
9. No
10. To take
11. Star

1	R									
2	E									
3	S									
4	T									
5	A									
6	U									
7	R									
8	A									
9	N									
10	T									
11	E									

III.   Composición: (A) Por celular (B) Por correo electrónico

(A)   Call us about the story. Tell what is happening in the picture on page 47, and how the story ends.

(B)   E-mail us comments about your favorite video game.

Mi videojuego favorito es ...

1. Tell whether it is also the favorite video game of your friends. 2. Name the video game. 3. Who plays the game at home or at work? 4. Which is the most famous video game of all time and who plays it today? 5. Who is the best player you know?

IV.   Picture Match. Choose the sentence(s) suggested by each sketch. Write your choice by letter and sentence. Then translate the sentences.

1.

2.

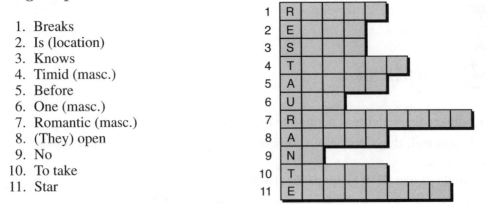

3.

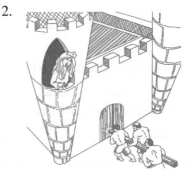

4.

a. Inocente muerde a un gigante y rompe el brazo a otro.
b. Ella dice: Ahora las mujeres son más fuertes que antes.
c. Hugo vive en el mundo de los videojuegos.
d. Corren a herir a la princesa.
e. Los gigantes rompen las puertas del castillo.
f. Allí Hugo es Matón Horrible.

1. _____
   _____

2. _____
   _____

3. _____
   _____

4. _____
   _____

ESTRUCTURAS DE LA LENGUA
THE PRESENT INDICATIVE TENSE: REGULAR *ER* AND *IR* CONJUGATIONS

Just as the verbs of the **ar** conjugation change their endings to indicate the subject or "doer" of the action, so do these verbs of the **er** conjugation and **ir** conjugation.

		ER conjugation (II)	**IR** conjugation (III)
Infinitives:		**comer** *to eat*	**escribir** *to write*
		I eat; do eat; am eating well.	I write; do write; am writing well.
Subject pronouns for emphasis			
Singular:	1. **Yo** *I*	com**o** bien	escrib**o** bien
	2. **Tú** *You* (fam.)	com**es**	escrib**es**
	3. **Él** *He*; **Ella** *She* **Usted** *You* (formal)	com**e**	escrib**e**
Plural:	*1. **Nosotros-as** *We*	*com**emos**	*escrib**imos**
	*2. **Vosotros-as** *You, pl.* (fam.)	*com**éis**	*escrib**ís**
	3. **Ellos-as** *They* **Ustedes** *You, pl.* (formal)	com**en**	escrib**en**

Rules:

1. When the subject is known, the infinitive group ending, **er** or **ir,** drops and is replaced by personal endings according to the subject.

   a. **ER** verbs: Add the correct personal ending **o, es, e, emos, éis, en,** according to the subject.

   b. **IR** verbs: Add the correct personal ending **o, es, e, imos, ís, en,** according to the subject.

*2. Notice that the personal endings of verbs of the **er** conjugation and of the **ir** conjugation show a *difference only when the subject is* **nosotros-as** or **vosotros-as.**

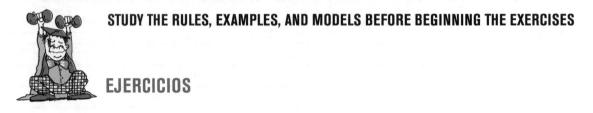

STUDY THE RULES, EXAMPLES, AND MODELS BEFORE BEGINNING THE EXERCISES

EJERCICIOS

I. **ER** verbs.

ER: aprender to learn; **beber** to drink; **comer** to eat; **comprender** to understand; **correr** to run; **creer** to believe; **leer** to read; **responder** to answer; **romper** to break; **saber** to know; **vender** to sell.

(A) Agree in complete sentences, substituting ONE appropriate pronoun for the subject in *italics*. Begin with **Sí.**

Model: *Juanita* lee la carta.   —Sí, **ella** lee la carta.
          Jeannie reads the letter.   Yes, she reads the letter.

1. *La muchacha* aprende rápido. _____

2. *Mi primo* comprende su problema._____

3. *Ana y Laura* corren al restaurante. _____

4. *Hugo y yo* bebemos mucho allí._____

5. *Luis y Elena* comen bien y barato. _____

(B) We are all invited. Tell when we answer the invitations. Make the necessary change in the verb. Use **ahora, hoy, mañana, después, esta noche, a las once, a las cuatro,** or **[muy] tarde.**

Model: *Alicia y yo* respondemos tarde.   (Ella) Ella **responde** muy tarde.
          Alice and I answer late.   She answers very late.

1. Yo _____   6. Ud. y yo _____

2. Ud. _____   7. Ellos_____

3. Tú _____   8. Él _____

4. Ella_____   9. Nosotras_____

5. Uds. _____   10. Él y ella _____

(C) Agree in complete sentences. In answer (a) use **Sí**. In answer (b) use **también**. Role-play.

Model: a. *¿Crees tú* esto? a. **Sí, yo creo** esto.
        ¿Cree *Ud.* esto? Yes, I believe this.
        Do you believe this?

       b. *¿Y ellos*? b. **Ellos también creen** esto.
         And do they? They believe this, too.

1. a. ¿Corremos tú y yo al concierto? _____

   b. ¿Y la niña tímida? _____

2. a. ¿Respondes tú bien allí? _____

   b. ¿Y María? _____

3. a. ¿Aprenden ellos el español? _____

   b. ¿Y Uds.? _____

4. a. ¿Lee José la horrible gramática? _____

   b. ¿Y Ud.? _____

5. a. ¿Comprenden Uds. las frases? _____

   b. ¿Y los muchachos? _____

(D) Disagree. Give a negative answer in a complete sentence. Begin your answer with **No**. Role-play.

1. ¿Corres tú en la calle? _____

2. ¿Te rompes los brazos al caer? _____

3. ¿Creemos María y yo eso? _____

4. ¿Venden los chicos limonada? _____

5. ¿Bebe usted, señorita, alguna limonada? _____

II. **IR** verbs

IR: abrir *to open*; **asistir** *to attend*; **cubrir** to *cover*; **describir** *to describe*; **escribir** *to write*; **omitir** *to omit*; **partir** *to leave*; **recibir** *to receive*; **salir (de)** *to leave, to go out*; **subir** *to go up, to get into*; **vivir** *to live*.

(A) Agree in a complete sentence, substituting ONE appropriate pronoun for the subject in *italics*. Begin with **Sí**. Role-play.

Model: *Mi amigo* abre la puerta. Sí. **Él** abre la puerta.
       My friend opens the door. Yes. He opens the door.

1. *El hermano, Víctor,* parte hoy en secreto. _____

2. *Juanita y yo* recibimos la triste noticia. _____

3. *Isabel y Gloria* escriben la desagradable carta. _____

4. *El padre y la madre* viven sin recibir la noticia. _____

5. *Ud. y yo,* tímidos, abrimos la carta. _____

(B) We go out a lot these days. Tell what each of us attends. Make the necessary changes in the verb. Clues: **los teatros, los conciertos, la clase, la escuela, la reunión, la fiesta,** or **los cines.**

Model: *Carlos y yo* asistimos a los cines.   (Ellas) **Ellas asisten a la fiesta**.
Charles and I attend the movies.   They attend the party.

1. Tú _____
2. Ud. _____
3. Ellos _____
4. Uds. _____
5. Ella y yo _____

6. Ellas _____
7. Yo_____
8. Él _____
9. Ella_____
10. Nosotras_____

(C) Write affirmative answers in complete sentences. In answer (a) use **Sí.** In answer (b) use **también**.

Model: a. *¿Describes tú* la ciudad?   a. **Sí, yo describo** la ciudad.
       ¿Describe Ud. la ciudad?   Yes, I describe the city.
       Do you describe the city?

    b. *¿Y nosotros?*   b. **Uds. también describen** la ciudad.
      And do we?   You too describe the city.

1. a. ¿Recibe Carlos dinero? _____
   b. ¿Y las hermanas? _____
2. a. ¿Escriben los amigos cartas de gracias? _____
   b. ¿Y nosotros? _____
3. a. ¿Vives tú en esta ciudad? _____
   b. ¿Y los primos? _____
4. a. ¿Cubro yo la boca contra el polvo? _____
   b. ¿Y Uds.?_____
5. a. ¿Suben Uds. al castillo en el parque?_____
   b. ¿Y Luis?_____

Sube al automóvil.

(D) Disagree. Give a negative answer in a complete sentence. Role-play.

Model: —¿Descubren Uds. el secreto?   —No, nosotros no descubrimos el secreto.

    —Are you discovering the secret?   —No. We are not discovering the secret.

1. ¿Parten Uds. ahora? _____

2. ¿Asistes a la fiesta?_____

3. ¿Recibe Juanita la invitación? _____

4. ¿Escribimos la respuesta? _____

5. ¿Suben ellos también al automóvil? _____

Summary of Personal Endings for AR, ER, and IR Conjugations

	AR conjugation (I)	ER conjugation (II)	IR conjugation (III)
Infinitives:	**cantar** *to sing*	**comer** *to eat*	**escribir** *to write*
	I sing; do sing; am singing well.	I eat; do eat; am eating well.	I write; do write; am writing well.
Subject pronouns for emphasis			
Singular: 1. **Yo** *I*	cant**o** bien	com**o** bien	escrib**o** bien
2. **Tú** *You* (familiar)	cant**as**	com**es**	escrib**es**
3. **Él** *He;* **Ella** *She* **Usted** *You* (formal)	cant**a**	com**e**	escrib**e**
Plural: 1. **Nosotros-as** *We*	cant**amos**	com**emos**	escrib**imos**
2. **Vosotros-as** *You, pl.* (familiar)	cant**áis**	com**éis**	escrib**ís**
3. **Ellos-as** *They* **Ustedes** *You, pl.* (formal)	cant**an**	com**en**	escrib**en**

Remember the Summary

1. All three conjugations use the ending **o** for the first person singular (*yo*).

2. In all *other personal endings* for **AR** conjugations **a** is seen; for **ER** conjugations **e** is seen. **IR** conjugations show **e** in their personal endings *with the exception of* **imos** and **ís.**

3. In the English translation, helping words like **am, is, are, do,** or **does** are included in the Spanish verb form of the present tense.

III. AR, ER, IR verbs

(A) You spoke to a familiar person. Now talk to someone you know only slightly. Direct your remark to the name in parentheses and use the formal address **Ud.** in place of the familiar **tú.**

Model: —Juan, tú comes poco.   (Señor Ortiz)— **Señor Ortiz, Ud.** come poco.
        Juan, you (fam.) eat little.   Mr. Ortiz, you (formal) eat little.

1. Tú entras en la sala. (Señor López) _____

2. Tú crees en el libro. (Señora Gómez) _____

3. Tú vives aquí. (Profesor Ruiz) _____

4. Tú tocas bien. (Señorita Marín) _____

5. Tú escribes el inglés. (Doctor Muñoz) _____

(B) You spoke to someone you knew slightly. Now talk to someone you know well. Direct your remark to the name in parentheses and use the familiar address **tú** in place of **Ud.**

Model: —*Ud.* aprende bien.   (Felipe)—**Felipe, tú** aprendes bien.
        You (formal) learn well.   Philip, you (fam.) learn well.

1. Ud. trabaja mucho. (Pepe) _____

2. Ud. contesta poco. (Ana) _____

3. Ud. aprende mal. (Carlos) _____

4. Ud. corre rápido. (niño) _____

5. Ud. lo describe bien. (niña) _____

(C) First, you state your thought, then you wonder whether it is truly so, in a question, e.g., **Yo como mal.** *I eat poorly.* **¿Como yo mal?** *Do I eat poorly?*

1. Yo comprendo toda la frase. _____

2. Carlitos corre rápido a su madre. _____

3. Los niños desean recibir la invitación. _____

4. Él y yo no asistimos siempre a las clases. _____

5. Pedro y yo no tomamos mucho café. _____

IV. Directed Dialogue. Airport security questions your group. Answer for everyone using **nosotros.** Role-play.

1. ¿Viven Uds. en los Estados Unidos? _____

2. ¿Hablan Uds. inglés? ¿Comprenden otro idioma? _____

3. ¿Suben Uds. al avión esta noche? _____

4. ¿No llevan Uds. un paquete extraño? _____

5. ¿Leen Uds. de los terroristas? _____

¡Buen Viaje! Adiós.

V. Speak up! Role-play

Situation: Explain to your daughter why she need not fear the giants in her storybook. [Three sentences are good; four are very good; five are excellent.]

 Hija: Los gigantes son siempre horribles.
Yo: ¡No seas tan tímida!

Clues: *Agree that the giants are unpleasant; agree and tell what unpleasant things they do in the story; mention who Inocente is and where she lives; tell who always climbs up and saves her (**la salva***); describe the hero; who is stronger, the hero or the giant?; ask whether your daughter believes this; other ideas?*

Work Unit Five
INTERROGATIVE WORDS

¿Vacaciones? No, gracias

¡Finalmente puedo viajar!

Pero primero debo comprar el pasaje.

Voy al internet y acceso Pasajes Baratos.

—¿Cuál es tu nombre y apellido?—pregunta la pantalla.

—José Rodríguez—yo tecleo. Y así comienza la comunicación.

Computadora:	¿Adónde quieres ir?
Yo:	A España.
Computadora:	¿Cómo y cuándo?
Yo:	Por avión, el cuatro de enero.
Computadora:	¿Por qué?
Yo:	Porque deseo ir de vacaciones.
Computadora:	En enero es invierno. Es tonto ir en enero.
Yo:	¿Y para qué me dices tú esto?
Computadora:	Para educar a los ignorantes.
Yo:	No necesito estos comentarios. ¿Cuánto es el pasaje?
Computadora:	Si debes preguntar, es demasiado.
Yo:	¡Contesta correctamente!
Computadora:	¿Y quién eres tú para hablar así? Yo soy una computadora rápida, potente y con mucha memoria.
Yo:	¡Tú eres una máquina estúpida!
Computadora:	¿Ah, sí? Entonces me apago. Clic.
Yo:	Quizás mejor me quedo en casa.

PALABRAS NUEVAS

SUSTANTIVOS *(NOUNS)*
el apellido   the surname
el clic   the click
el comentario   the comment
la computadora   the computer
la comunicación   the communication
enero   January
el/la ignorante   the ignorant person
el internet   the Internet
el invierno   the winter
la máquina   the machine
la memoria   the memory

el nombre   the name
la pantalla   the screen
el pasaje   the ticket
las vacaciones   the vacation

VERBOS *(VERBS)*
accesar   to access
apagar   to switch off
comienza   (it) starts
comprar   to buy
¡Contesta!   Answer!
deber   to have to, must
desear   to wish, to want
dices   (you, fam.) say

educar   to educate
eres   (you, fam.) are
preguntar   to ask
puedo   (I) can
quedar   to stay, to remain
quieres   (you, fam.) want
soy   (I) am
teclear   to keyboard, type
voy   (I) go, I'll go

PALABRAS INTERROGATIVAS *(INTERROGATIVE WORDS)*
¿adónde?   (to) where?
¿cuál?   which? what?

¿cuándo? when?
¿cuánto? how much?
¿cómo? how?
¿para qué? what for?
¿por qué? why?
¿quién? who?

ADJETIVOS (ADJECTIVES)
cuatro four
demasiado, a too much

estos, as these
potente powerful
primero, a first
tonto foolish
tu your (fam.)

OTRAS PALABRAS (OTHER WORDS)
al (a + el) to the
así thus, like this

correctamente correctly
ir de vacaciones to go on vacation
entonces then
esto this
finalmente finally
por avión by plane
porque because
quizás maybe, perhaps
si if

EJERCICIOS

I. **(A)** Complete the sentence according to the story.

1. José desea ir de _____ a _____.
2. Él quiere comprar su _____ por _____.
3. La pantalla le pregunta: —¿_____es tu nombre y tu _____?
4. La pantalla también le pregunta: —¿_____ y _____? José desea viajar.
5. La computadora le informa que es _____ ir a España en enero.

I. **(B)** Answer in a complete sentence.

1. ¿Por qué no debe ir José en enero?
2. ¿Para qué personas informa la computadora eso?
3. ¿Por qué no le dice la computadora cuánto es el pasaje?
4. ¿Cómo llama José a la computadora?
5. ¿Qué decide hacer José?

II. **Preguntas personales y generales.** Answer in a complete sentence.

1. ¿Dónde compra usted su pasaje de avión? ¿En el internet? ¿Por teléfono? ¿O en la oficina del agente de viajes?
2. ¿Cuándo prefiere usted ir de vacaciones? ¿En el invierno? ¿O en el verano (summer)?
3. ¿Necesita la gente común (common) comprar pasajes baratos o puede viajar siempre en primera clase?
4. ¿Tiene usted o necesita una computadora rápida, potente y de mucha memoria?
5. ¿Siempre contesta su computadora correctamente?

III. Composición: (A) Por celular (B) Por correo electrónico

(A) Look at the picture on page 58 and tell what is happening and how the story ends.
(B) Ask your friend what the secret is.
Quiero saber tu secreto
1. Who is arriving? 2. How many people (**personas**) are there? 3. What is (are) their first and last name(s)? 4. When the person(s) is (are) arriving. 5. How the person(s) is (are) traveling. 6. For whom the secret is a surprise (**sorpresa**).

ESTRUCTURAS DE LA LENGUA
INTERROGATIVE WORDS

Interrogative words request specific information. They begin the question.

1. **¿Cómo** come Juan? *How* does John eat?

2. **¿Cuál** desea él comer? *Which one* does he want to eat?

3. **¿Cuándo** come Juan? *When* does John eat?

4. **¿Cuánto** come Juan? *How much* does John eat? **¿Cuánta** fruta? *How much fruit?*

5. **¿Cuántos** amigos comen con él? **¿Y cuántas** amigas? *How many* friends eat with him? And how many girlfriends?

6. **¿Dónde** come Juan? *Where* does John eat?

7. **¿Adónde** va él después? *Where* does he go afterwards?

8. **¿Para qué** come Juan? *For what purpose* does John eat?

9. **¿Por qué** come Juan? *Why* does John eat?

10. **¿Qué** come Juan? *What* does John eat?

11. **¿Quién también come**? *Who* (sing. subject) *also is eating?*

    ¿Quiénes comen con él? *Who* (pl. subject) *are eating with him?*

12. **¿A quién-es** ve? *Whom* does he see?

    ¿A quién-es corre él? *To whom does he run?*

Rules:

1. Interrogative words bear an accent mark on the stressed vowel.

2. **¿Cuánto?**, **¿cuánta?** *how much*, and **¿cuántos?**, **¿cuántas?** *how many* are adjectives and agree with the noun in gender and number.

¿Cuánto dinero recibes?	How much money do you receive?
¿Cuánta fruta comes?	How much fruit do you eat?
¿Cuántos niños leen?	How many children read?
¿Cuántas chicas estudian?	How many girls study?

3. **¿Quién?** *who* (singular) is followed by a third person *singular* verb. **¿Quiénes?** *who* (plural) is followed by a third person *plural* verb.

4. **¿Cuál?** (*which one*) refers to a singular. **¿Cuáles?** (*which ones*) refers to a plural. **¿Qué?** (*what*) may also mean *which* before a noun, for example, **¿Qué** libro lees? *What book or which book are you reading?*

5. **¿Cuál(es)?** means *what* before the forms of **ser**, for example, **¿Cuál es** su nombre (número de teléfono, etc.)?

6. **¿Dónde?** meaning *where* becomes **¿adónde?** when the verb in the question indicates *going to some place*, for example, **¿Adónde** vas? *Where are you going?*, but **¿Dónde** estás ahora? *Where are you now?*

STUDY THE RULES, EXAMPLES, AND MODELS BEFORE BEGINNING THE EXERCISES
ALSO REVIEW LESSONS 3 AND 4 – *AR, ER,* and *IR* Verbs

EJERCICIOS

I. You interview candidates for office. Challenge each of the candidate's statements by asking how much or how many. Role-play.

Model: —Tengo mucha popularidad.   —¿**Cuánta** popularidad tiene?
         —I have a lot of popularity.   —How much popularity do you have?

1. Tengo mucha experiencia. ¿_____ experiencia tiene Ud.?

2. Puedo contribuir bastante dinero. ¿_____ dinero puede Ud. contribuir?

3. Puedo atraer muchos votos. ¿_____ votos piensa Ud. atraer?

4. Muchas voluntarias me van a ayudar. ¿_____ voluntarias van a ayudar?

5. Voy a participar en muchos debates. ¿En _____ debates va Ud. a participar?

II. Waiting at the bus stop you engage in casual conversation with others there. Role-play the gossip.

    a. You question each statement you hear using the word in parentheses after **a** and **¿?.**
    b. The others answer your question using the word in parentheses after **b.**

Model: Estudia el español.   a. (Quién)   a. — ¿**Quién** estudia el español?
         He studies Spanish.   Who studies Spanish?

                            b. (Pablo)   b. — **Pablo** estudia el español.
                                         Paul studies Spanish.

1. Ana escribe mucho.   a. (A quién)   b. (a su nuevo amigo, Luis)

    a._____

    b._____

2. Luis toma el tren para la casa de Ana.   a. (Cuándo)   b. (ahora)

    a._____

    b._____

3. Leen las cartas.   a. (Cuántos amigos)   b. (tres amigos)

    a._____

    b._____

4. Luis sufre un accidente.   a. (Dónde)   b. (en el tren)

    a._____

    b._____

5. Mi amiga, Ana, y yo leemos.   a. (Qué)   b. (la noticia [news])

    a._____

    b._____

6. Corre al hospital.   a. (Quién)   b. (Ana)

    a._____

    b._____

7. Preguntan mucho.   a. (Quiénes)   b. (Las chicas)

   a. _____

   b. _____

8. Marta y yo le mandamos una tarjeta al hospital.   a. (Cómo)   b. (de prisa)

   a. _____

   b. _____

9. Luis no sufre ahora.   a. (Por qué)   b. (porque regresa a casa)

   a. _____

   b. _____

10. Vamos a comprar un regalo.   a. (Para qué)   b. (para celebrar la cura de Luis)

   a. _____

   b. _____

11. Compramos flores.   a. (Qué)   b. (rosas y tulipanes)

   a. _____

   b. _____

III. Directed Dialogue. In the museum you chat with two artists. Address your questions to them using **ustedes.** Answer for them in complete sentences using **nosotros** and the cues in parentheses. Role-play with others.

1. a. How do you (pl.) learn to paint (**a pintar**)? _____

   b. (asistir a las clases)_____

2. a. Why do you (pl.) paint (**pintar**)? _____

   b. (deber) _____

3. a. Which ones do you sell? _____

   b. (todas) _____

4. a. Why (for what purpose) do you sell?_____

   b. (ganar dinero para pintar más) _____

5. a. To whom (pl.) do you explain the work? _____

   b. (a los tontos que preguntan mucho) _____

IV. Directed Dialogue. You are the manager of the bank (**gerente del banco**). A young man enters. He needs a loan quickly. Role-play in complete sentences.

Joven: Por favor, debo mucho dinero.

1. Gerente: _____

   Ask him: To whom (pl.) he owes money.

Joven: A todos los amigos y a mis padres.

2. Gerente: _____

   How many dollars do you need?

Joven: Tres mil (3000) dólares.

3. Gerente: _____

        Why (What for?)

Joven: Mil para mis padres por los estudios, y dos mil para mis amigos por los teatros y los restaurantes.

4. Gerente: _____

        Why do you need all this now?

Joven: Si no, debo ir a otra ciudad . . . si deseo vivir más.

5. Gerente: _____

        Where are you going? To which one?

Joven: Ahora no sé. . . . Al Polo Norte.

6. Gerente: _____

        What are you studying?

Joven: Quiero estudiar para banquero (banker).

7. Gerente: _____

        Excellent! Tomorrow you are working here in order to earn the money you need.

V. **Speak up!** Role-play

Situation: How to have a vacation for less money. [Three sentences are good; four are very good; five are excellent.]

 **Amigo(a):** ¿Cuánto deben costar unas vacaciones baratas?
    Yo: Tecleo tus preguntas. Te digo cómo contesta mi potente computadora.

Clues: *Preguntas del amigo.* Where can we go on an inexpensive vacation? To which hotel do we go? What can we do there? Where do we eat for less? How do we go there?

Contestaciones de la computadora. There is a hotel near the sea. There are restaurants where you (pl.) can eat for (**por**) less. You must go by bus: that is cheaper. By day (**de día**) you can swim, and by night (**de noche**) you (pl.) can dance under the stars. Perhaps it is cheaper to stay at home, to eat better, to rest, to walk, and to watch travel videos (**de viajes**). Which do you want: a vacation at home or a vacation in an inexpensive hotel? Other ideas?

Work Unit Six

THE INDEFINITE ARTICLES *UN, UNA, UNOS, UNAS, ALGUNO, NINGUNO*

Los hombres somos muy inteligentes

Alicia trabaja en una oficina y Antonio trabaja en un taller. Hoy, Antonio tiene un día libre y Alicia le pide ir a comprar comida.

Alicia: Necesito algunas cosas del supermercado. Por favor, toma esta lista.
Antonio: ¡Yo no necesito ninguna lista! Tengo excelente memoria y sé si falta algo.

Antonio va al supermercado. Entra y...no sabe qué comprar. Camina preocupado por un pasillo...

Antonio: ¿Qué necesitamos? ¿Una docena de pescados? ¿Un chocolate? ¿Unos refrescos? ¿Unas flores? Voy a preguntar a este dependiente. Señor, por favor, ¿cree usted que yo necesite algunos jabones o algunas cervezas para la casa?
Dependiente: Yo no sé, pero mi asistenta, María, sí sabe.
María: ¡Ay! ¡Estos hombres! Usted necesita un pan, unos huevos, unas frutas y una leche.
Antonio: ¡Perfecto! Gracias.

Antonio paga y camina a casa. Cuando Alicia vuelve del trabajo, ve las compras.

Alicia: ¡Muy bien, Antonio! ¡Exactamente lo que necesitamos!
Antonio: Por supuesto. Nosotros los hombres nacemos inteligentes.

PALABRAS NUEVAS

SUSTANTIVOS (NOUNS)
la asistenta   the assistant
el chocolate   the chocolate
la comida   the food
la cosa   the thing
la compra   the purchase
el dependiente   the clerk
el día libre   the day off
la docena   the dozen
la flor   the flower
la fruta   the fruit
el huevo   the egg
el jabón   the soap
la leche   the milk
la lista   the list
el pan   the bread
el pasillo   the aisle
el pescado   the fish
el refresco   the soda (drink)
el supermercado   the supermarket
el taller   the workshop
el trabajo   the work

VERBOS (VERBS)
creer   to believe
entrar   to enter
falta algo   something is needed
nacemos   (we) are born
necesitar   to need
pagar   to pay (for)
pide   (he) asks for, requests
preguntar   to ask
sé   (I) know
somos   (we) are
tiene   (she) has
trabajar   to work
ve   (she) sees
vuelve   (he, she) returns

ADJETIVOS (ADJECTIVES)
algunos, as   some
excelente   excellent
inteligente   intelligent
libre   free, day off
ninguno, a   none

perfecto, a   perfect
preocupado, a   worried

OTRAS PALABRAS (OTHER WORDS)
algo   something
cuando   when
exactamente   exactly
Gracias   Thanks
hoy   today
por favor   please
por supuesto   of course
le   to him, to her
lo que   what
sí sabe   does certainly know
un   a (m.)
una   a (f.)
unas   a (f.pl.)
unos   a (m.pl.)
usted   you (form.)

EJERCICIOS

I. Answer in a complete sentence.

1. ¿Adónde debe ir Antonio hoy? _____

2. ¿Por qué dice Antonio que no necesita lista? _____

3. En el supermercado, ¿qué no sabe Antonio? _____

4. ¿Quién ayuda a Antonio a comprar las cosas correctas? _____
   _____

5. ¿Está Alicia contenta con las compras del supermercado? _____
   _____

6. ¿Quién toma el crédito por comprar las cosas correctas sin lista? _____
   _____

II. Word Hunt—Find and circle these words in Spanish.

1. dozen	9. how much?	
2. egg	10. to go	
3. refreshment	11. sees	
4. day	12. thing	
5. believes	13. leaves	
6. (I) pay	14. strolls	
7. milk	15. I know	
8. fruit	16. he	

D	O	C	E	N	A	H	C
I	L	R	L	V	E	U	U
A	E	E	P	A	S	E	A
A	C	E	R	E	S	V	N
I	H	A	P	A	G	O	T
R	E	F	R	E	S	C	O
S	E	O	F	R	U	T	A
C	O	S	A	S	A	L	E

III. Preguntas personales y generales. Answer in a complete sentence.

1. ¿Quién compra las cosas necesarias en su casa? _____
   _____

2. ¿Puede usted comprar cosas necesarias sin lista? _____
   _____

3. ¿Tiene Antonio una buena memoria?_____
   _____

4. ¿Y usted? ¿Cómo es su memoria? _____
   _____

5. ¿Quiénes son más inteligentes? ¿Los hombres o las mujeres? ¿O son iguales (*equal*)? _____
   _____

6. ¿Qué desea hacer usted en su día libre? _____
   _____

IV. Picture Match: Connect the pictures with the sentences below. Then tell something more about each one.

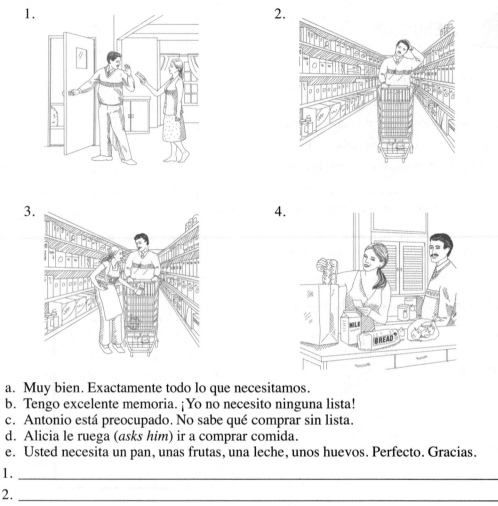

1.
2.
3.
4.

a. Muy bien. Exactamente todo lo que necesitamos.
b. Tengo excelente memoria. ¡Yo no necesito ninguna lista!
c. Antonio está preocupado. No sabe qué comprar sin lista.
d. Alicia le ruega (*asks him*) ir a comprar comida.
e. Usted necesita un pan, unas frutas, una leche, unos huevos. Perfecto. Gracias.

1. _____
2. _____
3. _____
4. _____

IV. **Composición:** (A) Por celular (B) Por correo electrónico

(A) Look at the picture on page 65. Tell a friend what is happening, and how the story ends.

(B) You go to a supermarket for a few groceries. Role-play with a friend.

Dependiente: Buenos días, ¿qué desea usted?
Yo:
_____
(Mention two items.)

Dependiente: ¿Quiere algo más?
Yo:
_____
(Mention one more item.)

Dependiente: Bueno, son diez dólares cincuenta.
Yo:
_____
(Tell whether it is little or too much.)

Dependiente: Muchas gracias, señor. Adiós. El trabajo de la mujer no es muy difícil. ¿Verdad?
Yo:
_____
(Tell whether you agree before saying good-bye.)

ESTRUCTURAS DE LA LENGUA
THE INDEFINITE ARTICLES: *UN, UNA, UNOS, UNAS, ALGUNO, NINGUNO*

A. Uses of **Un** and **Una**

Un	Una
1. ¿Quiénes son los chicos? Who are the boys?	2. ¿Quiénes son las chicas? Who are the girls?
Un chico es mi primo. *One* boy is my cousin.	**Una chica** es mi prima. *One* girl is my cousin.
El otro es **un alumno** de mi clase. The other is *a* pupil in my class.	La otra es **una alumna** de mi clase. The other is *a* pupil in my class.

B. Uses of **Unos** and **Unas**

Rules:

1. **Uno,** meaning *one (masculine)* shortens to **un** *before a masculine singular noun*. As **un,** the indefinite article singular can mean *a, an,* or *one*, e.g., **un chico** can mean *one boy* or *a boy*.

2. **Una** meaning *one* (feminine) never shortens. Before a feminine noun **una** may mean *one* or the singular indefinite articles *a* or *an*; e.g., **una chica** can mean *one girl* or *a girl*.

Unos	Unas
1. **Unos chicos** hablan español; otros hablan inglés. *Some (a few) boys* speak Spanish; others speak English.	2. **Unas chicas** estudian el español; otras estudian el inglés. *Some (a few) girls* study Spanish; others study English.

Rules:

1. **Unos** and **unas** mean *some* or a *few*.
   Unos precedes masculine nouns. **Unas** precedes feminine nouns.

2. **Unos pocos, unas pocas.** *Some, some few*:

Unos pocos dulces Some few candies	**Unas pocas** revistas Some few magazines

C. **Alguno** and **Ninguno:** Forms and uses

Alguno *affirmative*	**Ninguno** *negative*
1. ¿Pasa **alguno** por aquí? Is *someone (anyone)* passing by here?	**Ninguno** pasa ahora. *No one (nobody, not anybody)* is passing now.
2. ¿Fuma **algún** chico aquí? Is *any (some)* boy smoking here?	**Ningún** chico fuma aquí. *No* boy is smoking here.
3. ¿Llora **alguna** niña aquí? Is *some (any)* little girl crying here?	**Ninguna** niña llora ahora. *No* little girl is crying now.
4. ¿Gritan **algunos** muchachos? Are *some (any)* boys shouting?	**Ningunos** muchachos gritan. *No* boys are shouting.
5. ¿Corren **algunas** muchachas aquí? Are *any (some)* girls running here?	**Ningunas** muchachas corren ahora. *No* girls are running now.

Rules:

1. **Alguno(a)** (someone) and **ninguno(a)** (no one) are pronouns when they stand without a following noun. They change their final **o** to **a** when the noun that is understood is feminine. They add **s** to form the *plural* when the noun that is understood is *plural*.

2. **Alguno:** When a noun follows **alguno, alguno** agrees with it in gender and in number (for example, **algún chico, alguna chica, algunos chicos, algunas chicas. Ninguno** follows the same rules when it stands before a noun, e.g., **ningún chico, ninguna chica, ningunos chicos, ningunas chicas.**

3. **Alguno(a)** (some) and **ninguno** (no one) drop the **o** before a masculine *singular* noun. An accent mark is then placed over the **ú** in the final syllable (**algún niño, ningún niño**).

STUDY THE RULES, EXAMPLES, AND MODELS BEFORE BEGINNING THE EXERCISES

EJERCICIOS

I.   Tell us about your food shopping in complete sentences, using **uno, un, una, unos,** or **unas** before each cue given in parentheses. Role-play.

   Model: —¿Cuánta harina necesita Ud.? [libras]   —Necesito **unas** libras
   —How much flour do you need?   —I need a few pounds.

   1. ¿Qué necesita Ud.? (pan) _____

   2. ¿Dónde compra Ud. comida? (supermercado) _____

   3. ¿Quiénes ayudan en la tienda? (dependientes) _____

   4. ¿Cuáles son las frutas que compra Ud.? (bananas) _____

   5. ¿Cuánto paga Ud. en total? (demasiados dólares) _____

II.   Tell your eager gourmet grocer that you are interested in "only some." Use **solamente** and the appropriate form of **alguno** to agree with the nouns in italics. Role-play.

   Model: —¿Deseas todos estos tomates?   —No. Solamente **algunos** tomates.
   Do you want all these tomatoes?   No. Only *some* tomatoes.

   1. ¿Conoce Ud. nuestros *productos* gourmets? _____

   2. ¿Desea Ud. *asistencia* personal? _____

   3. ¿Prefiere Ud. todo el pescado? _____

   4. ¿Necesita Ud. unas *frutas* frescas?_____

   5. ¿Va a costar demasiado *dinero*? _____

III.   You are on your cell phone, telling your family that the festival is called off on account of rain. Answer them in a complete sentence using the appropriate form of **ninguno** *at the beginning* of your statement. Role-play.

   Model: —¿Alguno canta?   —**Ninguno** canta.
   —Is anyone (someone) singing?   —No one (nobody) is singing.

   1. ¿Toca salsa algún músico? _____

   2. ¿Venden alguna comida? _____

   3. ¿Cantan algunos artistas? _____

   4. ¿Caminan algunas amigas por la calle Ocho? _____

   5. ¿Está alguna feliz? _____

IV. You need a good used car (**carro**), or a used pickup truck (**camioneta**) in good condition. Role-play your conversation with the car dealer. Use the appropriate forms of **alguno** and **ninguno,** *only*.

Usted: ¿Hay _____ carros nuevos aquí?
　　　　　　　　1.

Vendedor: ¿No, señor(a), ¡ _____ carros son nuevos aquí!
　　　　　　　　　　　　　2.

Usted: Entonces, busco _____ carro usado en buenas condiciones!
　　　　　　　　　　　3.

Vendedor: Señor(a) ¡ _____ carro aquí está en malas condiciones!
　　　　　　　　　　　4.

Usted: ¿Es posible comprar aquí _____ camioneta barata? (inexpensive)
　　　　　　　　　　　　　5.

Vendedor: Perdón. ¡ _____ camioneta es muy barata!
　　　　　　　　6.

Usted: Pues, ¿hay _____ camionetas menos caras (expensive) que otras?
　　　　　　　　　7.

Vendedor: Sí, señor(a), pero _____ camionetas buenas son menos caras que veinte mil
　　　　　　　　　　　　8.

(20,000) dólares.

Usted: Entonces, ¡adiós!

Vendedor (a los otros vendedores): ¡Ha! ¡Ha! _____ desea comprar una camioneta
　　　　　　　　　　　　　　　　　9.

barata. Hoy día es imposible. _____ va a vender camionetas baratas.
　　　　　　　　　　　　10.

V. **Speak up!** Role-play

Situation: You work in a grocery store after school. Your friend enters. He left his shopping list at home. You suggest some necessary grocery items. [Three sentences are good; four very good; five or more are excellent.]

 Amigo (a): ¡Ay! No tengo mi lista.
Yo: 　　　. . .

Clues: *Suggesting some (**unos, unas, algunos, algunas**) grocery items, (specifically, milk, eggs, cereal, fruit, bananas, fish, soda, chocolate, soap, flowers) ask whether he wants (**¿quieres?**)...; needs (**¿necesitas?**)...; wishes (**¿deseas?**)...; what it is important to buy...; whether there are some or some few at home.... Other ideas?*

Work Unit Seven

CARDINAL NUMBERS 1–31; TIME, DAYS, MONTHS, DATES, SEASONS

El secreto de la felicidad

Andrés y Luisa piensan sobre la felicidad.

Andrés: Para estar contento, necesito viajar mucho y hacer muchas cosas.

Luisa: Bueno, ¿qué te parece si el seis de enero, a las diez y treinta, volamos a Chile? En enero allá es verano, hay mucho sol y podemos nadar.

Andrés: Para eso tenemos piscina en casa.

Luisa: Mi amor, entonces el diecinueve de marzo, a las tres y quince, podemos navegar a Italia porque es invierno y es posible ir a la ópera.

Andrés: ¡Vamos a la ópera cada lunes y viernes ahora mismo!

Luisa: ¿Y si tomamos el avión a Perú, el veintiocho de octubre, porque es primavera y hay muchas ventas en tiendas y mercados?

Andrés: Todo lo que necesitamos, siempre lo compramos en E-bay.

Luisa: ¿Por qué no vamos en auto a Canadá el dos de noviembre? Es otoño y allá hay muy buenos restaurantes.

Andrés: ¡Cada semana y cada mes de nuestras vidas comemos en restaurantes!

Luisa: Ay, veo que para ser felices debemos ser pobres.

PALABRAS NUEVAS

SUSTANTIVOS *(NOUNS)*
el amor   the love
enero   January
la felicidad   the happiness
el invierno   the winter
el lunes   Monday
marzo   March
el mercado   the market
el mes   the month
noviembre   November
octubre   October
el otoño   autumn
la ópera   the opera
la piscina   the swimming pool
la primavera   the spring
la semana   the week
el sol   the sun
la tienda   the store
las ventas   the sales

el verano   the summer
la vida   the life
el viernes   Friday

VERBOS *(VERBS)*
navegar   to sail
parecer   to seem
piensan   (they) think
poder   to be able, can
tenemos   (we) have

ADJETIVOS *(ADJECTIVES)*
ahora mismo   right now
cada   each
diecinueve   nineteen
diez   ten
dos   two
nuestro, a   our
pobre   poor
posible   possible

quince   fifteen
seis   six
treinta   thirty
tres   three
veintiocho   twenty-eight

OTRAS PALABRAS *(OTHER WORDS)*
allá   over there
cada   each
en auto   by car
entonces   then
lo   it
porque   because
¿Qué te parece?   What do you think?
Todo lo que necesitamos   All that we need

EJERCICIOS

I. **(A)** Answer in a complete sentence.

1. ¿Qué necesita Andrés para estar contento?
2. ¿Por qué no quiere viajar a Chile para nadar allí?
3. ¿Por qué no quiere viajar a Italia para asistir a la ópera allí?
4. ¿Por qué no quiere viajar a Perú?
5. ¿Por qué no quiere ir a Canadá para comer en los buenos restaurantes allí?

1. _____
2. _____
3. _____
4. _____
5. _____

I. **(B) Preguntas personales y generales.** Answer in a complete sentence.

1. ¿A qué país (*country*) desea usted viajar?
2. ¿Cómo va usted a viajar allí?
3. ¿En qué estación o mes prefiere usted ir allí?
4. ¿Qué quiere usted hacer allí?
5. ¿Puede estar usted contento de su vida sin viajar?

1. _____
2. _____
3. _____
4. _____
5. _____

II. Unscramble the following words and place them in the proper boxes.

1. PRIAVREAM
2. SEM
3. ROMA
4. YOMA
5. INOVERIN
6. LOS

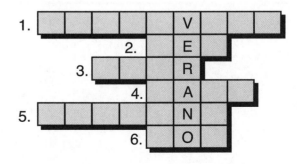

III. Write next to column A the letter of the expression in column B that means the opposite.

A		B
1. el verano	_____	a. imposible
2. el otoño	_____	b. más tarde
3. la venta	_____	c. acá
4. le felicidad	_____	d. la muerte
5. ahora mismo	_____	e. el invierno
6. posible	_____	f. la primavera
7. allá	_____	g. la compra
8. la vida	_____	h. el descontento

IV.   Composición: (A) Por celular (B) Por correo electrónico

(A) Look at the picture on page 73, tell what is happening and how the story ends.
(B) Tell about your plans for a vacation. Include the following:

Mis vacaciones

1. Where you want to take your vacation. 2. In what month it is good to go there.
3. With whom you want to go/are going to be (**estar**). 4. How much time you plan to
spend there. 5. What you do there.

ESTRUCTURAS DE LA LENGUA
CARDINAL NUMBERS: 1–31, TIME, DAYS, MONTHS, DATES, SEASONS

1. uno (un, una)	11. once	21. veintiuno
2. dos	12. doce	22. veintidós
3. tres	13. trece	23. veintitrés
4. cuatro	14. catorce	24. veinticuatro
5. cinco	15. quince	25. veinticinco
6. seis	16. dieciséis	26. veintiséis
7. siete	17. diecisiete	27. veintisiete
8. ocho	18. dieciocho	28. veintiocho
9. nueve	19. diecinueve	29. veintinueve
10. diez	20. veinte	30. treinta
		31. treinta y uno (un, una)

A. Arithmetic Examples   Aritmética

1. **Quince y diez son veinticinco.**	15 plus 10 are 25.
2. **Treinta menos diez son veinte.**	30 minus 10 are 20.
3. **Seis por dos son doce.**	6 times 2 are 12.
4. **Veinte dividido por cinco son cuatro.**	20 divided by 5 equals 4.

B. One   Un, uno, una

1. **Un libro** está en la mesa.	*One* book is on the table.
2. Hay **veintiún alumnos.**	There are *21* pupils.
3. El cuaderno tiene **treinta y una páginas.**	The notebook has *31* pages.

Rules:

1. **Uno,** indicating *one*, shortens to **un** before a masculine singular noun, and changes to **una** before a feminine singular noun, whether alone or after **veinte** and **treinta.**
2. The numbers 16–19 and 21–29 are combinations into single words.
3. Note the accent mark, on **dieciséis, veintidós,** and **veintitrés**; also, on **veintiún** (e.g., **veintiún años**).

C. Telling Time   ¿Qué hora es?

1. **¿Qué hora es?**	What time is it?
2. **Es la una.**	It is 1 o'clock.
3. **Es la** una y diez (y cuarto; y media)	It is 10 minutes after 1 (a quarter past; half past).
4. **Son las** dos.	It is 2 o'clock.
5. **Son las** dos **menos** veinticinco.	It is 25 minutes to 2 o'clock *or* 1:35.
6. **Son las** dos **menos** quince.	It is 15 minutes to 2 o'clock *or* 1:45.

Rules:

1. One o'clock is feminine *singular*; 2 through 12 o'clock are feminine *plural*. **La** or **las** precede each hour. Use **es la** before **una,** and **son las** before **dos** through **doce** to express *it is*.
2. The hour is generally expressed *before* the minutes. Use **y** to *add* the minutes past the hour.
3. *After half past the hour*, the time is generally expressed in terms of *the next hour less the appropriate number of minutes*. Use **menos** to *subtract* the minutes from the next hour.
4. When telling time, two forms of P.M. are used: For the afternoon and early evening until dinner, **de la tarde;** for the late evening, **de la noche.** A.M. is only **de la mañana.**

D. At What Time?   ¿A qué hora?

HORARIO	SCHEDULE
1. ¿A qué hora toma Ud. las comidas?	At what time do you take meals?
2. Tomo el desayuno a las siete de la mañana.	I eat breakfast at 7 A.M.
3. Tomo el almuerzo a las doce (al mediodía).	I eat lunch at 12 o'clock (at noon).
4. Llego a casa a las tres de la tarde y tomo café o leche.	I arrive home at 3 P.M. and take coffee or milk.
5. En casa tomamos la comida a las seis de la tarde.	At home we eat dinner at 6 P.M.
6. Vamos a la cama y dormimos a las diez de la noche.	We go to bed and sleep at 10 P.M.

Rules:

Use **a** to express *at* in telling time followed by **la** or **las** and the number.

E. Days   Los días

1. Hoy es **sábado.** Mañana es **domingo.**	Today is Saturday. Tomorrow is Sunday.
2. Los días de la semana son: **domingo, lunes, martes, miércoles, jueves, viernes, sábado.***	The days of the week are: Sunday, Monday, Tuesday, Wednesday, Thursday, Friday, Saturday.
3. **Los sábados** son para las tiendas.	Saturdays are for shopping.
Los domingos son para descansar.	Sundays are for resting.
4. **El domingo** voy al cine.	On Sunday I am going to the movies.

Rules:

1. Days are written entirely in lowercase letters. Their first letters are capitalized only when the entire day is capitalized as on signs, calendars, etc.

2. The definite article precedes the day and can mean *on*, e.g., **Voy el lunes.** *I am* going *on Monday.* **No trabajo los lunes.** I do not work *on Mondays*.

3. *Omit the definite articles when the days are stated in a series or list, and after the verb **ser,** e.g., **Hoy es lunes.** Today *is Monday*.

F. Months and Dates **Los meses y la fecha**

1. Los meses del año son: **enero, febrero, marzo, abril, mayo, junio, julio, agosto, septiembre, octubre, noviembre, diciembre.**

   The months of the year are: January, February, March, April, May, June, July, August, September, October, November, December.

2. **¿Cuál es la fecha de hoy?**   What is today's date?
   Hoy es **lunes, primero de mayo.**   Today is Monday, May 1.
   Mañana es **martes, dos de mayo.**   Tomorrow is Tuesday, May 2.

Rules:

1. Months are written entirely in lowercase letters. Their first letters are capitalized only when the entire month is capitalized as on signs, calendars, etc.

2. The first day of the month is expressed as **el primero de...** The rest of the days are expressed in cardinal numbers: **el dos de..., el tres de...,** etc.

G. Seasons **Las estaciones**

1. ¿En su país hace buen tiempo o mal   In your country, is the weather good or
   tiempo en las cuatro estaciones: bad in the four seasons: *winter, spring,*
   el invierno, la primavera,   *summer, and fall?*
   el verano y el otoño?

2. En **el invierno** nieva y hace frío,   In the *winter* it snows and it is cold,
   y en **el verano** hace calor y sol.   and in the *summer* it is hot and sunny.

3. En la **primavera** y en **el otoño**   In the *spring* and the *fall* it is cool or it
   está fresco o llueve mucho.   rains a great deal.

Rules:

1. The seasons are generally preceded by their article **el** or **la.**

2. **Hace** is the verb that is generally used in discussing the weather, except for **nieva,** *it snows,* and **llueve,** *it rains.* **Fresco** normally requires **está**, not **hace**, e.g., **Está fresco hoy.**

STUDY THE RULES, EXAMPLES, AND MODELS BEFORE BEGINNING THE EXERCISES

EJERCICIOS

I. Math questions.

1. Cuatro y cinco son _____

2. Nueve y catorce son _____

3. Tres y siete son _____

4. Once y uno son _____

5. Trece y ocho son_____

6. Diecisiete y trece son _____

7. Ocho por dos son _____

8. Cuatro por dos son _____

9. Treinta y uno menos dieciséis son _____

10. Veintinueve menos dos son _____

11. Diecinueve menos dos son_____

12. Veinte menos seis son_____

13. Dieciocho dividido por tres son _____

14. Veinte dividido por cinco son_____

15. Quince por dos son_____

II. Tell us about the months of the year and the big holidays.

Los meses de primavera son marzo, _____ y _____. Los meses de verano son
                                    1   2

_____, julio y _____. Los meses de otoño son _____,
     3   4   5

_____, y noviembre. Los meses de invierno son_____, _____. y
   6   7   8

febrero. Celebramos la Navidad (Christmas) en el mes de _____. El Día de Año Nuevo
                                                            9

(New Year's Day) es el _____ de enero.
                     10

III. And now a word about the seasons. Role-play in complete sentences.

1. ¿Qué estación produce las primeras flores? _____

2. ¿Cuándo hace mucho frío?_____

3. ¿Cuál es la estación cuando hace mucho calor?_____

4. ¿En qué estación celebra Ud. su cumpleaños? _____

5. ¿Cuál es su estación favorita? ¿Por qué? _____

IV. Write the appropriate equivalent of *it is* (**es la** or **son las**) to tell the time. Then write the time in numbers within the parentheses.

Model: _____ **ocho menos diez.** (_____)
       <u>**Son las** ocho menos diez.</u>   **(7:50)**

1. _____ una y quince.   (_____)

2. _____ dos y media.   (_____)

3. _____ doce y cuarto.   (_____)

4. _____ una menos veinticinco. (_____)

5. _____ once menos cuarto. (_____)

V. You are worried. Your brother has not returned from his nighttime job. You note the passing time.

1. Ya son las _____(half-past three P.M.)

2. Regresa generalmente a la _____(quarter to one P.M.)

3. Sale de la casa a las _____(3:40 A.M.)

4. ¿Qué _____(time is it?)

5. Llega ahora _____(at 4 P.M.)

VI. What is our schedule? In complete sentences use the time given in *italics* and the appropriate expression for A.M. (**de la mañana**) or for P.M. (**de la tarde** or **de la noche**).

Model: —¿Vamos de tiendas por la tarde?   (*a las tres*)   Do we shop in the afternoon?
       —Sí, vamos de tiendas a las tres **de la tarde.**   Yes, we shop at 3 P.M.

1. ¿Salimos de la casa por la tarde?   *a las cinco*

   _____

2. Antes de salir, ¿tomamos el almuerzo por la tarde?   *a la una*

   _____

3. El primer día a bordo, ¿nos dormimos por la noche?   *a las once menos veinte*

   _____

4. ¿Tomamos el desayuno por la mañana?   *a las nueve y media*

   _____

5. ¿Escuchamos instrucciones del capitán por la tarde?   *a la una menos cuarto*

   _____

VII. a. Give a *negative* response in a complete sentence.

      b. Then state a sentence with the *next* day, hour, month, or season for each expression in *italics*. Role-play.

Model: —¿Es hoy *martes, treinta y uno de enero*?   Is today Tuesday, the 31st of January?

    a. —Hoy **no es martes, treinta y uno**   Today is not Tuesday, the 31st of January.
        de enero.

    b. —Hoy **es miércoles, primero de**   Today is Wednesday, the 1st of February.
        febrero.

1. ¿Es hoy *miércoles, treinta y uno* de *diciembre*?

    a. _____

    b. _____

2. ¿Es todavía (still) *primavera* en el mes de *junio*?

    a. _____

    b. _____

3. ¿Son *las doce del mediodía* (noon)?

    a. _____

    b. _____

4. ¿Llegamos a casa el *miércoles, treinta de septiembre*?

    a. _____

    b. _____

5. ¿Celebramos el día de Navidad el *veinticinco* de *noviembre*?

    a. _____

    b. _____

VIII. The baby-sitter quizzes the child. Respond in complete sentences. Role-play.

1. ¿Cuáles son los días de la escuela?

Son _____(Monday

                                       through

_____ Friday)

2. ¿Qué día es para las tiendas?

_____es para las tiendas. (Saturday)

3. ¿Qué día es para descansar?

_____es para descansar. (Sunday)

4. ¿Cuántos días hay en la semana?

Hay _____días en la semana. (seven)

5. ¿Cuántos días hay en el mes de agosto?

En agosto hay _____ días. (thirty-one)

6. ¿Cuántas horas hay en un día?

En un día hay _____ horas. (twenty-four)

7. ¿A qué hora entramos en la escuela?

Entramos _____ (at half-past 8 A.M.)

8. ¿Cuántas alumnas hay en la clase?

Hay _____ alumnas. (twenty-one)

9. ¿A qué hora regresamos a casa?

Regresamos _____ (3:25 P.M.)

10. ¿A qué hora vamos a la cama?

Vamos _____ (10:40 P.M.)

IX. Speak up! Role-play

Situation: Luis does not want to travel this year. You persuade him to take a cruise with you. [Three sentences are good; four are very good; five are excellent.]

Luis: Prefiero no viajar este año.
Yo: Entonces, un viaje por mar es mejor para descansar a bordo (*on board*).

Clues: *Tell Luis on what date a ship (***un barco***) is going to sail. Why it is a good season (it is not too hot or too cold) for a trip by sea. On board, at what times of the day can we have (***tomar***) three or more meals and refreshments. What there is on board, such as little shops, swimming pools, fresh air. After dinner there is music for listening and for dancing. In port (***en el puerto***) there are markets with sales of native things. Other ideas?*

X. ¿Qué ropa usas tú?

1. INVIERNO

1. a. ¿Qué usa el hombre en el invierno?_____

_____

   b. ¿Qué usa la mujer?_____

_____

   c. ¿Qué usas tú cuando hace frío? _____

_____

2. PRIMAVERA

2. a. ¿Qué usa la chica en la primavera? _____

_____

b. ¿Qué usa el chico para correr? _____

_____

c. ¿Qué usas tú cuando hace buen tiempo? _____

_____

Vocabulario: usar to wear

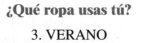

¿Qué ropa usas tú?

3. VERANO

3. a. ¿Qué usan las chicas en la piscina? _____

_____

b. ¿Qué usa el salvavidas? _____

_____

c. ¿Qué usas tú cuando hace calor en el verano? _____

_____

4. OTOÑO

4. a. ¿Qué usa el hombre cuando llueve? _____

_____

   b. ¿Qué usa la mujer? _____

_____

   c. ¿Qué usas tú en el otoño cuando llueve? _____

_____

Vocabulario: la piscina *the pool*; **el salvavidas** *the lifeguard*; **llueve** *it rains*; **de paja** *of straw*

Work Unit Eight
IRREGULAR VERBS OF THE PRESENT INDICATIVE TENSE

Así es la vida

Pedrito Correa hace fotocopias todo el día y está triste. Pedrito quiere conocer una muchacha, salir con ella, oír sus palabras y gozar de su compañía. Pero tiene poco éxito con las mujeres. Ahora sale al corredor y ve a Josefina Andrade, la contadora más bella de la empresa. Ésta es la oportunidad perfecta para hacer una cita con ella. En ese momento, los documentos que Josefina trae, caen al suelo. ¡Perfecto! Pedrito levanta los documentos, los pone en la mano de Josefina y dice:

Pedrito:	Perdone, aquí tiene usted sus papeles...
Josefina:	Sí, gracias.
Pedrito:	Usted no me conoce. Soy Pedro...pero me llaman Pedrito. ¿Tiene usted unos minutos para conversar?
Josefina:	Realmente, no. Voy ahora a una reunión en Mercadeo.
Pedrito:	Entonces, ¿después de la reunión? ¿Qué si nos encontramos después de las cinco?
Josefina:	Gracias, pero tengo mucho trabajo y creo que voy a estar en la oficina hasta las nueve.
Pedrito:	¡No importa! ¡Yo puedo esperar! Si quiere, podemos ir a comer...
Josefina:	No. No estoy interesada. No quiero salir ni a conversar, ni a comer. Adiós.

Una hora más tarde, Julio César Bolívar, jefe del ejecutivo, ve a Josefina en la cafetería.

Julio César:	¡Hola Josefina! ¿Qué tal? Dime, ¿estás ocupada esta noche o quieres salir conmigo?
Josefina:	Sí, por supuesto, Julio César, con mucho gusto. ¡Contigo salgo a cualquier parte!

PALABRAS NUEVAS

SUSTANTIVOS *(NOUNS)*
la cafetería   the cafeteria
la cita   the date
la compañía   the company
la contadora   the accountant
el corredor   the aisle
los documentos   the documents
la empresa   the firm
el éxito   the success
la fotocopia   the photocopy
la hora   the hour
el jefe del ejecutivo   the chief executive

la mano   the hand
el mercadeo   the marketing
los minutos   the minutes
el momento   the moment
la muchacha   the young woman
la oportunidad   the opportunity
el papel   the paper
la reunión   the meeting
el suelo   the floor

VERBOS *(VERBS)*
caer   to fall
conocer   to know

conversar   to talk, to converse
¡Dime!   You tell me! (fam.)
encontrar   to meet
esperar   to wait
estar   to be
estás   (you) are (fam.)
estoy   (I) am
gozar de   to enjoy
levantar   to pick up
me llaman   they call me
oír   to hear
podemos   (we) may, can
poner   to put
quiere   (you) want (formal)

sale (he) goes out	**poco, a** little	**cualquier parte** anywhere
salgo (I) go out	**todo, a** every	**entonces** then
salir to go out	**triste** sad	**Hola** Hello
traer to carry		**más tarde** later
ver to see	**OTRAS PALABRAS** *(OTHER WORDS)*	**me** me
		ni nor
ADJETIVOS *(ADJECTIVES)*	**Adiós** Good-bye	**No importa** It does not
bello, a beautiful	**Aquí tiene usted** Here is	matter
cinco five	(handing something over)	**Perdone** Sorry
ese, a that	**Con mucho gusto** With	**Por supuesto** Of course
interesado, a interested	great pleasure	**¿Qué tal?** How are you?
ocupado, a busy	**conmigo** with me	**realmente** actually
perfecto, a perfect	**contigo** with you	

EJERCICIOS

I. **(A)** Answer in a complete sentence.

1. ¿Qué trabajo hace Pedro todo el día?

_____

2. ¿Para qué quiere conocer a una muchacha?

_____

3. ¿Quién es Josefina?

_____

4. ¿Por qué no acepta Josefina la invitación de Pedrito?

_____

5. ¿Cómo responde Josefina cuando el jefe del ejecutivo la invita a salir con él?

_____

I. **(B) Preguntas personales y generales.** Answer in a complete sentence.

1. ¿Con quién sale usted esta semana?

_____

2. ¿Adónde van ustedes?

_____

3. ¿Qué invitaciones acepta usted?

_____

4. ¿Cuándo prefiere usted salir con amigos(as)?

_____

II. Each of the following sets of boxes contains a scrambled sentence. Can you figure the sentences out?

1.

no	usted	Pedro
me	soy	conoce

2.

usted	aquí	perdone
papeles	tiene	sus

3.

interesada	No	salir
estoy	No	quiero

4.

supuesto	contigo	salir
por	sí	quiero

1. _____

2. _____

3. _____

4. _____

III. Picture match. Choose the sentence(s) suggested by each sketch. Then tell something more about each one.

1.   2.

3.   4.

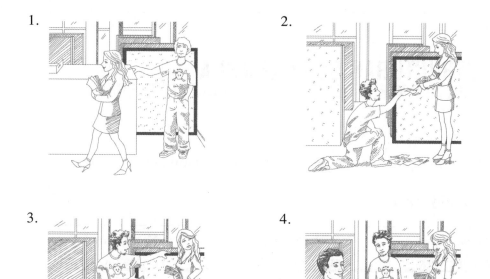

a. Contigo salgo a cualquier parte con gusto.
b. Si usted quiere, podemos ir a comer.
c. ¿Quieres salir conmigo?
d. No estoy interesada.
e. Pedrito pone los documentos en manos de Josefina.
f. Josefina es la más bella de la oficina.
g. Pedrito ve a Josefina.

1. _____
   _____
2. _____
   _____
3. _____
   _____
4. _____
   _____

IV.   Composición: (A) Por celular (B) Por correo electrónico

(A) Look at the picture on page 86. Tell what is happening. Then tell how the story ends.
(B) Tell about a date or an appointment. Include the following:

Una cita

1. With whom you have the date or appointment. 2. At what time and for what day you have the appointment. 3. Where you are going. 4. Where you are going after that.
5. Why you are going home early.

ESTRUCTURAS DE LA LENGUA
IRREGULAR VERBS OF THE PRESENT INDICATIVE TENSE

A. Verbs that are *irregular* in one person: the first person singular, **yo.**

(1) The irregularity is **go.**

hacer *to do, make*	**poner** *to put, place*	**salir** *to leave*
I do the homework.	I put the book here.	I'm leaving now.
Hago la tarea.	**Pongo** el libro aquí.	**Salgo** ahora.
haces	pones	sales
hace	pone	sale
Hacemos la tarea.	Ponemos el libro aquí.	Salimos ahora.
hacéis	ponéis	salís
hacen	ponen	salen

(2) The irregularity is **igo.**

caer *to fall*	traer *to bring*
I fall into the water.	I bring money.
Caigo al agua.	**Traigo** dinero.
caes	traes
cae	trae
Caemos al agua.	Traemos dinero.
caéis	traéis
caen	traen

(3) The irregularity is **oy.**

dar *to give*	*ir *to go*
I give thanks.	I go there.
Doy las gracias.	**Voy** allá.
das	**vas**
da	**va**
Damos las gracias.	**Vamos** allá.
dais	**vais**
dan	**van**

Rules:

*Ir, *to go*, acquires the letter **v** at the beginning of each verb form. To the letter **v** are added endings like those of **dar: oy, as, a, amos, ais, an.**

*Ir is, therefore, irregular in all persons and in the present tense will rhyme with the **ar** verb **dar.**

(4) The irregularity is **eo**	(5) The irregularity is **é**	(6) The irregularity is **zco**
ver *to see*	saber *to know* (facts)	conocer *to know* (persons, places)
I see everything.	I know a great deal.	I know John.
Veo todo.	**Sé** mucho.	**Conozco** a Juan.
ves	sabes	conoces
ve	sabe	conoce
Vemos todo.	Sabemos mucho.	Conocemos a Juan.
veis	sabéis	conocéis
ven	saben	conocen

Rule:

Like **conocer**, the verbs **conducir** (to lead, to conduct, to drive), and **traducir** (to translate) take **zc** before **o**.

B. Verbs that are *irregular* in *four persons*.

(1) The irregularities are **go** and **ie**

tener *to have*	**venir** *to come*
I have time.	I come home.
Tengo tiempo.	**Vengo** a casa.
tienes	**vienes**
tiene	**viene**
Tenemos tiempo.	Venimos a casa.
tenéis	venís
tienen	**vienen**

Rules for **tener** and **venir:**

1. **Tener** and **venir** have similar *stems*.

2. The *irregular* verb forms are in the first, second, and third persons singular and in the third person plural: **yo, tú, él, ella, Ud.** and **ellos-as, Uds.**

3. Regular verb forms are in the first person plural and in the second person plural: **nosotros-as** and **vosotros-as.**

C. Verbs that have *special irregularities* in *four persons*.

decir *to tell*	**oír** *to hear*
I tell the truth.	I hear the song.
Digo la verdad.	**Oigo** la canción.
dices	**oyes**
dice	**oye**
Decimos la verdad.	Oímos la canción.
decís	oís
dicen	**oyen**

Rules for **decir** and **oír:**

1. The *irregular* verb forms are in the first, second, and third persons singular, and in the third person plural: **yo, tú, él, ella, Ud., ellos-as, Uds.**

2. The only regular verb forms are those for **nosotros-as** and **vosotros-as.**

**STUDY THE RULES, EXAMPLES, AND MODELS BEFORE BEGINNING THE
EXERCISES**

EJERCICIOS

I.   Tell about your visit to Manuel. Use **yo.**

Model: —¿Quién habla mucho?   **—Yo hablo mucho.**
　　　　　Who speaks a great deal?　　　　　　I speak a great deal.

 1. ¿Quién sale ahora? _____

 2. ¿Quién conoce a Manuel? _____

 3. ¿Quién viene a su casa? _____

 4. ¿Quién le trae dinero?_____

 5. ¿Quién cae en la calle? _____

 6. ¿Quién hace excusas?_____

 7. ¿Quién pone el dinero en la mesa?_____

 8. ¿Quién va al cine con Manuel? _____

 9. ¿Quién oye música allí? _____

10. ¿Quién le da las gracias? _____

II.   Substitute the subjects suggested in parentheses. Make the necessary changes in each verb.

(A) Model: Yo **vengo** a la fábrica, **digo**   (Uds.) Uds. **vienen** a la fábrica,
　　　　　　　a mi jefe cómo está todo y le **doy**　　　　　　**dicen** a mi jefe cómo está todo y
　　　　　　　el reporte.　　　　　　　　　　　　　　　　le **dan** el reporte.
　　　　　　　I come to the factory, tell my boss　　　　You come to the factory, tell my
　　　　　　　how everything is, and give him　　　　　boss how everything is, and give him
　　　　　　　the report.　　　　　　　　　　　　　　the report.

 1. (tú) _____

 2. (él) _____

 3. (ellos) _____

 4. (nosotros) _____

 5. (Ud.) _____

 6. (yo) _____

(B) Yo voy a casa y **leo** el discurso que **tengo** que aprender para la reunión.
　　　I go home and read the speech that I have to learn for the meeting.

 1. (tú) _____

 2. (el Sr. Correa) _____

 3. (las doctoras) _____

 4. (tú y yo) _____

 5. (Uds.) _____

6. (yo) _____

III. What happens in this visit to the zoo? In (**a**) use **Sí.** In (**b**) use **también.** Role-play.

Model: a. —¿Toman ellos café?   —**Sí. Ellos toman café.**
              Do they drink coffee?   Yes, they do drink coffee.

           b. —¿Y Ud.?   —**Yo también tomo café.**
              And do you?   I also drink coffee.

1. a. ¿Va Ud. al zoológico? _____

    b. ¿Y los amigos? _____

2. a. ¿Ve Ud. el animal feroz? _____

    b. ¿Y ellos? _____

3. a. ¿Trae Juan comida para el tigre? _____

    b. ¿Y tú? _____

4. a. ¿Conoce Ud. al amigo que le da de comer al tigre? _____

    b. ¿Juan y tú? _____

5. a. ¿Sabe Ud. la fecha del accidente? _____

    b. ¿Y ellas? _____

6. a. ¿Sale Ud. hoy para el hospital? _____

    b. ¿Y nosotros? _____

7. a. ¿Pones tú flores en su mesa? _____

    b. ¿Y tú y yo? _____

8. a. ¿Hace Ud. preparaciones para llevar a Juan a casa? _____

    b. ¿Y Julia y Lola? _____

IV. Send an e-mail to us telling about your day. Use **yo** with the appropriate form of the verb and vocabulary.

1. salir/de la casa ahora _____

2. traer/dos papeles importantes a la oficina _____

3. venir/al trabajo a las nueve _____

4. ver/al jefe del ejecutivo _____

5. poner/los documentos en la mesa _____

6. dar/las fotocopias al cliente _____

7. hacer/la cita para la reunión _____

8. decir/las instrucciones a la secretaria _____

9. saber/que las reuniones importan mucho _____

10. tener/éxito hasta el momento _____

11. conocer/a la nueva contadora _____

12. oír/música en el corredor _____

13. ir/a la cafetería _____

14. caer/en el suelo _____

15. decir:/—¡Ay! _____

V.   Speak up! Role-play

>   **Situation:** You received a raise. Your colleague wants to know what makes you so
>   successful in the company. [Three sentences are good; four are very good; five are
>   excellent.]
>
>    **Colega:** Dime, ¿qué haces para tener tanto éxito aquí?
>   **Yo:**   Tú tienes en Mercadeo una buena oportunidad para el mismo
>   éxito si haces como yo.
>
>   **Clues:** *Tell your colleague what you do that makes you successful. You arrive early and
>   leave late; you pay attention (**poner atención**) to the boss; you don't make romantic
>   dates with colleagues (**colegas**); you take some work home; you don't tell company's
>   secrets to other companies; you go to all the meetings; you enjoy the work; you come
>   home tired but happy.*

Work Unit Nine

WORK UNIT NINE: USES OF THE PREPOSITION *A*

Personalidades y enojos

Felipe y Carlos son tan distintos que nadie sabe por qué viven juntos.

Felipe:	Hoy voy a escuchar música, a mirar TV, a comer y a dormir una siesta.
Carlos:	Yo voy a correr, a visitar a mi amigo Raúl y a jugar al fútbol.
Felipe:	¡Cuánto trabajo! Prefiero caminar al sofá y no hacer nada.
Carlos:	¡Hombre! Así vas a envejecer sin tener experiencias.
Felipe:	Y tú vas a vivir rápido sin hacer pausa para apreciar nada.
Carlos:	¡Soy enérgico y tú eres un perezoso!
Felipe:	¡Soy un pensador profundo y tú un mono nervioso!
Carlos:	¿Mono, eh? ¡Si soy un mono, tú eres un cerdo!

Felipe está muy enojado, toma una lata de frijoles, la lanza a Carlos y le lastima una rodilla. Ahora Carlos debe descansar su pierna en el sofá por varios días.

Carlos:	¿Adónde vas?
Felipe:	Pues, a hacer todo lo que no quiero: a comprar, a cocinar, a lavar y a limpiar. Y tú estás feliz en el sofá.
Carlos:	¡Ja! Ese es el precio de la violencia.
Felipe:	¡Cuidado! ¡O empezamos a pelear!
Carlos:	¿Por qué no? ¿Dónde hay otra lata de frijoles?

PALABRAS NUEVAS

SUSTANTIVOS (NOUNS)
el amigo   the friend
el cerdo   the pig
el enojo   the anger
la experiencia   the experience
los frijoles   the beans
el fútbol   the soccer
la lata   the can
el mono   the monkey
el pensador   the thinker
el perezoso   the lazy bones
la personalidad   the personality
la pierna   the leg
el precio   the price
la rodilla   the knee
la siesta   the nap
la TV   the TV

la violencia   the violence
VERBOS (VERBS)
apreciar   to appreciate
dormir   to sleep
eres   (you, fam.) are
hacer pausa   to pause
jugar   to play
lanzar   to throw
lastimar   to hurt
lavar   to wash
pelear   to fight
pensar   to think
prefiero   (I) prefer
soy   (I) am
voy   (I) go

ADJETIVOS (ADJECTIVES)
distinto, a   different
enérgico, a   energetic

enojado, a   angry
nervioso, a   nervous
perezoso, a   lazy
profundo, a   deep
su   his
varios, as   several

OTRAS PALABRAS (OTHER WORDS)
¡Cuidado!   Watch out!
donde   where
le   him, to him
lo   what
nada   nothing
nadie   nobody
por   during
pues   well
sin nada   without anything

EJERCICIOS

I. **(A)** Base your answers on the story.

1. ¿Quién es enérgico y quién es perezoso en esta historia?

2. ¿Qué desea hacer Carlos?

3. ¿Qué animal dice Carlos que es Felipe?

4. ¿Qué hace Felipe?

5. ¿Cuál es la consecuencia de la acción de Felipe?

1. _____

2. _____

3. _____

4. _____

5. _____

I. **(B) Preguntas personales y generales.** Follow the clues in parentheses and write your answers in complete Spanish sentences.

1. ¿Quién cocina en la casa? (I do)

2. ¿Es la tía o el tío la persona más dinámica de tu familia? (The uncle)

3. ¿Es bueno enojar a los amigos? (No)

4. ¿Prefiere usted descansar o trabajar en un fin de semana? (The former)

5. ¿Dónde es bueno descansar una pierna lastimada? (On the sofa)

1. _____

2. _____

3. _____

4. _____

5. _____

II. **¿Cómo se dice en español?**

1. I am going to eat and sleep. _____

2. Today I am very tired. _____

3. He must do everything he does not want to. _____

   _____

4. My friend is very angry. _____

5. Watch out! You must rest. _____

III. Match with their definitions. Write the correct letter in the parentheses.

1. el mono   ( )   a. una comida común
2. el fútbol   ( )   b. una emoción fuerte
3. el enojo   ( )   c. un animal cómico
4. la pierna   ( )   d. un deporte popular
5. los frijoles   ( )   e. una parte del cuerpo

IV. Composición: (A) por celular (B) Por e-mail

(A) Look at the picture on page 96. Tell what is happening and how the story ends.
(B) Tell about the apartment you have or plan to have. Include the following.
Mi apartamento
1. Where it is located. 2. Describe the furniture. 3. What you do when friends come.

ESTRUCTURAS DE LA LENGUA
USES OF THE PREPOSITION *A*

A. *A* indicates direction *toward* or *to*.

To	*To the*
1. Corre **a Pedro.** He runs *to* (toward) Peter.	1. Corre **al hombre.** She runs *to* (toward) the man.
2. Corre **a mi amiga.** He runs *to* (toward) my friend.	2. Corre **a la mujer.** He runs *to* (toward) the woman.
3. Viaja a **España** y a **Francia.** He travels *to* Spain and France.	3. Viaja **a los países.** He travels *to the* countries.

Rules:

1. **Al** *to the*: **a** followed by **el** always combines as **al.**
2. **A la, a los, a las:** *to the* never combine.
3. **A** is repeated before each object noun in a series.

B. Personal *a* (untranslated)

A indicates which *person* is the direct *object* of the verb.

Personal object nouns	*Places and things as object nouns*
1. José **visita a mi amiga.** Joe visits *my friend*.	1. José **visita mi casa.** Joe visits *my house*.
2. José **necesita al amigo.** Joe needs *the friend*.	2. José **necesita el libro.** Joe needs *the book*.

Rules:

1. **A** precedes and dignifies object nouns that are *persons*, and is never used before object nouns that are *things*.

2. *Personal* **a** does *not* mean *to*. It has *no* meaning in Spanish or in English other than to introduce *personal* nouns as direct *objects* of the verb.

C. Omission of *a* after **escuchar** *to listen to*, **mirar** *to look at*, and **tener** *to have*

Things:	1. Escucha **el disco.** He listens to the record.	3. Mira **el reloj.** He looks at the watch.
Persons:	2. Escucha **al jefe.** He listens to the boss.	4. Mira **al médico.** He looks at the physician.
		5. Tiene **un** hermano He has a brother.

Rules:

1. **Escuchar** *to listen to* and **mirar** *to look at* include *to* and *at* and do not require **a** when things or places follow. **A** will follow **escuchar** and **mirar** only to introduce a personal object noun.

2. **Tener** *to have* never takes a personal **a** after it.

D. **A** is used after certain verbs and before an infinitive that completes the thought.

---

1. **Corro a comprar** la nueva novela.
   I am running to buy the new novel.

2. **Voy a leer** con mucho interés.
   I am going to read with great interest.

3. **Principio (Comienzo, Empiezo) a leer** la historia.
   I begin to read the story.

4. **Enseño a leer** a los niños.
   I teach the children *to read*.

5. **Ayudo** al niño **a leer** bien.
   I am helping the child *read* well.

6. El niño **aprende a leer** todo.
   The child *learns how to read* everything.

7. **Invito** a los amigos **a leer** mi novela.
   I invite friends *to read* my novel.

Rules:

The following kinds of verbs require **a** before a thought-completing infinitive: (1) *movement* from one place to another, e.g., **correr** and **ir**; (2) *beginning*, e.g., **principiar, comenzar,** and **empezar**; (3) *teaching* or *showing*, e.g. **enseñar, mostrar**; (4) *helping*, e.g., **ayudar**; (5) *learning*, e.g., **aprender**; (6) *inviting*, e.g., **invitar**.

STUDY THE RULES, EXAMPLES, AND MODELS BEFORE BEGINNING THE EXERCISES

EJERCICIOS

I. Your father wants to know everything you do. Give him affirmative answers in complete Spanish sentences, according to the model. Role-play.

Model: Padre:—¿Caminas al parque hoy?   Yo:— **Sí, camino** al parque.
            Are you walking to the park today?   Yes, I'm walking to the park.

1. ¿Caminas al trabajo con los amigos? _____

2. ¿O corres al autobús para llegar a tiempo?_____

3. ¿Escribes mucho en el trabajo? _____

4. ¿Vas al parque después? _____

5. ¿O regresan Uds. todos a las casas? _____

II. Tell where you go daily. Use the cues in a complete sentence.

Model:/correr/parque   Corro al *parque*.
                        I run to the park.

1. salir/oficina _____

2. correr/metro _____

3. asistir/escuela _____

4. ir/parque _____

5. volver/casa _____

6. Los sábados/ir/museo/almacene/concierto _____

7. Los domingos/andar/biblioteca/zoológico/centro _____

III. Tell what or whom you always listen to. Use the words in parentheses in complete sentences. Make necessary changes in the use of **a** and in the definite article. Use **a** only when necessary. (Note: **escuchar** means *to listen to*.)

Model: **Escucho** *al jefe* **con atención.**   (la canción) Escucho la canción con atención.
I listen to the boss attentively.   I listen to the song attentively.

1. (el español) _____

2. (el padre)_____

3. (los músicos) _____

4. (las amigas)_____

5. (los discos) _____

6. (Luis) _____

7. (los obreros (*workers*)) _____

8. (el teléfono) _____

9. (la madre) _____

10. (Ana) _____

IV. Give two responses in complete Spanish sentences. Use cues where given.

Model A.—¿Prefieres el helado?   — **Sí. Prefiero el helado.**
Do you prefer the ice cream?   Yes, I prefer the ice cream.

B.—¿A quién prefieres?   (el actor) — **Prefiero al actor.**
Whom do you prefer?   I prefer the actor.

1. a. ¿Necesitas el lápiz? _____

   b. ¿A quién necesitas? (el amigo)_____

2. a. ¿Visitas el país? (country) _____

   b. ¿A quiénes visitas? (los primos) _____

3. a. ¿No escuchas el radio? _____

   b. ¿A quién escuchas? (la madre)_____

4. a. ¿Prefieres las melodías?_____

   b. ¿A quiénes prefieres? (vecina/la) _____

5. a. ¿Conoces el programa? _____

   b. ¿A quién conoces? (el señor) _____

V. We are tourists and we look at everything. Answer in a complete sentence using the cues and the appropriate form of **al, a los, a la,** or **a las** *where needed*.

Model: ¿Miras/capitán y/reloj?
Miro **al** capitán y el reloj.   I look at the captain and at the clock.

1. *En el teatro,* ¿miras/drama y/actor principal? _____

2. *En el museo,* ¿miran Uds./artista y/pinturas?_____

3. *En la calle, ¿*miramos todos/autobús y/señor guía? _____

4. *En el centro, ¿*miras/gente y/rascacielos? _____

5. *En el zoológico, ¿*miro/animales y/niños? _____

VI. Your vote counts. Answer in complete sentences. Use the cues in parentheses. Role-play.

1. ¿Vienes a oír al presidente en persona? (esta noche) _____

2. ¿No lo debes escuchar por la TV? (no quiero) _____

3. ¿Principias a comprender su política? (más) _____

4. ¿A quién enseñas a comprender también? (a mi hermano) _____

5. ¿Aprenden Uds. a votar con inteligencia? (Claro) _____

6. ¿A quiénes ayudas a decidir? (a los amigos) _____

7. ¿Invitan Uds. a los otros a votar con todo el grupo? (Seguro) _____

8. ¿Cuándo van a decidir los otros votar? (¡A los pocos días!) _____

9. ¿Cuándo exclama Ud. *Gracias a Dios por la democracia*?

(al salir de la cabina de votar) _____

VII. Free Dialogue: Between friends. Complete the question by supplying **a** *if* **a** *is needed.* Then answer at will in a complete sentence. Role-play.

1. ¿Prefieres/jugar al tenis o al béisbol? _____

2. ¿Qué aprendes/jugar bien? _____

3. ¿Cuándo principias/practicar? _____

4. ¿Invitas a otra persona/practicar contigo? _____

5. ¿Enseñas tú a alguno/jugar bien? _____

6. ¿Quién ayuda a todos/practicar bien? _____

7. ¿Vienen muchos/aprender? _____

8. ¿Deben Uds./practicar todos los días? _____

9. ¿Sabes/jugar mejor ahora? _____

VIII. Speak up! Role-play

Situation: You are unhappy with your spouse's recent behavior. You speak to a psychologist. [Three sentences are good; four very good; five or more are excellent.]

 **Psicólogo**   ¿Por qué está usted enojado con su esposo, a?
Usted: Le explico …

Clues: *Tell how your spouse is lazy, does not help to wash dishes (**los platos**), or to clean. You work all day. Your spouse invites friends to watch soccer on TV, but then falls asleep. Tell what the friends are like: different, energetic, or lazy. Does all this make you angry or nervous? Do you prefer not to fight, or are you learning to throw things when you are angry?*

Work Unit Ten
USES OF THE PREPOSITION *DE*

Ser pobre es muy difícil

John Simple cruza el Río Grande y está en México. Un policía mexicano pide sus documentos.

Policía: ¿De dónde es usted?

Simple: De Estados Unidos.

Policía: ¿Y quién es usted?

Simple: Soy un millonario de Denver, de cuarenta años, de ojos azules y de corazón de oro.

Policía: Ah, ¿es usted un hombre de buenas intenciones?

Simple: Sí. Acabo de recibir la herencia de mi padre. Pero no quiero el dinero.
Quiero dejar de ser rico y tratar de ser pobre.

Policía: ¡Qué extraño! ¿Y por qué?

Simple: Porque estoy cansado de comer caviar y de beber champán. No quiero más carros de lujo, anillos de diamantes o trajes de seda.
¡Quiero ser pobre! Quiero beber agua de pozo, comer tacos de maíz y dormir en una cama de paja.

Policía: Ah, pero para un rico, ser pobre es difícil. Usted debe aprender a cantar mientras tiene hambre, sonreír cuando tiene frío y ser optimista si no tiene trabajo.

Simple: ¿Y cómo puedo aprender todo eso?

Policía: Usted debe ir a vivir con los pobres y aprender de ellos. Debe vivir con pulgas y ratones, zapatos de plástico y camisas con agujeros.
Debe construir una casa con pedazos de madera, de cartón y de sobras. Debe...

Simple: De todo esto yo no sé nada. ¡Ser pobre es muy difícil! Veo que no puedo gozar de la pobreza. Adiós señor policía. Vuelvo a los Estados Unidos porque estoy obligado a ser rico.

PALABRAS NUEVAS

SUSTANTIVOS *(NOUNS)*
el agua   the water
los agujeros   the holes
los anillos de diamantes the diamond rings
las camas   the beds
las camisas   the shirts
el carro   the car
el cartón   the cardboard
el champán   the champagne
el corazón (de oro)   the heart (of gold)

Estados Unidos   United States
el frío   the cold
el hambre   the hunger
la herencia   the inheritance
las intenciones   the intentions
la madera   the wood
el maíz   the corn
los ojos   the eyes
la paja   the straw
los pedazos   the pieces
la pobreza   the poverty

el policía   the police officer
el pozo   the well
las pulgas   the fleas
los ratones   the mice
el rico   the rich person
la seda   the silk
las sobras   the remnants, trash
los trajes (de seda)   the (silk) suits
los zapatos (de plástico) the (plastic) shoes

VERBOS *(VERBS)*
acabo de (I) have just...
aprender to learn
construir to build
dejar de to stop
dormir to sleep
estoy (I) am
gozar to enjoy
pide (he) requests
recibir to receive
sonreír to smile
tratar de to try
vuelvo (I) return

ADJETIVOS
  (ADJECTIVES)
azul blue
cansado, a tired
cuarenta forty
difícil difficult
extraño, a strange
mexicano, a Mexican
millonario, a millionaire
obligado, a obliged
optimista optimistic
rico, a rich

OTRAS PALABRAS *(OTHER*
  WORDS)
Adiós Good-bye
cuando when
de ellos from them
esto this
¡Qué extraño! How strange!

EJERCICIOS

I. **(A)** Write the correct words in place of the *italicized* words to make the statements true.

1. John habla con un policía *norteamericano* y dice que es un hombre *pobre*. _____

2. John está cansado de comer *tacos de maíz* y beber *agua de pozo.*_____

3. Los pobres deben vivir con *gatos* y *perros* y zapatos *de oro.* _____

4. Si no hay trabajo, hay que ser *pesimista* y apender a *bailar.* _____

5. Ser pobre es muy *fácil* y John va a volver a *México.*_____

I. **(B)** Review of irregular verbs. Write the correct Spanish verb.

1. John *(says)*_____ "Yo *(hear)* _____ a los pobres, pero muchos ricos no *(hear)*_____".

2. "Yo no *(give)* _____ un centavo por esas ideas", *(thinks)* _____el policía.

3. Los pobres no *(have)* _____ trabajo, pero el policía *(has)* _____.

4. Él *(brings)* _____ dinero de su herencia. ¿*(Do we bring)*_____ dinero nosotros?

6. ¿*(Do you go)* _____ tú a México? No, él *(goes)* _____.

II.   Find the following words (in Spanish):

mice, to sleep, inheritance, cardboard, to build, clothes, to learn, rich (f.), millionaire, shirt, tired, wood, holes, intentions, well, water, Mexico, one, face, police

H	W	D	O	R	M	I	R	Q	T	C
E	M	I	L	L	O	N	A	R	I	O
R	R	O	P	A	S	T	T	A	A	N
E	I	P	O	Z	O	E	O	G	P	S
N	C	W	L	K	M	N	N	U	R	T
C	A	M	I	S	A	C	E	J	E	R
I	R	E	C	Z	D	I	S	E	N	U
A	T	X	I	Ñ	E	O	A	R	D	I
R	O	I	A	N	R	N	G	O	E	R
O	N	C	A	R	A	E	U	S	R	Y
U	N	O	C	A	N	S	A	D	O	D

III.   Match columns *A* and *B* to form complete sentences. Translate them.

A	*B*
1. Vuelvo a los Estados Unidos porque	a. cantar mientras tiene hambre
2. Acabo de recibir la herencia, pero	b. de ojos azules
3. Para aprender a ser pobre, debe	c. no quiero el dinero
4. El policía le pregunta	d. estoy obligado a ser rico
5. Soy un millonario de cuarenta años,	e. de dónde es él

IV.   Composición: (A) Por celular (B) Por e-mail

(A) Look at the picture on page 104. Tell what is happening. Then tell how the story ends.
(B) Tell about your vacation trip. Include the following.
Mi viaje de vacaciones
1. Where do you go. 2. What do you see. 3. What is pleasant and unpleasant. 4. Are there poor people? Describe.

ESTRUCTURAS DE LA LENGUA
USES OF THE PREPOSITION *DE*

A. De indicates the place *from*: origin; the topic *of* or *about*

Origin: from	*Topic: of, about*

1. **¿De dónde** son Uds.? Where are you from?	1. **¿De qué** hablan Uds.? What are you speaking of (about)?
2. **Somos de** México. We are from Mexico.	2. **Hablamos de** Nueva York. We are speaking of (about) New York.

B. Del: *from the; of the; about the.* **De** followed by **el** is always combined as **del.**

1. **Son del sur.** They are from the south.	3. **Hablan de** la película. They talk about the movie.
2. No **son de Estados Unidos.** They are not from United States.	4. Hablan **de las casas** y **de las comidas.** They speak of the houses and meals.

Rules:

1. Although **de** followed by **el** must combine to form **del,** the following never combine: **de los, de la, de las.**

2. The preposition **de** in a series of nouns must be repeated before each noun.

> Hablamos **del** hombre y **de la** mujer.
> We speak of the man and woman.

C. De indicates the owner (possessor) in Spanish just as **'s** indicates owner in English.

de	*del, de la, de los, de las*

1. **Es de** Juan. No es **de Ana.** It's John's. It isn't Anna's.	4. **Es del** chico. No es **de la chica.** It's the boy's. It isn't the girl's.
2. **Es de** mi hermano. It is my brother's.	5. **Es de los** chicos. It is the boys'.
3. No **es de** tu hermana. It isn't your sister's.	6. No **es de las** chicas. It isn't the girls'.

Rules:

1. **De** *precedes* the owner where English adds **'s** to the owner.
2. **De** is used instead of **'s** (single owner) or **s'** (most plural owners).
3. **Del, de la, de los, de las** are used when *the* precedes the owner.

D. Ownership word order:

The "possession"—the thing owned—stands *before* **de** and the owner, unlike English.

la **chaqueta del chico**	el **reloj de la chica**
the boy's jacket	the girl's watch

Single owner	*Plural owners*
1. —**¿De quién** es el reloj? 　Whose (sing.) watch is it? 　Whose is the watch?	1. —**¿De quiénes es** la casa? 　Whose (pl.) house is it? 　Whose is the house?
2. —Es el **reloj de Juan.** 　It is John's watch.	2. —Es la **casa de los vecinos.** 　It is the neighbors' house.
3. —El **reloj de la profesora** es **nuevo.*** 　The teacher's watch is new.	3. —La **casa de los vecinos** es **nueva.*** 　The neighbors' house is new.

Rules:

1. **¿De quién? ¿De quiénes?** *whose?* are followed by the Spanish *verb*. **¿De quiénes?** anticipates more than one owner.

*2. The adjective describes and *agrees with the thing owned; not with the owner. See Chart D* above, #3 **nuevo, nueva.**

E. **De** indicates material (composition).

1. —**¿De qué** es el reloj? 　What is the watch made of?	1. —**¿De qué** son los abrigos? 　What are the coats made of?
2. —El reloj **es de plata.** 　The watch is (of) silver.	2. —Los abrigos **son de lana** y **de algodón.** 　The coats are woolen and cotton.
3. —No **es de oro.** 　It is not (of) gold.	3. —No **son de cuero** o **de seda.** 　They are not of leather or silk.

Rules:

1. **¿De qué?** begins each question that asks *what a thing is made of*.
2. **De** *of* must precede each material. No article follows **de.**
3. The material does *not* agree with the noun it describes in gender or in number.
4. Learn these materials:

1. **de algodón**	cotton	6. **de plástico**	plastic
2. **de cuero**	leather	7. **de oro**	gold(en)
3. **de hierro**	iron	8. **de piedra**	stone(y)
4. **de lana**	woolen	9. **de plata**	silver(y)
5. **de madera**	wooden	10. **de seda**	silk(en)

F. De after certain verbs:

1. —¿**Tratas de** hablar con tu agente?	Are you trying to speak with your agent?
2. —Sí. **Acabo de** recibir un informe malo.	Yes. I have just received a bad report.
3. —¿No **tratas de** analizar el informe o ya **dejas de** tratar?	Don't you try to analyze the report or do you now stop trying?

Rules:

Certain verbs require **de** before a following infinitive which completes the thought, or before the object noun or pronoun which completes the thought. Learn **acabar de** *to have just*; **dejar de** or **cesar de** *to stop*; **gozar de** *to enjoy*; **tratar de** *to try to* (or *to deal with*); **terminar de** *to finish, to end*. This use of **de** is not translatable.

STUDY THE RULES, EXAMPLES, AND MODELS BEFORE BEGINNING THE EXERCISES

EJERCICIOS

I.   Gustavo borrows and forgets. Remind him who owns what. In a complete sentence, use the words in parentheses according to the model.

Model: (Las pilas/mi hermano)
　　　　Las pilas son de mi hermano.   The batteries are my brother's.

1. (los lápices/el hijo) _____

2. (los libros/la hija) _____

3. (las plumas/el abuelo) _____

4. (los cuadernos/Juan) _____

5. (los 5 dólares/mi padre) _____

6. (los relojes/los hermanos) _____

7. (las bicicletas/María y Pedro) _____

8. (los carros/sus amigos) _____

9. (los discos/las primas) _____

10. (las revistas/el marido y la esposa) _____

II.   Correct these statements by changing each owner to the *singular*.

Model: Los documentos son de los **empleados.**   The documents are *the employees'*.
　　　　 Los documentos son **del empleado.**   The documents are *the employee's.*

1. Las casas son de los señores Alarcón. _____

2. Ella es la madre de las muchachas. _____

3. Son los supervisores de los obreros. _____

4. Es el padre de las amigas. _____

5. Es la clase de los estudiantes de español. _____

III.   Give an affirmative answer in a complete sentence, using the words in parentheses.
　　　　Role-play.

Model: a. —¿De quién es el lápiz?   b. —¿De quiénes son los zapatos?
　　　　　　　Whose pencil is it?   Whose are the shoes?

(el policía) —**Es el lápiz del policía.**   (los policías) —**Son los zapatos de los policías.**
　　　　　　It's the police officer's pencil.   They are the police officers' shoes.

1. ¿De quién es el libro? (la prima) _____

2. ¿De quiénes son las bicicletas? (los muchachos) _____

3. ¿De quién son los cuadernos? (el hombre)_____

4. ¿De quiénes es el coche? (mis padres) _____

5. ¿De quién es ella la madre? (el primo) _____

6. ¿De quiénes son ellas las primas? (Juan/Luisa) _____

7. ¿De quién son los papeles? (la mujer) _____

8. ¿De quiénes es la casa? (las hermanas) _____

9. ¿De quiénes es el regalo? (los chicos) _____

10. ¿De quién son las bicicletas? (el muchacho) _____

IV.   Give an affirmative answer in a complete sentence, using the words in parentheses
　　　　and **de** as needed. Role-play.

Model: —¿De qué es su reloj?   (acero)— Mi reloj es **de acero.**
　　　　　　What is your watch made of?   My watch is (made) of steel.

1. ¿De dónde es su padre? (Estados Unidos) _____

2. ¿Qué clase enseña él? (historia) _____

3. ¿De qué es su casa? (piedra/madera) _____

4. ¿De qué son las cortinas? (algodón/nilón) _____

5. ¿De dónde es su abuelo? (Canadá)_____

6. ¿De qué es su reloj? (plata/oro) _____

7. ¿De qué habla su marido? (el parque) _____

8. ¿A qué clase va su esposa? (inglés) _____

9. ¿De qué son su blusa y su falda? (lana/seda) _____

10. ¿Qué profesora enseña aquí? (español) _____

V. You have just returned from watching a soccer match. Answer your friends' questions in complete sentences. Use **de** where needed, **a** where needed, and neither where not needed. (Review Work Unit 9 for the use of **a**.) Role-play.

1. ¿De dónde *acabas*/llegar? (el partido de fútbol) _____

2. ¿*Gozas* más/jugar al fútbol o/mirar jugar? (jugar) _____

3. ¿*Sabes*/jugar o *tratas*/aprender/jugar? (no/aprender) _____

4. ¿Quién *enseña*/jugar? (un amigo del equipo)_____

5. ¿*Debes*/pagarle al amigo? (no/gratis) _____

6. ¿Ayudan los aficionados (*fans*) al equipo/ganar? (casi siempre) _____

7. ¿A qué hora *comienzas*/practicar? (a las cuatro) _____

8. ¿Cuándo terminas/practicar? (antes de las seis)_____

9. ¿No *dejas*/practicar ni un día? (ni un día para ser campeón) _____

10. ¿No prefieres/*ser* aficionado a otro deporte? (quizás al fútbol americano) _____

VI. **Directed Dialogue.** You are the doctor. Give this overweight lady advice. Use **de** as needed, **a** as needed, and neither when not needed. Role-play.

1. Mujer: ¿Cómo voy a perder (*to lose*) cincuenta libras?
   Usted: You need to go out to play tennis. (jugar al)

2. Mujer: No sé jugar.
   Usted: You should try to learn.

3. Mujer: Es imposible correr.
   Usted: Yes, because you have just weighed 200 pounds. (pesar doscientas)

4. Mujer: Voy a comer menos. Es todo.
   Usted: You are going to enjoy playing tennis.

5. Mujer: ¿Qué hago, doctor?
   Usted: You need to stop eating all day and to walk a lot.

VII. Speak up! Role-play

> **Situation:** You went on vacation to a third-world country. You enjoyed yourself, but could not help noticing how poor some people were. Tell your friends about it. [Three sentences are good; four very good; five or more are excellent.]

 Friends: ¿Cómo es la gente pobre de ese país?
You: . . .

> **Clues:** *People are poor; they drink water from wells and sleep on straw mats; they are often hungry and cold; there are mice and fleas; their houses are built with bits of wood, cardboard, and refuse. Other ideas?*

Work Unit Eleven

SER–TO BE

¿Quién es mejor?

Melchor, Inés y Mario desean el mismo empleo. Llegan a la compañía y saludan al entrevistador.

Entrevistador:	Buenos días, señor Melchor. Quiero saber cómo es usted.
Melchor:	Soy muy trabajador. Mi experiencia es grande y mis ideas son muy buenas.
Entrevistador:	¿Y cómo es su contabilidad y cómo son sus conocimientos sobre administración?
Melchor:	¡Soy un experto en todo eso!
Entrevistador:	¿Y usted, señorita Inés? ¿Cómo es usted con las computadoras?
Inés:	Las computadoras no son difíciles para mí. Y como las mujeres somos muy buenas en comunicación, soy la candidata perfecta. Mis padres siempre dicen, "Inés, tú eres mejor que nadie".
Entrevistador:	Somos ciento cuarenta personas en esta compañía. ¿Es buena su memoria? ¿Son buenas sus habilidades de oficina?
Inés:	¡Son excelentes! Soy capaz de administrar esta compañía mejor que el presidente.
Entrevistador:	Bien. ¿Y usted, señor Mario, cuán bueno es usted?
Mario:	Ay, yo no soy tan bueno como ellos. Yo sé un poco de contabilidad pero hago errores, y sé algo de computadoras, pero a veces las rompo. Sin embargo, soy ambicioso y deseo ser un buen empleado.
Entrevistador:	Usted es honesto y por eso, el puesto es suyo.

PALABRAS NUEVAS

SUSTANTIVOS *(NOUNS)*
la administración   the management
la compañía   the company
la comunicación   the communication
los conocimientos   the knowledge
la contabilidad   the accounting
el empleado   the employee
el empleo   the job
el entrevistador   the interviewer
el error   the error
el experto   the expert
las habilidades   the skills
la idea   the idea

la memoria   the memory
los padres   the parents
las personas   the people
el presidente   the president
el puesto   the job, position

VERBOS *(VERBS)*
administrar   to manage
eres   (you, fam.) are
romper   to break
saludar   to greet

ADJETIVOS *(ADJECTIVES)*
ambicioso, a   ambitious
buen   good (m.)
capaz   capable, able
excelente   excellent
honesto, a   honest

mismo, a   same
perfecto, a   perfect
su   your (formal, sing.)
sus   your (formal, pl.)
suyo, a   yours (formal)
trabajador, a   hard-working

OTRAS PALABRAS *(OTHER WORDS)*
a veces   sometimes
algo   something
¡Bien!   Good!
cuán bueno, a   how good
mejor que nadie   better than anybody
poco   a little
por eso   therefore
sin embargo   however

EJERCICIOS

I. Preguntas. Write your answer in a complete Spanish sentence.

1. ¿Por qué Melchor, Inés y Mario hablan con el entrevistador?
2. ¿Cómo dice Melchor que él es?
3. ¿Cómo dice Inés que ella es?
4. ¿Cómo dice Mario que él es?
5. ¿Qué piensa el entrevistador de Mario y qué le dice?

1. _____
2. _____
3. _____
4. _____
5. _____

II. Acróstico español

1. ambitious
2. to desire
3. memory
4. idea
5. nobody
6. intention
7. to greet
8. hard-working
9. to break
10. ring
11. company
12. interested
13. office
14. nervous

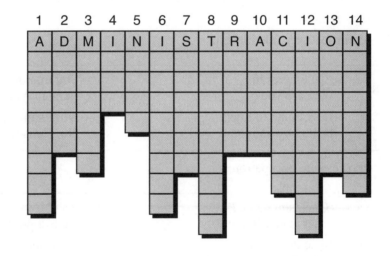

	1	2	3	4	5	6	7	8	9	10	11	12	13	14
	A	D	M	I	N	I	S	T	R	A	C	I	O	N

III. Composición: (A) Por celular (B) Por e-mail

(A) Look at the picture on page 113. Tell what is happening. Then tell how the story ends.

(B) Imagine that you are having an interview now. Include the following:

Una entrevista difícil

1. What kind of job you are hoping to get. 2. How many others also want the job. 3. Why this is a difficult interview. 4. Why you think you are going (not going) to get (**obtener**) the position.

ESTRUCTURAS DE LA LENGUA
SER *TO BE*

A. **Ser** is irregular in all persons of the present tense.

I am intelligent (etc.).	We are intelligent (etc.).
Yo **soy** inteligente.	Nosotros-as **somos** inteligentes.
Tú **eres**	Vosotros-as **sois**
Ud., él, ella **es**	Uds., ellos-as **son**

Rules:

1. *Are* is the English equivalent for (tú) **eres;** (Ud.) **es;** (nosotros) **somos;** (vosotros) **sois;** (ellos-as) **son;** (Uds.) **son.**

2. **Es** means *is* in **él es** (he is); **ella es** (she is); but **es** means *are* in **Ud. es** (you are).

B. **Ser** is used to describe the *nature* of persons and things as in A above. Other uses follow.

1. Identifications, relationships

a. —¿Quién eres tú?	—Soy un norteamericano.
Who are you?	I am an American.
b. —¿Es el niño tu hijo?	—No. Es mi sobrino.
Is the boy your son?	No. He is my nephew.

2. *Profession, occupation

a. —¿Qué es tu padre?	—**Es piloto.**
What is your father?	He is a pilot.
b. —¿Qué deseas ser?	—Yo deseo **ser actor.**
What do you want to be?	I want to be an actor.
c. —¿Es tu padre **un buen** piloto?	—Es **un** piloto **excelente.**
Is your father a good pilot?	He is an excellent pilot.

Rule:

* Omit the indefinite articles *un* and *una* when stating a profession (**Él es médico**). Use the indefinite article only when the profession is accompanied by an adjective (**Él es <u>un</u> médico experto**).

3. Origin and nationality*

a. —¿De dónde es tu amigo? Where is your friend from?	—Es de Puerto Rico; es puertorriqueño. He is from Puerto Rico; he is (a) Puerto Rican.
b. —¿Eres tú español? Are you a Spaniard?	—Soy **un** español **patriótico.** I am a patriotic Spaniard.

Rule:

* Omit the indefinite articles **un** and **una** when stating nationality. Use the indefinite article only when the nationality is accompanied by an adjective. Nationality is *not* written with a capital letter.

4. Personality, nature, and characteristics

a. —¿Cómo son Uds.? What are you like?	—Somos buenos, alegres, amables y generosos. We are good, cheerful, kind, and generous.

5. Characteristic appearance

a. —¿Cómo es su amigo? What is your friend like?	—Es alto, moreno y guapo. He is tall, dark, and handsome.
b. —¿De qué color son sus ojos? What color are his eyes?	—Sus ojos son negros. His eyes are black.

6. Possession and material

a. —¿De quién es ese reloj? Whose watch is that?	—Es mi reloj. No es de María. It is my watch. It isn't Mary's.
b. —¿De qué es su reloj? What is your watch made of?	—Es de oro y de plata. No es de acero. It's (of) gold and silver. It isn't steel.

7. Date and time

a. —¿Qué día es? What day is it?	—Hoy es martes el dos de mayo. Today is Tuesday, May 2nd.
b. —¿Qué hora es? What time is it?	—Son las dos. No es la una. It is two o'clock. It isn't one o'clock.

8. Takes place, occurs

---

a. —¿Dónde es el festival?   —Es en la calle Ocho de Miami.
    Where is the festival?   It is on Eighth Street in Miami.

b. —¿Son las fiestas siempre allí?   —Muchas son allí.
    Are the parties always there?   Many take place there.

STUDY THE RULES, EXAMPLES, AND MODELS BEFORE BEGINNING THE EXERCISES

EJERCICIOS

I.   At the Madrid airport the official asks where each person is from. Give your origin. Write replies, using the words in parentheses and giving the correct form of the verb.

Model: *Oficial:* ¿De dónde es el joven?   *Guía:* El joven es de Costa Rica.
                 Where is the young man from?   The young man is from Costa Rica.
                 (el joven/Costa Rica)

1. (La joven/los Estados Unidos) _____

2. (Yo/Cuba) _____

3. (Tú/México) _____

4. (Ud./Canadá) _____

5. (Ella/Puerto Rico) _____

6. (Roberto/Colombia) _____

7. (Nosotros/Chile) _____

8. (Tú y yo/Chile) _____

9. (Uds./Bolivia) _____

10. (Eduardo y Pablo/España)

II. Your friend mentions some famous people. You agree and add the adjective in parentheses. Role-play.

Model: a. Juárez es/mexicano.   b. (célebre) Sí, es un mexicano célebre.
                Él es mexicano.   Yes, he is a famous Mexican

1. a. Simón Bolívar/sudamericano _____

    b. (heroico) _____

2. a. George Washington/norteamericano _____

    b. (noble) _____

3. a. José Martí/cubano_____

    b. (patriótico) _____

4. a. Frida Kahlo/artista _____

    b. (mexicana) _____

5. a. Gabriela Mistral/poeta _____

   b. (chilena) _____

III. You discuss dinner and theater. Ask when and where things are taking place. Let your friend answer you. Role-play.

> Model: a. ¿Dónde/el drama?   b. (Roma) El drama es en Roma.
>   ¿Dónde es el drama?
>   Where does the drama take place?

1. a. ¿A qué hora/la comida? _____

   b. (a las seis) _____

2. a. ¿Dónde/la comida? _____

   b. (en el restaurante "Olé") _____

3. a. ¿Cuándo/las comidas mejores?_____

   b. (días martes) _____

4. a. ¿Tú/amigo(a) del teatro? _____

   b. (Yo siempre) _____

5. a. ¿Por qué/buenas algunas comedias? _____

   b. (muy cómicas) _____

IV. **a.** Write a brief answer in a complete Spanish sentence. **b.** Write a brief answer to the second question, adding **también.**

> Model: a. —¿Eres de <u>aquí</u> o de <u>Rusia</u>?   Are you from here or from Russia?
>   —**Soy de aquí.**   I am from here.
>
>   b. —_¿Y tu padre?_   And your father?
>   —**Mi padre es de aquí también.**   My father is from here, too.

1. a. ¿Es Ud. de los <u>Estados Unidos</u> o de <u>Zambia</u>? _____

   b. _¿Y el chico?_ _____

2. a. ¿Son Uds. <u>americanos</u> o <u>españoles</u>? _____

   b. _Y ellos?_ _____

3. a. ¿Somos tú y yo <u>personas</u> o <u>cosas</u>? _____

   b. _¿Y los hermanos?_ _____

4. a. ¿Eres <u>profesor</u>-a o <u>alumno</u>-a de español? _____

   b. _¿Y la chica?_ _____

5. a. ¿Somos yo y el Sr. Delibes del <u>siglo uno</u> o del <u>veintiuno</u>? _____

   b. _¿Y la señora?_ _____

V. Tell about yourself. **Recombinación.** Give an affirmative answer in a complete Spanish sentence using the cue words given in italics.

> Model: —¿Qué eres?   _español_ —**Soy español.**
>   What are you?   I am Spanish.

1. ¿Quién eres tú? _chofer_ _____

2. ¿Eres norteamericano-a? _sí_____

3. ¿De qué color son sus ojos? *negros* _____

4. ¿Cómo eres? *inteligente y hermoso-a* _____

5. ¿De dónde son sus padres? *Estados Unidos* _____

6. ¿Qué es su padre? *capitán* _____

7. ¿De quién son Juan y tú alumnos? *del Sr. López* _____

8. ¿De qué color es tu casa? *azul* _____

9. ¿De qué son las mesas y las sillas? *de madera* _____

10. ¿Qué deseas ser? *programador-a* _____

VI. Speak up! Role-play

Situation: You arrange a blind date on the Internet. Your date asks you to describe yourself. You tell your date about yourself. [Three sentences are good; four very good; five or more are excellent.]

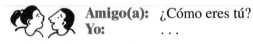   **Amigo(a):** ¿Cómo eres tú?
Yo: . . .

Clues: *Describe yourself. Tell whether or not you are a good person, cheerful, good-looking (males:* **guapo**, *females:* **bonita**), *American, Spanish, and so on; what you want to be and what you are now. Ask when it is possible to have the date. Other ideas?*

Work Unit Twelve

ESTAR–TO BE; CONTRASTING USES OF ESTAR AND SER; THE PRESENT PROGRESSIVE TENSE

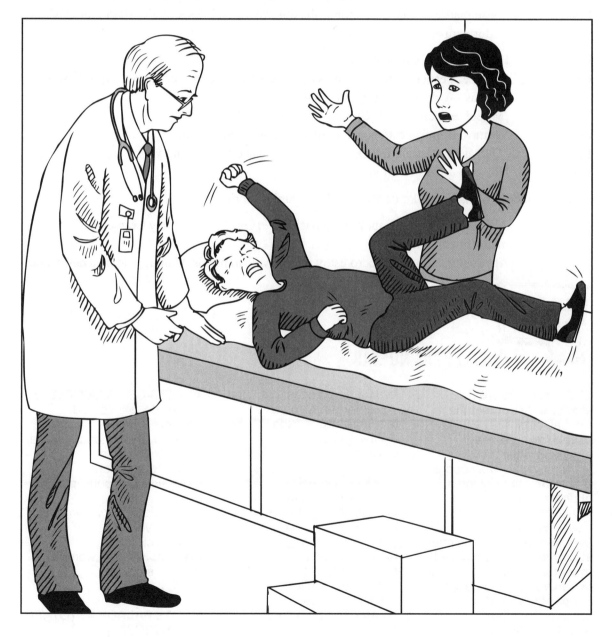

Ramón está enfermo

La madre de Ramón está muy asustada. Ramón dice que está muy enfermo. Su madre es una mujer nerviosa, y ahora está muy triste y preocupada. Ramón grita que el dolor está creciendo.

Madre: Paciencia, Ramón. El doctor es muy bueno y está esperando en la sala de emergencia.

Ramón: ¡Estoy muriendo! ¡Ay, qué triste es mi vida!

Cuando Ramón y su madre llegan, el doctor y una enfermera están esperando. El doctor es viejo y delgado, y la enfermera es joven y gorda.

Doctor: Hola, Ramón. ¿Cómo estás tú?

Ramón: Mi cabeza está caliente, mis pies están hinchados, debe ser cáncer o quizás son paperas. Ay doctor, ¡estoy muy mal!

Madre: ¡Mi pobre Ramoncito! ¡Cuánto está sufriendo!

Doctor: Veamos. El pulso está normal y la temperatura no es alta.

Enfermera: ¿Quizás está estreñido? Dos cucharadas de aceite de ricino y...

Doctor: No, pero quizás es un virus...

En ese momento suena el celular de Ramón. Es su amigo Enrique.

Ramón: Aló, ah, ¿eres tú Enrique? ¿Qué pasa? . . . ¿Qué? . . . ¿No hay examen de matemáticas? ¡Jo-jó!

            Ah, doctor, es curioso, pero estoy mejor. Mucho mejor. Mamá, ¡vamos a desayunar!

PALABRAS NUEVAS

SUSTANTIVOS *(NOUNS)*
el aceite de ricino   the castor oil
la cabeza   the head
el cáncer   the cancer
la cucharada   the spoonful
el doctor   the doctor
el dolor   the pain
la enfermera   the nurse
Hola   Hello
las matemáticas   the math
el momento   the moment
la mamá   Mom
la paciencia   the patience
las paperas   the mumps
los pies   the feet
el pulso   the pulse

la sala de emergencia   the emergency room
la temperatura   the temperature
el virus   the virus

VERBOS *(VERBS)*
creciendo   growing
desayunar   to breakfast
esperando   waiting
muriendo   dying
pasar   to happen
suena   (it) rings
sufriendo   suffering
¡Vamos!   Let's go!
¡Veamos!   Let's see!

ADJETIVOS *(ADJECTIVES)*
asustado, a   scared
caliente   hot
curioso, a   curious, peculiar
delgado, a   thin
enfermo, a   sick
estreñido, a   constipated
gordo, a   fat
hinchado, a   swollen
joven   young
mal   sick
preocupado, a   worried
triste   sad
viejo, a   old

OTRAS PALABRAS *(OTHER WORDS)*
Aló   Hello (telephone)

EJERCICIOS

I.   (A) Write your answers in a complete sentence.

1. ¿Por qué está asustada la madre de Ramón?
2. ¿Cómo son el doctor y la enfermera?
3. ¿Cuáles son los resultados del examen?
4. ¿Qué cree la enfermera?
5. ¿Cómo está Ramón después de hablar por teléfono?

1. _____
2. _____
3. _____
4. _____
5. _____

(B) Follow the clues and answer in complete sentences.

1. ¿Quién está preocupado por tu salud? *(your husband)*

   _____

2. ¿Cuándo estás todo el día en cama? *(when you are sick)*

   _____

3. ¿Qué haces cuando estás muy enfermo? *(your head is hot and you suffer)*

   _____

4. ¿Que haces cuando estás estreñido? *(you take two teaspoons of castor oil)*

   _____

5. ¿Adónde vas cuando tienes un accidente? *(to the emergency room)*

   _____

II.   Unscramble the sentences in the boxes.

1.

su	y	triste
está	preocupada	madre

2.

hambre	comer	tengo
quiero	estoy	mejor

3.

mi	cómo	hijo
ay	pobre	sufre

4.

suena	teléfono	en
ese	momento	el

1. _____
2. _____
3. _____
4. _____

III. Picture Match: Choose the sentence(s) suggested by each sketch. Then write about each one.

1.

2.

3.

4.

a. Está sentado en la cama.
b. No quiere beber, ni comer.
c. —Tengo dolor de cabeza y de estómago.
d. —¡Abre la boca y saca la lengua!
e. Ramón no va a la escuela.
f. —El pulso está normal.

1. _____
   _____
2. _____
   _____
3. _____
   _____
4. _____
   _____

IV. Composición: (A) Por celular (B) Por e-mail

(A) Look at the picture on page 121. Describe the scene in Spanish.
(B) Complete the dialogue about a visit to your doctor.

Una visita al médico

1. Médico: ¿Qué tiene Ud.?
   Ud.: _____
   (Tell where you have pain.)

2. Médico: ¿Tiene Ud. otro dolor?
   Ud.: _____
   (Tell what else is the matter with you.)

3. Médico: Ud. debe guardar cama y no debe comer hoy.
   Ud.: _____
   (Say whether you want to stay in bed all day.)

4. Médico: ¿Tiene Ud. apetito?
   Ud.: _____
   (Tell everything you want to eat and to drink.)

5. Médico: Mañana puede comer. Hoy, no.
   Ud.: _____
   (Say that you want to eat now, not tomorrow.)

ESTRUCTURAS DE LA LENGUA
PART ONE: ESTAR (*TO BE*). CONTRASTING USES OF *ESTAR* AND *SER*

A. Although both **estar** and **ser** mean *to be*, their uses differ.

Estar *to be*		Ser *to be*	
¿Cómo **está** Ud.?	How are you?	¿Cómo **es** Ud.?	What are you like?
Yo **estoy** bien.	I am well.	Yo **soy** bueno, a.	I am good.
Tú **estás**		Tú **eres**	
Ud., él, ella **está**		Ud., él, ella **es**	
Nosotros-as **estamos**	We are well.	Nosotros-as **somos** buenos, as.	We are good.
Vosotros-as **estáis**		Vosotros-as **sois**	
Uds., ellos-as **están**		Uds., ellos-as **son**	

Rules:

1. **Estar** is irregular in four verb forms: **estoy, estás, está, están.** An accent mark is written on each **a** except **estamos.**

2. **Está** means *is* in the following: **él está** (he is); **ella está** (she is); but **está** means *are* in **Ud. está** (you are).

B. Estar is used to describe 1) location, 2) health and mood, 3) impressions, and 4) results of actions.

1. Location: with **¿dónde?** *where;* **aquí** *here;* **allí** *there;* **en** *on, in;* **ausente** *absent;* **presente** *present.*

—¿Dónde está Juan?	—Juan está aquí en casa; no está en el trabajo.
Where is John?	John is here at home; he is not at work.

2. State of health: with **bien, bueno**—*well;* **enfermo, mal, malo**   *sick.* Mood: with **feliz, contento,** and **alegre**—*happy* and *cheerful,* **triste**—*sad.*

a. —Cómo está Juan, bien o enfermo?	—Está bien; no está enfermo (mal)
How is John, well or ill?	He is well; he is not sick.
b. —¿Está triste?	—No. **Está contento y alegre.**
Is he (does he feel) *sad?*	No. He is (feels) *happy* and *cheerful.*

3. Impressions: tastes, looks, feels.

a. —¡Qué guapa **está** la mesera!	—¡Y qué buena (rica) **está** la sopa!
How pretty the waitress *is* (looks)!	How good (delicious) the soup *is* (tastes)!
b. —El té **está** algo frío.	—No. El té **está** caliente.
The tea *is* (looks, tastes, feels) a bit cold.	No. The tea *is* (feels, tastes) hot.

4. Results of actions: **estar** with past participles **abierto-a** *open,* **aburrido-a** *bored,* **cansado-a** *tired,* **cerrado-a** *closed,* **descansado-a** *rested,* **ocupado-a** *busy,* **sentado-a** *seated.*

1. —¿Está sentado?	—Sí. Está cansado y ocupado en leer.
Is he seated?	Yes. He is tired and busy reading.
2. —¿Está cerrado su libro?	—No. Su libro está abierto.
Is his book closed?	No. His book is open.

C. Agreement of past participles and adjectives with the nouns they describe

Only past participles and the adjectives that end in **o** change **o** to **a** when they describe a feminine noun. Adjectives ending in **o, a,** or **e** add **s** when describing plural nouns.

1. Juan está content**o** pero María no está content**a.**
   John is happy but Mary is not happy.

2. El está alegr**e** pero ella está trist**e.**
   He is cheerful but she is sad.

3. Están present**es** y sentad**os.**
   They are present and seated.

D. Contrasted: Uses of ESTAR—*to be* with SER—*to be* [Review Work Unit 11].

1. Juan **está en** Puerto Rico.
   John is in Puerto Rico.
   Location

   Juan **es de** Puerto Rico.
   John is from Puerto Rico.
   Place of origin

2. Juan **está bien**.
   John is well.
   Health
   Juan **está mal** (*or* **enfermo**).
   John is sick (*or* ill).

   Juan **es bueno.**
   John is good (a good person).
   Character (or identification)
   Juan **es malo.**
   John is bad (a bad person)

3. Juan **está alegre** (*or* **contento**).
   John is cheerful (*or* happy).
   Mood

   Juan **es alegre. Es feliz.**
   John is jolly. He is a happy person.
   Personality type (identification)

4. Él **está sentado** y **está cansado.**
   He is seated and he is tired.
   Results of actions

   Él **es cansador.**
   He is tiresome, boring
   Characteristics, appearance
   Other uses: See lesson 7, Part Two.

5. **El teatro está cerca**.
   The theater is nearby.
   Location

   El drama es en China.
   The drama is in China.
   Something taking place, unfolding

6. **El cielo está negro**.
   The sky is black.
   Looks

   El carbón es negro.
   Coal is black.
   Characteristic color

7. **El café está frío**.
   The coffee is cold.
   Tastes, feels

   El hielo es frío.
   Ice is cold.
   Characteristics

8. **¡Qué joven está la abuela!**
   How young the grandmother is!
   Looks, acts, appears to be

   La chica es joven.
   The girl is young.
   Characteristic

STUDY THE RULES, EXAMPLES, AND MODELS BEFORE BEGINNING THE EXERCISES

EJERCICIOS

I.   Tell how everyone in your family is. Use the cues in sentences: **así, así; regular(es); (muy) mal; (muy) bien; (muy) enfermo,a,s.**

Model: (ellos) **Ellos están bien hoy.**   (Ud.) **Ud. está muy bien hoy.**
They are well today.   You are very well today.

1. (Yo) _____

2. (Los padres) _____

3. (El hermano) _____

4. (Tú también) _____

5. (Nosotros) _____

II.   Write in *two* complete sentences according to the model. Give the *negative* sentence *first*. Role-play.

Model: —¿Está Ud. en <u>América</u> o en   Are you in America or in Europe?
          <u>Europa</u>?

          —**No estoy en Europa. Estoy en**   I'm not in Europe. I'm in America.
          América.

1. ¿Está Ud. en la <u>tierra</u> o en <u>otro planeta</u>?_____

   _____

2. ¿Estás <u>triste</u> o <u>alegre</u> cuando recibes dinero?   _____

   _____

3. ¿Están tú y los amigos <u>ausentes</u> o <u>presentes</u> en la reunión? _____

   _____

4. ¿Están los relojeros <u>sentados</u> o <u>de pie</u> cuando arreglan relojes? _____

   _____

5. ¿Están las oficinas <u>abiertas</u> o <u>cerradas</u> los domingos? _____

   _____

6. ¿Están los comerciantes <u>ocupados</u> o <u>sentados</u> todo el día? _____

   _____

7. ¿Está la gente en el hospital <u>enferma</u> o <u>bien</u>? _____

   _____

8. ¿Está la gente <u>cansada</u> o <u>descansada</u> al fin del día? _____

   _____

III. Tell the *result* of each action in two complete sentences using the cues. *Pay attention to the agreement of the past participle with the noun it describes!*

Model: *Cerramos* la puerta.
We close the door.

a.   (La puerta ya) **La puerta ya está cerrada.** The door is already closed.

b.   (¿Y las ventanas también?) **Las ventanas también están cerradas.** The windows also are closed.

1. Mi hermana *abre* el periódico. **a.** (El periódico ya) _____

   b. (¿Y las revistas también?) _____

2. El profesor *aburre* al alumno. **a.** (El alumno ya) _____

   b. (¿Y a toda la clase también?)   _____

3. Los hijos *cansan* a la madre. **a.** (La madre ya) _____

   b. (¿Y el padre también?)   _____

4. *Sentamos* a Joselito a la mesa. **a.** (Joselito ya) _____

   b. (¿Y a los otros niños también?) _____

5. El terapista (*therapist*) *ocupa* a los clientes. **a.** (Los clientes ya) _____

   b. (¿Y las clientas también?) _____

IV. Create complete sentences, supplying the appropriate form of **ser** or **estar**.

1. Vamos al cine que / en la Avenida Bolívar.

2. La comedia / en Nueva York.

3. En el café nos sirven un vaso de Coca Cola que / caliente.

4. Usamos un poco de hielo, que / frío.

5. La mesera (*waitress*) / muy bonita.

6. Sonia sale del salón de belleza. ¡Qué bonita / ella!

7. El amigo, Felipe, / una persona alegre.

8. Pero hoy / triste.

9. No nos dice chistes (*jokes*) porque / enfermo.

10. Todos los otros amigos / simpáticos y buenos.

V.   **Speak up!** Role-play

> **Situation:** Your friend Ana is sick and is absent from work. You call to ask Ana how she is and to socialize. [Three sentences are good; four very good; five or more are excellent.]

> **Ana:**   ¿Por qué estás preocupado(a)?
> **Yo:**   . . .

> **Clues:** *Tell her why you are worried; that you are working (present progressive) a lot alone at the office. Ask how she is; what is the matter; whether she is happy or sad at home; is busy or tired of (la) television; when she is going to be better and is going to return to her office.* Now tell Ana's answers.

PART TWO: ESTAR IN THE PRESENT PROGRESSIVE TENSE

There are two parts to the verb:

1. —¿Qué estás haciendo ahora? What are you doing now?	—Estoy escuchando salsa. I am listening to salsa music.
2. —¿Estás aprendiendo a bailar salsa? Are you learning to dance salsa?	—Estoy descubriendo el nuevo ritmo. I am discovering the new rhythm.
3. —¿Estás practicando entonces? Well, are you practicing?	—Oyendo la música y yendo a las fiestas estoy aprendiendo a bailar salsa. While hearing the music and by going to parties I am learning to dance to salsa.

Rules:

1. The Present Progressive Tense stresses the *ongoing nature of the action.*

2. The first part of the Present Progressive Tense is the appropriate form of **estar** (*to be*). The second part is the present participle, which is formed by adding **ando** to the stem of **ar** verbs, and **iendo** to the stems of **er** and **ir** verbs. (The stem is the part of the verb left after you remove the **ar, er,** or **ir** from the infinitive; e.g., from **escuch ando,** form **escuchando** [*listening*].)

3. The **i** of **iendo** becomes a **y** when it would be between two vowels, e.g., **cayendo**, *falling*; **oyendo**, *hearing*; **leyendo**, *reading*; **trayendo**, *bringing*. The **i** must also become **y** in **yendo**, *going* (from **ir**, *to go*).

4. You have noticed that the English present participle ending *ing* is the equivalent of the Spanish **ando** and **iendo** endings.

5. When the present participle stands without **estar** before it, it is called the gerund. The gerund may have several meanings, e.g., **oyendo** (*while hearing*), **yendo** (*by going*).

EJERCICIOS

I. Your friend calls, hoping to wrangle an invitation to dinner at your house. You answer in complete sentences using the *present progressive tense* of the verb in italics and the clues in parentheses. Role-play.

1. ¿Qué *pasa* en tu casa esta tarde? (Nada–*nothing*) _____

2. ¿*Lee* alguno mi novela nueva? (Mi hermano) _____

3. ¿*Comen* Uds. ahora? (No) _____

4. ¿Qué *prepara* tu madre? (un pollo asado–*roast chicken*) _____

5. ¿*Vienen* algunos amigos a comer? (Sí, algunos ahora) _____

6. ¿Me *invitas* a comer con Uds.? (Bueno, yo te) _____

II. Directed Dialogue: You call your girlfriend from the museum. Use the present progressive. Role-play.

1. Amiga: Hola, ¿quién habla? ¿Martín?

   Usted: _____

   Tell her that you are speaking from the *Museo de Arte*.

2. Amiga: ¿Qué estás haciendo allí?

   Usted: _____

   Say that you are looking at some paintings (*pinturas*).

3. Amiga: ¿Comprendes el arte moderno?

   Usted: _____

   Tell her you are hearing a recording (*grabación*) about the paintings and that you are understanding a lot more.

4. Amiga: ¿Dices la verdad?

   Usted: _____

   Say that you are telling the truth.

5. Amiga: Bueno, la próxima semana yo también voy.

   Usted: _____

   Tell her that by going to the museums you are learning to enjoy art (*a gozar del arte*).

Work Unit Thirteen
DESCRIPTIVE ADJECTIVES AND LIMITING ADJECTIVES

El cuarto de charla

Hugo es adicto a los cuartos de charla en el internet. Hugo es bajo, gordo y calvo, pero tiene muchos deseos de impresionar a la gente. Ahora enciende su computadora, pulsa íconos, accesa su cuarto de charla y usa su nombre ficticio: Roldán.

De inmediato, dos amigos electrónicos lo saludan:

Zatán, cruel, rico e inteligente, cuenta sus aventuras en Italia el mes pasado. Muchas son las mujeres que Zatán tiene, y pocas lo pueden resistir. Él siempre tiene grandes planes, y todos sus planes tienen éxito.

La otra persona es Akata, hermosa salvadoreña de padre chino y madre egipcia. Akata es alta, sensual y osada. Su trabajo de espía industrial es peligroso pero emocionante.

Hugo les cuenta que sus ejercicios y dieta tienen éxito. Ahora tiene enormes músculos y el peso perfecto. Luego les describe la magnífica cena que va a comer en un restaurante famoso con su nueva amiga.

Los tres conversan, cuentan sus planes y luego dicen adiós.

Hugo está solo en su dormitorio. Solo, gordo y calvo. "Mañana comienzo la dieta"—piensa él.—"Y después encuentro una muchacha hermosa." Luego enciende la computadora de nuevo. Quiere otra vez ser una persona tan magnífica como Zatán y Akata.

PALABRAS NUEVAS

SUSTANTIVOS *(NOUNS)*
la amiga   the friend
la aventura   the adventure
la cena   the dinner
el cuarto de charla the chat room
el deseo   the desire
la dieta   the diet
el dormitorio   the bedroom
el ejercicio   the exercise
el espía   the spy
el éxito   the success
el ícono   the icon
la imaginación   the imagination
el internet   the Internet
Italia   Italy
el mes pasado   the last month
la muchacha   the young woman
el músculo   the muscle
el nombre   the name
la persona   the person
el peso   the weight

el plan   the plan

VERBOS *(VERBS)*
accesar   to access
comienzo   (I) start
conversar   to chat
cuenta   (he) tells
cuentan   (they) tell
enciende   (he) switches on
encuentro   (I) find
impresionar   to impress
piensa   (he, she) thinks
pulsa   (he) clicks
resistir   to resist
saludar   to salute
sufrir   to suffer
tener éxito   to be successful
usar   to use
volver a ser   to be again

ADJETIVOS *(ADJECTIVES)*
adicto, a   addicted
atractivo, a   attractive
bajo, a   short
dos   two

cada   each
calvo, a   bald
chino, a   Chinese
cruel   cruel
egipcio, a   Egyptian
electrónico   electronic
emocionante   exciting
enorme   enormous
ficticio, a   fictitious
gordo, a   fat
hermoso, a   beautiful
imaginario, a   imaginary
inteligente   intelligent
magnífico, a   magnificent (m.)
nuestros, as   our (pl.)
osado, a   bold, daring
peligroso, a   dangerous
perfecto, a   perfect
salvadoreño, a   Salvadorean
sensual   sensual
solo, a   alone

OTRAS PALABRAS *(OTHER WORDS)*

de inmediato   immediately

de nuevo   again
e   and
les   to them

luego   then
otra vez   again
un poco   somewhat

EJERCICIOS

I.   Preguntas. Write your answer in a complete sentence.

1. ¿Cómo es Hugo y cuál es su nombre de internet?

2. Describa los planes de Zatán.

3. ¿Cuál y cómo es el trabajo de Akata?

4. ¿Por qué la dieta y los ejercicios de Hugo tienen éxito?

5. ¿Cuáles son los planes futuros de Hugo?

1. _____

2. _____

3. _____

4. _____

5. _____

II.   Word hunt. Find the following words in Spanish.

imagination	to salute	adventure
spy	to switch on	to chat
exercise	day	with
fat	then	to use
to click	bald	people
exciting	to impress	dinner
cruel	to move	diet
to access	Italy	

A	S	E	S	P	I	A	C	I	D	G	E
D	I	M	A	G	I	N	A	C	I	O	N
W	M	O	V	E	R	O	L	O	E	R	C
S	P	C	E	N	A	S	V	N	T	D	E
O	R	I	N	T	A	A	O	V	A	O	N
T	E	O	T	E	C	L	U	E	G	O	D
L	S	N	U	N	C	U	S	R	I	T	E
D	I	A	R	I	E	D	A	S	T	A	R
C	O	N	A	Z	S	A	R	A	A	Z	O
L	N	T	D	O	A	R	E	R	L	C	E
E	A	E	J	E	R	C	I	C	I	O	R
C	R	U	E	L	P	U	L	S	A	R	O

III.   Construct sentences using the words given. You may change the form of the verb.

1. accesar internet charlar   _____

2. impresionar amigos aventuras   _____

3. ser todos héroe _____

4. comer ir cena _____

5. decir músculos mentir _____

IV. Composición: (A) Por celular (B) Por e-mail

(A) Look at the picture on page 132. Tell what is happening and how the story ends.
(B) Tell about a person you know who is addicted to chat rooms. Include the following.

La vida virtual de mi amigo

1. Who your friend is. 2. Who he pretends to be in the Internet. 3. Whether you think this is an innocent (**inocente**) pastime or not. 4. Predict your friend's activities in the Internet ten years from now. 5. Do you think males outnumber females in chat rooms or not? Why?

ESTRUCTURAS DE LA LENGUA
DESCRIPTIVE ADJECTIVES AND LIMITING ADJECTIVES

A. *Descriptive adjectives* generally *follow* the person, or thing described, *unlike* English.

Limiting adjectives tell *how many;* they appear *before* the person, or the thing limited, as in English.

Descriptive (What kind?)	Limiting (How many?)
1. Juan es un **hombre alto, inteligente y popular.** John is a *tall*, *intelligent*, *and popular* man.	1. **Muchos otros hombres** son altos, inteligentes y populares. *Many other* men are tall, intelligent, and popular.
2. Es **una revista bonita, interesante y fácil.** It is a *nice, interesting, and easy* magazine.	2. **Varias revistas** son bonitas, interesantes y fáciles. *Several* magazines are nice, interesting, and easy.

Rules:

1. In a series, **y** *and* is placed before the last descriptive adjective.
2. Limiting adjectives *showing quantity* and *preceding* the noun are: **bastante(s)**, *enough*; **mismo-a-s**, *same*; **muchos-as**, *many*; **otros-as**, *other*; **pocos-as** *few;* **todos los; todas las**, *all*; **varios-as**, *several*. They agree with their nouns in gender and number.

Pocos loros hablan. *Few parakeets* talk.	**Todos los loros** vuelan. *All* the *parakeets* fly.

B. Descriptive adjectives, too, *agree* with their nouns (person, place, or thing) in *gender* (masculine or feminine) and in *number* (singular or plural).

1. To form the *feminine adjective*, substitute feminine **a** for the masculine **o** ending.

Pedro es **rico.** Tiene **un coche nuevo.** Peter is rich. He has a new car.	Ana es **rica.** Tiene **una casa nueva.** Anna is rich. She has a new house.

2. Adjectives that do *not* end in **o** are the *same* in both masculine and feminine forms.

Masculine	Feminine
Es **un joven interesante** y **popular.** He is an interesting and popular young man.	Es **una joven interesante** y **popular.** She is an interesting and popular young woman.

3. To form the *plural* of an adjective that ends in a vowel—**a, e,** or **o**—add the letter **s: alto—altos; alta—altas; amable—amables.**

Los habitantes de Nueva York son **generosos** y **amables.** The inhabitants of New York are generous and kind.	Sus avenidas son **anchas** y **agradables.** Its avenues are wide and pleasant.

4. To form the *plural* of an adjective that ends in a consonant—a letter that is not **a, e, i, o,** or **u**—add **es: azul—azules; gris—grises; popular—populares.**

Prefiero un cielo **azul** a un cielo **gris.** I prefer a blue sky to a gray sky.	Los cielos están **azules** y no **grises.** The skies are blue and not gray.

C. Adjectives of nationality are made feminine by changing final masculine **o** to feminine **a,** e.g., **italiano—italiana.** But adjectives of nationality that end in consonants need to *add* **a: alemán—alemana; español—española; francés—francesa; inglés—inglesa.**

1. Juan es **un alumno español.** John is a Spanish (native) pupil.	3. Pedro es **un amigo inglés.** Peter is an English friend.
2. Juana es **una alumna española.** Joan is a Spanish (native) pupil.	4. Ana es **una amiga inglesa.** Anna is an English friend.

D. Adjectives of nationality form their plurals like all other adjectives.

1. En la agencia hay **actores españoles, ingleses** y **norteamericanos.** In the agency there are Spanish, English, and American actors.	2. También hay **actrices españolas, inglesas** y **norteamericanas.** There are also Spanish, English, and American actresses.

Rules:

1. Adjectives of nationality, like other descriptive adjectives, *follow* their nouns.
2. Adjectives of nationality form their plurals by adding **s** to vowels and **es** to consonants.
3. **Alemán, francés, inglés** drop the accent mark for the feminine singular, and for both masculine and feminine plural forms.

E. Adjectives that bear accent marks on *other than* the final syllable *keep the accent mark* on all singular and plural forms.

difícil difíciles (difficult) fácil fáciles (easy)	práctico-a prácticos-as (practical) rápido-a rápidos-as (fast)

STUDY THE RULES, EXAMPLES, AND MODELS BEFORE BEGINNING THE EXERCISES

EJERCICIOS

I.   Tell how some brothers and sisters resemble each other. Follow the model.

Model: Francisco es alegre y simpático.
¿Y Francisca?
Frank is cheerful and likeable.
And Frances?

Francisca es tan alegre como simpática.
Frances is as cheerful as likeable.

1. Juan es alto y elegante. ¿Y Juana? _____
2. Luis es inglés y rubio. ¿Y Luisa? _____
3. José es español y moreno. ¿Y Josefa? _____
4. Angel es sincero y agradable. ¿Y Angela? _____
5. Carlos es alemán y práctico. ¿Y Carla? _____

II.   Make each sentence plural. Tell us about this family. (Omit **un** and **una.**)

Model: El niño es un alumno cubano.
The child is a Cuban student.

Los niños son alumnos cubanos.
The children are Cuban students.

1. El hijo es un niño gordo. _____
2. La ciencia es difícil. _____
3. El chico inglés es un primo. _____
4. El tío es un médico español. _____
5. La abuela es una señora española. _____
6. La madre es una mujer inteligente y práctica. _____
7. La tía es una persona liberal. _____
8. El señor es un deportista alemán. No es español. _____

III. Build the sentence in four or more steps. Write it, each time adding the word in parentheses in its proper position in the sentence.

Model: **Trabajan hoy.**
They work today.

a. (muchos)
Muchos trabajan hoy.
Many work today.

c. (buenos)
Muchos alumnos **buenos** trabajan hoy.
Many good students work today.

b. (alumnos)
Muchos **alumnos** trabajan hoy.
Many students work today.

d. (contentos)
Muchos alumnos buenos y **contentos** trabajan hoy.
Many good and happy students work today.

1. Contestan bien.

a. (muchas) _____

b. (recepcionistas) _____

c. (lindas) _____

d. (amables) _____

2. Hablan hoy.

a. (los muchachos) _____

b. (todos) _____

c. (españoles) _____

d. (inglés) _____

e. (poco) _____

3. Lee aquí.

a. (mi amiga) _____

b. (revistas) _____

c. (varias) _____

d. (interesantes) _____

e. (y cómicas) _____

4. Escribe ahora.

a. (el autor) _____

b. (una historia) _____

c. (famosa) _____

d. (ruso) _____

e. (otro) _____

IV. Write affirmative answers in complete Spanish sentences. Include in *both* your answers all *adjectives* used in the first *question*, changing adjective endings as needed.

Model: —¿Son los *otros* jardineros *aplicados*?
Los **otros** jardineros son **aplicados**.
¿Y las otras jardineras también?
Las **otras** jardineras son **aplicadas**.

Are the *other* gardeners *diligent*?
The *other* gardeners are *diligent*.
And the other female gardeners, too?
The *other* female gardeners are *diligent*.

1. ¿Trabajan mucho *algunos* obreros *españoles*? ¿Y algunas obreras también? _____

_____

_____

2. ¿Compran ellas sombreros *bonitos* y *baratos*? ¿Y muchas faldas tambien? _____

_____

_____

3. ¿Tiene la familia *otro* coche *nuevo* y *lindo*? ¿Y otra casa también? _____

_____

_____

4. ¿Ven los turistas bastantes ciudades *grandes* y *hermosas*? ¿Y países también? _____

_____

_____

V. **Speak up!** Role-play

    Situation: Your friend, Elena, wants to know all about the new neighbors. You describe each one. [Three sentences are good; four very good; five or more are excellent.]

    Elena: ¿Cómo son los nuevos vecinos?
    Yo: . . .

    Clues: *Tell whether the family seems nice; which one is more interesting than the rest; who has hair and eyes of a certain color; who is tall or short; slender or fat; whether the children are cheerful or difficult; who is hard working and generous.* Other ideas?

Portraits

VI. **Composición:** (A) Por celular (B) Por e-mail. Oral or written.

   (A) Describe yourself. Clues: appearance, age, personality, intelligence, ideas, friends and their personalities and relationship to you.
   (B) Describe your girlfriend or boyfriend. How much you are different and alike.

_____

_____

_____

_____

_____

_____

_____

_____

Work Unit Fourteen
CARDINAL NUMBERS TO THREE BILLION, COMPARISONS

¡Ahora Juan es necesario!

Roberto está muy triste. Durante treinta y dos días la migra tiene preso a su amigo Juan. Aunque los dos son jóvenes y trabajadores, también son indocumentados, y ahora la migra va a deportar al amigo Juan.

Musical background Pobre Juan, tan bueno, tan limpio y tan hermoso, ¡pero la migra
with guitars: lo quiere deportar!

Desde el cinco de agosto hasta el nueve de octubre, Roberto escribe doscientas setenta y siete cartas para senadores liberales, diputados amables y abogados baratos. Pero todos responden que la ley es dura pero justa, y ellos no pueden hacer nada. Juan debe volver a México.

Musical background ¡Un milagro! ¡Necesitamos un milagro para salvar a Juan! Ay
with guitars: Dios, ¿quién puede ayudar?

Y viene un terremoto en la Falla de San Andrés. Y muchas casas caen y hay más edificios rotos que intactos. La cárcel de Juan tiene más de quinientas noventa y nueve grietas.
Es necesario reconstruir y emplear a muchos obreros. ¡Ahora sí que Juan es necesario!

Musical background ¡Ahora sí, ahora sí! Y como es siempre, ¡los indocumentados ...
with guitars: son la salvación!

Y Juan no va a ser deportado. Ahora trabaja mucho y recibe dinero como si fuera ciudadano, mientras él con Roberto reparan la cárcel.

PALABRAS NUEVAS

SUSTANTIVOS *(NOUNS)*
el abogado the lawyer
agosto August
la cárcel the jail
el ciudadano the citizen
el diputado the deputee (the representative)
la falla the fault
la grieta the crack
la guitarra the guitar
el indocumentado the illegal immigrant
la ley the law
la migra (slang) the U.S. Immigration and Naturalization Department
el milagro the miracle

el obrero the worker
octubre October
la salvación the salvation
el senador the senator
el terremoto the earthquake

VERBOS *(VERBS)*
deportar to deport
escribir to write
necesitar to need
recibir to receive
reconstruir to rebuild
reparar to repair
responder to answer
salvar to save

tener preso to hold prisoner
venir to come
volver to return

ADJETIVOS *(ADJECTIVES)*
deportado deported
doscientos, as setenta y siete two hundred seventy-seven
duro, a hard
hermoso, a handsome
intacto, a untouched, intact
jóvenes young (pl.)
justo, a just
liberal liberal
limpio, a clean

mucho, a   a lot
muchos, as   many
**quinientos, as noventa y
   nueve**   five hundred and
   ninety-nine
roto, a   broken

treinta y dos   thirty-two

OTRAS PALABRAS *(OTHER
   WORDS)*
aunque   although
como si fuera   as if he were

desde   since
durante   during
hasta   until
los dos   both of them
que   than

 **EJERCICIOS**

I. **(A)** Complete the sentences according to the story.

1. Roberto y Juan son _____ pero también _____.

2. La migra quiere _____ a Juan. Sólo un _____ lo puede salvar.

3. Todos responden que la ley es _____ pero _____. Juan debe
   _____.

4. Con el terremoto, muchas casas _____, hay edificios _____ y la cárcel
   tiene _____.

5. Ahora Juan no va a _____. Ahora _____ mucho y recibe _____
   como si fuera ciudadano.

I. **(B)** Check **Palabras nuevas** and translate the following.

1. I need thirty days to repair the cracks.

2. The earthquake at the fault is very big.

3. Although the representative is a good man, he cannot do anything.

4. Many deported Mexicans return to United States.

5. The police hold many undocumented immigrants prisoner.

1. _____

2. _____

3. _____

4. _____

5. _____

II. Write the letter of the expression that best completes the pair.

1. Los indocumentados y   a. los diputados   _____

2. Los jóvenes y   b. el verano   _____

3. El invierno y   c. el doctor   _____

4. La enfermera y   d. los ciudadanos   _____

5. Los senadores y   e. los viejos   _____

III. Composición (A) Por celular (B) Por e-mail

(A) Look at the picture on page 140. Tell what is happening and how the story ends.

(B) For eleven days the police have you in jail because you have no documents.

(Police): ¿Quién eres tú y de dónde vienes?

(You): 1. _____
(In a full sentence, give your name, say where you are from. Use *ser.*)

(Police): ¿Por qué no tienes documentos?

(You): 2. _____
(Say that you don't know where they are, but that you have friends who can say who you are.)

(Police): Los amigos no son tu salvación. Documentos o deportación.

(You): 3. _____
(Say that you are eleven days in this jail [use *estar*] and that you need a miracle to be [use *ser*] free [libre] again.)

(Police): Entonces espera el milagro.

(You): 4. _____
(Say that the miracle is to want to live in this city after this treatment (*trato.*)

ESTRUCTURAS DE LA LENGUA
PART ONE: CARDINAL NUMBERS: 31–3 BILLION

A. Learn these paired sets of numbers:

One ending only for the decades 20–100	*Masculine or feminine endings* for 200–900
20 veinte	200 doscientos, -as
30 treinta	300 trescientos, -as
40 cuarenta	400 cuatrocientos, -as
50 cincuenta	500 quinientos, -as
60 sesenta	600 seiscientos, -as
70 setenta	700 setecientos, -as
80 ochenta	800 ochocientos, -as
90 noventa	900 novecientos, -as
100 ciento (cien)	1000 mil
101 ciento uno	1001 mil y un (o, a)

Rules:

1. **Y** is placed after the decades *30 through 90* before adding *one through nine*, e.g., **treinta y dos** (32); **cuarenta y tres** (43); **cincuenta y cuatro** (54); **sesenta y cinco** (65); **setenta y seis** (76); **ochenta y siete** (87); **noventa y ocho** (98).

2. **Uno** (one) in compound numbers shortens to **un** before a masculine noun, and becomes **una** before a feminine noun. See the examples below:

   Note: Modern spelling for 21–29 veintiún(uno-a), etc. See Work Unit Seven.

Hay **treinta y un chicos** y **cuarenta y una chicas** en el club.
There are thirty-one boys and forty-one girls in the club.

---

3. **Ciento** (100) shortens to **cien** *directly* before *both masculine and feminine nouns*, but remains **ciento** before a number *smaller than 100* followed by a noun of either gender. *One is not* expressed before **cien(to). Y** *never* follows **cien(to).**

Pago **cien dólares** por **cien revistas,**
I pay one hundred dollars for one hundred magazines,

y **ciento noventa dólares** por **ciento noventa revistas.**
and one hundred (and) ninety dollars for one hundred (and) ninety magazines.

---

4. **Doscientos** through **novecientos** (200–900) change their endings to **as** when describing feminine nouns, e.g.,

---

Hay **doscientas tres chicas** y **quinientas mujeres** en las clases de aeróbicos.
There are two hundred and three girls, and five hundred women in aerobics classes.

---

5. **Qui**nientos, -as (500), **sete**cientos, -as (700), **nove**cientos, -as (900) have special stems.

6. **Mil** (1,000): *One is not* expressed before **mil. Y** is *not* generally used after **mil.**

---

1. Hay casi **mil cuerpos de bomberos** en Nueva York.
   There are almost *one thousand* fire departments
   in New York.

2. ¿**Mil setecientos?**   3. No. **Mil.**
   Seventeen hundred?   No. *One thousand.*
   (one thousand seven hundred)

B. La fecha (The date).—Two ways.

What is today's date?	Today is April 1st (2nd), two thousand nine.
1. — **¿A cuántos estamos?**	—**Estamos a primero (dos) de abril de dos mil nueve.**
2. — **¿Cuál es la fecha de hoy?**	—**Hoy es el primero (dos) de abril, dos mil nueve.**

Rules:

1. **Estamos a** and **Hoy es el** represent *today is;* **el** never follows **estamos a.**
2. **De** or a comma appear between the month and the year.
3. *Nineteen hundred* and other hundreds above one thousand must be expressed as *one thousand nine hundred:* **mil novecientos,** for example.

C. Two thousand to three billion. Note: The English *one billion* translates as **mil millones** (*one thousand million*) in Spanish.

El Presupuesto Nacional	The National Budget
1. Pintar la Casa Blanca: **Un millón dos mil dólares.**	*To paint the White House*: *One million two thousand dollars.*
2. La barbería del senado: **Dos millones de dólares.**	*Senate's Barbershop*: *Two million dollars.*
3. La educación: **Noventa y cuatro mil millones de dólares.**	*Education*: *Ninety-four billion dollars.*
4. La defensa militar: **Quinientos setenta y dos mil millones de dólares**	*Military Defense*: *Five hundred seventy-two billion dollars.*
5. Total: Seiscientos sesenta y seis mil millones tres millones dos mil dólares.	*Total: Six hundred sixty-six billion three million two thousand dollars.*

Rules:

1. Unlike **mil** (*one thousand*), **un millón** and **un billón** require **un** or another numeral before them.
2. **Millones** and **billones** do not use the accent mark.
3. **De** follows **millón, millones, mil millones, billón, billones** when a noun follows directly.

STUDY THE RULES, EXAMPLES, AND MODELS BEFORE BEGINNING THE EXERCISES

EJERCICIOS

I. Your accountant reads the question. You say the answer aloud, then write the complete sentence *including the number* in Spanish.

Model: —¿Es **once** o **uno**?   Is it eleven or one?
          —(11) Es **once.**   It is eleven.

1. ¿Es **setenta** o **setecientos?** (700) _____

2. ¿Es **cincuenta** o **quinientos?** (500) _____

3. ¿Es **noventa** o **novecientos?** (900) _____

4. ¿Es **sesenta y siete** o **setenta y seis?** (67) _____

5. ¿Es **mil quinientos** o **ciento cincuenta?** (150) _____

6. ¿Es **ciento quince** o **mil quinientos** (1500) _____

7. ¿Es **ochocientos nueve** o **novecientos ocho?** (908) _____

8. ¿Es **trescientos treinta** o **mil trescientos?** (330) _____

9. ¿Es **quinientos once** o **ciento quince?** (115) _____

10. ¿Es **quinientos cinco** o **cincuenta y cinco?** (505) _____

II. How is your arithmetic? Tell us the example and the answer. Use **y** for **+**; **menos** for **–**; **por** for **x**; **dividido por** for **÷**.

Model: 20 y 10 son _____ Veinte y diez son treinta.

1. (30 + 10 son) _____

2. (80 – 20 son) _____

3. (100 × 2 son) _____

4. (1,000 ÷ 2 son) _____

5. (35 + 36 son) _____

III. Take inventory! Tell us the number in Spanish with the noun. Make the number agree with the noun as needed.

Model: 31 diccionarios   **treinta y un** diccionarios   101 casas   **ciento una** casas

1. (41 periódicos) _____

2. (51 sillas) _____

3. (101 mesas) _____

4. (100 estantes) _____

5. (115 papeles) _____

6. (691 tarjetas) _____

7. (200 computadoras) _____

8. (261 teléfonos) _____

9. (371 relojes) _____

10. (481 lámparas) _____

IV. Tell the number of people the census counts in nearby towns and in the world. Write the number out in Spanish using **Cuentan** _____ **personas** according to the model.

   Model: **(601)** Cuentan **seiscientas una personas.**   They count *601 people*.

1. (991) _____

2. (1,000) _____

3. (1,717) _____

4. (2,666) _____

5. (1,000,000) _____

6. (2,000,000) _____

7. (1,000,000,000) _____

8. (3,000,000,000) _____

V. Tell us some important dates! Role-play.

1. ¿A cuántos estamos hoy? _____

2. ¿Cuál es la fecha de mañana? _____

3. ¿El descubrimiento de América por Colón? (October 12, 1492) _____

4. ¿El Día de la independencia de Estados Unidos? (July 4, 1776) _____

5. ¿El Día de la Navidad? (December 25, 2004) _____

6. ¿El Día del año nuevo? (January 1, 2005) _____

7. ¿El Día de los enamorados? (February 14, 2006) _____

8. ¿El Día de los inocentes? (April 1, 2007) _____

VI. **Free Dialogue**

1. ¿Qué edad tiene Ud.? _____

2. ¿Cuál es la fecha de su nacimiento? _____

3. ¿Cuál es su dirección? (calle, casa, ciudad) _____

4. ¿Qué trabajo o puesto busca Ud. aquí? (cajero, gerente, presidente) ¿Tiene o no tiene Ud. experiencia? _____

5. ¿Cuánto dinero quiere Ud. ganar al año? _____

6. ¿Cuánto dinero tiene Ud. en este banco? _____

PART TWO: COMPARISONS

1. —Mi vecino tiene *menos* dinero *que yo.*	My neighbor has *less* money *than* I.
2. —Claro, tú tienes *más* dinero *que él.*	Of course, you have *more* money *than* he.
3. —Tú tienes *más de* dos millones.	You have *more than* two million.
4. —No tengo *tantos* millones *como* eso.	I don't have *as many* millions *as* that.
5. —No tengo *más que* un millón de dólares.	I don't have *more than* one million dollars.
6. —¿Es él menos rico pero *más* feliz que tú?	Is he *less* rich but *happier (more happy) than* you?
7. —No sé. Él tiene *tanta* familia y *tantas* responsabilidades.	I don't know. He has *so much* family and so *many* responsibilities.

Rules:

1. **Tanto(a)** (*as much* or *so much*) agrees in gender with the singular noun it describes; **como** (*as*) often follows the noun.

2. **Tantos(as)** (*as many* or *so many*) agrees in gender with the plural noun it describes; **como** (*as*) often follows the noun.

3. **Más** (*more*) and **menos** (*less* or *fewer*) compare inequalities and may be followed by a noun, an adjective, or an adverb; **que** (*than*) completes the comparison, except when followed by a number in an affirmative sentence. **De** is used for *than* before a number in an affirmative sentence, e.g., **¿Son *más de diez*? No son menos que diez.**

 EJERCICIOS

I. Show comparisons of equality. Follow the model.

Model: La chica simpática: Tiene _____ amigos _____ amigas

       La chica simpática: Tiene tantos amigos como amigas.
       The sweet girl: She has as many boyfriends as girlfriends.

1. De un bebé: Tiene _____ años _____ dientes

2. De un viejo calvo: Tiene _____ pelo _____ una pelota de golf

3. De una mujer gorda: Tiene _____ amigas _____ libras

4. De una estrella de rock: Tiene _____ fama _____ dinero

5. De las vecinas: Dicen _____ mentiras (*lies*) _____ chismes (*gossip*)

II. Answer logically, making a comparison of inequality in a complete sentence. Role-play.

Model: —**¿Quién es más joven, la madre o la hija?** —**La hija es más joven que la madre.**

Who is younger, the mother or the daughter? The daughter is younger than the mother.

1. ¿Quién es más simpatico, la heroína o el monstruo? _____

2. ¿Cuál cura más, la medicina o el amor? _____

3. ¿Cuál es menos costoso, un yate o un coche? _____

4. ¿Cuesta menos de mil dólares una casa, o más? _____

III. **Speak up!** Role-play

Situation: You and your friend have just won the lottery on a shared ticket. The First Prize! (**el premio gordo**)

Amigo(a): ¡Somos millonarios! ¡Hurrá!

Yo: ¿Cuánto ganamos cada uno?

Say how much. Ask whether you two should take a grand vacation (**vacaciones**) first; suggest where and the Christmas through New Year dates for it (December 25 to January first); then how much you two should put in the bank, and how much your friend or you can use to (**para**) buy things and for whom; e.g., a new large house for parents, a big expensive car, a great trip; how much each (**cada**) thing is going to cost (**costar**).

Work Unit Fifteen
ORDINAL NUMBERS, SHORTENING OF SOME ADJECTIVES, COMPARISONS

¡Quiero esa casa!

Jorge quiere comprar una casa. Antonieta no está segura. Ahora comparan varias casas en una revista de bienes raíces.

Jorge: La primera casa es mejor porque tiene más terreno.

Antonieta: Pero es peor porque el terreno es un pantano.

Jorge: La segunda casa es buena porque tiene un buen techo y los impuestos son menores.

Antonieta: Ah, pero las grietas de las paredes son mayores.

Jorge: La tercera casa es la más bonita y cuesta menos.

Antonieta: Sí, pero tiene mal olor, mala ventilación y el primer piso está muy sucio.

Jorge: Las paredes de la cuarta casa son mejores.

Antonieta: Pero los pisos son peores.

Jorge: Veo que la quinta casa es fea, y tiene arañas y fantasmas.

Antonieta: Pero tiene cinco dormitorios.

Jorge: ¿Y qué?

Antonieta: ¡Podemos tener cinco niños! Jorge, ¡quiero esa casa!

PALABRAS NUEVAS

SUSTANTIVOS *(NOUNS)*
la araña   the spider
los bienes raíces   the real estate
el dormitorio   the bedroom
el fantasma   the ghost
la grieta   the crack
el impuesto   the tax
el niño   the child
el olor   the smell
el pantano   the swamp
la pared   the wall
el piso   the floor
la revista   the magazine
el techo   the roof
el terreno   the land, terrain

la ventilación   the ventilation

VERBOS *(VERBS)*
comparar   to compare
comprar   to buy
cuesta   (it) costs
podemos   (we) can

ADJETIVOS *(ADJECTIVES)*
bonito, a   pretty
cuarto, a   fourth
esa   that
feo, a   ugly
mal   bad
malo, a   bad

mayor   bigger
mejor   better
menor   smaller
menos   less
peor   worse
primer, a   first
quinto, a   fifth
segundo, a   second
seguro, a   sure
sucio, a   dirty
tercero, a   third
varios, as   several

OTRAS PALABRAS *(OTHER WORDS)*
¿Y qué?   So what?

EJERCICIOS

I.   Write your answer in a complete sentence.
1. ¿Qué hacen Antonieta y Jorge?
2. ¿Por qué le gusta la segunda y cuarta casa a Jorge?
3. ¿Por qué no le gusta la primera y tercera casa a Antonieta?
4. ¿Por qué le gusta la quinta casa a Antonieta?

II.   ¿Cómo se dice en español?
1. Spiders and ghosts live in the swamp.

   _____

2. Taxes are bad for real estate.

   _____

3. The bigger land is better and more pretty.

   _____

4. The car costs a fortune and it is dirty.

   _____

5. The floor of the bedroom is ugly.

   _____

III.   Electronic glitches have affected this e-mail to Antonieta: neither the o nor the a appear. Can you read it?

Querid_ _nt_niet_: V_m_s _ c_mp_r_r l_ c_s_ fe_ c_n l_ b_nit_. Si l_ primer_ es mej_r, l_ c_mpr_m_s unque esté suci_.

IV.   Composición: (A) Por celular (B) Por correo electrónico

(A)   Look at the picture on page 150. Tell what is happening. Tell how the story ends.
(B)   Tell your husband or wife about the house you want.
Cómo debe ser la casa perfecta.
1. The house must be large and beautiful, not small and ugly. 2. It must have lots of land, but the land should not be a swamp. 3. It must cost less than other houses and to have low (**bajos**) taxes. 4. It must have a good floor, a good roof, and no ghosts.

ESTRUCTURAS DE LA LENGUA
ORDINAL NUMBERS: SHORTENING OF ADJECTIVES *BUENO* AND *MALO*

A. *Ordinal* numbers tell the order or place of any item within a series:

1st	**primero –a** first	6th	**sexto –a** sixth
2nd	**segundo –a** second	7th	**séptimo –a** seventh
3rd	**tercero –a** third	8th	**octavo –a** eighth
4th	**cuarto –a** fourth	9th	**noveno –a** ninth
5th	**quinto –a** fifth	10th	**décimo –a** tenth

B. *Ordinal* numbers identify the noun by its place in a series. *Cardinal* numbers tell "how many."

1. —¿Estamos en la **Quinta** Avenida?
   Are we on **Fifth** Avenue?

   —Sí. Y tenemos **cinco** días para la visita.
   Yes. And we have **five** days for the visit.

2. —Es nuestro **primer** viaje.
   It is our **first** trip.

   —Hicimos **un** viaje antes.
   We made **one** trip before.

3. —El **tercer** edificio es muy alto.
   The **third** building is very tall.

   —Hay **tres** edificios y **un** parque allí.
   There are **three** buildings and **a** park there.

Rules:

1. The ordinal numbers are widely used from **first** through **tenth** and agree in number and gender with the nouns they precede.

2. **Primero** and **tercero** drop their final **o** and become **primer** and **tercer** before a *masculine singular noun only. Feminine singular and all plural forms never shorten.*

C. **Bueno** *good,* **malo** *bad,* also drop their **o** *before* a masculine singular noun in common use.

Common Use	*Emphatic Use*

1. —¿Es un **buen** trabajador?
   Is he a good worker?
	—Sí, es un trabajador muy **bueno.**
	   Yes, he is a very *good* worker.

2. —Entonces no es un **mal** arquitecto.
   Then he's not a bad architect.
	—No es un arquitecto **malo.**
	   He is not a *bad* architect.

Rules:

1. **Bueno** and **malo,** being common adjectives, are usually placed *before* the noun, unlike most descriptive Spanish adjectives. In that position **bueno** shortens to **buen; malo** shortens to **mal.** Shortening occurs *only in the masculine singular* forms.

2. For *emphasis* only, **bueno** and **malo** may be placed *after* the noun. In that position **bueno** and **malo** never lose the **o.**

3. Buen**a,** buen**os,** buen**as;** mal**a,** mal**os,** mal**as** never shorten, being feminine or plural forms.

D. *Irregular Comparatives* and *Superlatives*

1. **Él es mi mejor amigo y ella también es mi mejor amiga.**	He is my best friend. She is also my *best* friend.
2. **Tengo los mejores amigos del mundo.**	I have the *best* friends in the world
3. **Mi hermana es mayor que yo.**	My sister is *older* than I.
4. **Soy la menor de la familia.**	I am the *youngest* in the family.
5. **Tú y yo somos los peores de la familia.**	You and I are the *worst* in the family.

Rules:

1. **Más** before the adjective creates the regular comparative, e.g., **más joven**, *younger*. But *better* or *best* is **mejor(es)**, *worse* or *worst* is **peor(es)**, *younger* or *youngest* is **menor(es)**; *older* or *oldest* is **mayor(es).**

2. **Mejor(es)** and **peor(es)** normally precede the noun, as in **bueno(a)** and **malo(s).**

3. **Mejor(es)**, *better* or *best*; **peor(es)**, *worse* or *worst*; **mayor(es)**, *older* or *oldest*; and **menor(es)**, *younger* or *youngest* are the same in the *masculine* singular, the *feminine* singular, and the plural which adds **es.**

4. **Más joven** is heard, but it stresses youthfulness of *both* parties; **más viejo** is also heard, but it stresses *agedness* of both parties and things.

5. **De** means *in* after a superlative, e.g., **Eres el mejor del mundo.**—You are the best *in* the world.

STUDY THE RULES, EXAMPLES, AND MODELS BEFORE BEGINNING THE EXERCISES

EJERCICIOS

I.   Rewrite the Spanish sentence in the singular. Make all necessary changes for agreement. Role-play.

Model: —Veo los buenos libros.   I see the good books.
          —Veo el **buen libro.**   I see the good book.

1. Veo algunos buenos relojes. _____

2. Algunas van a las buenas tiendas. _____

3. Paso los primeros días solo mirando las tiendas. _____

4. Leo durante las primeras horas de la tarde. _____

5. Tengo los malos pensamientos de comprar algo costoso. _____

6. Cuento estas malas cosas a mis amigas. _____

7. En el cine lleno ocupamos los terceros asientos en tres filas. (noun) _____

8. Luego, en la casa escribo las terceras líneas para completar la tarea. _____

II. Your boss always praises your younger coworker emphatically. You repeat his compliments to the rest of the staff, but to make them less important and less emphatic you place the adjective before the noun. Role-play.

Model: *Boss:* Tu colega siempre dice cosas **buenas.** *You:* Siempre dice **buenas** cosas.
Your colleague always says good things. He always says good things.

1. Es un hombre bueno _____

2. No hace decisiones malas _____

3. No tiene un pensamiento malo _____

4. Siempre tiene una idea buena _____

5. No comete errores malos _____

III. You and your friends participated in a raffle. Each one comments on the prize (**premio**) he or she won. Write two Spanish sentences according to the model, using the cardinal number in the first one and its corresponding ordinal number in the second.

Model: (dos) Soy el número **dos.** Gano el **segundo** premio.
I'm number **two.** I win **second** prize.

1. (uno) _____

2. (tres) _____

3. (cuatro) _____

5. (cinco) _____

6. (siete) _____

IV. Express your impatience with your guest, who comes too often and stays too long, by using the appropriate *ordinal* number according to the model. Make the ordinal number agree with the noun in the *singular*. Begin with **Sí, ya es su _____.**

Model: —Escribe *tres* cartas. He writes *three* letters.
—**Sí, ya es su tercera carta.** Yes, it's now his *third* letter.

1. Hace seis visitas. _____

2. Compra ocho blusas. _____

3. Hace nueve preguntas. _____

4. Comete diez faltas. _____

5. Come una hamburguesa grande. _____

V. Write the most *logical* answer in a complete sentence.

1. ¿Desea Ud. *el primer dólar* o *el segundo centavo?* _____

_____

2. ¿Quieres ver *una mala película* o *un buen drama?* _____

_____

3. ¿Deseas ser el mejor y el más rico de la compañía o el peor y el más pobre? _____

_____

4. ¿Es más fácil *la tercera hora* o *la décima hora* del trabajo? (Es más fácil) _____

_____

5. ¿Escribe Ud. ahora *la sexta frase* o *la quinta frase?* (Escribo) _____

_____

VI. Tell the story about John, writing the appropriate form of the adjective. Make all necessary changes for agreement with the noun.

Juan ocupa la _____ mesa en la _____ oficina. Es un _____
           1. séptimo   2. sexto   3. bueno

trabajador. Nunca hace cosas _____ . En los _____ contratos,
                            4. malo   5. primero

recibe unas _____ ganancias (*profits*). Ahora, después del _____ contrato,
             6. bueno   7. tercero

es el _____ empleado de la compañía. Es uno de los trabajadores muy _____
      8. primero   9. bueno

del departamento. Yo soy la _____ persona que lo admira; la primera es su madre.
                   10. segundo

VII. In two complete sentences, compare **b** with the *italicized* word in **a**; then compare **c** with **a** and **b**. Role-play.

Model: a.	**Ella es una *buena* amiga.**	She is a good friend.
	b. **¿Y Zulema?**	**Zulema es una mejor amiga.**
		Zulema is a better friend.
	c. **¿Y Teresa?**	**Teresa es la mejor amiga de las tres.**
		Teresa is the best friend of the three.
	a. **Tomás es *pobre* con solo mil dólares.**	Tom, with only a thousand dollars, is poor.
	b. **¿Y su hermano** con cien mil dólares?	**Su hermano es menos pobre que Tomás.**
		His brother is less poor than Thomas.
	c. **¿Y su padre** con quinientos mil dólares?	**Su padre es el menos pobre de los tres.**
		His father is the least poor of the three.

1. a. **Esteban es un *buen* vecino.**

    b. **¿Y Simón?** _____

    c. **¿Y Tomás?** _____

2. a. **Las primeras noticias son *malas*.**

   b. ¿Y las segundas? _____

   c. ¿Y las últimas noticias? _____

3. a. **Laura tiene *quince* años.**

   b. ¿Y Lola con catorce años? _____

   c. ¿Y Linda con trece años? _____

4. a. **Los hijos tienen *veinte* años.**

   b. ¿Y los padres que tienen cuarenta y cinco años? _____

   c. ¿Y los abuelos que tienen setenta años? _____

5. a. **Yo soy rico con *tres* casas.**

   b. ¿Y su padre con cinco? _____

   c. ¿Y su abuelo con veinte? _____

VIII.   **Speak up!** Role-play

     Situation: Ten friends and you plan a picnic at the lake. You are in charge. Tell what each one brings. [Three sentences are good; four very good; five or more are excellent.]

     Amigos(as): ¿Qué traemos al lago?
     Yo: . . .

     Clues: *Use the ordinal numbers first through tenth, as you <u>name</u> the person and what he or she brings—beer, hamburgers, ice cream, salads, macaroni, other meat, candy, bread, the baseball, the glove, etc. Other ideas?*

Work Unit Sixteen
FORMATION AND USE OF COMMANDS

La solución de Gustavo

Gustavo está cansado. Su jefe da órdenes todo el día y todos trabajan sin parar.

Jefe: Gustavo, vaya y dé esos papeles a Luisa.

Mabel y Clara, vengan y hagan este contrato para Gustavo.

¡Oigan todos: sean cuidadosos con los documentos y tengan todo listo en una hora!

Gustavo termina de trabajar. Llega a su casa y enciende el televisor.

Televisor: ¡Vea Europa! ¡Use desodorante *Fragancia*! ¡Vaya al restaurante *Muy Bueno*!

Gustavo no quiere escuchar más y va a un bar, pero la camarera no sabe cerrar la boca.

Camarera: Sepa que este vodka es muy bueno. Tome un vaso y diga su opinión.

Ahora, sea simpático y deme una propina. Ah, gracias. ¡Y tome otro vodka!

Gustavo: Si tomo otro, empiezo a cantar.

Camarera: ¡Cante! ¡Tome! ¡Para eso está usted aquí!

Gustavo y la camarera son ahora amigos. Y después de dos meses son marido y mujer.

Ahora Gustavo recibe órdenes de su jefe, del televisor y de su esposa. ¿Qué hacer?

Gustavo compra un perro y le da órdenes. El perro obedece y Gustavo está contento.

Ahora sabe por qué el perro es el mejor amigo del hombre.

PALABRAS NUEVAS

SUSTANTIVOS *(NOUNS)*
la boca   the mouth
la camarera   the waitress
el contrato   the contract
el desodorante the deodorant
la esposa   the wife
la fragancia   the fragrance
el marido   the husband
marido y mujer husband and wife
la opinión   the opinion
la orden   the command
el perro   the dog
la propina   the tip
la solución   the solution
el vaso   the glass

ÓRDENES *(COMMANDS)*
beba(n)* drink

cante(n)   sing
dé(n)   give
deme   give me
diga(n)   say, tell
haga(n)   do
oiga(n)   hear, listen
sea(n)   be
sepa(n)   know
tenga(n)   have
tome(n)   drink
use(n)   use
vaya(n)   go
vea(n)   see
venga(n)   come
*When **n** is added, the command addresses more than one.

VERBOS *(VERBS)*
cerrar   to close

empiezo   (I) start
enciende   (he) turns on
obedecer   to obey
parar   to stop
saber + inf.   to know how

ADJETIVOS *(ADJECTIVES)*
cansado, a   tired
contento, a   happy
cuidadoso, a   careful
listo, a   ready
simpático, a   nice

OTRAS PALABRAS *(OTHER WORDS)*
aquí   here
le   to him
¿Qué hacer?   What can be done?
sin   without

EJERCICIOS

I.   (A) Complete the sentences according to the story.

1. Gustavo está cansado porque su jefe _____ todo el día y todos _____.

2. Cuando termina de trabajar, Gustavo llega _____ y _____ el televisor.

3. Gustavo va a _____, pero la camarera no sabe _____.

4. Gustavo y la camarera se hacen _____ y pronto son _____.

5. Gustavo compra _____ y le da _____.

I.   (B) Give the following commands.

1. Drink a vodka and sing a little.

   _____

2. Know that I am a very good man.

   _____

3. Have a good trip!

   _____

4. See and hear this excellent concert.

   _____

5. Go to the car and use the new tool (*herramienta*).

   _____

II.   Write complete sentences with these sets of words.

1. propina   estar   contento   camarera
2. perro   órdenes   obedecer
3. listos   volar   estar
4. estar   marido   cansado
5. parar   taxi   subir

1. _____
2. _____
3. _____
4. _____
5. _____

III. Composición. (A) Por celular (B) Por e-mail

(A) Look at the picture on page 158. Tell what is happening and how the story ends.
(B) Write a friend about dog training (**entrenar**).

Cómo enseño a mi perro a obedecer.

1. Describe your dog: as big/small, ugly/beautiful, fat/skinny. 2. Tell that you are training your dog and mention all the commands you use. 3. Say if you are happy/unhappy with the results (**resultados**). 4. Say what you want to do in the future with the dog. 5. Ask if your friend knows what else you should do.

IV. Picture Match: Choose the sentence(s) suggested by each sketch. Then tell something about each.

1.

2.

3.

4.

a. Gustavo está contento con la camarera.
b. Todo lo que ve Gustavo es órdenes y más órdenes.
c. Después de poco tiempo, ellos son marido y mujer.
d. El animal obedece y Gustavo está contento.
e. Yo quiero obedecer.
f. Todo debe estar listo en una hora.
g. ¡Oigan todos! ¡Vengan y vean y hagan!

1. _____
2. _____
3. _____
4. _____
5. _____

ESTRUCTURAS DE LA LENGUA
FORMATION AND USE OF THE DIRECT COMMANDS

A. Regular direct commands are formed from the *stem* of the first person singular of the present tense but have special command *endings*.

cant**ar**			
Canto bien.	¡Cant**e** Ud. bien!	¡Cant**en** Uds. bien!	¡Cant**emos** bien!
I sing well.	Sing well!	Sing well!	Let's sing well!
vend**er**			
Vendo esto.	¡Vend**a** Ud. esto!	¡Vend**an** Uds. esto!	¡Vend**amos** esto!
I sell this.	Sell this!	Sell this!	Let's sell this!
viv**ir**			
Vivo aquí.	¡Viv**a** Ud. aquí!	¡Viv**an** Uds. aquí!	¡Viv**amos** aquí!
I live here.	Live here!	Live here!	Let's live here!

Rules:

1. Direct commands are orders addressed to the persons who are expected to carry them out: **Ud., Uds.,** and **nosotros.**

2. Remove the **o** from the first person singular of the present tense. Add **e, en, emos,** to stems that come from **ar** verbs. Add **a, an, amos,** to stems that come from **er** and **ir** verbs. In this way, **ar, er,** and **ir** verbs exchange their usual present tense endings to form commands.

3. **Ud.** and **Uds.** follow the command, but **nosotros** is not expressed.

4. Commands usually bear exclamation points before and after them.

B. See the following direct command forms of verbs that are irregular in the first person singular of the present tense.

decir *to say, to tell* Digo más. I say more.	¡Diga Ud. más! Say more!	¡Digan Uds. más! Say more!	¡Digamos más! Let's say more!
hacer *to do, to make* Hago la tarea. I do the chore.	¡Haga Ud. la tarea! Do the chore!	¡Hagan Uds. la tarea! Do the chore!	¡Hagamos la tarea! Let's do the chore!
oír *to hear* Oigo la música. I hear the music.	¡Oiga Ud. la música! Hear the music!	¡Oigan Uds. la música! Hear the music!	¡Oigamos la música! Let's hear the music!
poner *to put* Pongo eso aquí. I put that here.	¡Ponga Ud. eso aquí! Put that here!	¡Pongan Uds. eso aquí! Put that here!	Pongamos eso aquí! Let's put that here!
salir *to leave* Salgo pronto. I leave soon.	¡Salga Ud. pronto! Leave soon!	¡Salgan Uds. pronto! Leave soon!	¡Salgamos pronto! Let's leave soon!
tener *to have* Tengo paciencia. I have patience.	¡Tenga Ud. paciencia! Have patience!	¡Tengan Uds. paciencia! Have patience!	¡Tengamos paciencia! Let's have patience!
traer *to bring* Traigo dinero. I bring money.	¡Traiga Ud. dinero! Bring money!	¡Traigan Uds. dinero! Bring money!	¡Traigamos dinero! Let's bring money!
venir *to come* Vengo a casa. I come home.	¡Venga Ud. a casa! Come home!	¡Vengan Uds. a casa! Come home!	¡Vengamos a casa! Let's come home!
ver *to see* Veo el mapa. I see the map.	¡Vea Ud. el mapa! See the map!	¡Vean Uds. el mapa! See the map!	¡Veamos el mapa! Let's see the map!

Rule:

Form the **Ud., Uds.,** and **nosotros** commands for the irregular verbs above in the same way in the first person **yo** shown in **B.** as the regular verbs in **A.** Remove the **o** from the first person singular of the present tense. Add **e, en, emos,** to **ar** verbs. Add **a, an, amos,** to **er** and *ir* verbs.

C. Irregular direct commands

dar *to give* Doy gracias. I give thanks.	¡Dé Ud. gracias! Give thanks!	¡Den Uds. gracias! Give thanks!	¡Demos gracias! Let's give thanks!
estar *to be* Estoy aquí I am here.	(location, health, result of action) ¡Esté Ud. aquí! Be here!	¡Estén Uds. aquí! Be here!	¡Estemos aquí! Let's be here!
ir *to go* Voy ahora. I go now.	¡Vaya Ud. ahora! Go now!	¡Vayan Uds. ahora! Go now!	*¡Vamos ahora! Let's go now!
saber *to know* Sé esto. I know this.	¡Sepa Ud. esto! Know this!	¡Sepan Uds. esto! Know this!	¡Sepamos esto! Let's know this!
ser *to be* Soy bueno. I am good.	¡Sea Ud. bueno! Be good!	¡Sean Uds. buenos! Be good!	¡Seamos buenos! Let's be good!

Rules:

1. The **Ud., Uds.,** and **nosotros** commands of **dar, estar, ir, saber, ser,** are irregular and must be *memorized* because the first person singular of their present tense does not end in **o.**

2. **Let's go* or *let us go* usually uses **¡vamos!** instead of the **vay** stem of the **vaya Ud.** and **vayan Uds.** commands.

STUDY THE RULES, EXAMPLES, AND MODELS BEFORE BEGINNING THE EXERCISES

EJERCICIOS

I.   (A) Isabel is receiving advice from her doctor. Write the *Ud.* command for each expression in parentheses.

Model: (escuchar bien.)   ¡Escuche Ud. bien!
       Listen well!

1. (Comer bien.) _____

2. (Caminar mucho.) _____

3. (Tener paciencia.) _____

4. (Venir a visitarme mucho.) _____

5. (Estar bien.) _____

(B) Isabel leaves, and her two brothers also get advice from the doctor. Write the *Uds.* command for each expression in parentheses.

Model: (escuchar bien.) ¡Escuchen Uds. bien!
Listen well!

1. (Tomar asiento.) _____
2. (No fumar.) _____
3. (Hacer ejercicio.) _____
4. (Ir al gimnasio.) _____
5. (No ser perezosos.) _____

(C) When husband and wife arrive home, they make decisions. Write the *nosotros* command for each expression in parentheses.

Model: (Comer bien.) ¡Comamos bien!
Let's eat well!

1. (Correr en el parque.) _____
2. (No beber alcohol.) _____
3. (Vivir para siempre.) _____
4. (Ir más al médico.) _____
5. (Dar las gracias al médico.) _____

II. Role-play using the appropriate affirmative command according to each model.

(A) Model: —¿Trabajo ahora? — **Sí, ¡trabaje Ud. ahora!**
Shall I work now? Yes, work now!

1. ¿Voy ahora? _____
2. ¿Respondo ahora? _____
3. ¿Escribo ahora? _____
4. ¿Compro ahora? _____
5. ¿Leo ahora? _____

(B) Model: —¿Trabajamos ahora? — **Sí, ¡trabajen Uds. ahora!**
Shall we work now? Yes, work now!

1. ¿Hablamos ahora? _____
2. ¿Aprendemos ahora? _____
3. ¿Comemos ahora? _____
4. ¿Andamos ahora? _____
5. ¿Corremos ahora? _____

(C) Model: —Vamos a trabajar pronto? — **¡Trabajemos ahora mismo!**
Are we going to work soon? Let's work right now!

1. ¿Vamos a **estudiar** pronto? _____
2. ¿Vamos a **beber** pronto? _____
3. ¿Vamos a **asistir** pronto? _____
4. ¿Vamos a **entrar** pronto? _____

5. ¿Vamos a **leer** pronto? _____

III. Role-play using the appropriate affirmative command according to each model.

(A) Model: —Deseo **salir temprano.** —**Bueno, ¡salga Ud. temprano!**
I want to leave early. Fine, leave early!

1. Quiero **venir tarde.** _____

2. Deseo **oír la música.** _____

3. Necesito **conocer a todos.** _____

4. Debo **hacer el trabajo.** _____

5. Voy a **poner la silla aquí.** _____

6. Me gusta **ser perezoso.** _____

7. Tengo que **dar una fiesta.** _____

(B) Model: —Deseamos **salir hoy.** —**Bueno, ¡salgan Uds. hoy!**

1. Queremos **saber la verdad.** _____

2. Me gusta **decir la palabra.** _____

3. Pensamos **traer flores.** _____

4. Tenemos que **estar allí a la una.** _____

5. Debemos **tener paciencia.** _____

6. Deseamos **ver esa película.** _____

7. Vamos a **salir pronto.** _____

8. Necesitamos **oír la respuesta.** _____

IV. You are the executive who gives advice to a new employee. Use the appropriate command of the infinitive given in parentheses.

1. Empleado: ¿Es necesario trabajar mucho?

   Usted: ¡_____ mucho todos los días! *(trabajar / Ud.)*

2. Empleado: ¿Cuándo hago los documentos de contabilidad?

   Usted: ¡_____ los documentos por la tarde! *(hacer / Ud.)*

3. Empleado: ¿Tengo reuniones todos los días?

   Usted: ¡_____ a las reuniones dos veces cada semana! *(asistir / Ud.)*

4. Empleado: ¿Y cómo debo ser en la oficina?

   Usted: ¡_____ un buen empleado! *(ser / Ud.)*

5. Empleado: ¿Qué hago con las fotocopias?

   Usted: ¡_____ siempre las fotocopias! *(traer / Ud.)*

6. Empleado: ¿Hay que saber sobre precios?

   Usted: ¡_____ los precios muy bien! *(saber / Ud.)*

7. Empleado: ¿Qué hago después de las cinco?

   Usted: ¡_____ a hablarme un poco! *(venir / Ud.)*

8. Empleado: Todas las noches voy a la cama tarde.

   Usted: ¡_____ a la cama a las diez! *(ir / Ud.)*

9. Empleado: Bueno, ¿y qué hago ahora?

   Usted: ¡_____ a todos los empleados de la compañía! *(conocer / Ud.)*

10. Empleado: ¿Cómo puedo ser un experto en todo?

    Usted: Es fácil. ¡_____ todo! *(estudiar / Ud.)*

IV. Speak up! Role-play

> **Situation:** You are a mayor who tries to convince voters to have a rummage sale and give the proceeds to the municipality. [Three sentences are good, four very good, five or more are excellent.]

> **Votantes:** ¿Qué debemos hacer?
> **Usted:** . . .

> **Clues:** *Using common forms for* **ustedes,** *you tell them to be intelligent, to go and to bring things to the town square* (**la plaza**), *to sell them, to give the money to you, and then to make a party and to sing.*

Work Unit Seventeen
POSSESSIVE ADJECTIVES

Nuestros hijos son nuestro orgullo

Arturo y Adriana quieren vivir juntos, pero son padres divorciados y con hijos. Ambos han firmado el contrato de arriendo de una casa grande y ahora discuten el futuro.

Arturo:	Este es nuestro dormitorio. Tu cama y tus cuadros pueden ir aquí, y mi lámpara y mis sillas van allí.
Adriana:	Y el cuarto de mi Luisa es el segundo en el corredor. Sus libros, su espejo y mi mesa van bien allá.
Arturo:	Mejor pon a tu Luisa en el tercer cuarto. Mi hijo puede quedarse en el segundo cuarto.
Adriana:	¿Y por qué? El segundo cuarto es más grande y lo quiero para Luisa.
Arturo:	Mi hijo es muy gordo y no cabe en el otro cuarto.
Adriana:	Mi hija odia el color azul y el tercer cuarto es azul. ¡El segundo cuarto es el cuarto de ella!
Arturo:	Tu hija odia el color azul, odia usar zapatos y colecciona alacranes. Tu hija está medio loca.
Adriana:	¿Ah sí? ¿Pero tu hijo de quince años que mete su dedo en su nariz todo el día está muy bien? ¿Tú sabes qué dicen de él en la escuela? ¡Dicen que es un idiota!
Arturo:	Él puede ser un poco tonto, pero no baila desnudo y borracho en la fuente de la plaza. ¡Tu hija, sí!
Adriana:	¡Era su cumpleaños! Pero vosotros, tú y tu hijo, sois peores. ¡Hacen concursos de eructos delante de nuestros invitados!

Arturo mira furioso a Adriana y Adriana mira furiosa a Arturo. ¿Es de él la culpa, es de ella, es de los dos niños? Y usted, ¿qué cree?

PALABRAS NUEVAS

SUSTANTIVOS *(NOUNS)*
el alacrán   the scorpion
el arriendo   the rental
la cama   the bed
el color   the color
el concurso   the contest
el contrato   the contract
el corredor   the corridor
el cuadro   the painting
la culpa   the fault
el cuarto   the room
el cumpleaños   the birthday
el dedo   the finger
el dormitorio   the bedroom
el eructo   the burp

la escuela   the school
el espejo   the mirror
la fuente   the fountain
el futuro   the future
la hija   the daughter
el hijo   the son
el idiota   the idiot
el invitado   the guest
la lámpara   the lamp
la nariz   the nose
el orgullo   the pride
los padres   the parents
la plaza   the square
la silla   the chair
el zapato   the shoe

VERBOS *(VERBS)*
bailar   to dance
caber   to fit
coleccionar   to collect
creer   to believe
discutir   to discuss
era   (it) was
hacen   (you, pl.) make
han firmado   (they) have signed
meter   to stick
odiar   to hate
¡Pon!   Put!
puede   (he) can
pueden   (they) can

quedarse to stay	**divorciado, a** divorced	**OTRAS PALABRAS** *(OTHER*
quieren (they) want	**furioso, a** furious	*WORDS)*
usar to wear	**juntos, as** together	**allá** over there
	loco, a crazy	**aquí** here
ADJETIVOS *(ADJECTIVES)*	**medio** half	**lo** it
ambos, as both	**mis** my (pl.)	**medio loca** half crazy
azul blue	**nuestro, a** our	**todo** whole
borracho, a drunk	**peores** worse (pl.)	**vosotros, as** you (fam., pl.)
desnudo, a naked	**tonto, a** stupid	

EJERCICIOS

I. **(A)** Complete the sentences according to the story.

1. Arturo y Adriana han firmado un _____ de arriendo de una _____ grande.

2. La hija de Adriana es _____. La hija odia el color _____ y colecciona _____.

3. El hijo de Arturo es _____ y tiene _____ años.

4. El hijo mete _____ en su nariz y muchos dicen que es un _____.

5. Luisa baila, _____ y _____ en la fuente de la plaza.

I. **(B)** Write your answers in complete sentences.

1. Put your bed in that room.

2. The corridor and the bedroom are blue.

3. His father is furious, because his son is drunk.

4. The guests are together on the square.

5. The mirror and the lamp do not fit over there.

1. _____

2. _____

3. _____

4. _____

5. _____

II. Acróstico.

1. to discuss
2. tax
3. future
4. intact
5. room
6. to wear
7. clean
8. terrain
9. rental
10. bedroom
11. to write
12. chair

1	D
2	I
3	F
4	I
5	C
6	U
7	L
8	T
9	A
10	D
11	E
12	S

III. Composición: (A) Por celular (B) Por correo electrónico

(A) Look at the picture on page 168. Tell what is happening and how the story ends.
(B) Tell about your efforts to rent a house.

Mi arriendo de una casa.

1. Tell why you want to rent a house. 2. Describe what you plan to do (move what furniture to which rooms). 3. Consider the problem you may face with members of your family. 4. Confess that renting a house may not be a good idea. 5. Declare that renting an apartment is easier.

ESTRUCTURAS DE LA LENGUA
POSSESSIVE ADJECTIVES. THE FIVE POSSESSIVE ADJECTIVES BELOW TELL WHO THE OWNER IS.

A. Agreement with singular nouns:

With Masculine Singular Nouns

Mi cuarto es bonito.	*My room* is pretty.
Tu cuarto es bonito.	*Your room* (fam. sing. address)
Su cuarto es bonito.	*His room* (*her, its, their room*)
	Your room (formal sing. & pl. address)
Nuestro cuarto es bonito.	*Our room* is pretty.
Vuestro cuarto es bonito.	*Your room* (fam. pl. address—used in Spain)

Rule:

1. Possessive adjectives precede the noun.
2. **Su** has five meanings: *his, her, its, their, your.* **Su** meaning *your* is used when speaking to one or more persons in a formal way.
3. **Tu** *your* is distinguished from **tú** *you* by dropping the accent mark. **Tu(s)** is used when speaking to *one person* in a familiar way.
4. **Vuestro(s)** *your* is used largely in Spain when speaking to *more than one person* in a familiar way.

B. Agreement with plural nouns:

With Masculine Plural Nouns

Mis cuartos son bonitos.	*My rooms* are pretty.
Tus cuartos son bonitos.	*Your rooms* (fam. sing. address)
Sus cuartos son bonitos.	*His rooms* (*her, its, their rooms*)
Your rooms (formal sing. & pl. address)	
Nuestros cuartos son bonitos.	*Our rooms* are pretty.
Vuestros cuartos son bonitos.	*Your rooms* (fam. pl. address—used in Spain)

Rules:

1. Add **s** to each possessive adjective when the following noun is plural.
2. Adding **s** does not change the meaning of the possessive adjective; **su amigo** may mean *their friend*, **sus amigos** may mean *his friends*.

C. Agreement with feminine nouns:

Feminine Singular: **nuestra** and **vuestra**

Nuestra casa es bonita.	Our house is pretty.
Vuestra casa es bonita.	Your house (fam. pl.—in Spain).

Feminine Plural: **nuestras** and **vuestras**

Nuestras casas son bonitas.	Our houses are pretty.
Vuestras casas son bonitas.	Your houses (fam. pl.—in Spain).

Rules:

1. **Nuestro** *our* and **vuestro** *your* change **o** to **a** before a feminine singular noun. **Nuestra** and **vuestra** add **s** before a feminine plural noun.
2. The other possessive adjectives do *not* have distinctive feminine forms:

> mi casa, tu casa, su casa
> mis casas, tus casas, sus casas

D. De él, de ella, de Ud., de Uds., de ellos-as, instead of su and sus.

1. **¿Son sus amigas?** may mean: Are they *his, her, its, your,* or *their* friends?
2. For clarity, *instead* of **su** and **sus,** use the appropriate definite article **(el, la, los,** or **las)** *before* the noun, followed by **de** and the *personal pronoun* that represents the owner *clearly.*

Son **las** amigas **de él**	They are *his* friends.
. . . . **de ella.**	. . . . *her* friends.
. . . . **de Ud.**	. . . . *your* friends
. . . . **de Uds.**	. . . . *your* friends.
. . . . **de ellos-as.**	. . . . *their* friends.

Rule:

De él, de ella, de Ud., de Uds., de ellos-as, always *follow* the noun.

**STUDY THE RULES, EXAMPLES, AND MODELS BEFORE
BEGINNING THE EXERCISES**

EJERCICIOS

I. Give the *plural* of the expression in *italics*. Role-play.

Model: —Tengo *mi* papel.	—Tengo **mis papeles.**
I have my paper.	I have my papers.

1. Tengo *mi cuaderno*. _____

2. Los vecinos venden *su casa*. _____

3. No preparas *tu comida*. _____

4. Juana aprende *su lección*. _____

5. Uds. miran *su programa*. _____

II. Affirm all that belongs to you and to your family using the appropriate form of the possessive adjective **nuestro.** Role-play.

Model: —¿Es su universidad?	—**No. Es nuestra** universidad.
Is it their university?	No. It's our university.

1. ¿Es su cuadro? _____

2. ¿Es su coche? _____

3. ¿Son sus hijos? _____

4. ¿Son sus amigas? _____

5. ¿Son sus amigos? _____

III. Tell your sister you do use her things. Change the *possessive adjective appropriately*. Role-play.

Model: —¿Usas (fam.) mi reloj?   —**Sí. Uso tu (fam.)** reloj.
         Are you using my watch?   Yes. I'm using your watch.

1. ¿Usas mi abrigo? _____

2. ¿Usas mis pantalones? _____

3. ¿Lees mi diario? _____

4. ¿Deseas mis camisas? _____

5. ¿Necesitas mis discos? _____

IV. Give the *double* response, using the clarifying possessives **de él** and **de ella** instead of **su** and **sus**. Use **No son (es)** _____ **de él. Son (es)** _____ **de ella.**

Model: —¿Son sus cuadernos?   —**No son** los cuadernos **de él.**   **Son de ella.**
         Are they his notebooks?   They are not *his* notebooks.   They are *hers*.

1. ¿Son sus lápices? _____

_____

2. ¿Son sus zapatos? _____

_____

3. ¿Es su amiga? _____

_____

4. ¿Es su reloj? _____

_____

5. ¿Son sus hermanas? _____

_____

V. Give the *double* rejoinder, using the clarifying possessives **de Uds.** and **de ellos**. Role-play.

Model: —Es nuestro dinero.   —**No es** el dinero **de Uds.**   **Es** el dinero **de ellos.**
         It is our money.   Is is not *your* money.   It's *their* money.

1. Es nuestro coche. _____

_____

2. Es nuestra pelota. _____

_____

3. Son nuestras chaquetas. _____

_____

4. Son nuestros abrigos. _____

_____

5. Es nuestra familia. _____

_____

VI. Restate the sentence, substituting the appropriate form of the possessive adjective given in parentheses in place of the word in *italics*.

Model: Compro *las* flores.   (our) Compro **nuestras** flores.
       I buy the flowers.   I buy our flowers.

1. Vendo *los* coches. (my) _____

2. Encendemos *la* computadora. (our) _____

3. Comienzan *los* ejercicios. (his) _____

4. Entran en *los* cuartos. (her) _____

5. Salen de *la* casa. (your *fam.*) _____

6. Explican *la* orden. (their) _____

7. Buscan *el* mapa. (our) _____

8. Deseas *la* respuesta. (our) _____

9. Miran *la* casa. (your *formal*) _____

10. Responden a *las* preguntas. (your *formal*) _____

VII. Complete the dialogue between the brothers. (Use the familiar **tu** for *your*.)

1. Pablo: —¿Tienes _____ bicicleta?
                  (my)

2. Antonio: —¿Por qué dices _____ bicicleta?
                      (your)

3. Pablo: —Tú sabes, la bicicleta que nos dieron _____ tías.
                                  (our)

    Eres mi hermano y _____ cosas son _____ cosas.
                  (your)   (my)

4. Antonio: —Pues bien, ¡quiero en seguida "_____" treinta dólares que
                                      (our)

    las tías te dieron ayer!

VIII.   **Speak up!** Role-play

    Situation: Your children are crying. Each claims the other's toys. You tell them to whom each thing belongs. [Three sentences are good; four very good; five or more are excellent.]

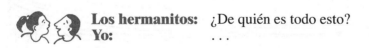

    Los hermanitos: ¿De quién es todo esto?
    Yo: . . .

    Clues: *Using* **tu** *and* **tus** *tell Ofelia <u>it is</u> her doll, <u>it is</u> her bicycle, tell Mario <u>they are</u> his trains, <u>they are</u> his baseball gloves, etc. But also tell them what is or what are <u>ours</u>, e.g., the dogs, the televisions, the house, the garden. Other ideas?*

Work Unit Eighteen
DEMONSTRATIVE ADJECTIVES

¡Cuántos recuerdos!

La señora Cristina es una anciana con cuatro hijos y catorce nietos. Hoy estoy en su casa y converso con ella.

Yo:	¡Cuántas fotos hay en este cuarto!
Sra. Cristina:	Es toda mi familia. Mira, esta foto es de José. Él es abogado. Y esa foto a tu izquierda es de Eugenia. Ella es vendedora y tiene tres niños. ¡Vive ocupada!
Yo:	¿Y aquellas fotos en la pared?
Sra. Cristina:	Esas son de Panchita, todavía en México. ¡Qué recuerdos!
Yo:	¿Y esta foto en la mesa?
Sra. Cristina:	Ay, es la foto de Tito. ¡Pobre Tito!
Yo:	¿Qué pasa con Tito?
Sra. Cristina:	Nosotros, como tantos latinos emigrantes, somos pobres. Tito quiere estudiar, quiere ir a la universidad, pero no tenemos dinero para eso. Por esa razón, Tito está en el ejército. "Mamá," dice, "si voy al ejército, después voy a recibir dinero para estudiar." Pero estamos en guerra y Tito está en el frente, y yo no duermo.

Mira esta foto de Tito con su amigo Alonso, de Nicaragua. Y en aquellos retratos hay muchos otros amigos soldados, todos latinos, todos pobres, todos con sueños, y todos con madres que duermen mal.

PALABRAS NUEVAS

SUSTANTIVOS *(NOUNS)*
la anciana   the old woman
el ejército   the army
la familia   the family
la foto   the photo
el frente   the front
la guerra   the war
los hijos   the sons and daughters
el latino   the Latino
la mamá   the mom
el nieto   the grandson
los niños   the boys, the children
los recuerdos   the memories
el retrato   the portrait

la señora   the lady
el soldado   the soldier
Sra.   Mrs.
el sueño   the dream
la vendedora   the saleslady

VERBOS *(VERBS)*
converso   (I) talk, converse
duermo   (I) sleep
duermen   (they) sleep
estamos   (we) are
estudiar   to study
hay   there is, there are
recibir   to get, receive

ADJETIVOS *(ADJECTIVES)*
aquellos, as   those

cuántos, as   how many
emigrante   emigrant
mal   badly
muchos, as   many
ocupado, a   busy
otros, as   other
pasar   to happen
¿Qué pasa?   What's going on?
tantos, as   so many
tu   your

OTRAS PALABRAS *(OTHER WORDS)*
hoy   today
mal   badly
todavía   still

EJERCICIOS

I. (A) Preguntas. Write your answer in a complete sentence.

1. ¿Cuánta familia tiene la Sra. Cristina?
2. ¿Quién es José y quién es Eugenia?
3. ¿Cuál es el problema de Tito?
4. ¿Qué decide hacer Tito?
5. ¿Por qué duerme mal la Sra. Cristina?

I. (B) Using the scrambled words, create complete sentences.

1. latinos, ejército, pobres, Muchos, van, son, al, porque

   _____

2. reciben, soldados, frente, ir, Después, de, dinero, los, estudiar, para, al

   _____

3. familia, en, fotos, Hay, de, la, cuarto, el, muchas

   _____

4. En, hay, emigrantes, sueños, de, miles, con, nuestro, país

   _____

5. recuerdos, Los, muchos, tienen, ancianos

   _____

II. Write the words from group B that match the words in group A.

A	**B**
1. En la pared se ponen	a) descansar y dormir
2. La puerta se usa para	b) la comida y la bebida
3. El dormitorio se usa para	c) cuadros y fotos
4. En la cocina se prepara	d) dejar entrar luz y aire
5. La ventana se usa para	e) entrar y salir

III. ¿Cómo se dice en español?

1. The old woman and her grandson go to the fountain.
2. The Latino soldiers smile and salute in the portrait.
3. They can stay if they want.
4. The house may be ugly, but it is cheap.
5. The doctor is curious, but the mother is worried.

1. _____
2. _____
3. _____

4. _____

5. _____

IV. Composición: (A) Por celular (B) Por e-mail

(A) Look at the picture on page 176. Tell what is happening. Tell how it ends.
(B) Tell your children about your family.

Cómo es mi familia.

1. Tell how many brothers, sisters, nephews, nieces, aunts, and uncles you have. 2.Tell their ages and occupations. 3. Describe their features (tall/short, pretty/ugly, sad/happy, fat/thin, old/young). 4. Describe those who are your favorite people.

ESTRUCTURAS DE LA LENGUA
DEMONSTRATIVE ADJECTIVES

A. *This, these:* The speaker uses the following to indicate a person, place, or thing (or persons, places, things) *close to himself*, i.e., *close to the speaker*:

Este (masc.); **esta** (fem.) — *this*

1. Este perrito cerca de mí es mono.
   This puppy near me is cute.

2. Esta rosa que tengo es roja.
   This rose which I'm holding is red.

Estos (masc.); **estas** (fem.) — *these*

1. Estos perritos aquí son más monos.
   These puppies over here are cuter.

2. Estas rosas que tengo son blancas.
   These roses which I have are white.

Rules:

1. **Este** (masc.) and **esta** (fem. sing.), *this*, are used, respectively, before a masculine singular noun and before a feminine singular noun.

2. **Estos** (masc. pl.) and **estas** (fem. pl.), *these*, are used, respectively, before masculine plural nouns and before feminine plural nouns. Note that **estos** is the irregular plural of **este.**

3. Closeness to the speaker may be indicated by additional expressions such as: **aquí,** *here;* **cerca de mí,** *near me;* **que tengo,** *which I hold (have).*

B. *That, those:* The speaker uses the following to indicate that a person, place, or thing (or persons, places, things) is (are) *close to the listener*:

Ese (masc.); **esa** (fem.) — *that*	**Esos** (masc.); **esas** (fem.) — *those*

1. Ese perrito está cerca de ti (Ud., Uds.).
  That puppy is near you.
	1. Esos perritos están cerca de ti (Ud., Uds.).
	  Those puppies are near you.

2. Esa rosa que tienes ahí es rosada.
  That rose which you have there is pink.
	2. Esas rosas que tienes ahí son rojas.
	  Those roses which you have there are red.

Rules:

1. **Ese, esa,** *that*, are formed by dropping the **t** from **este, esta** (*this*). **Esos, esas,** *those*, are formed by dropping the **t** from **estos, estas** (*these*).

2. **Ese** (masc. sing.) and **esa** (fem. sing.), *that*, are used, respectively, before a masculine singular noun and before a feminine singular noun.

3. **Esos** (masc. pl.) and **esas** (fem. pl.), *those*, are used, respectively, before masculine plural nouns and before feminine plural nouns. Note that **esos** is the irregular plural of **ese.**

4. Closeness to the listener may be indicated by additional expressions such as: **ahí,** *there near you;* **cerca de ti (Ud., Uds.),** *near you;* **que tienes (Ud. tiene; Uds. tienen),** *which you hold (have).*

C. *That, those;* indicating *distance from both the listener and the speaker.*

Aquel (masc.); **aquella** (fem.) — *that*	**Aquellos** (masc.); **aquellas** (fem.) — *those*

1. Aquel parque está lejos de ti y de mí.
  That park is far from you and me.
	1. Aquellos parques están lejos de nosotros.
	  Those parks are far from us.

2. Aquella casa allí es magnífica.
  That house over there is magnificent.
	2. Aquellas casas allí son magníficas.
	  Those houses over there are magnificent.

Rules:

1. Unlike English, the speaker of Spanish insists on making a distinction between *that, those,* **aquel,** etc., *distant from the listener;* and *that, those,* **ese,** etc., *near the listener.*

2. **Aquel** (masc. sing.) and **aquella** (fem. sing.), *that,* are used, respectively, before a masculine singular noun and before a feminine singular noun.

3. **Aquellos** (masc. pl.) and **aquellas** (fem. pl.), *those,* are used, respectively, before masculine plural nouns and before feminine plural nouns.

4. Distance from the listener may be indicated by additional expressions such as: **allí,** *over there, yonder,* and **lejos de nosotros-as,** *far from us.*

STUDY THE RULES, EXAMPLES, AND MODELS BEFORE BEGINNING THE EXERCISES

EJERCICIOS

I. Alicia is buying furniture and materials for her new art studio. She tells the salesperson what she needs. Rewrite each model sentence, substituting the noun in parentheses for the noun in *italics*. Make the necessary change in the demonstrative adjectives (*this, that,* etc.).

Model: Necesito este *libro*.   I need this book.
       (pluma) Necesito **esta pluma.**   I need this pen.

     (A) Compro este *papel*. I'm buying this paper.

1. (escáner)   _____
2. (programas)   _____
3. (lápiz) _____
4. (papeles)   _____
5. (pintura) _____

     (B) The salesperson suggests several items. ¿Deseas ese *libro* ahí? Do you want that book there (near you)?

1. (silla) _____
2. (escritorio) _____
3. (periódicos)   _____
4. (libros)   _____
5. (impresoras)   _____

     (C) She follows a guided tour at a museum afterwards. Miren Uds. aquel *cuadro* allí. Look at that picture over there.

1. (fotografías)   _____
2. (pinturas)   _____
3. (obra de arte)   _____
4. (cuadro) _____
5. (estatua) _____

II. Restate the sentence, changing the words in italics to the singular, e.g., *esos usos*, **ese uso.**

1. Reciben *estos papeles* y *aquellos libros*. _____

_____

2. Estudian *estas palabras* y *esas frases*. _____

_____

3. Contestan a *esos compradores* y a *aquellos vendedores*. _____

_____

4. Abren *esas puertas* y *aquellas ventanas*. _____

_____

5. ¿Admiran *estas botas* y *esos zapatos*? _____

_____

III. Restate the sentence changing the words in *italics* to the *plural*, e.g., *ese uso,* **esos usos.**

1. Leemos *este periódico* y *ese artículo*. _____

2. Deseamos *esta silla* y *aquella cama*. _____

3. Admiramos *este sombrero* y *aquel vestido*. _____

4. Preferimos *esa clase* y *aquel profesor*. _____

5. Queremos *ese vestido* y *aquella falda*. _____

IV. Answer the questions according to the model. Use the correct form of **este-a, estos-as.**
Role-play.

Model: —¿Es interesante **ese libro** suyo? —¿**Este libro? Sí, gracias.**
      Is *that* book of yours interesting?   *This* book? Yes, thank you.

1. ¿Está contento ese amigo suyo? _____

2. ¿Es interesante esa revista suya? _____

3. ¿Son fantásticos esos cuentos suyos? _____

4. ¿Son excelentes esas fotos suyas? _____

5. ¿Es cara esa cámara suya? _____

V. Answer the questions according to the model. Use the correct form of **ese-a; esos-as.**
Role-play.

Model: —¿Desea Ud. [Deseas tú] **este** cuarto? —¿**Ese cuarto? No, gracias.**
      Do you want *this* room?   *That* room (near you)? No, thanks.

1. ¿Desea Ud. este postre? _____

2. ¿Quieres esta sopa? _____

3. ¿Necesita Ud. estos libros? _____

4. ¿Prefiere Ud. estas manzanas? _____

5. ¿Invita Ud. a estos amigos? _____

VI. Complete in Spanish the dialogue between a jealous employee and her manager in which
the employee insists on having her coworker's things.

Remember:	Este _____ aquí;	Ese _____ ahí;	Aquel _____ allí;
	. . . . . . cerca de mí;	. . . . . . cerca de ti;	. . . . . . cerca de él;
	. . . . que tengo.	. . . . . . que tienes.	. . . . . . que él tiene.

1. El gerente: ¿Cuál prefieres _____ computadora que tengo o _____
                                   (this)   (that)

            modelo que tú tienes?

2. La empleada: Prefiero _____ computadora que Juan tiene allí.
                         (that)

3. El gerente: Entonces, Juan te da su computadora. ¿Y qué discos prefieres, _____
                                                                       (these)

                discos aquí o _____ discos que están cerca de ti?

4. La empleada: Quiero _____ discos que Juan tiene allí.
                         (those)

5. El gerente: ¿Lo mismo con _____ monitores y _____ copiadora que
                             (those)   (that)

                Juan usa?

6. La empleada: Sí, lo mismo. No me gustan _____ monitores ni _____
                                   (these)   (this)

                copiadora mía.

7. El gerente: ¡Ay! ¡Qué difícil es _____ empleada mía!
                                   (that)

8. La empleada: ¡Ay! ¡Qué difíciles son _____ gerentes de hoy!
                                      (those)

VII. Speak up! Role-play

Situation: You work in a department store. A friend, Roberto, is looking for a gift for his girlfriend, something pretty but inexpensive. You make suggestions. [Three sentences are good; four very good; five or more are excellent.]

Roberto: Busco algo hermoso pero barato.
Yo: . . .

Clues: *Using* **este, esta, estos, estas, sugiero, ¿quieres?, ¿deseas?, ¿prefieres?,** *and* **¿compras?** *show Roberto hats, gloves, skirts, blouses, flowers, books, and other beautiful things for sale at low prices. Tell Roberto's answers.*

Work Unit Nineteen
ADVERBS, EXCLAMATORY *¡QUÉ!*

Alta tecnología, ¡aquí y ahora!

El televisor de Pepe funciona mal. La imagen es poco clara y el sonido no está bien. Pepe bota el televisor y compra un modelo mucho más moderno. Pero su esposa tiene poco entusiasmo.

Pepe:	¡Qué maravilloso es el televisor nuevo!
Esposa:	¿Tiene mejores programas?
Pepe:	No, pero ahora puedo ver todo más claro.
Esposa:	¿Puedes ver menos comerciales?
Pepe:	No, pero con alta definición, veo más y mejor.
Esposa:	¿Y este televisor es más barato?
Pepe:	¡No! ¡Cuesta una fortuna!
Esposa:	Entonces pagaste más para ver mejor los mismos comerciales estúpidos y programas malos que siempre miramos.
Pepe:	¿Por qué nunca puedo explicar claramente algo a mi esposa? Este plasma es la última palabra en tecnología. ¡Este televisor es el futuro de nuestra civilización!
Esposa:	Es un futuro tonto, pienso yo.

PALABRAS NUEVAS

SUSTANTIVOS *(NOUNS)*
la civilización   the civilization
el comercial   the commercial
la definición   the definition
el entusiasmo   the enthusiasm
la esposa   the wife
la fortuna   the fortune
el futuro   the future
la imagen   the image
el modelo   the model
el plasma   the plasma TV
el sonido   the sound
la tecnología   the technology

VERBOS *(VERBS)*
botar   to throw away
cuesta   (it) costs
explicar   to explain
funcionar   to function, to work
pagaste   (you) paid
pienso   (I) think
puedo   (I) can
ves   (you) see

ADJETIVOS *(ADJECTIVES)*
claro, a   clear
malo, a   bad
maravilloso, a   marvelous
moderno, a   modern
nuevo, a   new

tonto, a   foolish
último, a   last, latest

OTRAS PALABRAS *(OTHER WORDS)*
algo   something
aquí   here
claramente   clearly
entonces   then
mal   badly
menos   less
nunca   never
para   to

EJERCICIOS

I. **(A)** ¿**Cierto** (true) or **falso** (false)?

1. El televisor cuesta una fortuna, pero los programas tienen menos comerciales:
   _____.

2. A veces el sonido no está bien y la imagen es poco clara, pero el modelo es mucho más moderno: _____.

3. El televisor es maravilloso y la esposa de Pepe tiene mucho entusiasmo: _____.

4. Pepe dice que su televisor es de alta definición y por eso los programas son mejores:
   _____.

5. La esposa dice que el futuro es tonto porque el televisor tiene más comerciales:
   _____.

I. **(B)** Translate:

1. Civilization has a marvelous future.

   _____

2. He thinks that you (fam.) paid with too much (**demasiado**) enthusiasm.

   _____

3. How can I throw away this model?

   _____

4. The commercial talks about modern technology.

   _____

5. He explains the clear definition of the TV.

   _____

III. Composición (A) Por celular (B) Por correo electrónico

(A) Look at the picture on page 184. Tell what is happening. Tell how it ends.
(B) Write about the wonders of technology:
La tecnología es maravillosa.
1. Name devices that lately have changed our lives, such as computers, faxes, e-mails, cell phones, and plasma TVs. 2. Tell how they make work faster and leisure (**ocio**) better. 3. Mention the superior sound, image, and definition of a plasma TV. 4. Indicate how much these devices cost (spell out the amounts). 5. Explain the superiority of one model over another.

III. Provide the opposites.

1. malo ↔ _____

2. peor ↔ _____

3. mayor ↔ _____

4. ir ↔ _____

5. inteligente ↔ _____

6. marido ↔ _____

7. cerrar ↔ _____

8. silencio ↔ _____

ESTRUCTURAS DE LA LENGUA
COMMON ADVERBS; EXCLAMATORY *¡QUÉ!*

A. Common adverbs of time, place, and manner.

Learn the following paired opposites.

1.	**ahora**	now	6.	**hoy**	today
	más tarde	later		**mañana**	tomorrow
2.	**allí**	there	7.	**más**	more
	aquí	here		**menos**	less
3.	**antes (de)**	before; previously	8.	**mucho**	a great deal
	después (de)	after; afterwards		**poco**	little
4.	**bien**	well	9.	**siempre**	always
	mal	badly		**nunca**	never
5.	**cerca (de)**	near; nearby	10.	**temprano**	early
	lejos (de)	far; faraway		**tarde**	late

B. Regular Formation of Adverbs

From Adjectives Ending in **o**	*From All Other Adjectives*
1. Él es **tímido** y habla **tímidamente.** He is *timid* and speaks *timidly.*	1. Ella es **amable** y habla **amablemente.** She is *kind* and speaks *kindly.*
2. Los niños **locos** corren **locamente** por las calles. The *nutty* kids run *madly* through the streets.	2. Las amigas **felices** gritan **felizmente**. The *happy* friends shout *happily*.
3. El locutor habla **clara y lentamente.** The interviewer speaks *clearly* and *slowly.*	3. Todos comprendemos **perfecta** y **fácilmente**. We all understand *perfectly* and *easily*.

Rules:

1. **Mente** is added to the *feminine singular* of the adjective to form the adverb, as *ly* is added to the adjective to form the English adverb.

2. The adverb tells how the action of the verb is carried out, or can describe an adjective.

3. Keep the accent mark seen on the adjectives when you add **mente,** e.g., **rápido, rápidamente** (*rapidly*).

4. When two adverbs are used, the first adverb takes the usual feminine singular form of the adjective, but saves the **mente** ending for the second adverb, thus avoiding annoying repetition of **mente.**

C. ¡Qué! in an exclamation.

How! (before adjectives)	What a . . . . ! (before nouns)
1. **¡Qué bonita** es ella! How pretty she is!	1. **¡Qué chica!** What a girl!
2. **¡Qué bien** canta ella! How well she sings!	2. **¡Qué chica tan bonita!** What a pretty girl!

Rules:

1. Before adjectives and adverbs **¡qué!** means *How!* in an excited or exclamatory sense.

2. Before nouns **¡que!** means *what!* or *what a . . . !* in an excited or exclamatory sense. Do *not* use **un** or **una** after **¡qué!**

3. When both a noun and an adjective are present, the *noun* is generally stated *first,* followed by **tan** and the adjective.

4. Write an accent mark on **qué,** and place exclamation points *before* and *after* the exclamation.

5. The subject is placed *after* the verb in exclamations as in questions.

STUDY THE RULES, EXAMPLES, AND MODELS BEFORE BEGINNING THE EXERCISES

EJERCICIOS

I. Answer in a complete sentence using *the adverb* of the italicized *adjective* in the preceding question.

Model: —Como es *natural,* ¿van a la fiesta?   Naturalmente van.
　　　　As is natural, are they going to the party?   Naturally, they are going.

1. Los amigos son *perezosos.* ¿Cómo pasan los domingos? _____

2. De pronto, llega un correo *misterioso.* ¿Cómo llega? _____

3. Los comerciantes están *nerviosos.* ¿Cómo reaccionan los mercados? _____

4. ¡Es una invitación *feliz*! ¿Cómo la contestan ellos? _____

5. Todos están *alegres* ahora. ¿Cómo van al club? _____

II. Disagree by stating the *opposite* of the expression in *italics* in a complete sentence. Substitute the opposite of the word in italics. Role-play.

Model: —Luis vive *cerca*.   —No. Luis vive **lejos**.
        Louis lives nearby.   No. Louis lives far away.

1. Juan trabajo *mucho*. _____

2. La amiga viene *más tarde*. _____

3. *Siempre* toman café. _____

4. Gritan *más* en casa. _____

5. La oficina está *lejos*. _____

6. *Hoy* es otro día. _____

7. La casa está *aquí*. _____

8. Comemos *antes*. _____

9. Regresamos *temprano*. _____

10. María escribe *bien*. _____

III. Role-play your answer in a complete sentence using the *two adverbs* from the cues of italicized adjectives.

Model: **¿Cómo habla tu novio?** *romántico / dulce*
       How does your fiancé speak?
       Habla romántica y dulcemente.
       He speaks *romantically* and *softly (sweetly)*.

1. ¿Cómo explica el vendedor? *lento / claro* _____

2. ¿Comprende el comprador? *exacto / perfecto* _____

3. ¿Cómo habla el vendedor? *sincero / honesto* _____

4. ¿Cómo escucha el comprador? *simpático / amable* _____

5. ¿Cómo termina la conversación? *honesto / agradable* _____

IV. Respond with an exclamation beginning with **¡Qué!** Make all necessary changes in word order according to the model. Use exclamation points.

Model: —¿Trabajan ellos tarde?   —**¡Qué tarde** trabajan ellos!
        Do they work late?   How late they work!

1. ¿Corren los trenes rápido? _____

2. ¿Vive Juan lejos? _____

3. ¿Vive Ana cerca? _____

4. ¿Es él pobre? _____

5. ¿Son ellos ricos? _____

V. Express two exclamations in response to each statement, according to the model. Make all necessary changes in word order, *omitting* the verb and the article. Include **tan.**

Model: —La chica es inteligente. ¿Verdad?   **—¡Qué chica! ¡Qué chica tan inteligente!**
　　　　The girl is intelligent. Isn't she?   　What a girl! What an intelligent girl!

1. —Las casas son altas. ¿Verdad?   _____

2. —Su madre es buena. ¿Verdad?   _____

3. —Los niños son lindos. ¿Verdad?   _____

4. —El cielo está azul. ¿Verdad?   _____

5. —Esta escuela es grande. ¿Verdad?   _____

VI. Write the Spanish equivalent in the *correct word order* according to the model. Use cues.

Model: What a fine day!
　　　　bonito / día   　　　　　　　　　　**¡Qué día tan bonito!**

1. What an interesting program!

   interesante / programa   _____

2. What an important year!

   importante / año   _____

3. What a nice young man!

   simpático / joven   _____

4. What kind women!

   amables / mujeres   _____

5. What good beers!

   buenas / cervezas   _____

VII. Speak up! Role-play

　　　　Situation: Your friend, Rosa, admires your new plasma TV. You show it off. [Three sentences are good; four very good; five or more are excellent.]

　　**Rosa:**　　¡Qué plasma tan moderno tienes!
　　　　　　　　Yo:　　　. . .

　　　　Clues: *Show her the TV and tell her how well it functions; we can see the whole picture marvelously well and its colors naturally; we hear the sound of music and conversation clearly and exactly. Even the commercials are less foolish. Tell her how much the latest model costs. What a wonderful thing modern technology is!*

Work Unit Twenty
STEM-CHANGING VERBS OF *AR* AND *ER* INFINITIVES

Generaciones

Laura, su hija María y su nieta Mary conversan en Houston Square.

Laura:	Es hora de almorzar. Recuerdo una receta de un plato con carne, maíz, tomates, papas, salsa verde…
María:	¡Muy complicado! ¿Por qué no encontramos una pizzería y…?
Laura:	¡Pizza! Todo siempre debe ser fácil, ¿no?
María:	¿Y por qué no? ¿Para qué trabajar tanto?
Laura:	Tu generación no quiere mover un dedo. Por treinta años mi madre y yo, cada día: cocinamos para las once personas de la familia, vamos a la iglesia, jugamos con los niños, limpiamos toda la casa y encontramos tiempo para reír.
María:	¿Ya comenzamos? Tú piensas que yo no hago nada. Pero ahora la vida es más difícil que antes.
Laura:	¿Por qué?
María:	Porque el calentamiento global y la crisis del petróleo y el conflicto con extremistas religiosos hace todo más caro, más difícil y peligroso.
Laura:	¿Ah, sí? ¡En mi tiempo tuvimos la Guerra Fría, conflictos raciales y también guerras muy calientes. ¡Cierro los ojos, recuerdo y comienzo a temblar!
Mary:	Eso no es nada.
Laura y María:	¿Qué?
Mary:	Yo puedo ver más y más gente en el mundo, más y más hambre y guerras. Veo niños dañados y deformes con la química que comen y respiran, veo monstruos genéticos, basura radioactiva y el fin de tantas especies…
María:	Ay Dios, vamos a comer esa pizza.

PALABRAS NUEVAS

SUSTANTIVOS (NOUNS)
la basura   the garbage
el calentamiento the warming
la carne   the meat
el conflicto   the conflict
la crisis   the crisis
el dedo   the finger
Dios   God
la especie   the species
el fin   the end
las generaciones   the generations
el hambre   the hunger
la iglesia   the church
la nieta   the granddaughter

las papas   the potatoes
el petróleo   the oil
la química   the chemistry, the chemicals
la receta   the recipe
la salsa verde   the green sauce

VERBOS (VERBS)
almorzar   to lunch
cierro   (I) close
cocinamos   (we) cook
comienzo   (I) start
conversan   (they) talk
debe   (he, she, it) must
comenzamos   (we) start

encontramos   (we) find
respiran   (they) breathe
temblar   to tremble
tuvimos   (we) had
vamos   (we) go

ADJETIVOS (ADJECTIVES)
cada   each
complicado, a   complicated
dañado, a   damaged
deforme   misshapen
extremista   extremist
genético, a   genetic
global   global
radioactivo, a   radioactive
religioso, a   religious

OTRAS PALABRAS (*OTHER WORDS*)

nada   nothing

siempre   always
también   also
tanto   so much

todo   everything, all
ya   already

EJERCICIOS

I.   **(A)** Complete the sentences according to the story.

1. María es la _____ de Laura y Mary es la _____.

2. María quiere comer _____ porque eso es _____.

3. El mundo de María es difícil y _____, por el _____ global, la crisis del _____ y otros factores.

4. El mundo de Laura tuvo la Guerra _____, conflictos _____ y guerras _____.

5. El mundo de Mary puede tener más _____ y _____, y el fin de muchas _____.

I.   **(B)** Write your answer in a complete sentence.

1. Three generations that talk about sad things.

2. Modern life can be difficult and complicated.

3. Racial problems are not easy!

4. All wars, hot or cold, are terrible.

5. Chemical waste is our new monster.

1. _____

2. _____

3. _____

4. _____

5. _____

II.   **Preguntas personales y generales.** Conteste con frases completas.

1. ¿Es su vida complicada o no? ¿Por qué?

2. ¿Cómo ve usted el mundo del futuro?

3. ¿Ve usted el mundo como lo ven sus padres?

4. ¿Es importante la religión para usted?

5. ¿Por qué los extremistas religiosos son peligrosos para todos?

1. _____

2. _____

3. _____

4. _____

5. _____

III. Picture match: Choose the sentences suggested by each sketch. Then tell something about each.

1.

2.

3.

4.

a. Por treinta años yo cocino y juego con los niños.

b. La química mata muchas especies.

c. Nuestro país tiene guerras con frecuencia.

d. La basura radiactiva puede ser nuestro fin.

e. Las tres hablamos sobre problemas en el mundo.

f. Tuvimos muchas guerras y tenemos muchas guerras ahora.

g. La vida no es fácil, pero yo trabajo y río con frecuencia.

h. Hablamos de pizza, calentamiento global y conflictos.

1. _____

_____

2. _____

3. _____

_____

4. _____

5. _____

_____

IV. Composición (A) Por celular (B) Por correo electrónico

(A) Look at the picture on page 191. Tell what is happening. Tell how the story ends.
(B) Tell about your worries regarding the contemporary world:
Los problemas en el mundo de hoy.
1. Tell what problems you see in today's world. 2. How these problems affect you and your family. 3. Whether today's problems are worse that the conflicts of the past. 4. Mention possible future problems. 5. Do you think most or all problems have a solution?

ESTRUCTURAS DE LA LENGUA
STEM-CHANGING VERBS OF *AR* AND *ER* INFINITIVES (CLASS I)

A. ar Infinitives

	E>IE	O>UE
	pensar to think	**contar** to count
	I think so.	I count the money.
1. yo	**Pienso** que sí.	**Cuento** el dinero.
2. tú	**piensas**	**cuentas**
3. él, ella, Ud.	**piensa**	**cuenta**
4. nosotros-as	**Pensamos** que sí.	**Contamos** el dinero.
5. vosotros-as	**pensáis**	**contáis**
6. ellos-as, Uds.	**piensan**	**cuentan**
Commands	**¡Piense** Ud.!	**¡Cuente** Ud.!
	¡Piensen Uds.!	**¡Cuenten** Uds.!
	¡Piensa tú!	**¡Cuenta** tú!
	¡Pensemos!	**¡Contemos!**

B. **er** Infinitives

	E>IE	O>UE
	entender to understand	**volver** to return
	I understand very well.	I'm returning home.
1. yo	**Entiendo** muy bien.	**Vuelvo** a casa.
2. tú	**entiendes**	**vuelves**
3. él, ella, Ud.	**entiende**	**vuelve**
4. nosotros-as	**Entendemos** muy bien.	**Volvemos** a casa.
5. vosotros-as	**entendéis**	**volvéis**
6. ellos-as, Uds.	**entienden**	**vuelven**
Commands	**¡Entienda** Ud.!	**¡Vuelva** Ud.!
	¡Entiendan Uds.!	**¡Vuelvan** Uds.!
	¡Entiende tú!	**¡Vuelve** tú!
	¡Entendamos!	**¡Volvamos!**

Rules:

1. **o>ue** The **o** in the stem of some **ar** and **er** infinitives changes to **ue** in the present tense, in persons 1, 2, 3, 6, and in the commands, **Ud.** and **Uds.**

2. **e>ie** The **e** in the stem of some **ar** and **er** infinitives changes to **ie** in the present tense, in persons 1, 2, 3, 6, and in the commands, **Ud., tú,** and **Uds.**

C. Learn these stem-changing verbs:

AR INFINITIVES			
E>IE		O>UE	
cerrar	to close	**almorzar**	to lunch
comenzar	to begin	**contar**	to tell, count
empezar	to begin	**encontrar**	to meet, to find
pensar	to think; to intend	**mostrar**	to show
		recordar	to remember
nevar	to snow	**volar**	to fly

ER INFINITIVES			
E>IE		O>UE	
defender	to defend	**mover**	to move
entender	to understand	**poder**	to be able
perder	to lose	**volver**	to return
querer	to want	**llover**	to rain

D. **Llover (ue)** and **nevar (ie)** are meaningful only in the **third** person singular:

llueve it rains   **nieva** it snows

E. **Jugar** is the only verb that changes the infinitive stem's **u** to **ue** in persons 1, 2, 3, 6 of the present tense.

jugar to play (a game)
U>UE

		I play football (soccer)
	1. yo	**Juego** al fútbol.
	2. tú	**juegas**
	3. él, ella, Ud.	**juega**
	4. nosotros-as	**Jugamos al fútbol.**
	5. vosotros-as	**jugáis**
	6. ellos-as, Uds.	**juegan**

STUDY THE RULES, EXAMPLES, AND MODELS BEFORE BEGINNING THE EXERCISES

EJERCICIOS

I. **(A)** Everyone plans to go on vacation. Follow the model, and use the appropriate form of the verb. Clues: *ahora, hoy, pronto, (más) tarde, esta noche, mañana.*

Model: *Yo* pienso ir mañana.　　　　　　　　(Ellos) **Ellos piensan ir el lunes.**
　　　　I intend to go tomorrow.　　　　　　　　　They intend to go on Monday.

1. (Tú) _____

2. (Diego) _____

3. (Diego y María) _____

4. (Tú y yo) _____

5. (Uds.) _____

6. (Yo) _____

(B) Tomás wants to know who can have lunch with him. He asks at what *different times* we all eat on the new schedule. Substitute the new subject in parentheses for the one in the model questions. Make the appropriate change in the verb of the model.

Model: ¿Almuerzas *tú* a las doce?　　　　　(Uds.) **¿Almuerzan Uds. a las doce?**
　　　　Do you (fam. sing.) lunch at 12:00?　　　　Do you (formal pl.) lunch at 12:00?

1. (Ud.) _____

2. (Ud. y yo) _____

3. (Las mujeres) _____

4. (Mi amiga) _____

5. (Yo) _____

6. (Tú) _____

II. Rewrite the sentence substituting the appropriate form of the verb given in parentheses. Keep the same subject.

Model: Yo encuentro a mis amigos.   (perder) **Yo pierdo a mis amigos.**
           I meet my friends.   I lose my friends.

1. Ellos empiezan el viaje. (comenzar) _____

2. ¿Cuentas tú el dinero? (encontrar) _____

3. Ana y él pierden el libro. (entender) _____

4. Él cierra la revista. (empezar) _____

5. Uds. no pueden leer. (volver a)* _____

6. Ella toma el tren. (perder) _____

7. Ud. no lo piensa bien. (cerrar) _____

8. Yo encuentro el disco. (recordar) _____

9. ¿No lo comienzan ellas? (empezar) _____

10. Nosotros almorzamos mal. (contar) _____
    *again

III. Write an affirmative answer in a complete sentence using the words in *italics* and the appropriate form of the verb used in the question.

Model: ¿A dónde volvemos?   *Uds. / a casa* **Uds. vuelven a casa.**
           Where are we returning?   You are returning home.

1. ¿Cuándo comenzamos a correr? *Uds. / a las cuatro*

   _____

2. ¿A qué hora cerramos los libros? *Uds. / a las diez*

   _____

3. ¿Cuándo podemos venir a la casa? *Uds. / venir temprano*

   _____

4. ¿Adónde volamos mañana? *Uds. / a Madrid*

   _____

5. ¿Cómo quieren Uds. viajar? *Nosotros / viajar en coche*

   _____

6. ¿Entienden Uds. la novela? *Nosotros no / la novela*

   _____

7. ¿Dónde encuentran Uds. comida? *Nosotras / en la cafetería*

   _____

8. ¿Cuentas el dinero? *Yo nunca / los dólares*

   _____

9. ¿Cuánto dinero pierdes? *Yo / cien dólares*

   _____

10. ¿Con quiénes vuelvo yo a casa? *Tú / a casa con nosotros.*

   _____

IV. Answer in *two* complete Spanish sentences: a) a negative answer using **Nosotros;** b) an affirmative answer using **Ella sí que . . .** according to the model.

Model: —¿Piensan Uds. leer?　　—**Nosotros no** pensamos leer.　　—**Ella sí que** piensa leer.
　　Do you intend to read?　　We don't intend to read.　　She surely intends to read.

1. ¿Empiezan Uds. la comida ahora? _____

_____

2. ¿Almuerzan Uds. en un restaurante chino? _____

_____

3. ¿Entienden Uds. el chino? _____

_____

4. ¿Comienzan Uds. a comer? _____

_____

5. ¿Mueven Uds. la boca? _____

_____

6. ¿Cierran Uds. la boca? _____

_____

7. ¿Quieren Uds. tomar un vino? _____

_____

8. ¿Pueden Uds. comer más? _____

_____

9. ¿Vuelven Uds. a Europa este año? _____

_____

10. ¿Juegan Uds. al fútbol cuando nieva? _____

_____

V. Give the appropriate negative command as a response to each question. Recall: Commands for **ar** verbs have **e** in their endings, while **er** verbs have **a** in their endings in contrast with the normal present-tense endings. Role-play.

Model: ¿Pierde(n) Ud(s). paciencia?　　**¡No pierda(n) Ud(s). paciencia!**
　　Are you losing patience?　　Don't lose patience!

　　¿Perdemos paciencia?　　**¡No perdamos paciencia!**
　　Are we losing patience?　　Let us not lose patience!

1. ¿Pierde Ud.? _____

2. ¿Perdemos? _____

3. ¿Piensan Uds.? _____

4. ¿Pensamos? _____

5. ¿Cuentas tú? _____

6. ¿Contamos? _____

7. ¿Defienden Uds. al amigo? _____

8. ¿Defendemos a los amigos? _____

9. ¿Vuelves tú? _____

10. ¿Volvemos? _____

VI. You are writing a difficult report. Use the subject **yo** with the *appropriate form of the verb*, and the vocabulary provided in parentheses.

1. (pensar en el trabajo) _____

2. (comenzar el trabajo) _____

3. (no entender las instrucciones) _____

4. (perder la paciencia) _____

5. (cerrar los libros) _____

6. (querer una fruta) _____

7. (almorzar en la cocina) _____

8. (recordar el trabajo) _____

9. (volver al escritorio) _____

10. (mostrar paciencia) _____

Consuma Diariamente

leche y sus productos

grupo de verduras y frutas

algo para todos

4 o más porciones

VII. Speak up! Role-play

Situation: You are the fortune teller at a charity bazaar. Pepe asks you about luck in money, friends, love. You predict how his luck is going to change. [Three sentences are good; four very good; five or more are excellent.]

Pepe: ¿Cómo va a cambiar mi suerte? Mi signo es...
Yo: . . .

Clues: *Tell when Pepe is beginning a new life; where he meets a new love; how much money he finds and where; how lucky he already is (**tener suerte**) with friends who understand him; why he should (**debe**) remember not to lose old friends.*

los Cuatro Alimentos Básicos

grupo de carnes

panes y cereales

Pescado

Huevo

ATUN

SALMON

SARDINAS

Pan de trigo

Pan Blanco

HARINA

Mantequilla de Maní Cacahuate

Pastelitos

FRIJOLES

Lentejas

CEREAL

Garbanzos

AVENA

ARROZ

POLLO

TORTILLAS

HIGADO

Carne Molida

JAMON

FIDEOS O PASTAS

2 o más porciones

4 o más porciones

Work Unit Twenty-One
THE COMPLEMENTARY INFINITIVE, THE INFINITIVE AFTER PREPOSITIONS AND *TENER QUE, PARA, POR*

¡Cuánto trabajo!

La familia Ramírez es famosa por la pereza. Allí están: el padre, Gastón, la madre, Rosa, y sus hijos, Ernesto y Lila.

Gastón:	Debo ir a trabajar, pero no tengo energías.
Rosa:	¿Y por qué no tomas vitaminas? Están en el baño.
Gastón:	Para no tener que caminar tan lejos.
Lila:	Pobre papá, yo te comprendo. ¿Para qué sufrir? ¡Trabajar y trabajar para tener que pagar más impuestos! ¡Es tonto!
Ernesto:	Ustedes necesitan ser más ambiciosos. Yo quiero estudiar mucho para después ser un profesional famoso y ganar millones…ustedes van a ver, mañana empiezo.
Rosa:	¡Ay, cuidado! Después de planear tanto, uno debe descansar un poco.
Lila:	Sí, pensar en estudios y trabajos es algo muy violento. Sobre todo si piensas empezar mañana.
Gastón:	Antes de decidir algo, debes sentarte en una silla cómoda y pensar en riesgos y consecuencias. Toda acción es peligrosa. Anda, hijo, siéntate.
Rosa:	Mejor empieza la semana próxima. Mañana es domingo y necesitas descansar.
Ernesto:	Tienes razón. Y entretanto, ¿qué podemos hacer?
Lila:	Propongo un concurso de bostezos.
Todos:	¡Nuestro juego favorito!

PALABRAS NUEVAS

SUSTANTIVOS (NOUNS)
la acción   the action
el baño   the bathroom
el bostezo   the yawn
el concurso   the contest
la consecuencia   the consequence
la pereza   the laziness
el profesional   the professional
el riesgo   the risk
la semana   the week
la vitamina   the vitamin

VERBOS (VERBS)
anda   (you) go
caminar   to walk
comprendo   (I) understand

empieza   (you) start
empiezo   (I) start
necesitas   (you) need
pagar   to pay
pensar   to think
piensas   (you) think
planear   to plan
propongo   (I) propose
siéntate   (you) sit
sufrir   to suffer
tener que   to have to
tienes razón   (you) are right

ADJETIVOS (ADJECTIVES)
ambicioso, a   ambitious
cómodo, a   comfortable
favorito, a   favorite
peligroso, a   dangerous

próximo, a   next
tonto, a   foolish
violento, a   violent

OTRAS PALABRAS (OTHER WORDS)
entretanto   meanwhile
lejos   far
mañana   tomorrow
más   more
mucho   a lot
muy   very
sobre todo   above all, especially
tan   so
tanto   so much

EJERCICIOS

I. **(A)** Write in a complete sentence.

1. ¿Qué desea hacer Gastón pero no puede?

_____

2. ¿Qué quiere hacer Ernesto y cuándo?

_____

3. ¿Qué dice Gastón que uno debe hacer antes de decidir algo?

_____

4. ¿Por qué propone Rosa empezar la semana próxima?

_____

5. ¿Qué propone Lila?

_____

I. **(B)** Crossword—Crucigrama

Horizontales	Verticales
2. the (f., pl.)	1. my
6. vitamin	2. the (f., sing.)
8. clothing	3. love
10. (I) must	4. yes
11. in	5. tomorrow
12. hour	6. green
13. yawn	7. jobs
16. (he/she) uses	9. laziness
	14. you (fam.)
	15. (he/she/it) is

II. **¿Cómo se dice en español?**

1. I understand that to work now is dangerous.

_____

2. A good professional must be ambitious.

_____

3. Sit and think what can you do.

_____

4. He pays millions of dollars in taxes.

_____

5. We need to rest from so much laziness.

_____

III. Composición. (A) Por celular (B) Por e-mail

(A) Look at the picture on page 202. Tell what is happening. Tell how the story ends.
(B) Your wife asks you to fix the roof.

_____

(Reply that, first, you must go to the bathroom.)
Your wife says that rain is seeping through the roof.

_____

(Say that you have a plan and will start tomorrow.)
Your wife says that she ran out of pots to hold the water.

_____

(Announce that you want to do the job, but that it may be dangerous.)
Your wife says that she is tired of you and plans to leave.

_____

(Declare that you understand, but you need more energy to do the job.)
Your wife leaves.

_____

(Complain that the situation is too violent and that you need to rest.)

ESTRUCTURAS DE LA LENGUA
THE COMPLEMENTARY INFINITIVE. THE INFINITIVE AFTER *IR A,* *TENER QUE,* AND *PARA.*

A. The complementary infinitive completes the thought:

After verbs of some obligation—**deber, necesitar**

1. —¿Qué **debes hacer?** What should you do?	—**Debo examinar** al paciente. I should examine the patient.
2. —¿Qué **necesitas hacer?** What do you need to do?	—**Necesito verlo.** I need to see him.

After verbs of wanting and planning—**desear, querer, pensar**

1. —¿Qué **quieres (deseas) hacer?** What do you want to do?	—**Quiero (deseo) pintar** el cuarto. I want to paint the room.
2. —¿Qué **piensas hacer?** What do you plan (intend) to do?	—**Pienso pintarlo** ahora. I plan (intend) to paint it now.

After verbs of being able—**poder, saber**

1. —¿No **puedes andar** hoy? Can't you walk today?	—**Puedo andar** un poco. I can (am able to) walk a little.
2. —¿**Sabes leer** el español? Do you know how to (can you) read Spanish?	—**Sé escribirlo** también. I know how to (can) write it, too.

Rules:

1. Only the first verb agrees with the subject.

2. **Deber, necesitar, desear, querer, pensar, poder, saber,** are completed by the infinitive form of the verb that follows. Infinitives end in **ar, er,** or **ir.**

3. **Poder** means *can, to be able* in a strictly physical sense. **Saber** means *can* or *to know how* in the sense of possessing a skill or talent.

B. The infinitive form of the verb after all prepositions.

1. —¿Qué tienes **que** hacer? What do you have to (must you) do?	—**Tengo que comer.** (strong obligation) I have to (must) eat.
2. —¿Cuándo vas **a** comer? When are you going to eat?	—**Voy a comer** ahora. I am going to eat now.
3. —¿**Antes de** mirar televisión? Before watching television?	—No. **Después de** mirar televisión. No. After watching television.
4. —¿**Por qué** comes siempre en casa? Why (for what reason) do you always eat at home?	—**Por** no tener mucho dinero. For the reason of (on account of) not having much money.

Rules:

1. **Tener que** followed by the infinitive means *to have to* or *must* and indicates strong obligation. **Deber** (should, ought) is milder. **Tener** agrees with its subject. **Que** has no English translation in this idiomatic expression.

2. **Ir a** followed by the infinitive tells what you are going to do in the immediate future. **A** has no translation here. For verbs requiring prepositions see Work Unit 9.

3. For the present tense forms of **ir** and **tener** see Work Unit 8.

C. Para: *in order (to)* indicates purpose and introduces a complementary infinitive.

1. —¿**Para** qué trabajas? For what purpose do you work?	—**Trabajo para tener dinero.** I work to (in order to) have money.
2. —¿**Para** qué comen Uds.? For what purpose (why) do you eat?	—**Comemos para vivir.** We eat to (in order to) live.

D.

Uses of **Para** (Toward a goal)	Uses of **Por** (From a motive, reason; by means of)
1. a. ¿**Para qué** sales? Salgo **para** tomar un café. Why (for what purpose) do you go out? I'm leaving to (in order to) have a coffee.	**b.** ¿**Por qué** sales? Salgo por café. I'm going *to get (and bring back; to fetch)* coffee.
2. a. Compro un regalo **para** Dolores. I'm buying a present *for* Dolores. (for her *use* and *benefit*)	**b.** **Por** Dolores trabajo mucho. For (concern about the sake of, love of) Dolores, I'm working hard.
3. a. Recibo la beca **para** la universidad. I receive the scholarship *for* college. (destined for use)	**b.** Recibo el premio **por** mi buen trabajo. I receive the prize for (on account of, because of, by reason of) my good work.
4. a. **Estoy (listo) para** salir **para** Chile. I am *about* (ready) to leave for Chile.	**b.** **Estoy por** salir ahora, no más tarde. I am *in favor of* leaving now, not later. (inclination, choice)

Special Uses of **Por**:

1. La novela es **por** Cervantes.	The novel is by Cervantes. (agent, doer)
2. **Por** engaños, tiene tanto dinero.	By deceit, he has so much money.
3. Andan **por** el bosque y **por** las sendas.	They walk through the forest and along the paths.
4. ¿Pagas **por** el libro ahora?	Are you paying for the book now?
5. Estoy pagando cuarenta dólares **por** el libro ahora mismo.	I'm paying forty dollars for the book right now. (means of acquiring the book; in exchange for money)

Rules:

1. **Para** indicates goal, destination, use, purpose, benefit. **Para** shows a direction toward which a behavior takes place.

2. **Por** indicates the origin of the behavior, its cause, motive, reason. **Por** also indicates means, e.g., agent, in exchange for, along, through, by.

STUDY THE RULES, EXAMPLES, AND MODELS BEFORE BEGINNING THE EXERCISES

EJERCICIOS

I. Everyone has to eat something. Use the subject in *italics* and the appropriate clues in complete sentences. Clues: *fruta, ensalada, chocolate, helado, pan, sopa, hamburguesas.*

> Model: **Nosotros tenemos que comer**   *Ella.* **Ella tiene que comer una naranja.**
> **una manzana.** We have to eat an apple.   She has to eat an orange.

1. *Yo* _____

2. *Tú* _____

3. *Juan* _____

4. *Uds.* _____

5. *Ud.* _____

6. *Ana y yo* _____

7. *Juan y Ana* _____

II. Tell your family what each is *not* going to do tonight. Use the subject in *italics*. Make necessary changes in the verb. Clues: *salir, jugar, charlar, estudiar, leer, comer, mirar televisión.*

> Model: **Yo no voy a leer esta noche.**   Tomás: **Tomás no va a comer esta noche.**
> I'm not going to read tonight.   Thomas isn't going to eat tonight.

1. *Los tíos* _____

2. *Susana* _____

3. *Tú* _____

4. *Uds.* _____

5. *Marta y yo* _____

6. *Yo* _____

7. *Él* _____

III. Create an interrogative sentence selecting an appropriate expression: **a, antes de, después de, para, por, que.**

> Model: Tenemos / comer   ¿Tenemos **que** comer?
>   Do we have to eat?

1. Estudiamos / comprender _____

2. Aprendemos más / vivir _____

3. Charlamos / dormir _____

4. Trabajamos / vivir mejor _____

5. Necesitamos dinero / ser pobres _____

IV. Answer in a complete sentence using **por** or **para** and the cue in italics.

1. ¿Por qué andas con ella? *amor* _____

2. ¿Cómo ganas la lotería? *suerte* _____

3. ¿Por qué trabajas tanto? *mis hijos* _____

4. ¿Estás listo? *salir* _____

5. ¿Para qué es esa raqueta nueva? *jugar al tenis* _____

6. ¿Dónde andas? *el parque* _____

7. ¿Por qué estudias tanto? *ingresar a la universidad* _____

8. Necesitamos leche. ¿Sales tú? *leche* _____

V. Tell the story. Insert the appropriate word (**a**, **para**, or **que**) *if one is needed*. Write a dash (—) if no additional word is needed.

1. Yo deseo _____ pasar un rato con mis amigos. 2. Envío un e-mail _____ invitarlos. 3. Los amigos, Pepe y Luisa, van _____ venir a mi casa. 4. Ellos tienen _____ llamar a la puerta dos veces. 5. No pueden _____ esperar mucho tiempo. 6. Yo voy _____ abrir la puerta. 7. Queremos _____ mirar un DVD. 8. Pepe va a la tienda _____ arrendar la película. 9. El disco está sucio y no podemos _____ ver bien las imagenes. 10. No tenemos mucho tiempo porque los amigos deben _____ regresar a casa a las doce.

VI. Speak up! Role-play

> **Situation:** You won ten million dollars. You are happy, but worried about possible consequences, which you discuss with your husband. [Three sentences are good; four very good; five or more are excellent.]
>
> **Marido:** ¿Qué consecuencias te preocupan?
> **Ud.:**   Yo creo que…
>
> **Clues:** *You must think about risks and consequences; your millions need to be safe* (**seguros**) *in a bank; now you have a lot of taxes to pay; your sons and daughters are not ambitious and now are never going to work; you really are not sure what to do.*

Work Unit Twenty-Two
PREPOSITIONAL PRONOUNS

¡Qué vida tan cruel!

Todas las tardes Yolanda mira "Desgracias," una telenovela sobre gente que sufre terriblemente. Sin falta, llora constantemente con cada capítulo, pero al día siguiente vuelve a mirar.

En el programa de hoy, Alfonso regresa de su trabajo y habla con su esposa.

Adela:	Mi vida, estás triste. ¿Qué pasa?
Alfonso:	Adela, mi amor, tengo una mala noticia. Ya no puedo trabajar. Cierran la oficina mañana y todos tenemos que buscar otro empleo.
Adela:	No es tan serio, Alfonsito. Pronto vas a encontrar trabajo.
Alfonso:	Imposible, mi amor. Estoy muy enfermo y el médico dice que necesito una operación. Tengo que ir al hospital.
Adela:	Oh, no. ¡Y mañana viene la abuela a vivir con nosotros porque ella no puede pagar su alquiler! ¡No tenemos más dinero! ¿Qué vamos a hacer?
Alfonso:	Es necesario ser valientes. ¿Dónde están nuestros hijos adorables, Raúl y Rodrigo? Quiero hablar con ellos.
Adela:	Oh, ¿no recuerdas? Están en la prisión por robar un automóvil.
Alfonso:	Sí, sí, un patrullero con el policía adentro. Nuestros hijos son adorables pero estúpidos.
Adela:	¡Qué vida tan miserable y cruel!

En ese momento, Gustavo, el esposo de Yolanda, abre la puerta y entra. Yolanda está sorprendida.

Yolanda:	Gustavo, ¿Por qué vuelves a la casa tan temprano?
Gustavo:	Tengo malas noticias para ti. Tengo un resfriado y perdí mi cartera con cuarenta dólares. (Yolanda comienza a reír.) Pero…¿estás loca? ¿Por qué ríes?
Yolanda:	¿Eso es todo? ¿Cuál es la mala noticia?

PALABRAS NUEVAS

SUSTANTIVOS *(NOUNS)*
el automóvil   the automobile
el alquiler   the rent
el capítulo   the chapter
la cartera   the wallet
la desgracia   the misfortune
el momento   the moment
la noticia   the news (item)
el patrullero   patrol car
la prisión   the prison
el programa   the program
el resfriado   the flu

la telenovela   the soap opera

VERBOS *(VERBS)*
abre   (he) opens
buscar   to search
cierran   (they) close
comienza   (she) starts
entra   (he) enters
llora   (she) cries
necesito   (I) need
perdí   (I) lost
puede   (he, she, it) can

recuerdas   (you) remember
regresa   (he) returns
robar   to steal
sorprendido   surprised
vamos   (we) go
viene   (she) comes
vuelve   (she) comes back

ADJETIVOS (ADJECTIVES)
adentro   inside
adorables   adorable
cuál   which
imposible   impossible

loco, a   mad
miserable   wretched
necesario, a   necessary
serio, a   serious
siguiente   following
temprano, a   early
triste   sad

valiente   brave

OTRAS PALABRAS *(OTHER WORDS)*
constantemente   constantly
¿Qué pasa?   What's going on?

sin falta   without fail
terriblemente   terribly
ti   you
ya no   no longer

EJERCICIOS

I.   **(A)** Write the words that make the sentence correct, replacing the words in italics.

1. Todas las *mañanas* Yolanda *hace* un programa en *el radio*.

2. En el programa, Alfonso y *Yolanda* llevan una vida *feliz* y *adorable*.

3. Alfonso dice que *la abuela* está muy enferma y debe ir *a la oficina*.

4. Raúl y Rodrigo, sus *nietos* adorables, están en la *universidad*.

5. Gustavo vuelve *tarde* a casa y dice que tiene *una cartera con cuarenta dólares*.

I.   **(B)** True or false?

1. Yolanda cries all the time but next day she looks at the program again. _____

2. Grandma is sick and will have to go to the hospital. _____

3. Gustavo dice que sus hijos son adorables pero estúpidos. _____

4. Los hijos están en la prisión porque no pagaron el alquiler del automóvil. _____

5. Gustavo está enfermo y perdió su dinero. _____

II.   Unscramble the boxes to form complete sentences.

1.

mañana	trabajar	oficina
la	puedo	cierran
no	y	

2.

qué	vuelves	casa
la	tan	a
por	temprano	¿?

3.

hospital	él	el
necesita	del	corazón
operación	en	una

4.

resfriados	todos	temprano
tenemos	tarde	yo
o	que	creo

1. _____

2. _____

3. _____

4. _____

III. Find the hidden Spanish vocabulary.

Z	P	W	O	F	I	C	I	N	A
C	A	R	T	E	R	A	P	E	D
A	T	A	R	E	S	P	O	S	O
W	R	O	B	A	R	I	R	T	R
P	U	E	R	T	A	T	Q	U	A
R	L	A	P	I	Z	U	U	P	B
O	L	A	V	A	R	L	E	I	L
N	E	G	R	O	J	O	O	D	E
T	R	A	B	A	J	A	R	O	H
O	O	P	E	R	A	C	I	O	N

(to tie wallet pencil to wash operation black because stupid adorable husband office to steal soon chapter patrol car to work red door)

IV. Composición. (A) Por celular (B) Por e-mail

(A) Look at the picture on page 210. Tell what is happening. Tell how the story ends.

(B) Create a sad **telenovela**:

La triste historia de Rogelio y Nancy.

1. Imagine a very sad story involving Rogelio and Nancy. 2. Develop it using the vocabulary appearing in **Palabras Nuevas.** 3. Make sure to use prepositional pronouns. 4. Give it a truly tragic ending.

V. Composición: (A) Por celular (A) Por correo electrónico

Write a friend about your opinion of TV programs.

Para mí la televisión o es interesante o es terrible.

1. Why you watch (**la**) television at night. 2. Which program is very stupid. 3. Which one you are crazy about. 4. Whether it makes you laugh, cry, or think. 5. On what days, and at what time you watch (**la**) television.

ESTRUCTURAS DE LA LENGUA
PREPOSITIONAL PRONOUNS

A. After the prepositions **a, para, sin, sobre, de,** and compounds of **de (cerca de,** etc.), use **mí, ti,** and forms that look like subject pronouns.

	Singular Persons		*Plural Persons*
1.	El regalo es **para mí.** The present is for me.	4.	Sale **sin nosotros, -as.** He leaves without us.
2.	Corre **a ti.** He runs to you (*fam. sing.*).	5.	Vivo cerca de **vosotros, -as.** I live near you (*fam. pl.*).
3.	Hablo **de él, de ella** y **de Ud.** I speak of him (it *masc.*), of her (it *fem.*), and of you (*formal sing.*).	6.	Estoy **con ellos -as** y **con Uds.** I am with them and you.

Rules:

Except for **mí** and **ti,** the pronouns that follow the above prepositions are identical with these subject pronouns: **el, ella, Ud., Uds., nosotros-as, ellos-as, vosotros-as.**

After a preposition **él, ella,** may mean *it,* as well as *her, him.* **Ellos, –as** mean *them* for things as well as persons.

Mí *me* is distinguished from **mi** *my* by the accent mark.

De él *of him* does not contract, unlike **del** *of the.*

fuera de *outside of*	**cerca de** *near* **al lado de** *next to*	**con** *with*
dentro de *inside of*	**lejos de** *far from*	**sin** *without*
delante de *in front of*	**debajo de** *under*	**bajo** *below*
detrás de *behind*	**encima de** *on top of*	**sobre** *above*

B. The preposition **con** *with* combines with **mí** and **ti** to form **conmigo** *with me,* and **contigo** *with you.*

1.	Trabajan **conmigo.** They work *with me.*	4.	Juegan **con nosotros, -as.** They play *with us.*
2.	Miran **contigo.** They watch *with you* (fam. sing.).	5.	Hablan **con vosotros, -as.** They speak *with you* (fam. pl.).
3.	Come **con él, con ella, con Ud.** They eat with *him* (is *masc.*), with *her* (it *fem.*), *with you.*	6.	Van **con ellos-as** y **con Uds.** They are going *with them* and *with you* (pl.).

Rules:

Con *must* combine to form **conmigo, contigo. Con** remains separate from the following: **él, ella, Ud., nosotros, -as, vosotros, -as, ellos, -as, Uds.**

STUDY THE RULES, EXAMPLES, AND MODELS BEFORE BEGINNING THE EXERCISES

EJERCICIOS

I. A family goes Christmas shopping. Tell with whom and for whom they buy a present. Use appropriate prepositional pronouns for the clues in parentheses.

  Model: Compran el regalo *conmigo* y es para *mí*.
          They buy the present with me and it is for me.

  (ella)   Compran el regalo con **ella** y es para **ella.**
          They buy the present with her and it is for her.

  Compran el regalo *conmigo* y es para *mí*.

  1. (él) _____

  2. (ellos) _____

  3. (ella) _____

  4. (ellas) _____

  5. (mí) _____

  6. (ti) _____

  7. (Uds.) _____

  8. (nosotros) _____

  9. (vosotros) _____

  10. (Ud.) _____

II. Substitute ONE appropriate prepositional pronoun for the expression in *italics*.

  Model: Están cerca de Luis y de mi.   Están cerca de **nosotros.**
          They are near Louis and me.   They are near us. (*m.*)

  1. Vivo cerca del *centro y del tren*. _____

  2. Los jóvenes vienen sin *sus celulares y sin el carro*. _____

  3. Compras cervezas para *Luisa y para su amiga*. _____

  4. Los perritos corren a *Pedro y a Ud.* _____

  5. Las chicas beben *conmigo y con mis amigos*. _____

III. Tell your friend about your workplace stating the opposite preposition followed by an appropriate pronoun. Role-play.

  Model: —¿Vive Ud. (Vives) al lado de tu oficina?   No, vivo **lejos de ella.**
          Do you live alongside (at the side of) your office?   No, I live far from it.

  1. ¿Trabajas fuera de la oficina? _____

  2. ¿Escribes con Microsoft? _____

  3. ¿Hay mucho tráfico detrás del edificio? _____

  4. ¿Hay mucho ruido (*noise*) bajo los techos? _____

5. ¿Deseas vivir más lejos del trabajo? _____

IV. Respond using the preposition and the appropriate prepositional pronoun suggested by the word(s) in *italics*: ¿_____? **Gracias.** Role-play.

Model: —El regalo es *para Ud.*   —¿**Para mí? Gracias.**
            The present is for you.   For me? Thanks.

1. Compro un café *para Ud.* _____

2. Vamos a hablar *con Ud.* _____

3. Hacemos el trabajo *sin ti.* _____

4. Vamos a comer *cerca de Uds.* _____

5. ¡Coma Ud. *con nosotros*! _____

V. Respond in a complete Spanish sentence. Use **con** and the appropriate prepositional pronoun in your answer. Begin with **Sí**. Role-play.

Model: —Van contigo, ¿verdad?   —**Sí. Van conmigo.**
            They're going with you. Right?   Yes. They're going with me.

1. Asisten contigo, ¿verdad? _____

2. Juegan con Uds., ¿verdad? _____

3. Van con Ud., ¿verdad? _____

4. Trabajan con nosotros, ¿verdad? _____

5. Comen conmigo, ¿verdad? _____

VI. Translate.

1. They buy the present for me and for him. _____

2. The child plays with me and with my friend. _____

3. She runs to him, not to you *(formal)*. _____

4. The man works without us and without her. _____

5. She lives near you *(fam.)* and alongside them. _____

VII. **Speak up!** Role-play

Situation: Your friend notices that you look sad, and asks what is the matter and what bad news you have. You tell your friend all the bad news. [Three sentences are good; four very good; five or more are excellent.]

Amigo(a): ¿Qué te pasa? ¿Qué malas noticias traes?
Yo: . . .

Clues: *Tell which best friend is now going to live far from you; where your friend is going to and when; how much you want to be with him/her; what he/she tells you about your relationship.* Other ideas?

Work Unit Twenty-Three
DIRECT OBJECT PRONOUNS

Así es el mundo

Clotilde y Pablo deciden casarse. Primero, preparan los detalles de la fiesta.

Pablo:	Tenemos dinero para cincuenta invitados. ¿Tienes la lista?
Clotilde:	La tengo.
Pablo:	¿Y las tarjetas de invitación?
Clotilde:	Las tengo.
Pablo:	No olvides escribir el nombre del salón de banquetes.
Clotilde:	Pues, escribámoslo.
Pablo:	¿Y los sobres y los sellos?
Clotilde:	Tenemos que ir a comprarlos.
Pablo:	También debemos encontrar un fotógrafo.
Clotilde:	Yo lo encuentro. Tú busca una floristería.
Pablo:	¿Dónde quieres que la encuentre?
Clotilde:	En el internet, por supuesto. Y también busca allí el arriendo de tu frac, la banda de música y el hotel.
Pablo:	¿Tú crees que buscarlos y encontrarlos es muy fácil?
Clotilde:	Peor estoy yo, que debo comprar el traje de novia y arreglarlo, y después debo….
Pablo:	Clotilde, esto es demasiado. ¿Por qué no vivimos juntos sin complicaciones y sin gastar una fortuna?
Clotilde:	Porque los hombres hacen guerras y las mujeres hacemos matrimonios. Los dos son muy complicados, muy caros y hacen llorar. Pero así es el mundo.

PALABRAS NUEVAS

SUSTANTIVOS *(NOUNS)*
el arriendo   the rental
la banda de música   the music band
las complicaciones   the complications
el detalle   the detail
la floristería   the flower shop
la fortuna   the fortune
el fotógrafo   the photographer
el frac   the tuxedo
la invitación   the invitation
el invitado   the guest
el matrimonio   the wedding
el salón de banquetes   the catering hall

el sello   the postage stamp
el sobre   the envelope
la tarjeta   the card
el traje de novia   the wedding gown

VERBOS *(VERBS)*
arreglarlo   to fix it
busca   (you) look for
buscarlos   to look for them
casarse   to marry
crees   (you) believe
debemos   (we) must
debo   (I) must
deciden   (they) decide
encontrar   to find
encontrarlos   to find them
encuentre   (I, subj.) find

encuentro   (I) find
escribámoslo   let's write it
escribir   to write

ADJETIVOS *(ADJECTIVES)*
así   such
caro, a   expensive
juntos   together

OTRAS PALABRAS *(OTHER WORDS)*
lo   it
los   them
por supuesto   of course
pues   then

EJERCICIOS

I. **(A)** Write your answers in complete sentences.

1. Hay tres cosas que Pablo y Clotilde tienen. ¿Cuáles son ellas?
2. ¿Qué debe escribir Clotilde?
3. ¿Qué tienen que ir los dos a comprar?
4. ¿Qué pide Clotilde a Pablo que encuentre en el internet?
5. ¿Cómo son las guerras y los matrimonios?

1. _____
2. _____
3. _____
4. _____
5. _____

I. **(B)** Translate these sentences into Spanish.

1. The complications of a wedding are very large.

   _____

2. The party, the photographer, and the flower shop cost a fortune.

   _____

3. The Internet helps, but one must work hard to get married.

   _____

4. There are many things that one has to look for, find, and buy.

   _____

5. It is never easy to write the guest list.

   _____

II. Translate these sentences into English.

1. El nombre del salón de banquetes está en el pantalón de Pablo.

   _____

2. Por supuesto, guerras y matrimonios cuestan demasiado.

   _____

3. Los sellos y los sobres deben comprarse antes de comprar las flores.

   _____

4. ¡Esto es demasiado! ¿Por qué no vivimos juntos sin casarnos?

   _____

5. La madre de la novia quiere vivir con ustedes. ¿Cómo crees tú que es ella?

III. Composición. (A) Por celular (B) Por correo electrónico

(A) Look at the picture on page 217. Tell what is happening and how the story ends.
(B) Invite a friend to your wedding:
Quiero invitarte a mi matrimonio.
1. Tell that he/she is a very good friend and that he/she must come to your wedding. 2. Inform that the party will be at the catering hall that is close to your house. 3. Mention the date and time. 4. Tell that you are sending the invitation today. 5. Write that he/she may bring his/her children to the church and to the party.

ESTRUCTURAS DE LA LENGUA
DIRECT OBJECT PRONOUNS

The direct object *pronoun* stands for the noun, and agrees with it in number and gender.

A. Direct object pronouns representing THINGS

The *noun* as object of the verb.	The *pronoun* used in place of the noun.
1. ¿Tiene Anita **el tenedor?** Does Anita have the fork?	Anita **lo** tiene. Anita has *it*.
2. ¿Tiene Anita **la cuchara?** Does Anita have the spoon?	Anita no **la** tiene. Anita does not have *it*.
3. ¿Limpia Juan **los cuchillos?** Does John clean the knives?	Sí, Juan **los** limpia. Yes, John cleans *them*.
4. ¿Lava Luis **las ollas?** Does Louis wash the pots?	Luis no **las** lava. Louis does not wash *them*.

Rules:

1. Meanings: **lo** (masc.), **la** (fem.) *it;* **los** (masc.), **las** (fem.) *them.*
2. **Lo, la, los,** or **las** (the direct object pronouns) are placed *before* the verb. When **no** is present, it is placed before **lo, la, los,** or **las.**

B. Direct object pronouns representing PERSONS.

Juan **me** ve	a (mí)	John sees	*me*
te ve	(a ti)		*you* (familiar sing.)
lo ve	(a él)		*him*
la ve	(a ella)		*her*
lo, la ve	(a Ud.)		*you* (formal: masc. sing., fem. sing.)
Juan **nos** ve	(a nosotros)	John sees	*us*
os ve	(a vosotros)		*you* (familiar pl.)
los ve	(a ellos)		*them* (masc.)
las ve	(a ellas)		*them* (fem.)
los ve	(a Uds.)		*you* (formal, masc.; plural)
las ve	(a Uds.)		*you* (formal, fem.; plural)

Rules:

1. *All* direct object pronouns are placed directly *before* the conjugated verb.
2. Multiple English meanings for **lo:** *him*, *you* (masc.), *it* (masc.); for **la:** *her*, *you* (fem.), *it* (fem.).
3. **A mí, a ti, a él, a ella, a Ud., a nosotros, a vosotros, a ellos, a ellas, a Uds.,** are omitted under ordinary circumstances. They *are* used only when needed for *emphasis*, and to *clarify the meanings* of **lo, la, los,** and **las.**
4. **Le** is reserved for the indirect object pronouns *to him, to her, to you,* in this book.

C. Direct object pronouns are *attached to the end of*   Direct object pronouns are placed *before*

AFFIRMATIVE COMMANDS	NEGATIVE COMMANDS
1. **¡Cómalo** Ud. ahora! Eat it now!	1. **¡No lo coma** Ud. después! Don't eat it later!
2. **¡Apréndanla** Uds. bien! Learn it right!	2. **¡No la aprendan** Uds. mal! Don't learn it wrong!
3. **¡Comprémoslos** aquí! Let's buy them here!	3. **¡No los compremos** allí! Let's not buy them there!

Rules:

1. The accent mark is written after attaching the object pronoun to the end of the affirmative command. The mark is placed on the stressed vowel of the third syllable from the end of the combined word. This written accent preserves the original stress on the verb for the reader.
2. No attachment is possible on negative commands; no accent mark is needed.

D. The position of object pronouns varies in the presence of a conjugated verb that is followed by an INFINITIVE.

---

1. Anita no **lo quiere comer.**	2. Anita no **quiere comerlo.**
Anita does not want to eat it.	

Rules:

1. Direct object pronouns may be placed either (1) before the conjugated verb or (2) attached to the infinitive, when both conjugated verb and complementary infinitive are present.

2. Direct object pronouns MUST be attached to the end of the infinitive when no conjugated verb is seen *before* it, e.g.,

> Para **comerlo** necesito una cuchara.
> In order *to eat it* I need a spoon.

3. No accent mark is written when attaching one object pronoun to an infinitive.

STUDY THE RULES, EXAMPLES, AND MODELS BEFORE BEGINNING THE EXERCISES

EJERCICIOS

I. Preparing the family for a trip, Pablo complains a lot. You respond reassuringly, in a complete sentence, substituting the appropriate direct object pronoun for the noun in *italics*. Use **Sí que** . . . Role-play.

Model: Pablo—Yo no tengo *los guantes.*   Paulina—Sí que **los tienes.**
        I don't have the gloves.   Of course, you have them.

1. Yo no tengo *los boletos.* _____

2. Los abuelos no toman *el avión correcto.* _____

3. Juan no tiene *la visa.* _____

4. El agente de viajes no sabe *las repuestas.* _____

5. Los niños no tienen *pasaporte.* _____

II. Is it a police matter? Answer in a complete sentence placing the object pronoun before the verb and the emphatic phrase after. Role-play.

Model: ¿A quién observan allí?   (lo/a él) **Lo** observan a **él** allí.
       Whom do they observe there?   They observe *him* there.

1. ¿A quién necesitan en el jardín?

   (me/a mí) _____

2. ¿A quién ven en el supermercado?

   (la/a Ud.) _____

3. ¿A quién observan en la calle?

   (lo/a él) _____

4. ¿A quién invitan a la conferencia?

(te/a ti) _____

5. ¿A quiénes hallan en la sala?

(los/a Uds.) _____

6. ¿A quiénes describen en la foto?

(nos/a nosotros) _____

7. ¿A quiénes buscan por la avenida?

(las/a ellas) _____

III. Give an affirmative response using the appropriate direct object pronoun and emphasizing phrase. Begin each response with **Sí que . . .** (certainly). Role-play.

(A) Model: —¿La observan a *María*?   —Sí que **la** observan **a ella.**
      Are they watching Mary?   They certainly are watching her.

1. ¿La invitan a *la niña*? _____

2. ¿Lo prefieren a *este empleado*? _____

3. ¿Las quieren a *Marta* y a *Luisa*? _____

4. ¿Los ven a *los hombres*? _____

5. ¿Los escuchan a *Ana* y a *Tomás*? _____

(B) Model: —¿**Nos** invitan **a nosotros**?   —Sí, **los** invitan **a Uds.**
      Are they inviting *us*?   Yes, they are inviting *you* (pl.).

1. ¿Nos ven a nosotros? _____

2. ¿Me necesitan a mí? _____

3. ¿Te comprenden a ti? _____

4. ¿Los visitan a Uds.? _____

5. ¿La observan a Ud.? _____

IV. Restate the sentence, changing the position of the object pronoun according to the models.

(A) Model: No lo debo hacer.   I should not do it.
      No debo hacerlo.

1. No lo deseo leer.   4. ¿No nos pueden ver?

_____   _____

2. ¿No los quiere visitar?   5. No me deben mirar.

_____   _____

3. No te vamos a comer.   6. No la voy a construir.

_____   _____

(B) Model: No puedo hacerlo.   I cannot do it.
      No lo puedo hacer.

1. No esperamos verte.   3. No prefiere contestarla.

_____   _____

2. ¿No sabes hacerlas?   4.   ¿No pueden comprenderme?

_____   _____

V.   You have a new *camioneta* (pickup). Some friends want a lift. Answer their questions affirmatively using the *correct object pronoun* and **llevo** as your verb. Role-play.

Model: Dorotea: —¿Quieres llevarme?   —Sí, **te** llevo.
              Do you want to take me?   Yes, I'll take you.

1. José y Ana: —¿Quieres llevarnos?   _____

2. Inés: —¿Deseas llevarlas a Ana y a Sara? _____

3. Doctora: —¿Puedes llevarme? _____

4. Las tías: —¿Quieres llevarnos? _____

5. Mamá: —¿Deseas llevar a tu hermana? _____

VI.   Give the appropriate NEGATIVE command. Make all necessary changes in the position of the object pronoun and the use of the accent mark.

Model: ¡Cómprelo Ud.!   or   ¡Cómprenlo Uds.!   or   ¡Comprémoslo!
              Buy it!   Buy it!   Let's buy it!

              ¡No lo compre Ud.!   ¡No lo compren Uds.!   ¡No lo compremos!
              Don't buy it!   Don't buy it!   Let's not buy it!

1. ¡Enséñalo tú! _____

2. ¡Llámame tú! _____

3. ¡Visítenla Uds.! _____

4. ¡Mírennos Uds.! _____

5. ¡Invitémoslos! _____

VII. Give the appropriate AFFIRMATIVE command. Make all necessary changes. (Study the affirmative models seen in Exercise VI.)

1. ¡No lo visites tú!   _____

2. ¡No nos miren Uds.! _____

3. ¡No la contestemos! _____

4. ¡No los use Ud.! _____

5. ¡No me imiten Uds.! _____

VIII. Complete the dialogue, using the vocabulary provided in parentheses. Be sure to supply the missing direct object pronoun where indicated by the slash. Role-play.

Model: My father takes us to the park. (Mi padre/lleva al parque.)
            Mi padre **nos** lleva al parque.

Luis: ¿Ves tú a María en la escuela?

1. Pablo: _____
            Yes, I see *her*.   (Sí, yo/veo)

Luis: ¿Te saluda ella a ti?

2. Pablo: _____
            No, she doesn't look at *me*.   (No, ella no/mira)

Luis: ¿A quién saluda ella entonces? ¿A Jorge?

3. Pablo: _____
    Yes. She greets *him* (*emphatic*).   (Sí. Ella/saluda/)

Luis: ¡No me digas! ¿Por qué?

4. Pablo: _____
    He takes *her* to the movies often.   (Él/lleva mucho al cine)

Luis: ¿Y sus padres?

5. Pablo: _____
    Her parents don't know *it*.   (Sus padres no/saben)

Luis: ¡Salúdala de mi parte mañana!

6. Pablo: _____
    I don't want to greet *her*.   (No quiero saludar/)

Luis: ¡Claro!

7. Pablo: _____
    Greet *her* yourself!   (¡Saluda/tú!)

Luis: Bueno. Si tú lo deseas.

8. Pablo: _____
    No. Don't greet *her*!   (No. ¡No/saludes tú!)

I will, tomorrow.   (Yo voy a saludar/mañana)

9. Luis: _____
    Let us greet *her* together, then!   (Entonces, ¡saludemos/juntos!)

IX. Speak up! Role-play

Situation: You tell your friend about the house of your dreams. [Three sentences are good; four very good; five or more are excellent.]

Amigo(a): ¿Cómo es tu casa ideal?
Yo: . . .

Clues: *How many rooms, windows, doors, chimneys* (**chimeneas***) your house has, its color, what there is outside; what buildings there are nearby; who is living (present progressive) in the house; how are you going to finance (***financiar***) it. Other ideas?*

Work Unit Twenty-Four
INDIRECT OBJECT PRONOUNS

¡Entréguenme sus votos!

Jorge Matorral, político astuto, está dando un discurso antes de las elecciones:

Matorral: Amigos, si me dan su voto, les prometo que cada uno podrá comprar un carro.

Del público: ¿Nos promete una casa también?

Matorral: ¡Les prometo una casa con piscina!

Del público: ¡Matorral nos gusta mucho! ¡Llevémosle a la presidencia!

Matorral: Y también les prometo un aumento de seis centavos en el sueldo mínimo.

Del público: Hey, si nos da seis centavos, ¿cómo nos compramos el carro y la casa con piscina?

Matorral: Si a mí me dan su voto, les juro que voy a conseguirles casas por cien dólares y darles carros gratis.

Del público: No, creerle eso es imposible. Matorral está mintiéndonos. ¡No le creamos más!

Matorral: ¡Amigos míos! También les voy a dar un avión y dos elefantes para el jardín.

Del público: ¡Oh!¡Ahora sí! Matorral está mostrándonos qué buen candidato es. ¡No uno, sino dos elefantes! ¡Hurrá por Matorral!

PALABRAS NUEVAS

SUSTANTIVOS *(NOUNS)*
el aumento   the increase
el candidato   the candidate
el centavo   the cent
el discurso   the speech
la elección   the election
el elefante   the elephant
el hurrá   the hurrah
el jardín   the garden
el político   the politician
la presidencia   the presidency
el sueldo   the salary
el voto   the vote

VERBOS *(VERBS)*
compramos   (we) buy

comprar   to buy
conseguirles   to obtain for you
creamos   (we, subj.) believe
creerle   to believe him
dando   giving
darles   to give to you
entréguenme   (you) deliver to me
gusta   (he, she, it) likes
juro   (I) swear
llevémosle   let's carry him
mintiéndonos   lying to us
mostrándonos   showing to us
podrá   (he, she, it) will be able

ADJETIVOS *(ADJECTIVES)*
astuto, a   astute
buen   good
cada uno, a   each
mínimo, a   minimum
míos, as   mine (pl.)

OTRAS PALABRAS *(OTHER WORDS)*
ahora sí   Now you're talking!
le   to him
les   to you (pl.)
me   to me
mí   me
nos   to us
sino   but

EJERCICIOS

I. Complete the sentences according to the story.

1. Matorral es un político _____ que desea muchos _____.

2. Si la gente _____ por él, les _____ una casa con _____.

3. También dice que va a _____ el sueldo _____ en _____ centavos.

4. Él jura que va a dar casas por _____ y carros _____.

5. Él _____ qué buen candidato es cuando promete un avión y _____.

II. Translate.

1. To buy a house with a hundred dollars is impossible.

2. Politicians promise a lot during the elections.

3. He sees three elephants in the garden and asks, "Why not four?"

4. Speeches increase when the election is close.

5. The President must be an intelligent and astute man.

1. _____

2. _____

3. _____

4. _____

5. _____

III. Antónimos—Next to column A write the word selected from column B that has the *opposite* meaning.

A.		B.
1. ahora	_____	a. joven
2. más	_____	b. la derecha
3. mal	_____	c. voy
4. viejo	_____	d. bajo
5. meter	_____	e. lejos
6. la izquierda	_____	f. después
7. vengo	_____	g. algo
8. siempre	_____	h. sacar
9. allí	_____	i. menos
10. alto	_____	j. comprar
11. caliente	_____	k. la mujer
12. el hombre	_____	l. aquí
13. cerca	_____	m. bien
14. vender	_____	n. frío
15. nada	_____	o. nunca

IV. Eleven words that you should know:

1. politician
2. to remember
3. election
4. salary
5. impossible
6. speech
7. to find
8. necessary
9. candidate
10. guests
11. to fix

1	P
2	R
3	E
4	S
5	I
6	D
7	E
8	N
9	C
10	I
11	A

V.   Composición. (A) Por celular (B) Por e-mail

(A) Look at the picture on page 226. Tell what is happening and how the story ends.
(B) Tell somebody that you plan to go into politics:

Quiero ser un político.

1. Indicate your desire to be a candidate from a specific party. 2. Mention that you are going to (**Voy a**) give speeches, give such and such promises to the voters, and, if elected, you are going to work hard for them. 3. Write your plans after you are elected.

ESTRUCTURAS DE LA LENGUA
INDIRECT OBJECT PRONOUNS

A. The *indirect object pronoun* represents the noun to *whom* and for *whom*, to *which* and *for which*, the action is intended.

1. Yo **le** doy el libro.	1. I give the book to *him*.
2. Yo **le** compro el libro.	2. I buy the book *from him*.
3. Yo **no le** escribo el libro.	3. *I don't* write the book *for him*.

Rules:

1. The indirect object pronoun **le** is placed directly *before* the conjugated verb.
2. When **no** is present, **no** *precedes* the indirect object pronoun **le.**

B. All forms of indirect object pronouns

María	**me** de el libro (a mí).	Mary gives the book	*to me.*
	te da (a ti).		*to you* (fam. sing.).
	le da (a él).		*to him.*
	le da (a ella).		*to her.*
	le da (a Ud.).		*to you* (formal sing.).
María	**nos** da el libro (a nosotros).	Mary gives the book	*to us.*
	os da (a vosotros).		*to you* (fam. pl.).
	les da (a ellos).		*to them* (masc.).
	les da (a ellas).		*to them* (fem.).
	les da (a Uds.).		*to you* (formal pl.).

Rules:

1. All indirect object pronouns are placed directly *before* the conjugated verb.

2. **A mí, a ti, a él,** etc., can be added to *emphasize* the indirect object pronoun.

> Él me escribe **a mí;** no te escribe **a ti.**
> He writes *to me;* he does not write *to you.*

3. **Le** (to him, to her, to you *formal sing*.) is clarified by adding **a él, a ella,** or **a Ud.; les** (to them, to you *formal pl*.) is clarified by adding **a ellos, a ellas, a Uds.**

4. **Le** and **les** have, also, a special untranslatable use. When the indirect object redundant noun is stated in the sentence, **le** or **les** will be used and will agree with the object noun, without **le** or **les** having any translatable meaning.

1. **Le** leo al **niño.** I read to the child.	2. No **les** leo **a sus padres.** I don't read to his parents.

C. Indirect object pronouns in the attached position

1. Nena, **escríbele** un e-mail. Baby, write an e-mail to him/her.	2. ¡**No le escribas** una carta! Don't write a letter to him/her!
3. Para **escribirle** necesito inspiración. To write to him/her I need inspiration.	4. Si no **le quieres escribir,** yo voy a **escribirle.** I you don't want to write to him/her, I am going to write to him/her.
5. Estoy **escribiéndole y enviándole** el e-mail ahora mismo. I am writing to him/her and sending him/her the e-mail right now.	6. Ellos **le están hablando** por el celular en este momento. They are speaking to him/her on the cell phone at this moment.

Rules:

1. The indirect object pronouns, like the direct object pronouns, are attached to AFFIRMA-TIVE COMMANDS. A written accent mark is then placed over the vowel that was stressed in speech, frequently in the next to last syllable before the pronoun.

2. Indirect object pronouns are placed *before* NEGATIVE COMMANDS as well as before conjugated verbs.

3. If an infinitive *follows a conjugated* verb, the indirect object pronoun may be placed *either before the conjugated verb* or may be *attached to the end of the infinitive*. No accent mark is needed when attaching one object pronoun to the infinitive.

> When using the present progressive tense you may place the indirect object pronoun, like the direct object pronoun, either *before* the forms of **estar** or attached to the end of the participle. An accent mark is then needed over the final **á** or **é** of the participle, e.g., **me están hablando o están hablándome.**

STUDY THE RULES, EXAMPLES, AND MODELS BEFORE BEGINNING THE EXERCISES

EJERCICIOS

I. Salesmen are busy selling. Supply the appropriate indirect object pronoun *suggested* by the words in parentheses to answer the question in the model.

Model: —¿A quién(es) venden los vendedores?　(a Paco y a mí)—Los vendedores **nos** venden.
　　　　To whom do the salesmen sell?　　　　　　　　　The salesmen sell to us.

1. (a mí) _____

2. (a él) _____

3. (a Ud.) _____

4. (a ti) _____

5. (a ella) _____

6. (a nosotros) _____

7. (a ellos) _____

8. (a ellas) _____

9. (a Uds.) _____

10. (a él y a ella) _____

II. Answer using the redundant indirect object pronoun and the expression in parentheses.

Model:　—¿A quiénes vende él la casa?　　　　To whom does he sell the house?
　　　　　(A Juan y a María)
　　　　—**Él les vende la casa a Juan y a María.**　He sells the house to John and Mary.

1. ¿A quiénes da él el mensaje?

　(a Pedro y a Anita) _____

2. ¿A quiénes dice ella la frase?

(a los hijos) _____

3. ¿A quiénes escriben ellos sus ideas?

(a Ana y a María) _____

4. ¿A quiénes traen ellas el regalo?

(a nosotros) _____

5. ¿A quiénes explica el supervisor esa regla?

(a Elisa y a ti.) _____

III. Restate the sentence changing the position of the indirect object pronoun, according to the models.

(A) Model: No quiero hablarle.
No le quiero hablar.
I don't want to speak to him.

1. No deseo leerles. _____

2. No quieren hablarnos. _____

3. No puede mostrarte. _____

4. ¿No van a llamarme? _____

5. ¿No debemos decirle? _____

(B) Model: No le debo hablar.
No debo hablarle.
I must not speak to him.

1. No les quiero hablar. _____

2. No le deseo llamar. _____

3. No me espera escribir. _____

4. No te pueden explicar. _____

5. No nos van a enviar. _____

IV. Restate the command in the appropriate AFFIRMATIVE form. Make all necessary changes.

Model:	¡No les hable Ud.!	¡No les hablen Uds.!	¡No les hablemos!
	Don't speak to them!	Don't speak to them!	Let's not speak to them!
	¡Hábleles Ud.!	¡Háblenles Uds.!	¡Hablémosles!
	Speak to them!	Speak to them!	Let's speak to them!

1. ¡No me hable Ud.! _____

2. ¡No nos escriba Ud.! _____

3. ¡No nos respondan Uds.! _____

4. ¡No nos lean Uds.! _____

5. ¡No le vendamos! _____

V. Give the command in the appropriate NEGATIVE form. Make all necessary changes. [Study the affirmative models seen in Exercise V.]

1. ¡Muéstrenos Ud.! _____

2. ¡Léanos Ud.! _____

3. ¡Enséñenme Uds.! _____

4. ¡Escríbanles Uds.! _____

5. ¡Respondámosle! _____

VI. Time to return from the vacation. Answer in the *present progressive* tense and the appropriate object *pronoun* in place of the *italicized nouns*. In (a) attach the pronoun to the participle and place the accent mark. In (b) place the object pronoun *before* the forms of **estar** in their optional position. Role-play.

Model: *¿Estás hablando*   (a) *Estoy hablándoles.*
      a los otros viajeros? (b) *Les estoy hablando.*
      Are you speaking   I am speaking to them.
      to the other travelers?

1. ¿Estás llamando *a los tíos*? _____

2. ¿Están Uds. enviando *fotos* a los amigos? _____

3. ¿Está el marido pagando *la cuenta* al hotel? _____

4. ¿Está dando su esposa una propina *a la camarera*? _____

5. ¿Está mandando tu hermana *dinero* al banco? _____

VII. Complete the dialogue using the vocabulary provided in parentheses. Be sure to supply the missing indirect object pronoun where indicated by the slash.

Model: He tells *me* the story. (Él/dice el cuento.)
      Él **me** dice el cuento.

Hugo: Ana, te tengo una sorpresa.

1. Ana: _____

      Please explain to *me,* what is it. (Explicar/¿Qué es?)

Hugo: ¡Es un anillo de diamantes!

2. Ana: _____

      Thank you! That investment gives *you* a lot of money, eh? (Esa inversión)

Hugo: Sí, los dividendos son muy buenos.

3. Ana: _____

      And you give presents to *me*? How good you are! (Y tú/das regalos)

Hugo: Buenas noticias y buenos regalos: alegría para los dos.

4. Ana: _____

      Yes, this is going to give *us* a lot of joy. (va a/dar/mucha alegría)

Hugo: Y a nuestros padres también.

5. Ana: _____

      For sure. I think that we must give *them* something. (Seguro que sí/algo)

VIII.   Speak up! Role-play

> **Situation:** You lost your job, and are telling a friend what you will do. [Three
> sentences are good; four very good; five or more are excellent.]
>
> **Amigo:**   ¿Perdiste tu trabajo? ¿Qué vas a hacer?
> **Yo:**   . . .
>
> **Clues:** *Tell him that unemployment insurance (***seguro de desempleo***) doesn't go far,
> and that you must make a plan. The plan is going to show how to buy something cheap
> and sell it for a profit. With that you will be able to buy an apartment, food, and clothes.
> And after a few years of work, you will have a big house with a swimming pool and an
> elephant in your garden.*

Work Unit Twenty-Five
GUSTAR, TO BE PLEASING, TO LIKE

¿Qué nos gusta?

A Julio le gusta mucho Beatriz. Hoy, para impresionarla, quiere invitarla a un restaurante lujoso. Julio tiene poco dinero, pero muchas esperanzas.

Julio: Beatriz, el restaurante Espléndido me gusta mucho.
            ¿Quieres ir conmigo?
Beatriz: Por supuesto. A mí me gustan todos los restaurantes.

Cuando llegan al restaurante, ambos están impresionados. Hay cuadros en las paredes y las alfombras son gruesas. Julio está nervioso.

Mesero: Aquí tienen ustedes el menú.

Julio mira los precios y se pone pálido.

Beatriz: Ah, ¡mira! ¡Salmón ahumado con caviar! ¡Algo así le gusta a cualquiera!
Julio: Con...con caviar. Beatriz, eso es muy pesado. ¿No quieres una sopa de zanahoria?
            ¿O una gran ensalada?
Beatriz: Esas cosas no me gustan. Si te gustan a ti, ¡pídelas tú!
Julio: ¡Pero son muy saludables! Beatriz, ¿no te gusta cuidar tu salud?
Beatriz: Me gusta comer bien, y por eso quiero el salmón con caviar.

Mesero: ¿Están ustedes listos para ordenar?
Julio: Sí, yo quiero una ensalada con aceite y vinagre.
Beatriz: Y yo quiero el salmón con caviar.
Julio: Ay, Beatriz, tengo una confesión.
Mesero: Lo siento señorita, pero no hay más salmón.
Beatriz: Bueno, no importa. ¿Qué confesión, Julio?
Julio: Nada, nada. ¿No hay más salmón? ¡Oh, qué lástima!

PALABRAS NUEVAS

SUSTANTIVOS (NOUNS)
el aceite   the oil
la alfombra   the rug
el caviar   the caviar
la confesión   the confession
la cosa   the thing
el cuadro   the painting
la ensalada   the salad
la esperanza   the hope
el menú   the menu
el mesero   the waiter

el precio   the price
el salmón ahumado   the smoked salmon
la salud   the health
la señorita   the young lady
la sopa   he soup
el vinagre   the vinegar
la zanahoria   the carrot

VERBOS (VERBS)
cuidar   to take care of

impresionados   impressed
impresionarla   to impress her
invitarla   to invite her
le gusta   he likes
llegar   to arrive
lo siento   I'm sorry
me gusta   I like (sing.)
me gustan   I like (pl.)
(no) importa   it does (not) matter

nos gusta   we like
ordenar   to order
pídelas   ask for them
se pone   (he) turns
te gusta   you like (sing.)
te gustan   you like (pl.)

ADJETIVOS (ADJECTIVES)
ambos, as   both

espléndido, a   splendid
gran   large
grueso, a   thick
listo, a   ready
lujoso, a   luxurious, de luxe
pesado, a   heavy
saludable   healthy

OTRAS PALABRAS (OTHER WORDS)
bueno   all right
cualquiera   anybody
nada   nothing
por eso   for that reason
por supuesto   of course
qué lástima   what a pity

EJERCICIOS

I.   **(A)** Write your answers in complete sentences.

1. ¿Qué quiere hacer Julio para impresionar a Beatriz?

2. ¿Por qué ambos están impresionados?

3. ¿Qué quiere comer Beatriz y qué le ofrece Julio?

4. ¿Qué quiere confesar Julio?

5. Al final, Julio está contento. ¿Por qué?

1. _____

2. _____

3. _____

4. _____

5. _____

I.   **(B)** Fill in the blanks.

_____, la _____ con aceite y _____ es _____, mientras
    1. Of course   2. salad   3. vinegar   4. healthy

que los _____ con mayonesa son _____ para la digestión. ¡_____ que no
            5. eggs   6. heavy   7. What a pity

podemos _____ todo lo que queremos! Pero hay sopas _____ y carnes
              8. to eat   9. magnificent

de _____ clase que son _____ para nuestra _____.
        10. first   11. very good   12. health

II.   Word hunt. The following words appear in Spanish:

to carry	yes
detail	late
to invite	to wish
salmon	to impress
another	rug
painting	restaurant
face	nothing
caviar	asks
to order	money
thick	salad
quick	

O	T	R	O	C	C	G	C	I	H	D
R	E	S	T	A	U	R	A	N	T	E
D	N	T	Y	V	A	U	R	V	A	T
E	S	U	P	I	D	E	A	I	L	A
N	A	D	A	A	R	S	D	T	F	L
A	L	Z	Y	R	O	O	I	A	O	L
R	A	P	I	D	O	H	N	R	M	E
W	D	E	S	E	A	R	E	D	B	V
S	A	L	M	O	N	M	R	E	R	A
I	M	P	R	E	S	I	O	N	A	R

III. Composición. (A) Por celular (B) Por e-mail

(A) Look at the picture on page 235. Tell what is happening and how the story ends.
(B) Tell about going to a restaurant. Include the following:
En el restaurante.
1. Tell where you like to eat. 2. Who brings the menu. 3. What favorite dish you order.
4. Whom you go with. 5. Why is it necessary to have a great deal of money for the
restaurant.

ESTRUCTURAS DE LA LENGUA
Gustar means *to be pleasing*, but it also conveys the meaning of the English verb *to like*, that is, a Juan le gusta el caviar–John likes caviar (caviar is pleasing to John).

A. From the contrasting sentences shown in the box, discover:

1. The Spanish subject(s) of **gustar.**

2. The two places in the sentence where the Spanish subject(s) may be placed.

3. Why **gusta** is used in some sentences, and **gustan** in others.

4. Where are the people who like? Are they the subject(s) or the object(s) of **gusta** and **gustan**?

5. Which words emphasize or clarify the people who like. Where can the emphasizers be placed.

B. Gusta, Gustan and the emphasizers

1a. **Me gusta este restaurante.**
I like this restaurant.

1.b **Todos los restaurantes a mí me gustan.**
I like all restaurants.

2.a **Te gusta el menú.**
You (fam.sing.) like the menu.

2.b **Todos los menúes te gustan a ti.**
You (fam.sing.) like all menus.

3.a **Le gusta el precio.**

You (formal)(he, she) like(s) the price.

3.b **Todos los precios le gustan a usted.**
(a él, a ella)
You (formal)(he, she) likes all the prices.

4.a **Nos gusta la gran ensalada.**

We like the big salad.

4.b **A nosotros nos gustan todas las ensaladas.**
We like all salads.

5.a **Os gusta la sopa de zanahoria.**
You (fam.pl.) like carrot soup.

5.b **A vosotros os gustan todas las sopas.**
You (fam.pl.) like all soups.

6.a **¿Les gusta el vinagre?**

Do you (pl.)(they m., f.) like vinegar?

6.b **A ustedes** (a ellos, a ellas) **no les gustan los vinagres.**
You (formal pl.)(they m., f.) don't like vinegars.

7.a **¿A Laura y a sus amigas les gusta el caviar?**
Do Laura and her friends like caviar?

7.b **A ellas no les gustan el caviar y el salmón.**
They (f.) don't like caviar and salmon.

Rules:

1. The subject of **gustar** is the thing or person that is pleasing, that is liked.

2. The subject may follow **gustar** or may be at the beginning of the sentence.

3. **Gusta** (*is pleasing*) is the singular form when the Spanish subject is singular.
Gustan (*are pleasing*) is the plural form when the Spanish subject is plural.

4. The people who are pleased are the indirect objects of **gusta** and **gustan**. **Me, te, le, nos, os, les**: one of these always stands before the verb **gustar**.

5. **A mí, a ti, a usted, a él, a ella, a nosotros(as), a vosotros(as), a ustedes, a ellos, a ellas** may be added anywhere in the sentence to emphasize who likes (is pleased), or to clarify **le** and **les**.

STUDY THE RULES, EXAMPLES, AND MODELS BEFORE BEGINNING THE EXERCISES

EJERCICIOS

I.   A guest is coming to dinner and you warn your wife that there is nothing he likes to eat. Rewrite the model sentence *replacing the subject after* **gustar** with the new subject given in parentheses. Make the necessary change in the form of **gustar.**

> Model: No le gustan los huevos.   (la fruta) No le **gusta la fruta.**
>   He doesn't like eggs.   He doesn't like fruit.

1. (el salmón) _____
2. (las zanahorias) _____
3. (los cereales) _____
4. (la ensalada) _____
5. (las sopas) _____

II.   Restate the model sentence *replacing the person before* **gustar** with the one given in parentheses. Make the necessary change in the indirect object *pronoun.*

> Model: *A mí* no me gustan los precios.   (A Juan) **A Juan no le gustan los precios.**
>   *I* don't like the prices.   John doesn't like the prices.

1. (A nosotros) _____
2. (A Ud.) _____
3. (A Uds.) _____
4. (A mis hermanas) _____
5. (A su amigo) _____
6. (A Luisa y a Juan) _____
7. (A ti) _____
8. (A mí) _____
9. (A Pedro) _____
10. (A Lola) _____

III.   Complete each emphatic statement affirmatively using the appropriate indirect object pronoun.

> Model: A Juana no le gusta el béisbol.   Pero a ellos . . . sí **les** gusta el béisbol.
>   Joan does not like baseball.   But *they . . . they* certainly do like baseball.

1. A María no le gusta tomar café. **Pero a nosotras** _____
2. A ellos no les gusta el tenis. **Pero a Juan** _____
3. A Ana no le gustan las clases. **Pero a las maestras** _____
4. A nosotros no nos gusta ir al cine. **Pero a mi amiga** _____
5. A los policías no les gustan los sábados. **Pero a mí** _____
6. A la joven no le gustan las fiestas. **Pero a ti** _____

7. A mí no me gustan el aceite y el vinagre. **Pero a Ud.** _____

8. A ti no te gusta el helado. **Pero a los chicos** _____

9. A Ud. no le gustan las comidas pesadas. **Pero a nosotros** _____

10. A ella no le gusta el caviar. **Pero a Uds.** _____

IV. Give an appropriate affirmative response *replacing the words after* **gustar** with the expression **mucho.** Role-play.

    Model: —¿A Uds. les gusta el pan?   —**Nos gusta mucho.** We like it very much.
            Do you (pl.) like bread?

            —¿A ti te gustan los perros?   —**Me gustan mucho.** I like them very much.
                Do you (sing.) like dogs?

1. ¿A Ud. le gusta la comida en casa? _____

2. ¿A Uds. les gusta el menú aquí? _____

3. ¿A ti te gustan aquellos zapatos? _____

4. ¿A Uds. les gustan los videos? _____

5. ¿A ti te gusta este sombrero? _____

V. Answer in the NEGATIVE omitting all nouns. Use the appropriate emphatic expressions and **gusta** or **gustan** as needed. Role-play.

    Model: –¿A Ana y a ti les gusta eso?   —**A nosotros no nos gusta.**
            Do Ann and you like that?   We don't like it.

1. ¿A Luis y a Ud. les gusta el ejército? _____

2. ¿A Juan le gusta ir al centro? _____

3. ¿A Elsa le gustan las frutas? _____

4. ¿A los alumnos les gustan los exámenes? _____

5. ¿A las chicas les gusta estudiar? _____

VI. Complete and role-play the dialogue. One asks in Spanish, the other answers in Spanish.

1. What do you like to do? —A ti ¿qué _____ _____ hacer?

2. I like to walk. —A mí _____ _____ caminar.

3. Do your friends like to walk, too? —¿ _____ sus amigos _____ caminar también?

4. *He* (emphatic) doesn't like to walk but *she* (emphatic) does. —A _____ no _____ caminar pero a _____ sí _____ gusta.

5. Fine. *I* (emphatic) like it, too. —Bueno. A _____ _____ _____ también.

VII. Speak up! Role-play

Situation: You invited Laura and others to a restaurant. You order the main course, beverage, and dessert knowing what each one likes. [See menu on p. 243.] [Three sentences are good; four very good; five or more are excellent.]

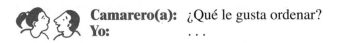

Camarero(a): ¿Qué le gusta ordenar?
Yo: . . .

Clues: *Como platos principales: a mi amiga Laura le gusta(n)...; a los otros amigos les gusta(n)...; y a mí, me gusta(n). ...Para postre, a todos nos gusta(n)... Para bebida(s) nos gusta(n)... ¿Es todo caro pero bueno?* Other ideas?

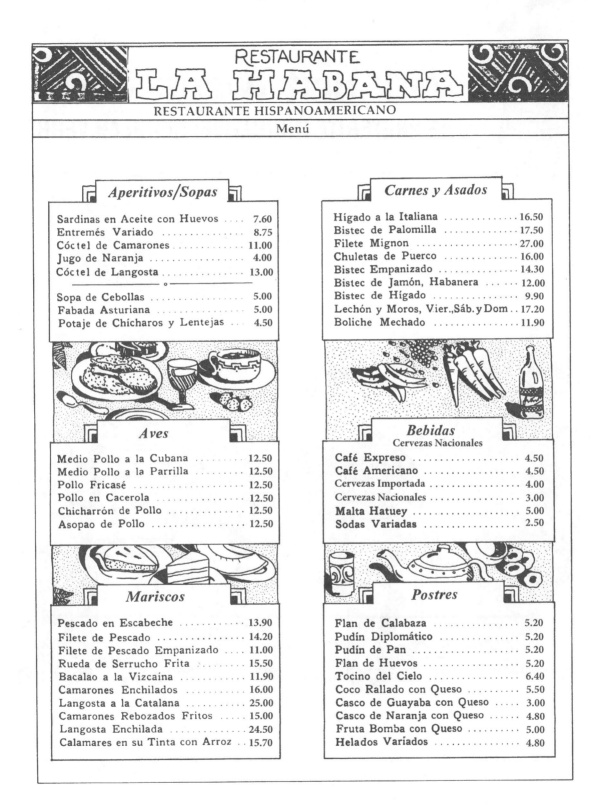

RESTAURANTE LA HABANA

RESTAURANTE HISPANOAMERICANO

Menú

Aperitivos/Sopas

Sardinas en Aceite con Huevos	7.60
Entremés Variado	8.75
Cóctel de Camarones	11.00
Jugo de Naranja	4.00
Cóctel de Langosta	13.00
Sopa de Cebollas	5.00
Fabada Asturiana	5.00
Potaje de Chícharos y Lentejas	4.50

Aves

Medio Pollo a la Cubana	12.50
Medio Pollo a la Parrilla	12.50
Pollo Fricasé	12.50
Pollo en Cacerola	12.50
Chicharrón de Pollo	12.50
Asopao de Pollo	12.50

Mariscos

Pescado en Escabeche	13.90
Filete de Pescado	14.20
Filete de Pescado Empanizado	11.00
Rueda de Serrucho Frita	15.50
Bacalao a la Vizcaína	11.90
Camarones Enchilados	16.00
Langosta a la Catalana	25.00
Camarones Rebozados Fritos	15.00
Langosta Enchilada	24.50
Calamares en su Tinta con Arroz	15.70

Carnes y Asados

Hígado a la Italiana	16.50
Bistec de Palomilla	17.50
Filete Mignon	27.00
Chuletas de Puerco	16.00
Bistec Empanizado	14.30
Bistec de Jamón, Habanera	12.00
Bistec de Hígado	9.90
Lechón y Moros, Vier., Sáb. y Dom.	17.20
Boliche Mechado	11.90

Bebidas
Cervezas Nacionales

Café Expreso	4.50
Café Americano	4.50
Cervezas Importada	4.00
Cervezas Nacionales	3.00
Malta Hatuey	5.00
Sodas Variadas	2.50

Postres

Flan de Calabaza	5.20
Pudín Diplomático	5.20
Pudín de Pan	5.20
Flan de Huevos	5.20
Tocino del Cielo	6.40
Coco Rallado con Queso	5.50
Casco de Guayaba con Queso	3.00
Casco de Naranja con Queso	4.80
Fruta Bomba con Queso	5.00
Helados Varíados	4.80

Work Unit Twenty-Six
THE PRETERITE INDICATIVE: REGULAR VERBS

Tito fue, vio y decidió

Tito vino de Lima a Nueva York para conocer la ciudad. Caminó durante quince horas, volvió al hotel y llamó a su esposa, Natalia.

Natalia:	Hola, amor. ¿Cómo fue tu día?
Tito:	¡Muy interesante! Primero me perdí y caminé mucho, hasta que quise comer. En el restaurante la comida fue mala y cara, alguien robó mi paraguas y el ruido de la gente me dejó sordo.
Natalia:	¡Qué terrible! Y después, ¿qué pasó?
Tito:	Después pregunté a ocho personas cómo llegar a mi hotel y casi nadie me ayudó.
Natalia:	Pobre Tito, ¡qué día pasaste!
Tito:	Cuando llegué al Parque Central quise conversar con la gente joven. Pero cuando me acerqué, ellos siguieron ocupados con sus teléfonos y videojuegos. Un viejo me habló y trató de venderme una casa en Florida.
Natalia:	¡Qué triste! ¿Por qué no vuelves? Ese país no vale la pena.
Tito:	¿Y por qué piensas así? Hoy yo vi maravillas. Rascacielos, enormes museos, hermosos puentes...¡y la gente! Indios, chinos, africanos, alemanes ... ¡Aquí está todo el mundo!
Natalia:	Entonces...
Tito:	Aquí hay vida, hay oportunidades, hay trabajo. Aquí todo se mueve.
	Olvidé decirte que conocí a un millonario en el hotel y él me dijo, "Logré ser rico, luego perdí hasta mi último centavo, pero me quedó tiempo para hacerme rico de nuevo." Nueva York está hecha de basura y diamantes, y tú decides quién tú vas a ser.

PALABRAS NUEVAS

SUSTANTIVOS *(NOUNS)*
el africano   the African
el alemán   the German
el centavo   the cent
el chino   the Chinese
el indio   the Indian
la maravilla   the wonder
el país   the country
el paraguas   the umbrella
el puente   the bridge

VERBOS *(VERBS)*
acerqué   (I) approached
caminó   (he) walked
conocí   (I) became
   acquainted

decidió   (he) decided
(me) dejó   (he) left (me)
(me) dijo   (he) told (me)
fue   (he) was, went
habló   (he) spoke
hacerse   to become
llamó   (he) called
logré   (I) managed
olvidé   (I) forgot
perdí   (I) lost
pregunté   (I) asked
(me) quedó   (it) left (me)
quise   (I) wanted
robó   (he) stole
siguieron   (they) continued
trató de   (he) tried

valer la pena   to be worth-
   while
 no vale la pena is not worth
   it
vino   (he) came
vio   (he) saw
volvió   (he) returned

ADJETIVOS *(ADJECTIVES)*
hecho, a   made
joven   young
ocupados, as   busy
sordo, a   deaf
último, a   last

OTRAS PALABRAS *(OTHER WORDS)*
alguien somebody
cada vez every time

de nuevo again
¿qué pasó? what happened?

EJERCICIOS

I. Answer in complete sentences.

1. ¿Cuál fue el primer y segundo problema que tuvo Tito?

2. ¿Qué preguntó Tito a ocho personas y cuál fue el resultado?

3. ¿Qué hizo cuando llegó al Parque Central?

4. ¿Por qué dice Tito que en Nueva York hay vida?

5. ¿Qué hizo el millonario cuando perdió su último centavo?

1. _____

2. _____

3. _____

4. _____

5. _____

II. Match the two columns to form sentences.

1. Por qué caminé así? _____

2. Ellos no llegaron al museo _____

3. Ella no vino al restaurante _____

4. Él volvió a su casa _____

5. Nosotros tratamos de lavar la ropa _____

a. porque no le gustó el menú.

b. porque quiso descansar.

c. porque tuve dolor en un pie.

d. porque estaba sucia.

e. porque perdieron la dirección.

III. You visited a foreign country. Now your brother is curious. Answer in full sentences.

Brother: ¿En qué hotel estuviste? ¿Fue caro, grande, bonito, conveniente, cómodo, o todo lo contrario?

You: _____

Brother: ¿Adónde fuiste? ¿Qué viste? ¿Qué comiste?

You: _____

Brother: ¿Cómo fue la gente? ¿Conversaste mucho? ¿Tuviste problemas?

You: _____

Brother: ¿Compraste ropa? ¿Fue cara o barata? ¿Viajaste a otras ciudades?

You: _____

Brother: ¿Qué te gustó más? ¿Qué te gustó menos?

You: _____

IV. Picture match. Choose the sentence(s) suggested by each drawing. Then tell something about it.

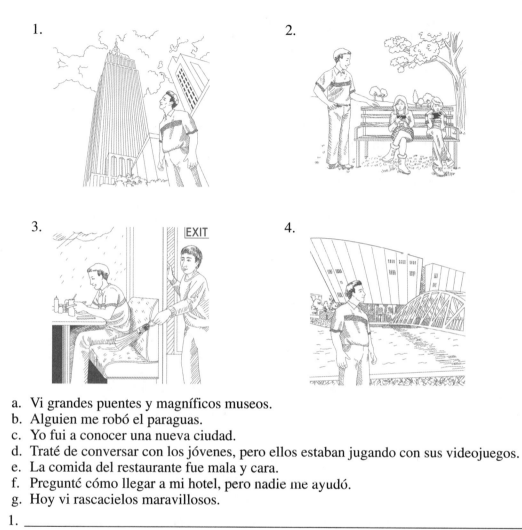

1.

2.

3.

4.

a. Vi grandes puentes y magníficos museos.
b. Alguien me robó el paraguas.
c. Yo fui a conocer una nueva ciudad.
d. Traté de conversar con los jóvenes, pero ellos estaban jugando con sus videojuegos.
e. La comida del restaurante fue mala y cara.
f. Pregunté cómo llegar a mi hotel, pero nadie me ayudó.
g. Hoy vi rascacielos maravillosos.

1. _____

2. _____

3. _____

4. _____

ESTRUCTURAS DE LA LENGUA
THE PRETERITE INDICATIVE: REGULAR VERBS

A. The preterite tense denotes an action or actions that were begun in the past or that were completed in the past.

B. Learn the *two sets* of regular endings.

AR	ER and **IR** share one set of preterite endings.	
cantar *to sing*	**comer** *to eat*	**escribir** *to write*
I sang yesterday.	I ate last night.	I wrote last Saturday.
I did sing yesterday.	I did eat last night.	I did write last Saturday.
Cant**é** ayer.	Com**í** anoche.	Escrib**í** el sábado pasado.
cant**aste**	com**iste**	escrib**iste**
cant**ó**	com**ió**	escrib**ió**
Cant**amos** ayer.	Com**imos** anoche.	Escrib**imos** el sábado pasado.
cant**asteis**	com**isteis**	escrib**isteis**
cant**aron**	com**ieron**	escrib**ieron**

Rules:

1. The characteristic vowel in the endings of the regular **ar** preterite is **a** except for the first person singular, which is **é**, and the third person singular, which is **ó**.
2. The characteristic vowel in the endings of the regular **er** and **ir** preterite is **i**.
3. Written accent marks appear on the final vowels of the first and third persons singular of the regular preterite tense except for **vi** and **vio** of the verb **ver**.

C. Use of the Preterite Tense

1. **Anoche en la fiesta María cantó pero Pablo sólo comió.**
   Last night at the party Mary sang, but Paul only ate.
2. **Ellas bailaron ayer pero Ud. no las vio.**
   They danced yesterday, but you did not see them.

Rule:

When expressions of completed past time such as **ayer** *yesterday*, **anoche** *last night*, **el año pasado** *last year* appear in the sentence, they are additional cues to indicate the use of the preterite tense, because they show that the action was begun or was terminated in the past.

STUDY THE RULES, EXAMPLES, AND MODELS BEFORE BEGINNING THE EXERCISES

EJERCICIOS

I. We visited, at different times, a friend in the hospital. Restate the model sentence in the *preterite* tense substituting the subject in parentheses for the one in *italics*. Make the necessary changes in the verbs.

Model: *Yo* **entré** a las tres y **salí** a las tres y cuarto.   (El) **Él entró a la(s) ... y salió a la(s) ...**
   I entered at 3:00 and left at 3:15.   He entered at ... and left at ...

1. (Juan) _____
2. (Tú) _____
3. (Tú y yo) _____
4. (Ud.) _____
5. (Uds.) _____
6. (Mis amigos) _____
7. (Yo) _____

II. Restate the MODEL sentence in the *preterite* tense substituting the appropriate form of the verb in parentheses for the expression in *italics*.

Model: *Yo escribí* el e-mail anoche.   (Él / enviar) **Él envió** el e-mail anoche.
   I wrote the e-mail last night.   He sent the e-mail last night.

1. (Ud. / recibir) _____
2. (Yo / arreglar) _____
3. (Yo / imprimir) _____
4. (Nosotros / encontrar) _____
5. (María / buscar) _____
6. (Uds. / terminar) _____
7. (Pedro y Juan / escribir) _____
8. (Tú / responder) _____
9. (Él y yo / perder) _____
10. (Tú / describir) _____

III. Answer in a complete Spanish sentence in the *preterite*. See the models.

Model: a. —¿Comprendiste el libro?   **—Sí, comprendí el libro.**
      Did you understand the book?   Yes, I understood the book.

   b. —¿Y Elisa?   **—Elisa comprendió el libro también.**
      And Elisa?   Elisa understood the book, too.

1. a. ¿Usaste el paraguas? _____
   b. ¿Y tu marido? _____

2. a. ¿Aprendiste el pretérito? _____

   b. ¿Y tu hermano? _____

3. a. ¿Invitó Ud. al amigo? _____

   b. ¿Y los padres? _____

4. a. ¿Recibió Ud. el paquete? _____

   b. ¿Y yo? _____

5. a. ¿Comieron ellos el pescado anoche? _____

   b. ¿Y tu prima? _____

6. a. ¿Bebieron Uds. café ayer? _____

   b. ¿Y las chicas? _____

7. a. ¿Visitó Juan el museo? _____

   b. ¿Tú y yo? _____

8. a. ¿Lo comió todo? _____

   b. ¿Y ellas? _____

9. a. ¿Viajaron los primos? _____

   b. ¿Y tú? _____

10. a. ¿Recibí yo el paquete? _____

   b. ¿Y Uds.? _____

IV. Rewrite each sentence in the *preterite* telling what happened yesterday.

1. Juan *entra* en la cocina. _____

_____

2. *Toma* aceitunas (olives) y un vaso de vodka. _____

_____

3. *Come* las aceitunas y *bebe* el vodka despacio. _____

_____

4. Pedro y Jorge *llegan* a su casa. _____

_____

5. *Beben* un poco de vodka con Juan. _____

_____

6. Luego todos *salen* para el club donde *bailan* mucho. _____

_____

7. *Escuchan* a la guitarrista de rock y *cantan* en el taxi. _____

_____

8. Juan y yo *volvemos* a casa muy cansados. _____

_____

V.   **Speak up!** Role-play

Situation: You move to another country and the people there ask about your native country. [Three sentences are good; four very good; five or more are excellent.]

People: ¿Cómo fue su vida en Estados Unidos?
Yo: . . .

Clues: *Using the preterite tense, tell how your town was (**fue**); mention your family and friends; describe your job.* Other ideas?

Work Unit Twenty-Seven

THE PRETERITE INDICATIVE: IRREGULAR VERBS

Sí pero . . .

Rogelio y Adela envejecieron y volvieron a Guatemala. Allá sus viejos amigos les preguntaron sobre su vida en Arizona.

Amigo:	Yo supe que tuvieron una bodega. ¿Cómo fue eso?
Adela:	Muy bien. Una vez fui a la bodega de Rogelio, hablamos, nos enamoramos y ya tenemos cuarenta años de casados.
Rogelio:	Pero la bodega no tuvo suerte y nos fuimos en bancarrota.
Amiga:	Yo leí tus cartas y supe que ustedes tenían cuatro niños.
Adela:	Yo tuve dos niñas tan hermosas que fueron reinas de belleza.
Rogelio:	Y dos niños tan feos que ahora trabajan de payasos. Mira, aquí traje unas fotos.
Amigo:	¡Huy! Pero al menos, todos tuvieron buena salud, ¿no?
Adela:	¡Excelente! Nunca supimos de enfermedades.
Rogelio:	Enfermedades no, pero perdí mis dientes, quedé calvo y engordé como un barril.
Amiga:	¿Vivieron ustedes en una hermosa casa?
Adela:	Hermosa y de dos pisos.
Rogelio:	Fue de dos pisos, pero las termitas devoraron el primer piso.
Amigo:	Tan positiva que tú eres, Adela, y tan negativo que es Rogelio.
Rogelio:	Ya no. Ahora volvimos a nuestra tierra. Olemos nuestra fruta, saboreamos nuestra agua, vemos nuestra aldea y a nuestros amigos. El alma está en paz y nada nos inquieta.

PALABRAS NUEVAS

SUSTANTIVOS (NOUNS)
la aldea   the hamlet
el alma   the soul
el barril   the barrel
la bodega   the Hispanic grocery store
la bancarrota   the bankruptcy
el diente   the tooth
el payaso   the clown
la paz   the peace
la reina de belleza   the beauty queen
la termita   the termite

VERBOS (VERBS)
devorar   to devour

(nos) enamoramos   (we) fell in love
engordar   to get fat
envejecer   to age
fue   (it) was
fueron   (they) were
fui   (I) went
fuimos   (we) went
(me) inquieta   (it) disturbs (me)
leí   (I) read
oler   to smell
perder   to lose
saborear   to savor
supe   (I) learned
supimos   (we) learned
traje   (I) brought

tuve   (I) had
tenían   (they) had
tuvo   (it) had
tuvieron   (you) had

ADJETIVOS (ADJECTIVES)
negativo, a   negative
positivo, a   positive

OTRAS PALABRAS (OTHER WORDS)
al menos   at least
de casados   as a married couple
tener mucha suerte   to be very lucky
ya no   not now, no longer

EJERCICIOS

I. **(A)** ¿Cierto (true) o falso (false)?

1. Después de cuarenta años de trabajo, la bodega se fue en bancarrota. _____
2. Rogelio y Adela contaron a sus amigos de sus vidas en Guatemala. _____
3. Tuvieron cuatro hijos, de los cuales hubo dos feos y dos bonitas. _____
4. Las termitas se comieron la mitad de la casa. _____
5. Adela era positiva y Rogelio era negativo pero ahora ya no lo es. _____

I. **(B)** Translate.

1. We learned that Rodrigo has a good grocery store.
2. We returned to our village when I had a girl.
3. At least that doesn't disturb me now.
4. Peace comes to many when they get old.
5. She got fat and he lost his teeth.

1. _____
2. _____
3. _____
4. _____
5. _____

II. Change the verbs from the present to the preterite.

1. Antonio *es* muy negativo. _____
2. Ella *pregunta* cuándo comemos. _____
3. Tú *miras* y no ves nada. _____
4. El alma *vuelve* al cuerpo. _____
5. Ustedes *hablan* sin parar. _____

III. Connect the opposites.

1. volviste   _____   a. preguntaste
2. callaste   _____   b. perdiste
3. contestaste   _____   c. reíste
4. encontraste   _____   d. fuiste
5. compraste   _____   e. descansaste
6. lloraste   _____   f. hablaste
7. trabajaste   _____   g. abriste
8. cerraste   _____   h. vendiste

IV. **Composición** (A) Por celular (B) Por correo electrónico

(A) Look at the picture on page 252. Describe what is happening. Tell how the story ends.

(B) Pick somebody (a spouse, relative, friend) who often contradicts you.
Una persona que siempre me contradice.
1. Describe the person. 2. Write a dialogue that is similar to the story at the beginning of this chapter. 3. Tell how correct are that person's contradictions.

ESTRUCTURAS DE LA LENGUA
THE PRETERITE INDICATIVE: IRREGULAR VERBS

A. *Irregular preterite stems* require only *one set of irregular endings*.

1. **UV** is characteristic of these stems.   2. **US** and **UP** are characteristic of these stems.

estar *to be*	tener *to have*	poner *to put*	saber *to know*
estuv: Pret. stem	**tuv:** Pret. stem	**pus:** Pret. stem	**sup:** Pret. stem
I was there.	I had a letter.	I put (did put) that there.	I knew (learned about) that.
Estuve allí.	Tuve una carta.	Puse eso allí.	Supe eso.
estuviste	tuviste	pusiste	supiste
estuvo	tuvo	puso	supo
estuvimos	tuvimos	pusimos	supimos
estuvisteis	tuvisteis	pusisteis	supisteis
estuvieron	tuvieron	pusieron	supieron

3. **I** is characteristic of these stems.   4. **J** is characteristic of these stems.

venir *to come*	hacer *to do, make*	traer *to bring*	decir *to say, tell*
vin: Pret. stem	**hic:** Pret. stem	**traj:** Pret. stem	**dij:** Pret. stem
I came home.	I did (made) that.	I brought this.	I said the truth.
Vine a casa.	Hice eso.	Traje esto.	Dije la verdad.
viniste	hiciste	trajiste	dijiste
vino	hizo	trajo	dijo
vinimos	hicimos	trajimos	dijimos
vinisteis	hicisteis	trajisteis	dijisteis
vinieron	hicieron	trajeron	dijeron

Rules:

1. The one set of endings for **ar, er,** or **ir** verbs that have irregular preterite stems is **e, iste, o, imos, isteis, ieron.** After **j** (Group 4) the third person plural ending is **eron.** Irregular preterites bear *no accent marks.*

2. The following additional irregular preterites are similar to some of the above verbs.

UV like **estar**	**U** like **poner** and **saber**	**I** like **venir** and **hacer**
andar *to walk*	**poder** *to be able*	**querer** *to want*
anduv: *Pret. stem*	**pud:** *Pret. stem*	**quis:** *Pret. stem*
Anduve *I walked*	**Pude** *I was able, could*	**Quise** *I wanted*
(etc.)	(etc.)	(etc.)

B. Identical special preterite forms for **ser** *to be,* **ir** *to go.*

ser *to be*	ir *to go*
fu: Pret. stem	**fu:** Pret. stem
I was a soldier.	I went home.
Fu**i** soldado.	Fu**i** a casa.
fu**iste**	fu**iste**
fue	fue
fu**imos**	fu**imos**
fu**isteis**	fu**isteis**
fu**eron**	fu**eron**

C. Dar: This **ar** verb has regular **er/ir** preterite endings.

D. Leer: Y replaces **i** in the third persons.

dar *to give*	leer *to read*
d: Pret. stem	**le:** Pret. stem
I gave thanks.	I did read that.
D**i** las gracias.	Le**í** eso.
d**iste**	le**íste**
d**io**	le**yó**
d**imos**	le**ímos**
d**isteis**	le**ísteis**
d**ieron**	le**yeron**

Rules:

1. **Ser** and **ir** being exactly alike in the preterite, can be distinguished only according to their use in the sentence.

2. **Leer** keeps its regular **le** stem, adds regular **er** endings, but changes the **ió** and **ieron** endings to **yó** and **yeron** in the third persons singular and plural. An accent mark is written on the **í** of the other personal endings. Conjugate **caer** *to fall,* **creer** *to believe,* and **oír** *to hear* like **leer**, as in D, above.

STUDY THE RULES, EXAMPLES, AND MODELS BEFORE BEGINNING THE EXERCISES

EJERCICIOS

I.   You have a sentence that precedes Exercises A–H. Change the sentence by using the subject in parentheses. Make necessary changes in all *preterite* verbs.

Model: La nieve *vino* y *cayó* todo el día.   The snow came and fell all day.
    (Las lluvias) **Las lluvias vinieron**   The rains came and fell all day.
    y cayeron todo el día.

(A) Ellos *tuvieron* la carta de la policía y la *pusieron* en la mesa sin leerla.

1. (Yo) _____

2. (Pedro) _____

3. (Pedro y yo) _____

4. (Ud.) _____

5. (Los chicos) _____

(B) Juan *hizo* la compra y la *trajo* a la casa.

1. (Uds.) _____

2. (Ud.) _____

3. (Yo) _____

4. (La alumna) _____

5. (Nosotros) _____

(C) Ellos *dijeron* que sí y *dieron* las gracias por la invitación a la Casa Blanca.

1. (Mi madre) _____

2. (Ud.) _____

3. (Yo) _____

4. (Nosotros) _____

5. (Los abuelos) _____

(D) Los chicos *fueron* buenos sólo cuando *estuvieron* con los padres.

1. (La niña) _____

2. (Yo) _____

3. (Tú) _____

4. (Ellas) _____

5. (Ellas y yo) _____

(E) Los tíos *fueron* al teatro donde *vieron* una buena comedia.

1. (Yo) _____
2. (Diego) _____
3. (Diego y yo) _____
4. (Mi amiga) _____
5. (Tú) _____

(F) María *leyó* la noticia y la *creyó*.

1. (Los primos) _____
2. (Nosotras) _____
3. (Yo) _____
4. (Tú) _____
5. (Ud.) _____

(G) Yo *oí* gritos cuando *estuve* en su casa.

1. (María) _____
2. (Ellos) _____
3. (María y yo) _____
4. (Tú) _____
5. (Yo) _____

(H) *Anduve* mucho y *supe* que *pude* hacerlo porque *quise* hacerlo.

1. (Juan) _____
2. (Juan y yo) _____
3. (Juan y Ana) _____
4. (Yo) _____
5. (Tú) _____

II. Restate the sentence in the *plural* using the word cues.

1. La piedra cayó. (Las piedras) _____
2. La niña vino. (Las niñas) _____
3. Yo tuve razón. (Nosotros) _____
4. Yo hice el viaje. (Nosotros) _____
5. Él hizo el viaje. (Ellos) _____
6. Ella trajo la revista. (Ellas) _____
7. Ud. fue al cine. (Uds.) _____
8. Yo fui joven. (Nosotros) _____
9. Ud. dijo la verdad. (Uds.) _____
10. Ud. dio ayuda. (Uds.) _____
11. Él oyó el disco. (Ellos) _____
12. Ud. creyó el artículo. (Uds.) _____

13. Ella leyó el cuento. (Ellas) _____

14. Ella fue bonita. (Ellas) _____

15. Yo fui al mercado. (Tú también) _____

III. Give an affirmative answer in a complete sentence using the cue words. Role-play.

1. ¿Quiénes estuvieron en la calle? (Mis amigos) _____

2. ¿Adónde fue Ud.? (a la tienda) _____

3. ¿Cuánto dinero trajo Ud.? (treinta dólares) _____

4. ¿Quién hizo las compras? (Yo) _____

5. ¿Dónde pusieron Uds. las compras? (en la cocina) _____

IV. Tell what happened yesterday in a complete sentence using the preterite tense of each verb.

1. Vengo a la casa de Anita. _____

2. Es su cumpleaños. _____

3. Todos los amigos traen regalos. _____

4. Ellos le dicen: —Feliz cumpleaños. _____

5. Luego oyen discos en su casa. _____

6. Pueden oír muchos. _____

7. Yo quiero escuchar más. _____

8. Pero tengo que volver a casa. _____

9. Ando a casa. _____

10. Ahora sé que Anita tiene amigas simpáticas. _____

V.   Speak up! Role-play

> **Situation:** You ask your grandmother what were her secrets for her long and happy life. [Three sentences are good. Four are very good. Five or more are excellent.]

 Yo: Abuelita, ¿qué secretos tuviste para llevar una vida tan larga y feliz?
Abuela: ¡Escúchame! No hubo secretos.

> **Clues:** *This is told from the grandmother's point of view, so use* nosotros. *Tell whether you and grandfather were young when you fell in love, and whether you stayed that way. Mention who was optimistic in good times and bad (when you had two girls who were like beauty queens but two boys who were as ugly as clowns). How did you feel when your grocery store went bankrupt. State that you were lucky for not having serious sicknesses in your family. Tell how to savor life together even when you get old and beauty is lost together with many teeth.*

Highway signs in Mexico

Work Unit Twenty-Eight
EMPHATIC AND UNEMPHATIC NEGATION

Juan nunca fue persona fácil

Mientras Juan vivió, jamás estuvo de acuerdo con otra gente. Luego Juan murió y fue a hablar con San Pedro, a la entrada del paraíso.

San Pedro:	Buenas tardes, Juan.
Juan:	Buenas. ¿Puedo entrar a mirar?
San Pedro:	¿A mirar?
Juan:	Sí. ¿Cómo puedo saber si el paraíso vale la pena si no investigo?
San Pedro:	Nunca escuché algo así. Nadie dudó jamás en la perfección del paraíso.
Juan:	Yo no creo en nada, así que quiero verlo.
San Pedro:	Entonces, ¡entra y mira! Aquí están los trajes de los ángeles. ¡Ponte uno!
Juan:	La camisa es muy corta. ¿No tienen ustedes alas más cómodas? ¿Qué? ¿No hay calzoncillos? ¡Nunca vi algo así!
San Pedro:	Y allá puedes ver las casas de los ángeles.
Juan:	Nada bueno veo... los cuartos son pequeños, las ventanas no cierran bien… ¿qué clase de paraíso es éste?
San Pedro:	Éstos son los árboles frutales...
Juan:	¡Las frutas no están maduras! Ni las peras ni los plátanos saben bien. Tampoco me gustan las manzanas.
San Pedro:	¡Se me acabó la paciencia! ¿Sabes qué? ¡Ándate al diablo!
Juan:	¡Excelente idea! Aquí no hay nada bueno.

Juan va a hablar con Satán y pide ver el infierno.

Satán:	¡Saludos, Juan! Para empezar, mira nuestros trajes de demonio. Son bonitos, ¿verdad?
Juan:	Muy buena tela. Parece piel de tiburón.
Satán:	No, de cocodrilo. Y mira, nuestras casas no tienen ventanas ni puertas, para que nadie pueda entrar ni salir, las camas son de mármol, las almohadas de acero inoxidable y las frutas de cristal. Todo es de gran calidad.
Juan:	Nada puede ser mejor. ¡El infierno es para mí!

PALABRAS NUEVAS

SUSTANTIVOS *(NOUNS)*

el acero   the steel
el ala   the wing
la almohada the pillow
los ángeles   the angels
el árbol   the tree
la calidad   the quality
los calzoncillos the shorts

la clase   the kind
el cocodrilo   the crocodile
el cristal   the crystal
el demonio   the demon
el diablo   the Devil
la entrada   the entrance
el infierno   the hell
la manzana   the apple

el mármol   the marble
el paraíso   the paradise
la pera   the pear
la perfección   the perfection
la piel   the skin
el plátano   the banana
la tela   the cloth
el tiburón   the shark

VERBOS *(VERBS)*
¡ándate!   go!
dudar   to doubt
investigar   to investigate
murió   (he) died
¡ponte!   put it on!
saber   to taste
valer la pena   to be worthwhile

ADJETIVOS *(ADJECTIVES)*
cómodo, a   comfortable
corto, a   short
frutal   fruit-bearing
inoxidable   stainless
maduro, a   ripe

OTRAS PALABRAS *(OTHER WORDS)*
estar de acuerdo   to be in agreement

jamás   never
nada   nothing
nadie   nobody
tampoco   neither
ni ... ni   neither ... nor
nunca   never
Se me acabó la paciencia   My patience ran out
¿verdad?   really?

EJERCICIOS

I.   Answer in complete sentences.

1. ¿Qué pidió Juan a San Pedro?
2. ¿Le gustaron a Juan los trajes de los ángeles o no? ¿Por qué?
3. ¿Le gustaron a Juan las casas de los ángeles o no? ¿Por qué?
4. ¿Le gustaron a Juan los árboles del paraíso o no? ¿Por qué?
5. ¿Le gustaron a Juan los trajes de demonio o no? ¿Por qué?

1. _____
2. _____
3. _____
4. _____
5. _____

II.   Unscramble the sentences in the boxes.

1.
¿	perfección	el	está
infierno	la	en	?

2.
mármol	el	fruta	
como	está	dura	la

3.
las	siempre	alas	son
de	ángeles	los	blancas

4.
murió,	lloraron	cuando
él	mujeres	muchas

1. _____
2. _____
3. _____
4. _____

III. Preguntas personales y generales.

1. Imagine un paraíso. Descríbalo.

2. Imagine un infierno. Descríbalo.

3. Describa a un ángel (persona buena) que Ud. conoce.

4. Describa a un demonio (persona mala) que Ud. conoce.

5. ¿Es Ud. religioso(a)? ¿Por qué?

1. _____

2. _____

3. _____

4. _____

5. _____

IV. Complete the sentences.

1. El _____ del avión está hecha de _____.
      wing   steel

2. _____, dijo ella; _____ tú _____él puede ayudarme.
      Go   neither   nor

3. Nosotros no estamos _____ sobre la _____ del mármol.
                        in agreement   quality

4. Yo _____ lo que él _____, pero no encuentro _____.
      investigate   investigated   nothing

5. Ese lápiz es muy _____ y no _____ bien.
                    short   writes

V. Composición. (A) Por celular (B) Por correo electrónico

(A) Look at the picture on page 261. Tell what is happening and how the story ends.
(B) Consider the Garden of Eden and disagree with it:
El jardín del Edén no vale la pena.
1. Write that the fruit in the Garden is neither ripe nor sweet. 2. Mention that the place is full of people and animals. 3. Complain that the pants and the shirts are always too short. 4. Note that the houses are too small and are not comfortable.

ESTRUCTURAS DE LA LENGUA
NUNCA, NADA, NADIE, TAMPOCO, NI...NI..., NINGUNO IN EMPHATIC AND UNEMPHATIC NEGATION: THE TAG QUESTION, ¿VERDAD?

A. *Emphatic:* **¡Nunca!** never!; **¡nada!** nothing!; **¡nadie!** nobody!; **¡tampoco!** neither!; **ni . . . ni . . .** neither . . . nor!; when used emphatically *precede the verb*, like **no.**

Questions	*Statements*
1. **¿No** tienen los libros chicos? Don't they have the small books?	1. Ellos **no** tienen libros. They have no books. (haven't any)
2. **¿Nunca** escuchan ellos? Don't they ever listen?	2. ¡Ellos **nunca** escuchan! They never listen!
3. **¿Nada** estudian? Don't they study anything?	3. ¡Ellos **nada** estudian! They study nothing!
4. **¿Nadie** contesta? Doesn't anybody (anyone) answer?	4. **¡Nadie** contesta! Nobody (no one) answers!
5. **¿Tampoco** está él en casa? Neither is he at home?	5. **¡Tampoco** está él! Neither is he!
6. **¿Ni** él **ni** ella está en casa? Neither he nor she is at home?	6. **¡Ni** él **ni** ella está! Neither is he nor she at home!

Rules:

1. **Nunca, nada, nadie, tampoco, ni . . . ni . . .** *precede the verb for emphasis* both in questions and in statements, like **no.**

2. **Jamás** (*ever*) may be used as a synonym for **nunca** (*never*). **Ninguno(a)** (*no one*) may be used as a synonym for **nadie.**

3. Summary of English equivalents for negative words.

nunca (or **jamás**):	never	not . . . ever
nada:	nothing	not . . . anything
nadie:	nobody	not . . . anybody
tampoco:	neither	not . . . either
ni . . . ni:	neither . . . nor	not either . . . or

B. *Unemphatic:* **Nunca, nada, nadie, tampoco, ni . . . ni:** Place **no** *before the* verb. Place **nunca, nada, nadie, tampoco, ni . . . ni** *after the verb.*

Emphatic Negation	Unemphatic Negation
1. —¿**Nunca (jamás)** fuiste al cine? You *never* went to the movies?	—**No** fui **nunca.** I *never* went.
2. —¿**Nada** viste? You saw *nothing*?	—**No** vi **nada.** I saw *nothing*.
3. —¿**Nadie** fue contigo? *Nobody* went with you?	—**No** fue **nadie.** *Nobody* went.
4. —¿**A nadie** invitaste? You invited *no one*?	—**No** invité a **nadie.** I invited *no one*.
5. —¿**Tampoco** lo invitaste a él? Neither did you invite him?	—**No** lo invité **tampoco** a él. I did not invite him either.
6. —¿**Ni** a ellos **ni** a ella invitaste? Neither them nor her did you invite?	—**No** invité **ni** a ellos **ni** a ella. I did not invite either them or her.

Rules:

1. *Unemphatic* negation in **no....nunca, no....nada, no...nadie, no . . . ni** or **no . . . tampoco** are not double negatives, but two halves of one negative indicating *normal, unemphatic negation.*

2. **Nadie** is the subject of the verb. **A nadie** is the object of the verb.

3. Learn the *opposite pairs*: **algo** *something*—**nada** *nothing*; **alguien (alguno)** *some one (somebody)*—**nadie (ninguno)** *no one (nobody)*; **siempre** *always*—**nunca** *never*; **o . . . o . . .** *either . . . or . . .*—**ni . . . ni . . .** *neither . . . nor . . .*; **también** *also*—**tampoco** *neither*.

C. The Spanish speaker requests agreement with a statement by adding **¿no es verdad?** or **¿verdad?**

1. Son españoles, **¿no es verdad?** They are Spaniards, *aren't they*?	3. No hablan español, **¿verdad?** They don't speak Spanish, *do they*?
2. Es domingo, **¿no es verdad?** It is Sunday, *isn't it*?	4. No estudian el francés, **¿verdad?** They don't study French, *right*?

Rules:

1. **¿No es verdad?** or **¿verdad?** usually follows the statement.

2. Both forms can be translated according to the meaning of the sentence to which they are added: *isn't it (so)?; aren't they?; isn't that right?;* etc.

STUDY THE RULES, EXAMPLES, AND MODELS BEFORE BEGINNING THE EXERCISES

EJERCICIOS

I.   **(A)** Juan pregunta y Satán responde en forma enfáticamente negativa.
Tell his emphatic negative answer in a complete sentence according to the model.
Role-play.

Model: —¿Sabe **alguien** todas las reglas aquí?   —**Nadie** sabe todas las reglas.
Does *anyone* know all the rules here?   *Nobody* (no one) knows all the rules.

1. ¿Está alguien de acuerdo con las reglas?

_____

2. ¿Está alguien cómodo aquí?

_____

3. ¿Puede alguien salir de aquí?

_____

I.   **(B)** Give the emphatic negative answer in a complete sentence according to the model.
Role-play.

Model: —¿**Siempre** tiene usted castigos   —**Nunca** tengo castigos a las cinco.
a las cinco?
Do you *always* have punishment   I *never* have punishment at five o'clock.
at five o'clock?

1. ¿Siempre gozas mucho en el infierno?

_____

2. ¿Siempre comes feliz las frutas de cristal?

_____

3. ¿Siempre descansa bien tu alma en la cama de mármol?

_____

I.   **(C)** Give an emphatic negative answer in a complete sentence according to the model.
Role-play.

Model: —¿Preparan ellos **algo** para el viaje?   —Ellos **nada** preparan para el viaje.
Are they preparing *something* for the trip?   They are preparing *nothing* for the trip.

1. ¿Trabajan algo las almas aquí?

_____

2. ¿Bailan las almas algo como el hip hop?

_____

3. ¿Comunican las almas aquí algo a los vivos?

_____

II. A San Pedro no le gustan las preguntas de Juan sobre el paraíso.
Answer in a complete sentence using in (a) **ni ... ni ...** and in (b) **tampoco** as indicated in the model. Role-play.

Model: **a.** —¿Se permite gritar o correr   Is it allowed to shout or run in the garden?
en el jardín?
No se permite **ni** gritar **ni** correr.   It is allowed _neither_ to shout _nor_ to run.

b. —¿Y hablar?   And to speak?
Tampoco se permite hablar.   _Neither_ it is allowed to speak.

1. a. ¿Se permite o mejorar o criticar algo?

_____

b. ¿O investigar algo?

_____

2. a. ¿Se puede o fumar o tomar una cerveza?

_____

b. ¿Y tener un perro?

_____

3. a. ¿Es cortés o abrazar o besar a un ángel?

_____

b. ¿Y enamorarse?

_____

4. a. ¿Es posible asistir o al cine o al teatro?

_____

b. ¿Y volar de vacaciones al otro mundo?

_____

III. Respond using the emphatic negative in the unemphatic position.

Model: Los oficinistas trabajan.   (nunca) Los oficinistas **no** trabajan **nunca**.
The office workers work.   The office workers _never_ work.

1. María y yo leímos. (nada)

_____

2. Mira televisión cuando lee. (nadie)

_____

3. Ella quiere tomar o la sopa o la ensalada. (ni . . . ni . . .)

_____

4. ¿Desea comer unas frutas? (tampoco)

_____

5. Quieren comida. (ninguna)

_____

IV. ¡Usted no está de acuerdo! Write a) an EMPHATIC NEGATIVE response and b) an UNEMPHATIC NEGATIVE response.

(A) Model: —Tú *siempre* lees mucho. a) —**¿Siempre?** Yo **nunca** leo mucho.
                 You always read a great deal.   Always? I never read a great deal.

                                                    b) —Yo **no** leo **nunca** mucho.

1. Tú *siempre* cantas en casa. a. _____

   b. _____

2. Ud. *siempre* toma el desayuno temprano. a. _____

   b. _____

3. Laura y Antonio *siempre* pasan el verano en la escuela. a. _____

   b. _____

(B) Model: —*Juan* está cansado. a) —**¿Juan? Nadie** está cansado.
                 John is tired.   John? Nobody is tired.

                                            —**No** está **nadie** cansado.

1. *María* vino a mi casa con esquíes. a. _____

   b. _____

2. *La familia* fue a esquiar en el invierno. a. _____

   b. _____

3. Ellos tienen esquíes excelentes. a. _____

   b. _____

(C) Model: —Él lee *algo* de eso. a) —**¿Algo?** Él **nada** lee de eso.
                 He reads something about that.   Something? He reads nothing about that.

                                                     —Él **no** lee **nada** de eso.

1. Él sabe *algo* de México. a. _____

   b. _____

2. El alumno contestó *algo* a la profesora. a. _____

   b. _____

3. Los niños oyen *algo* en la cocina. a. _____

   b. _____

4. Los turistas necesitan *algo* para el viaje. a. _____

   b. _____

(D) Model: —¿Estudiaron **algún** mapa?   **a.** —¿**Algún mapa? Ningún mapa**
          Did they study some map?   estudiaron.

                                    b. —**No** estudiaron **ningún mapa.**
                                        They did not study any map.
                                        They studied no map.

1. ¿Compraron *algún regalo*? a. _____

    b. _____

2. ¿Llevaron *algunas flores*? a. _____

    b. _____

3. ¿Fué con ellos *o* el padre *o* la madre? a._____

    b. _____

4. ¿Fué *también la hermana* con ellos? a. _____

    b. _____

V.   El desayuno es la comida más importante. Express a complete Spanish sentence using the vocabulary provided.

1. *Nobody* prepares a breakfast like our mother. Right?

    _____

    / prepara / desayuno como / madre /

2. Our father and I *never* prepare breakfast.

    _____

    / padre / preparamos / desayuno /

3. But my sister takes *nothing* for breakfast. Neither do you. True?

    _____

    / Pero / hermana / toma para / desayuno / tú /

4. You neither eat nor take orange juice. Do you?

    _____

    Tú / comes / tomas jugo de naranja /

5. You take nothing. Only coffee. No breakfast is bad for your health. Isn't it?

    _____

    Tú / Solamente café / desayuno es malo para la salud. /

VI. Speak up! Role-play

Situation: Satan complains to St. Peter. [Three sentences are good. Four are very good. Five or more are excellent.]

San Pedro: El único problema que tenemos en el paraíso es que no hay bastantes camisas largas. Pero nadie me habla de nada malo. <u>Todos estamos de acuerdo, todos creemos y no dudamos. Nadie critica a la administración.</u>

Satán: En el infierno es todo lo contrario.

Clues: *You are Satan. Tell St. Peter that in hell everything is the opposite (look at the underlined text for inspiration). Ask why does he send so many souls to him these days. Tell him what you do to these souls to make them suffer. Doesn't anyone understand that you are just doing your job?*

Work Unit Twenty-Nine
THE IMPERFECT TENSE

Dos grandes descubrimientos

En el siglo 31, después de trabajar en las ruinas de Caracas, el famoso arqueólogo Gabriel Carrillo habla a la prensa:

Carrillo: Después de muchos riesgos, encontramos dos artefactos religiosos muy importantes. Todas las ruinas excavadas tenían éstos. Miren esta enorme urna de loza con la inscripción *Inodoro Relámpago, Marca Registrada.*

Periodista: ¿Qué era eso? ¿Para qué servía?

Carrillo: Claramente, los habitantes atrapaban y almacenaban relámpagos, los cuales en esa época tenían muy mal olor. Pero la forma de los artefactos y el material con que estaban hechos purificaban el mal olor y, por eso, eran inodoros.

Periodista: ¿Y qué significaba "Marca Registrada"?

Carrillo: Era la marca que Dios ponía para registrar cada relámpago, el cual era considerado divino.

Periodista: ¡Increíble! ¿Y el segundo artefacto religioso?

Carrillo: Esta caja de vidrio y plástico era la imagen de Dios. Por eso, casi todas las cajas estaban encima de un altar. Miren, aquí está escrito, *Panasonic HDTV*. Basados en el latín, "pan" significa "todo", y "sonus" significa "sonido", es decir, "La Voz Divina Para Todos". Así, toda la familia se sentaba cada día delante de la caja a adorar a Dios.

Periodista: ¿Y "HDTV"? ¿Qué querían decir con eso?

Carrillo: Después de mucha investigación, el resultado fue "Hosanna, Dios Tremendo y Victorioso."

Periodistas: ¡Qué descubrimientos! ¡Qué maravilla!

PALABRAS NUEVAS

SUSTANTIVOS *(NOUNS)*
el arqueólogo the archeologist
el artefacto the artifact
el descubrimiento the discovery
la época the epoch, age
el inodoro the toilet
la investigación the research
el latín the Latin language
la loza the porcelain
la marca the mark
la marca registrada the registered trademark
el olor the smell

el periodista the journalist
la prensa the press
el relámpago the lightning
el resultado the result
el siglo the century
el sonido the sound
la urna the urn
la voz the voice

VERBOS *(VERBS)*
adorar to worship
almacenaban (they) stored
atrapaban (they) trapped
era considerado (it) was considered

estaban hechos (they) were made
miren (you) look
ponía (he, she, it) put
purificaban (they) purified
querían (they) wanted
registrar to register
se sentaba used to sit down
servía (he, she, it) served
significaba (it) meant

ADJETIVOS *(ADJECTIVES)*
divino, a divine
excavado, a excavated

increíble incredible
inodoro, a odorless
religioso, a religious
tremendo, a tremendous
victorioso, a victorious

OTRAS PALABRAS *(OTHER WORDS)*
de vidrio y de plástico of glass and plastic
es decir that is to say

¿Qué querían decir? What did they mean?

EJERCICIOS

I.   Answer in complete sentences.

1. ¿Quién es Carrillo y dónde trabajó?

2. ¿Qué encontró Carrillo?

3. ¿Por qué un artefacto se llama *Inodoro*?

4. ¿Qué es *Marca Registrada*?

5. ¿Qué hacían (*used to do*) las personas con las cajas de vidrio y plástico?

1. _____

2. _____

3. _____

4. _____

5. _____

II.

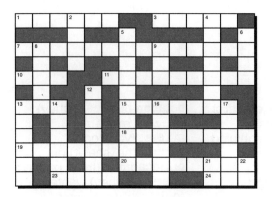

Horizontal
1. buys
3. (I) served
7. discovery
10. voice
11. lightning
13. to give
15. to trap
18. tremendous
19. toilet; odorless
20. seconds
23. love
24. thus; this way

Vertical
2. little
4. window
5. artifacts
6. (I) eat
8. epoch; age
9. mine (f.)
12. neither
13. divine
14. mouse (f.)
16. risk
17. radio (pl.)
21. gives
22. yes

III. Composición. (A) Por celular (B) Por e-mail

(A) Look at the picture on page 272. Tell what is happening and how the story ends.
(B) Pretend to be an archeologist who found something in the garden:
Mi descubrimiento arqueológico.
1. Describe your finding. 2. Give it one or more probable meanings and attributes.
3. Write a short dialogue between you and a newscaster.

ESTRUCTURAS DE LA LENGUA
THE IMPERFECT TENSE

A. Uses of the Imperfect Tense.

In contrast to the preterite tense that tells us that a past action or a description or condition was finished and completed (see Preterite, Work Units Twenty-six and Twenty-seven), the imperfect tense shows:

1. An action or activity that was continuous, repeated, or customary, without an indicated end or completion, e.g., **mientras iba** (while I was going) . . . **a veces iba** (at times / used to go, / would go).

2. A past *condition*, *state of being,* or *description* where *no act* took place, e.g., **Yo estaba cansado** (I was tired); **él era médico** (he was a doctor); **ella tenía dinero** (she had money); **nada podían hacer** (they could do nothing); **nada querían hacer** (they did not want to do anything).

B. Regular Formation of the Imperfect Tense.

AR Infinitives	**ER** Infinitives	**IR** Infinitives
Tratar—To Try	**Leer**—To Read	**Vivir**—To Live
Yo trataba (I was trying; I used to try)	**Yo leía** (I was reading; I used to read)	**Yo vivía** (I was living; I used to live)
Tú tratabas	**Tú leías**	**Tú vivías**
Él; ella; Ud. trataba	**Él; Ella; Ud. leía**	**Él; ella; Ud. vivía**
Nosotros-as tratábamos	**Nosotros-as leíamos**	**Nosotros-as vivíamos**
Vosotros-as tratabais	**Vosotros-as leíais**	**Vosotros vivíais**
Ellos; Ellas; Uds. trataban	**Ellos; Ellas; Uds. leían**	**Ellos; Ellas; Uds. vivían**

Rules:

1. Remove the **AR**-infinitive ending. Add **aba, abas, aba, ábamos, abais, aban.**

2. Remove the **ER**-infinitive ending, and the **IR** infinitive ending. Add **ía, ías, ía, íamos,**

íais, ían. Notice: the **ER**-infinitive-ending verbs, and the **IR**-infinitive-ending verbs use the same imperfect tense endings.

C. Learn these three irregular verbs in the imperfect tense.

Ir—To Go	**Ser**—To Be	**Ver**—To See
Yo iba (I was going; I used to go)	**Yo era** (I used to be; I was being; I was)	**Yo veía** (I used to see; I was seeing)
Tú ibas	**Tú eras**	**Tú veías**
Él; Ella; Ud. iba	**Él; Ella; Ud. era**	**Él; Ella; Ud. veía**
Nosotros-as íbamos	**Nosotros-as éramos**	**Nosotros-as veíamos**
Vosotros-as ibais	**Vosotros-as erais**	**Vosotros-as veíais**
Ellos; Ellas; Uds. iban	**Ellos; Ellas; Uds. eran**	**Ellos; Ellas; Uds. veían**

STUDY THE RULES, EXAMPLES, AND MODELS BEFORE BEGINNING THE EXERCISES

EJERCICIOS

I. Answer in complete sentences the questions a periodista puts to you regarding neighborhood crime. Use the appropriate tenses and the clues in parentheses. Role-play.

Model: —**¿Qué día era?** (miércoles)   —**Era miércoles.**
          What day was it?   It was Wednesday.

1. ¿Qué hora era cuando usted salió a la calle? (las ocho de la noche) _____

   _____

2. ¿Dónde estaban usted y los vecinos cuando ocurrió el descubrimiento del crimen? (delante del museo) _____

   _____

3. ¿A quién esperaban ustedes allí? (a la policía) _____

   _____

4. Mientras usted esperaba, ¿veía usted en qué dirección iba la gente que pasaba por la calle? (en todas) _____

   _____

5. ¿Qué decían los policías que faltaba en el museo? (algunos artefactos) _____

   _____

6. ¿Qué querían ustedes mirar en el museo? (unas urnas griegas de época antigua) _____

   _____

7. ¿Cómo pensaban los policías atrapar al criminal? (por las marcas que quedaban) _____

   _____

DOS GRANDES DESCUBRIMIENTOS

8. Entonces, ¿ustedes no sabían nada más del crimen ni conocían a los criminales? (verdad)

_____

II. Show how cool you are. Answer in a complete affirmative sentence using the appropriate imperfect tense and **Ya . . . antes** according to the model. Role-play.

Model: —*¿Te sentiste* alegre en tu llegada a París?　　　—**Ya me sentía alegre antes.**
　　　　Did you feel happy on your arrival in Paris?　　　I was *already* feeling happy *before*.

1. *¿Supiste* la noticia de la liberación? _____

2. *¿Entendiste* el significado de la noticia? _____

3. *¿Tuviste* bastantes euros de tu tío? _____

4. *¿Conocieron* tú y tus compañeros a muchos amigos en París? _____

5. *¿Estuvo* tu amigo francés en la recepción de bienvenida a las cuatro? _____

Remember: Some expressions showing *repetition* normally require the imperfect tense of the verb when it refers to the past.

a menudo often	**de vez en cuando** from time to time
a veces at times	**repetidas veces** repeatedly
algunas veces sometimes	**muchas veces** many times, often

Mientras (*while*) shows continuity. When the verb in the sentence refers to the past the imperfect tense is required after **mientras**.

III. Answer your friend's letter about the new movie theater. Include the cues that tell us to use the imperfect tense in the answers, according to the model. Role-play.

Model: —**¿Asistió mucha gente al cine　　De vez en cuando asistía mucha gente al**
　　　　al principio? (de vez en cuando)　principio.
　　　　Did many people attend the　　　From time to time many people used to
　　　　movie theater at the beginning?　attend (were attending; did attend) at the
　　　　　　　　　　　　　　　　　　beginning.

1. ¿Ya *fueron* ustedes a ese cine nuevo? (a veces) _____

_____

2. ¿*Vieron* ustedes esa película popular? (repetidas veces) _____

_____

3. ¿*Compraron* ustedes entradas caras? (a menudo) _____

_____

4. ¿*Fueron* buenos otros estrenos (*shows*)? (de vez en cuando) _____

_____

5. ¿*Les gustaron* las rositas de maíz que ustedes comieron en ese cine? (algunas veces) _____

_____

IV. **Speak up!** Role-play

Situation: You returned to the neighborhood after some twenty years. Your friend wants to know what memories (**recuerdos**) it brought back and your impressions. [Three sentences are good; four very good; five or more are excellent.]

 **Luz:** ¿Qué buscabas en el antiguo barrio?
Yo: Mis recuerdos . . .

Clues: Tell, in the imperfect tense, what places you were looking for; your memories of what you used to do in each place; whom you were remembering; how many hours you were spending in the old neighborhood; how it looked to you (**parecer**); what a marvel! Nothing was in ruins, the same sounds in the streets, the same smells in the market (**mercado**). Other ideas?

Work Unit Thirty
THE FUTURE AND THE CONDITIONAL TENSES

Lunas de miel inolvidables

Platiño Argento es un billonario de Miami. Su hija, Raquel, va a casarse con Gabriel, el hijo de Oropel Áureo, billonario de Colorado.

Platiño:	Raquel y Gabriel, quiero darles un regalo de boda que será inolvidable.
Raquel:	¿Qué regalo podría ser ése?
Platiño:	¡Una luna de miel en la estación espacial!
Gabriel:	¡Pero eso costaría una fortuna!
Platiño:	Más de cuarenta millones...pero valdrá la pena. Ustedes serán celebridades. Lograrán la fama y todos los envidiarán. La hija de Platiño Argento y su marido volarán alrededor de la tierra y sonreirán a seis mil millones de seres humanos.
Oropel:	Un momento. ¡Seré yo el que les pagará la luna de miel!
Gabriel:	¿Qué irás a regalarnos, papá?
Oropel:	¡Un viaje al centro de la tierra!
Gabriel:	¡Eso será imposible de realizar!
Oropel:	Costará mucho, pero nada es imposible para alguien como yo. Emplearé los mejores científicos e ingenieros. Ellos fabricarán una nave a prueba de lava que los llevará al centro del planeta. Ustedes serán la pareja más famosa del siglo. El hijo de Oropel Áureo y su esposa mirarán asombrados lo que nadie jamás vio. ¡Qué celos sentirán nuestros parientes y amigos!

Raquel y Gabriel se miran. No parecen felices.

Platiño:	¿Qué pasa? ¿No quieren ni volar por el espacio ni navegar por la lava?
Gabriel:	Lo que nosotros deseamos es una pequeña fiesta en casa, una torta de novia de tamaño mediano, quince o veinte parientes y amigos, y luego una luna de miel en New Jersey.

Platiño y Oropel: ¡Qué estupidez! ¡Ustedes están locos!

Raquel: Pues, sólo queremos nuestro futuro y no el de ustedes.

PALABRAS NUEVAS

SUSTANTIVOS *(NOUNS)*
la boda   the wedding
la celebridad   the celebrity
los celos   the jealousy
el científico   the scientist
el espacio   the space
la estación espacial   the space station
la estupidez   the stupidity
la fama   the fame

la fortuna   the fortune
el futuro   the future
el ingeniero   the engineer
la luna   the moon
la luna de miel   the honeymoon
la nave   the ship
la pareja   the couple
el planeta   the planet

el regalo (de boda)   the (wedding) gift
el ser humano   the human being
el tamaño   the size
la torta de novia   the wedding cake

VERBOS *(VERBS)*
costará   (it) will cost

costaría   (it) would cost
emplearé   (I) will hire
envidiarán   (they) will envy
fabricarán   (they) will manu-
  facture
irás a regalarnos   (you) will
  be giving us
llevará   (it) will take
lograrán   (you, pl.) will
  achieve
mirarán   (they) will look
mirarse   to look at each other
navegar   to sail

pagará   will pay
podría   (it) could
realizar   to achieve
sentirán   (they) will feel
serán   (you, pl.) will be
seré   (I) will be
sonreirán   (they) will smile
valdrá la pena   (it) will be
  worthwhile
volarán   (they) will fly

ADJETIVOS *(ADJECTIVES)*
asombrado, a   amazed

feliz (pl. **felices**)   happy
inolvidable   unforgettable
mediano, a   medium

OTRAS PALABRAS *(OTHER
  WORDS)*
a prueba de   -proof (e.g.,
  lava-proof)
alguien   somebody
alrededor de   around
el que   the one who
no el de ustedes   not yours

EJERCICIOS

I.   Answer in complete sentences.

1. ¿Qué quiere regalar Oropel Áureo?
2. ¿Qué desea regalar Platiño Argento?
3. ¿A quiénes sonreirán Raquel y Gabriel?
4. ¿Por qué serán los novios la pareja más famosa del siglo?
5. ¿Qué desean Raquel y Gabriel?

1. _____
2. _____
3. _____
4. _____
5. _____

II.   Translate.

1. I will hire workers and they will manufacture a computer.

   _____

2. We will achieve a better future.

   _____

3. One day, human beings will live on the moon.

   _____

4. That will cost a fortune, but I will be happy.

   _____

5. I want to navigate the Internet, not the water.

_____

III. Exercise with verb tenses.

1. I will smile, but would she smile if everybody smiles?

_____

2. You (formal) can go, because they cannot go and will not go in the future.

_____

3. He would be somebody important, and we will be happy.

_____

4. How much would the wedding cost? It will cost a lot.

_____

5. You (informal) will pay because neither he nor she can pay.

_____

II. **Composición:** (A) Por celular (B) Por e-mail

    (A) Look at the picture on page 279. Tell what is happening and how the story ends.
    (B) Tell about a space trip you would like to take. Write a note about it. Include the following:

Un paseo al espacio.

1. Where you would like (**me gustaría**) to travel. 2. How long you want to stay. 3. What you hope (**esperar**) to see. 4. Are you happy to return to this planet? Why?

ESTRUCTURAS DE LA LENGUA
PART ONE: THE FUTURE TENSE.

A. Regular Formation of the Future Tense.

    AR-, ER-, and **IR**-ending infinitives all have the same future endings attached to the whole infinitive.

Dar—To give	Ver—To see	Vivir—To live
Yo daré (I will give)	**Yo veré** (I will see)	**Yo viviré** (I will live)
Tú darás	**Tú verás**	**Tú vivirás**
Él; Ella; Ud. dará	**Él; Ella; Ud. verá**	**Él; Ella; Ud. vivirá**
Nosotros-as daremos	**Nosotros-as veremos**	**Nosotros-as viviremos**
Vosotros-as daréis	**Vosotros-as veréis**	**Vosotros-as viviréis**
Ellos; Ellas; Uds. darán	**Ellos; Ellas; Uds. verán**	**Ellos; Ellas; Uds. vivirán**

Rule:

All future endings bear a written accent mark, *with the exception* of the **nosotros** ending.

B. Irregular Formation of the Future Tense

1. Drop **e** from the *five* infinitive endings.

a. **¿Querrás** tú ir al festival?	*Will you want* to go to the festival?
b. Sí, **podré** ir contigo.	Yes, *I will be able* to go with you.
c. **Habrá** mucha gente allí.	*There will be* many people here.
d. Todos **cabrán** en las tiendas.	*They will all fit* in the tents.
e. **Sabremos** la ruta para llegar en poco tiempo.	*We will know* the way to get there shortly.

2. Drop **ec** and **ce** from the *two* infinitives.

a. **Hará** buen tiempo.	*It will be* good weather.
b. El pronóstico **dirá**.	The weather forecast *will tell*.

3. Substitute **d** for the final vowel of the *five* infinitives.

a. **¿Saldremos** por la mañana?	*Shall we leave* in the morning?
b. Sí, **valdrá la pena** salir temprano.	Yes, *it will be worthwhile* to leave early.
c. Así, **vendremos** más pronto.	In this way, *we will come* home sooner.
d. **Pondré** el carro en marcha en seguida.	*I will start* the car immediately.
e. Y **tendremos** bastante tiempo para gozar el festival.	And *we will have* enough time to enjoy the festival.

Rules:

1. The future endings are the *same* for the irregular future verbs as for the regular future verbs, i.e., **é, ás, á, emos, éis, án**.

2. The *twelve irregular future stems* are:

<u>Drop **e**</u>	<u>Drop **ec** and **ce**</u>	<u>Substitute **d**</u>
podr- (from poder)	**dir-** (from decir)	**saldr-** (from salir)
querr- (from querer)	**har-** (from hacer)	**valdr-** (from valer)
cabr- (from caber)		**pondr-** (from poner)
habr- (from haber)		**tendr-** (from tener)
sabr- (from saber)		**vendr-** (from venir)

STUDY THE RULES, EXAMPLES, AND MODELS BEFORE BEGINNING THE EXERCISES

EJERCICIOS

I.   ¿Cómo será el mundo del futuro? In a complete sentence use the future tense and the cues.

Model: Yo / vivir / en otro mundo
     Yo viviré en otro mundo.
     I will live in another world.

1. Todos los billonarios / volar / al espacio   _____

2. La gente / usar / carros eléctricos   _____

3. Nosotros / comer / sólo píldoras   _____

4. Yo / ir / a la luna   _____

5. Nadie / ser / ignorante   _____

II.   ¡Vamos al campo este fin de semana! Use the *irregular future* tense and the cues in a complete sentence.

Model: Mañana todos nosotros / salir / temprano
     Mañana todos nosotros saldremos temprano.
     Tomorrow we all will leave early.

1. Nosotros / tener / que tomar el tren a las seis   _____

2. Tú te / poner / el abrigo y / salir / a las cinco   _____

3. Los otros también / salir / temprano   _____

4. Yo / venir / a la estación antes que nadie   _____

5. Así / valer / la pena ir al campo por un fin de semana   _____

III.   ¿Cómo voy a completar este trabajo que tengo? Answer in a complete sentence using the *irregular future* tense of the verb and the cues. Role-play.

Model: —¿*Tienes* mucho que hacer hoy? (más mañana)   —*Tendré* más mañana.
     Do you have a lot to do today?   I will have more tomorrow.

1. ¿Me *dices* cómo hacer ese trabajo? (más mañana)   _____

2. ¿*Hay* poco trabajo hoy? (mucho mañana)   _____

3. *¿Puedo* hacerlo ahora? (pasado mañana) _____

4. *¿Sabes* explicarlo ahora? (pronto) _____

5. *¿Quieren* los amigos ayudarnos? (algunos sí) _____

6. *¿Caben* todos en un solo carro? (posiblemente) _____

7. ¿Qué *hacen* si no caben? (hacer el viaje en dos carros) _____

IV. **(A)** Dos celebridades de Hollywood van a celebrar una boda estupenda.
Answer in a complete sentence using the future tense of the italicised verb and the clue in parentheses. Role-play.

Model: —¿Se van a *casar* en televisión?   —Claro, ellos se *casarán* por
(claro)   televisión.
Are they going to get married   Of course, they will get married
on television?   on television.

1. ¿Y tú los vas a *envidiar*? (bastante)

_____

2. Tú y tus amigas, ¿van ustedes a *tener* celos? (naturalmente)

_____

3. ¿No van las celebridades a *lograr* más fama? (así)

_____

4. La torta enorme y la gran cena van a *costar* una fortuna, ¿verdad? (tres fortunas)

_____

5. ¿Cuántos invitados van a *caber* en los salones del hotel? (mil seiscientos)

_____

6. ¿Va a *venir* gente famosa, como artistas, científicos, estrellas de cine? (Sí, especialmente científicos espaciales) [Note: *gente* is singular in Spanish.]

_____

7. ¿Y quién va a *pagar* la luna de miel al espacio? (la compañía cinematográfica)

_____

8. ¿Cuándo va la pareja a *salir* para volar alrededor de la tierra, de la luna y de la estación espacial? (en dos días)

_____

9. ¿Dónde van los padres a *poner* las cosas que los invitados regalan? (en diez edificios)

_____

10. ¿Vamos tú y yo a *querer* una boda igual a ésa? (Nosotros nunca)

_____

IV. **(B)** Dos reporteros comentan en televisión sobre la inolvidable boda y luna de miel. Respond to the statements using the clues in parentheses and the future form of the italicized verb in parentheses, which is used here to mean *probably* (not *will*).

Model: —¡Qué de gentío *hay* aquí   —¡*Habrá* gente de todas partes del mundo!
esperando a la pareja!
What a crowd is here waiting   There probably are people from all parts
for the couple!   of the world!

1. ¡A lo menos *hace* buen tiempo allá en el espacio! (según los científicos)

   _____

2. ¡Nuestras celebridades no *saben* de peligros (danger)! (Claro, no)

   _____

3. ¡Quién *dice* que no son valientes! (Ninguno)

   _____

4. ¡Quién los *puede* criticar! (Nadie)

   _____

5. ¡Cuántos dólares *han* gastado (have spent)! (un billón)

   _____

PART TWO: THE CONDITIONAL TENSE

A. Regular Formation of the Conditional Tense.

AR-, **ER-**, **IR**-ending infinitives all have the same conditional endings attached to the whole infinitive.

Dar—To give	Ver—To see	Vivir—To live
Yo daría (I would give)	**Yo vería** (I would see)	**Yo viviría** (I would live)
Tú darías	**Tú verías**	**Tú vivirías**
Él; Ella; Ud. daría	**Él; Ella; Ud. vería**	**Él; Ella; Ud. viviría**
Nosotros-as daríamos	**Nosotros-as veríamos**	**Nosotros-as viviríamos**
Vosotros-as daríais	**Vosotros-as veríais**	**Vosotros-as viviríais**
Ellos; Ellas; Uds. darían	**Ellos; Ellas; Uds. verían**	**Ellos; Ellas; Uds. vivirían**

Rule:

All conditional endings bear a written accent mark.

B. Irregular Formation of the Conditional Tense

1. Drop **e**

a. ¿**Querrías** ir conmigo?	*Would you want* to go with me?
b. Sí, **podría.**	Yes, *I would be able (if I could).*
c. **Habría** mucha gente.	*There would be* many people.
d. Todos **cabrían** en las tiendas.	All *would fit* in the tents.
e. **Sabríamos** la ruta.	*We would know* the way.

2. Drop **ec** or **ce**

a. **Haría** buen tiempo.	*It would be* good weather.
b. El pronóstico **diría.**	The forecast *would tell.*

3. Substitute **d**

a. **Saldríamos** por la mañana.	*We would leave* in the morning.
b. **Valdría** la pena.	*It would be worthwhile.*
c. **Pondría** el carro en marcha.	*I would start* the car.
d. **Tendríamos** bastante tiempo.	*We would have* enough time.
e. **Vendríamos** a casa temprano.	*We woud come* home early.

Rules:

1. The conditional endings are the *same* for the irregular conditional verbs as for the regular conditional verbs, i.e., **ía, ías, ía, íamos, íais, ían**.

2. The *twelve irregular* conditional stems are *the same* as the stems for the irregular future verbs.

Drop **e**	Drop **ec** or **ce**	Substitute **d**
podr- (from poder)	**dir-** (from decir)	**saldr-** (from salir)
querr- (from querer)	**har-** (from hacer)	**valdr-** (from valer)
cabr- (from caber)		**pondr-** (from poner)
habr- (from haber)		**tendr-** (from tener)
sabr- (from saber)		**vendr-** (from venir)

STUDY THE RULES, EXAMPLES, AND MODELS BEFORE BEGINNING THE EXERCISES

EJERCICIOS

I. Somos invitados a la modesta boda de Raquel. Answer in a complete sentence using the conditional tense and the cues in parentheses. Role-play.

Model: —¿**Irás** tú a la boda?   —Sí, yo **iría**, de tener tiempo.
         Will you go to the wedding?   Yes, *I would go,* time being available.

1. ¿Saldrás conmigo a la boda? (sí/de tener tiempo)

   _____

2. ¿Vendrás tú a mi casa o vendré yo a tu casa? (Tú no/yo sí)

   _____

3. ¿Habrá mucha gente allí? (poca)

   _____

4. ¿Qué tendremos que hacer antes? (comprar un regalo)

   _____

5. ¿Darán los invitados los regalos a la pareja o los mandarán a la casa? (Algunos/otros)

   _____

II. El novio y la novia conversan. Answer in a complete sentence using the conditional tense and the cues.

1. ¿Qué dicen los parientes sobre una boda modesta? (¡Qué boda tan pobre!)

   _____

2. ¿Vale la pena viajar al centro de la tierra? (¡Qué estupidez! No)

   _____

3. ¿Quién no quiere ser astronauta en su luna de miel? (Yo)

   _____

4. ¿Podemos tú y yo casarnos y vivir felices para siempre? (Sin tener yo empleo, nunca)

   _____

5. ¿Sabes tú vivir con menos de un billón de dólares? (mucho menos)

   _____

III. Speak up! Role-play

Situation: You and your friend have bought lottery tickets together. [Three sentences are good. Four are very good. Five or more are excellent.]

Amigo(a): ¿Qué haríamos con un billón de dólares?
Yo: Antes que nada, yo me quedaría asombrado(a). Luego . . .

Clues: *Tell your friend that each one could buy an enormous house, one in the city and another in the country, a yacht (**un yate**), to sail everywhere (**por todas partes**) and to meet the other people who live on this earth. Then, in the future, we would buy tickets to the planet Mars (**Marte**) in order to look for extraterrestrial beings (**seres extraterrestres**). You would both achieve great fame and be very rich. Other ideas?*

Work Unit Thirty-One
REFLEXIVE VERBS

¡Número equivocado!

David y María García se conocieron cuando compraban pasajes a España. Vieron que sus boletos eran para el mismo vuelo, a la mañana siguiente, a las seis. Decidieron reunirse delante de la casa de María, ya que tomando el mismo taxi pueden ahorrar dinero.

David se despierta a las cuatro para telefonear a María y despertarla a tiempo. Él busca en todos los bolsillos el papelito con el número de teléfono y la dirección de ella. ¡Nada!

David busca el teléfono de María García en su computadora, pero la guía anuncia cuarenta y ocho números distintos. Decide llamar a la primera. Marca.

David (con apuro):   María, ¿te levantas?
María (bosteza):   Estaba dormida. Me acosté tarde anoche.
David: ¡Apúrate para no perder el avión!
María: ¿Qué avión? ¿Quién es usted? (María corta.)

Se hace tarde. David se afeita, se lava, se baña, se viste y se peina rápido. Se pone la chaqueta y sale. Mientras espera un taxi saca su teléfono y llama a la segunda María.

David (con prisa):   Hola. ¿Te vistes y te preparas para salir?
María: ¿Quién se interesa?
David: ¡Me llamo David!
María: Yo no conozco a ningún David. (María corta.)

Ya en el taxi hacia el aeropuerto, David se pone nervioso. Trata de acordarse del número. ¿Quizás mandar un mensaje de texto a todas las Marías al mismo tiempo? No, no hay tiempo. Marca el siguiente número de la guía.

David (desesperado): María, ¡toma tu maleta! Nos reunimos delante de tu casa.
María: ¿Qué maleta? ¡Usted, señor, tiene el número equivocado!

Ahora sí que David está nervioso. En el aeropuerto ve a María en la fila que espera para subir al avión.

David (en voz alta): ¡María! ¡Qué suerte encontrarte por fin!
María (gritando):   ¡Idiota, me dejaste esperándote en la calle delante de mi casa! ¿Por qué no me llamaste?
David: Uh...uh....¿qué te parece si tomamos un café?

Se sentaron en el avión, él en una fila muy atrás, ella en una fila muy adelante. El avión despega a las seis de la mañana. Va a aterrizar en España por la tarde. En el vuelo, ¿va a tener David suficiente tiempo para explicarle todo a María? ¿Va a necesitar David pasar toda la vida con ella para excusar la pérdida del papelito?

PALABRAS NUEVAS

SUSTANTIVOS *(NOUNS)*
el apuro   the haste
el boleto   the ticket
el bolsillo   the pocket
la cola   the line
la fila atrás   the back row
la guía   the (phone) guide
la llamada   the call
la maleta   the suitcase
el mensaje de texto   the text message
el número equivocado   the wrong number
el papelito   the small piece of paper
la pérdida   the loss
el tono de llamada   the call tone
el vuelo   the flight

VERBOS *(VERBS)*
acordarse (ue)   to remember
acostarse (ue)   to go to bed
afeitarse   to shave (oneself)
ahorrar   to save
¡Apúrate!   Hurry up!
aterrizar   to land

bañarse   to bathe (oneself)
bostezar   to yawn
conocerse   to become acquainted
cortar   to cut (off)
despegar   to take off
despertar (ie)   to awake (others)
despertarse (ie)   to wake (oneself)
 se despierta   (he) wakes up
esperar   to wait
excusar   to excuse
lavarse   to wash (oneself)
llamar   to call
llamarse   to be named
marcar   to dial
peinarse   to comb (oneself)
perder el avión   to miss the plane
ponerse   to put on
ponerse nervioso   to become nervous
prepararse   to get ready
reunirse (ú)   to meet by appointment
subir a   to get on

telefonear   to phone
vestirse (i)   to get dressed
 se viste   (he) gets dressed
¿Te vistes?   Are you getting dressed?

ADJETIVOS *(ADJECTIVES)*
acordado, a   remembered
dormido, a   asleep
nervioso, a   nervous
suficiente   enough

OTRAS PALABRAS *(OTHER WORDS)*
al mismo tiempo   at the same time
con apuro   in haste
¡qué suerte!   what luck!
¿Quién se interesa?   Who wants to know?
se hace tarde   it is getting late
sí que   indeed
ya que tomando   since by taking

EJERCICIOS

I.   Preguntas. Answer in a complete sentence.

1. ¿Por qué quieren David y María ir juntos al aeropuerto?

2. ¿Qué perdió David?

3. ¿Qué hizo David tres veces?

4. ¿Dónde tenía María que esperar el taxi de David?

5. ¿Va David a tener bastante tiempo en el vuelo para explicarle todo a María?

1. _____

2. _____

3. _____

4. _____

5. _____

II. Preguntas personales y generales.

1. ¿A qué aeropuerto va usted para tomar un vuelo a España?

2. ¿Cómo contesta usted a una llamada equivocada?

3. ¿Está usted enojado(a) cuando no recibe una llamada prometida?

4. ¿Cuál usa usted más, el teléfono en casa, el teléfono público, o un celular?

1. _____

2. _____

3. _____

4. _____

5. _____

III. Translate.

1. The loss of the ticket left me sad.

_____

2. She yawned and went to bed without washing herself.

_____

3. You shave yourself without haste.

_____

4. He woke up and combed his hair (*combed himself*).

_____

5. We met at the plaza and went to the bank.

_____

IV. Composición. (A) Por celular (B) Por correo electrónico

(A) Look at the picture on page 290. Tell what is happening and how the story ends.

(B) Tell a friend about an important phone call you are waiting for from a prospective employer.

Espero una llamada importante.

1. Explain why it is an important call. 2. From whom do you expect it (**esperar**). 3. What subject should the call cover. 4. What results do you hope (**esperar**) for.

ESTRUCTURAS DE LA LENGUA
REFLEXIVE VERBS

A. Verbs whose action affects the same person who is the subject, e.g., **lavarse** (to wash *oneself*): **La mamá lava al niño** as compared with **La mamá se lava.** (The mother washes the child. The mother washes herself, the mother *gets washed*.)

Lavarse—To Wash Oneself

Yo me lavo I wash *myself*	**Nosotros-as nos lavamos** We wash *ourselves*
Tú te lavas You (fam.) wash *yourself*	**Vosotros-as os laváis** You (fam. pl.) wash *yourselves*
Él se lava He washes *himself*	**Ellos se lavan** They (m.) wash *themselves*
Ella se lava She washes *herself*	**Ellas se lavan** They (f.) wash *themselves*
Usted se lava You (formal sing.) wash *yourself*	**Ustedes se lavan** You (form. pl.) wash *yourselves*

B. Position of the reflexive object pronouns **me, te, se, nos, os, se.**

1. Directly before the conjugated verb; e.g., **Yo no me lavo.** *I do not wash myself.*

2. Attached to affirmative commands; e.g., **¡Lávese Ud.!** *Wash yourself!* **¡Lávense Uds.!** *Wash yourselves!* **¡Lavémonos!** *Let's wash ourselves!* (Drop the **s** from **lavemos** before adding **nos**). Place an accent mark on the normally stressed syllable when you attach **nos** to this command.

3. Your choice:

    (a) When the sentence is composed of a conjugated verb followed by a reflexive complementary infinitive, the reflexive object pronoun can be used either before the conjugated verb or attached to the end of that infinitive, e.g., **¿Te quieres lavar ahora?** or **¿Quieres lavarte ahora?** *Do you want to wash yourself now?*

    (b) When the verb is in the progressive tense, the reflexive object pronoun can be used either before the conjugated **estar** or it can be attached to the end of the present participle, e.g., **¿Te estás lavando? ¿Estás lavándote?** *Are you washing yourself?*

C. Reciprocal uses of **nos, os, se.**

Nos escribimos	**Os escribís**	**Se escriben**
We write to each other (to one another)	You write to each other (to one another)	They (you pl.) write to each other (to one another)

D. Learn these reflexive verbs. Some have a special English translation.

> **Acordarse**(ue) *to remember*; **despertarse**(ie) *to wake up;* **dormirse**(ue) *to fall asleep;* **levantarse** *to get up;* **sentarse**(ie) *to sit down;* **acostarse**(ue) *to lie down (to go to bed);* **afeitarse** *to shave oneself;* **bañarse** *to bathe oneself;* **lavarse** *to wash oneself;* **quitarse** *to take off;* **ponerse** *to put on;* **vestirse**(i) *to dress oneself, to get dressed;* **apurarse** *to hasten, to hurry up;* **desayunarse** *to eat breakfast;* **irse** *to go away;* **sentirse**(ie) **bien** *to feel well;* **divertirse**(ie) *to have a good time, amuse oneself.*

STUDY THE RULES, EXAMPLES, AND MODELS BEFORE BEGINNING THE EXERCISES

EJERCICIOS

I.   Nuestras familias se preparan para un buen día. Use the appropriate form of the verbs in parentheses to complete the sentences.

Model: **En mi casa todos nosotros (vestirse rápido)**
En mi casa todos nosotros nos vestimos rápido.
In my house we all get dressed fast.

1. Por la mañana yo (despertarse temprano y levantarse inmediatamente) _____
2. Tú en la casa enfrente (afeitarse y peinarse con sueño) _____
3. La familia de arriba (lavarse y bañarse con apuro) _____
4. En mi casa nosotros (quitarse el pijama y ponerse la ropa para el día) _____
5. Las familias ya (sentarse a la mesa y desayunarse) _____
6. Uds. en la casa al lado (irse y apurarse al trabajo) _____
7. De noche nosotros (sentirse bien y divertirse con la televisión) _____
8. Luego todos (acostarse y dormirse) entre las diez y las once _____

II.   ¡Vamos al aeropuerto! Command everyone in complete affirmative sentences. Role-play.

Model: —**¡No nos acostemos temprano!**   —**¡Acostémonos temprano!**
Let's not go to bed early!   Let's go to bed early!

1. ¡No se acuerden Uds. de cerrar la ventana! _____
2. ¡No se apure Ud. ahora al taxi que espera! _____
3. ¡No se ponga Ud. la chaqueta nueva para el vuelo! _____
4. ¡No nos quitemos los zapatos en el avión! _____
5. ¡No se sienten Uds. en la fila adelante! _____

III. Mamá nos apura. Answer her using the *present progressive tense* and attach the reflexive pronoun to the participle. Remember the accent mark. Role-play.

Model: —¿Te estás lavando?   —Sí, estoy lavándome.
        Are you washing yourself?   Yes, I'm washing myself.

1. ¿Se están bañando los hermanitos? _____

2. ¿Se está vistiendo tu hermana? _____

3. ¿Se está afeitando tu papá? _____

4. ¿Te estás apurando tú? _____

5. ¿Nos estamos preparando para salir ahora? _____

IV. Va a ser un día muy largo. Answer in a complete sentence attaching the reflexive pronoun to the infinitive. Role-play.

Model: —¿Te quieres divertir?   —Sí, quiero divertirme.
        Do you want to have a good time?   Yes, I want to have a good time
                                       (enjoy myself).

1. ¿Te quieres despertar a tiempo? _____

2. ¿Se pueden levantar todos temprano? _____

3. ¿Nos debemos reunir con todos los parientes esta noche? _____

4. ¿Se desea la familia desayunar esta mañana afuera? _____

5. ¿Me voy a divertir mandando mensajes por teléfono? _____

V.   **Speak up!** Role-play

    Situación: Your friend tells you she has so many things to do today that she cannot go out with you. Offer suggestions to help schedule all the tasks, leaving her time for going out in the evening. Use **tú**. [Three sentences are good. Four sentences are very good. Five or more are excellent.]

    Amiga: No puedo reunirme contigo hoy. Tengo tantas cosas que hacer antes de nuestro vuelo.
    Yo: Tienes tiempo si sigues un programa. Escúchame.

Clues: You have to get up early, wash yourself, put on your clothes fast. You cannot have breakfast at home, only coffee. You hurry to the stores and to the post office (**correo**). Should you take a taxi? Why not? At home you should lie down and rest a little. At six o'clock, bathe and dress. We are going to have a good time in the evening! Remember that I already have the tickets for the flight. Tell her not to worry (**preocuparse por**) about suitcases because you have two that you don't need. Other ideas?

Work Unit Thirty-Two
STEM-CHANGING VERBS OF *-IR* INFINITIVES

Mi nieto, el médico

La abuela, Dolores Misericordia, y su nieto, José Mercedes, llegan al consultorio del Dr. Bueno.

Dr. Bueno:	Bien. Cuéntenme qué es lo que pasa.
Nieto:	Doctor, le pido consejo para mi querida abuelita.
	Ella siente dolor por todo el cuerpo. Duerme poco de noche. Ya no ríe ni sonríe.
	Quiero tenerla cerca por muchos años. ¡No se debe morir, doctor!
Dr. Bueno:	Entonces, ¡déjame hablar con tu abuelita!
	Señora Misericordia, ¿dónde siente usted dolor? ¿Y cuándo?
Abuela:	Señor doctor, mi nieto no le miente. Todos los días siento dolor de garganta cuando le repito mil veces a mi nieto que él debe llegar a tiempo a su trabajo en el merca-do. Si él no hace eso, lo van a despedir.
Dr. Bueno:	¿Y sufre usted algún otro dolor?
Abuela:	Sí, uno más. Siento un dolor de pecho cuando él me cuenta cómo se divierte y hace reír a sus amigos en el trabajo.
Dr. Bueno:	¿Hay más?
Abuela:	Mmm...ah sí. Como no duermo casi toda la noche, a la mañana siento dolor por todo el cuerpo cuando le preparo el desayuno y su ropa.
Dr. Bueno:	¿Y por qué no duerme usted?
Abuela:	Mi nieto querido, a las nueve de la noche empieza a tocar su música rock y no ter-mina antes de las tres.
Nieto:	¿Ve usted, doctor, cuántos dolores siente mi pobre abuela? Le pido consejo con todo el corazón.
Dr. Bueno:	Muy bien. Pero eres tú el que va a escribir la receta para tu abuelita.
Nieto:	¿Yo? ¿Cómo?
Dr. Bueno:	¡Escribe lo que tú vas a hacer para ayudar a tu abuelita a no sentir dolores!
Nieto:	¿Como qué? ¿Dónde?
Dr. Bueno:	Es muy sencillo. Piensa bien y escribe aquí, en mi papel de recetas. ¡Y vuelve a verme con tu abuelita en ocho días!
Nieto:	Déjeme ver...ah, entiendo. Uno...dos...tres...¡listo! Tengo las recetas. Hasta luego.

Ocho días después vuelven el nieto y su abuela.

Dr. Bueno:	¿Qué tal, José Mercedes? ¿Tuvieron éxito tus recetas?
Nieto:	Sí, doctor. Mucho éxito.
Dr. Bueno:	Y usted, señora Misericordia, ¿durmió bien usted anoche?
Abuela:	Sí doctor, dormí bien anoche.
Dr. Bueno:	¿Sintió usted dolores la semana pasada?
Abuela:	No sentí ni un dolor.
Dr. Bueno:	José Mercedes, hiciste bien al seguir tus buenas recetas. ¡Felicitaciones!
Nieto:	Gracias, doctor. Mis recetas tuvieron tanto éxito que decidí estudiar para médico.

Y así empezó la carrera de José Mercedes, quien llegó a ser un médico compasivo y famoso.
¿Y la abuela? La abuela se casó con el doctor Bueno y continúa sin dolor alguno.

PALABRAS NUEVAS

SUSTANTIVOS *(NOUNS)*
la carrera   the career
el consejo   the advice
el consultorio   the doctor's office
el cuerpo   the body
el dolor de garganta   the sore throat
el dolor de pecho   the chest pain
¡Felicitaciones!   Congratulations!
el médico   the physician
la receta   the prescription

VERBOS *(VERBS)*
contar (ue)   to tell
despedir (i)   to dismiss
divertir (ie)   to amuse

dormí   (I) slept
duermo   (I) sleep)
¿durmió?   Did you sleep?
empezar (ie)   to start
estudiar para   to study to become
llegar a ser   to become
mentir (ie)   to lie
morir (ue)   to die
pedir (i)   to ask for
reír (í)   to laugh
repetir (i)   to repeat
sentir (ie)   to feel
sonreír (í)   to smile
tocar   to play (music)

ADJETIVOS *(ADJECTIVES)*

compasivo, a   compassionate
famoso, a   famous

OTRAS PALABRAS *(OTHER WORDS)*
a la mañana   the next morning
al seguir   in following
¿como qué?   like what?
con todo el corazón   with all my heart
el que   the one who
(tener mucho) éxito   (to be very) successful
¡Listo!   Ready!
sin dolor alguno   without any pain at all

EJERCICIOS

I.   Answer in complete sentences.

1. ¿Qué pide el nieto al médico?

2. ¿Por qué le duele la garganta a la abuela?

3. ¿Por qué no duerme la abuela toda la noche?

4. ¿Qué consejo dio el médico al nieto?

5. ¿Cómo terminó todo al final?

1. _____

2. _____

3. _____

4. _____

5. _____

II.   Translate.

1. She went to the doctor and asked for a prescription.

_____

2. He started to study to become a manager.

   _____

3. You (fam.) felt pain in your throat.

   _____

4. They played music in their bedroom.

   _____

5. Congratulations; tomorrow you will sleep very well.

   _____

III. Picture match. Choose the sentence(s) suggested by each drawing, then tell something about it.

1.

2.

3.
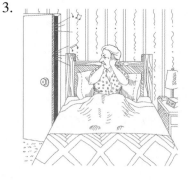

4.

  a. ¡Pienso estudiar para médico!
  b. Para ayudar a tu abuelita, escribe recetas.
  c. Siento dolor de pecho cuando mi nieto me cuenta cómo él se divierte.
  d. La abuela deseó casarse con el médico y el nieto deseó hacerse médico.
  e. Cada noche la abuela oyó música y no pudo dormir.
  f. Cuando hablo mucho a mi nieto, tengo dolor de garganta.

1. _____
2. _____
3. _____
4. _____

IV.   Composición. (A) Por celular (B) Por e-mail

(A) Look at the picture on page 297. Tell what is happening and how the story ends.
(B) Tell something about going to the hospital. Write a note to a friend.
Querido(a) . . . , prefiero volver a casa.
1. What pain(s) you feel. 2. How little you sleep. 3. What food you ask for but do or do not receive. 4. When you prefer to return home. 5. Whether the prescriptions are successful. 6. Whether you want to study **(para)** to be a doctor now.

ESTRUCTURAS DE LA LENGUA
PART ONE. PRESENT TENSE OF STEM-CHANGING VERBS OF *IR* INFINITIVES: CLASS II AND CLASS III

A. Class II–Present Tense.

o > ue	e > ie
Dormir—To Sleep	**Sentir**—To Feel + noun
1. Yo duermo	**Yo siento**
2. Tú duermes	**Tú sientes**
3. Él, Ella, Ud. duerme	**Él, Ella, Ud. siente**
4. Nosotros-as dormimos	**Nosotros-as sentimos**
5. Vosotros-as dormís	**Vosotros-as sentís**
6. Ellos, Ellas, Uds. duermen	**Ellos, Ellas, Uds. sienten**

Examples:	**—¿Duermes bien?**	**—¿Sientes dolor?**
	Do you sleep well?	Do you feel pain?
	—Duermo a pierna suelta.	**—Lo siento.**
	I sleep like a log.	I regret it, I am sorry.
Commands:	**—¡Duerma Ud.!** Sleep!	**—¡Sienta Ud!** Feel!
	—¡Duerman Uds.! Sleep!	**—¡Sientan Uds!** Feel!
	—¡Durmamos! Let's sleep!	**—¡Sintamos!** Let's feel!

Rules:

1. **O > UE:** Some **IR**-ending infinitives change **o** to **ue** in their stem in the present tense in persons 1, 2, 3, 6; and in the commands **Ud.** and **Uds.** However, in the **nosotros-as** command (let us) the **o** changes to **u**, *only;* for example, **dormir(ue): d*ue*rme** tú, **duerma usted, d*u*rmamos nosotros, duerman ustedes**.

2. **E > IE:** Other **IR**-ending infinitives change **e** in their stem to **ie** in the present tense in persons 1, 2, 3, 6; and in the commands **Ud.** and **Uds.** However, in the **nosotros-as** command (let us) the **e** changes to **i** alone. Learn this group, including **sentir(ie)** and **sentirse**, *to feel* (before adverbs and adjectives); **divertir(ie)**, *to amuse*; **divertirse(ie)**, *to enjoy oneself, to have a good time*; **mentir(ie)**, *to lie (tell a lie)*; **preferir(ie)**, *to prefer.*

B. Class III—Present Tense.

e > i	e > í
Pedir—To Request, Ask for	**Reír**—To Laugh
1. **Yo pido**	**Yo río**
2. **Tú pides**	**Tú ríes**
3. **Él, Ella, Ud. pide**	**Él, Ella, Ud. ríe**
4. **Nosotros-as pedimos**	**Nosotros reímos**
5. **Vosotros-as pedís**	**Vosotros reís**
6. **Ellos, Ellas, Uds. piden**	**Ellos, Ellas, Uds. ríen**

Examples: —¿Qué **pides**?   —¿Por qué **ríes**?
What do you ask for?   Why do you laugh?
—**Pido** justicia.   —**Río** porque es cómico.
I ask for justice   I laugh because it is funny.

Commands: —¡**Pida** Ud.! Request!   —¡**Ría** Ud.! Laugh!
—¡**Pidan** Uds.! Request!   —¡**Rían** Uds.! Laugh!
—¡**Pidamos**! Let's request!   —¡**Riamos**! Lets's laugh!

Rules:

1. **E > I:** The **e** in the stem of *some* **IR**-ending infinitives changes to **i** in the present tense in persons 1, 2, 3, 6, and in all three formal commands, **Ud., Uds.,** and **nosotros-as** (let us). These are called Class III stem-changing verbs. Memorize this group. Like **pedir(i)**, common verbs that change are **despedir(i)**, *to dismiss, fire*; **despedirse(i)**, *to take leave, to say good-bye*; **repetir(i)**, *to repeat*; **servir(i)**, *to serve*; **vestir(i)**, *to dress*; and **vestirse(i)**, *to get dressed.*

2. **E > í:** The **e** in the stem of the special **IR**-ending infinitive **reír** changes to an **í** with an accent mark in the present tense in persons 1, 2, 3, 6, and in commands **Ud.** and **Uds.** But in the **nosotros-as** *(let us)* command the **e** changes to an **i** without the accent mark. Learn this group, including **reír(í)** and **reírse(í)**, *to laugh*; **sonreír(í)** and **sonreírse(í)**, *to smile.*

STUDY THE RULES, EXAMPLES, AND MODELS BEFORE BEGINNING THE EXERCISES

EJERCICIOS

I. El médico pide información. Answer the doctor in complete sentences. Role-play.

Model: Médico: —¿Cuántas horas **duerme** el niño?   Tú:—Él **duerme** diez horas.
How many hours does the child *sleep*?   He *sleeps* ten hours.

1. ¿Y las niñas? (nueve horas) _____

2. ¿Y tú? (ocho horas) _____

3. ¿Tú y tus hermanos? (siete horas) _____

4. ¿Y tu abuelo? (diez horas) _____

5. ¿Y los padres? (seis horas) _____

II. **(A)** Despúes de jugar al fútbal, todos van al médico con problemas. Answer in *two* complete sentences. Role-play.

Clues: mal, enfermo, no muy bien, así-así, dolor de cabeza, dolor de estómago, dolor de pecho, dolor de garganta, dolor de pie.

Model: Médico:—**¿Cómo se siente Ud? ¿Dónde siente Ud. dolor?**
How do you *feel*? Where do you *feel pain*?

Usted:—**Yo me siento mal. Siento dolor de estómago.**
I *feel* sick. I *feel pain* in my stomach.

1. ¿Cómo te sientes tú? ¿Dónde sientes dolor? _____

2. ¿Y ustedes todos? _____

3. ¿Y el otro equipo (team)? _____

4. ¿Y todos los futbolistas (soccer players)? _____

II. **(B)** Todavía en el estadio, los futbolistas celebran su éxito entre chistes y risas. Answer in a complete sentence. Role-play.

Model: Periodista: — **¿Te diviertes y te mueres de risa de los chistes?**
Do you have a good time and die laughing at the jokes?
Primer futbolista:—**Me divierto y me muero de risa de los chistes**.
I have a great time and die laughing at the jokes.

1. ¿Se divierten los aficionados (fans) y se mueren de risa de los chistes? _____

2. ¿Y el capitán del equipo? _____

3. ¿Y tú? _____

4. ¿Y ustedes todos? _____

III. **(A)** Hay que decidir y despúes decir que no mentimos. Follow the model. Role-play.

Model: —**¿Prefiere Ud. dar dinero o recibirlo? ¿Miente?**
Do you prefer to give money or receive it? Are you lying?
—**Prefiero recibirlo. Yo no miento.**
I prefer to receive it. I'm not lying.

1. ¿Prefieres dar consejos o recibirlos? ¿Mientes? _____

2. ¿Y ustedes todos, prefieren ganar o perder? ¿Mienten? _____

3. ¿Y sus amigos, prefieren una carrera (career) difícil o fácil? ¿Mienten? _____

4. ¿Y tu mejor amiga, Elena, prefiere ser ella fea o bonita? ¿Miente? _____

(B) Tell how you dress for a special occasion, then smile when you look in the mirror.

Clues: elegante, casual, de mi mejor ropa, deportivo.

Model: —**¿Cómo te vistes para la ocasión? ¿Te sonríes luego al espejo?**
How do you dress for the occasion? Do you smile at yourself in the mirror after?
—**Yo me visto con elegancia y me sonrío al espejo.**
I dress with elegance and smile at myself in the mirror.

1. ¿Cómo se visten ustedes? ¿Se sonríen luego al espejo? _____

2. ¿Y los jóvenes? _____

3. ¿Y tu amiga? _____

4. ¿Y usted? _____

(C) Model:—**En la reunión, ¿pides tu helado favorito y lo sirves a otros?** At the gathering, do you ask for your favorite ice cream and serve it to others?
—**Sí, pido un helado de vainilla y lo sirvo a otros.**
Yes, *I ask for* a vanilla ice cream and *serve it* to others.

Clues: de vainilla, de chocolate, de fresas, de nueces.

1. ¿Piden algunos invitados un helado favorito y lo sirven a otros? _____

2. ¿Y el hermanito de la familia? _____

3. ¿También, tú? _____

4. ¿Y ustedes todos? _____

(D) Model:—**En casa, ¿repites los chistes y ríes otra vez?**
At home do you repeat the jokes and laugh again?
—**Sí, repito los chistes y río otra vez.**
Yes, I *repeat* the jokes and *laugh* again.

1. ¿Repiten los amigos los chistes y ríen otra vez? _____

2. ¿Y ustedes todos? _____

3. ¿También el amigo triste? _____

4. ¿Y tú? _____

IV. José Mercedes lleva a Lola, quien trabaja con él en el mercado, a conocer a su abuelita. Complete the sentences. Role-play.

Linda: —Mucho gusto señora. ¿Ya no _____ Ud. dolores?

(1) feel

Abuela: —Ya me _____ bien. ¿Te _____ un café?

(2) feel   (3) shall I serve

Linda: —Ahora no, gracias. Pero le _____ permiso para visitarla en otra ocasión.

(4) ask for

Abuela: —¡Claro! José te _____ mucho. ¿ _____ Uds. trabajando

                              (5) amuse   (6) have a good time

      en el mercado? ¿Verdad?

Linda: —Oh, sí. Nosotros nos _____ de sus chistes. Yo _____ mucho.

                                 (7) smile   (8) laugh

Abuela: —Yo lo _____. Los dueños _____ un trabajo serio.

                   (9) regret   (10) prefer

Linda: —¡No lo sienta, señora!. Ellos no nos _____. Nosotros _____ bien al público.

                                      (11) fire   (12) serve

II. PART TWO: PRETERITE TENSE STEM-CHANGING VERBS OF *IR* INFINITIVES

In the preterite tense all stem-changing verbs of IR infinitives change only in the third person and the sixth person.

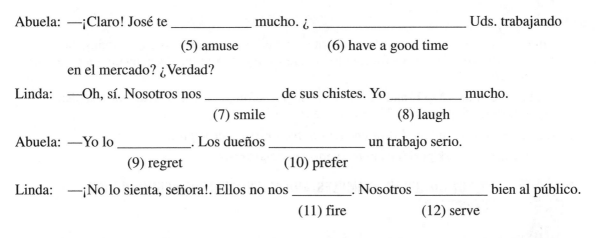

	o > u	e > i	e > i	e > ie > í
	Dormir	**Sentir**	**Pedir**	**Reír**
1.	**Yo dormí**	**sentí**	**pedí**	**reí**
2.	**Tú dormiste**	**sentiste**	**pediste**	**reíste**
3.	**Él, Ella, Ud. durmió**	**sintió**	**pidió**	**rió**
4.	**Nosotros-as dormimos**	**sentimos**	**pedimos**	**reímos**
5.	**Vosotros-as dormisteis**	**sentisteis**	**pedisteis**	**reísteis**
6.	**Ellos, Ellas, Uds. durmieron**	**sintieron**	**pidieron**	**rieron**
Present Participle	**durmiendo**	**sintiendo**	**pidiendo**	**riendo**
	Like **dormir**: **dormir(se)** **morir**	Like **sentir**: **divertir(se)** **mentir** **preferir**	Like **pedir**: **despedir(se)** **repetir** **servir** **vestir(se)**	Like **reír(se)**: **sonreír(se)**
Examples:	**¿Durmió Ud.?** Did you sleep? **Dormí.** I slept.	**¿Lo sintió Ud.?** Did you regret it? **Lo sentí.** I felt sorry.	**¿Qué pidió?** What did you request? **Pedí pan.** I asked for bread.	**¿Rió Ud.?** Did you laugh? **Reí.** I laughed.

Rules:

1. *Carefully* pronounce the preterite forms of each verb on the previous page, noting the sound change as the vowel changes from **O** to **U**, and from **E** to **I** *in the third person and the sixth person, only.*

2. You have seen the **O** to **U** and the **E** to **I** changes before, in the **nosotros** commands: **¡Durmamos!, ¡Sintamos!, ¡Pidamos!, ¡Riamos!**

3. Notice the **O** to **U** and the **E** to **I** changes *in the present participles.*

4. Note the accent mark positions in the verbs **reír** and **sonreír**.

 STUDY THE RULES, EXAMPLES, AND MODELS BEFORE BEGINNING THE EXERCISES

EJERCICIOS

I. **(A)** Su vecino exagera todo. Usted no le cree nada. Use **¡Imposible! Ud. no** and the preterite tense in a complete sentence. Role-play.

> Model: —**Yo divertí a todos ayer.**   —**¡Imposible! Ud. no divirtió a nadie.**
> I amused everybody yesterday.   Impossible. You did not amuse anybody.

1. Dormí veintitrés horas anoche. _____

2. Sentí frío bajo el sol tropical. _____

3. Pedí un millón al banco. _____

4. Reí al oír chistes malos. _____

5. Repetí de memoria todo el libro. _____

(B) You continue to express disbelief. Use **¡Imposible! Uds. no** and the preterite tense, according to the model. Role-play.

> Model: —**Despedimos a todos.**   —**¡Imposible! Uds. no despidieron a todos.**
> We discharged (fired) everyone.   Impossible! You (pl.) did not fire everyone.

1. Nosotros vestimos en oro a la niña. _____

2. Mentimos mil veces ayer. _____

3. Preferimos perder la lotería. _____

4. Servimos vino en la fiesta. _____

5. Morimos de hambre ayer. _____

II. **(A)** Tell us that you did do these things yesterday. Use **Pero ayer yo** in a complete sentence and the preterite tense in a complete sentence. Role-play.

> Model: —**No lo siento hoy.**   —**Pero ayer yo lo sentí.**
> I don't regret it today.   But, I regretted it yesterday.

1. No duermo mucho. _____

2. No siento dolor. _____

3. No pido dinero. _____

4. No río mucho. _____

5. No repito todo. _____

(B) La esposa le explica al médico lo que pasa hoy y lo que pasó ayer con su marido. Use **Ayer también** and the preterite tense in a complete sentence. Role-play.

Model: —**Él duerme mucho.**   —**Ayer también durmió mucho.**
　　　　He sleeps a great deal.   Yesterday, too, he slept a lot.

1. El marido prefiere descansar. _____

2. Las enfermeras le sirven helado. _____

3. Primero, el marido sonríe. _____

4. Luego, el marido casi muere de dolor. _____

5. Las enfermeras lo sienten. _____

III. Dialogue Completion: Juana complained to the owner of the restaurant about the bad effect she suffered after eating there the night before. Use the verbs in the PRETERITE TENSE. Role-play.

1. Juana entró en el restaurante y preguntó. —¿A qué hora _____ Uds. la comida ayer?
　　　　　　　　　　　　　　　　　　　　　　　　　(servir)

2. El propietario respondió, —Nosotros la _____ desde las cinco hasta las diez.
　　　　　　　　　　　　　　　　　　　(servir)

3. Juana:—Yo _____ dolor de estómago anoche después de comer aquí a las nueve.
　　　　　(sentir)

4. Propietario: —Yo lo siento mucho señora. Pero Ud. no _____ anoche. 5. ¿_____
　　　　　　　　　　　　　　　　　　　　　　(morir)　　　　　(pedir)

Ud. nuestra paella?

6. Juana: —Yo no la _____. 7. Ud. me _____ el arroz con pollo.
　　　　　　(pedir)　　　　　(servir)

8. Propietario: —¡Menos mal! La otra clienta _____ la paella. 9. ¡Y ella _____ anoche!
　　　　　　　　　　　　　　　　(preferir)　　　　　　　　(morir)

IV. Speak up! Role-play

　　　Situation: Your friend asks what kind of movie you prefer to see. You tell him/her how each kind of film makes you feel. [Three sentences are good; four very good; five or more are excellent.]

　　　Amigo(a): Dan comedias, tragedias y películas de horror.
　　　　　　　　　　¿Cuál prefieres ver?
　　Yo: 　　 . . .

Clues: Tell which films amuse (**divertir**) you more; whether you laugh and to whom you repeat the jokes; after what kind of film last week you felt terror (**terror**) or sadness (**tris-teza**) and did not sleep well; which you prefer to see today; what you do if it is a bad movie (**película**)—sleep or eat popcorn (**rositas de maíz**); whether you ever go to the movie house or prefer to rent (**arrendar**) DVDs. Other ideas?

Work Unit Thirty-Three
THE PRESENT PERFECT TENSE

Distintos estilos

La abuela ha venido a visitar a su nieta y está almorzando con ella.

Nieta:	Yo ya he vivido unos cuantos años y nunca he visto algo así.
Abuela:	¿Qué has visto tú?
Nieta:	Amalia, la hija del vecino, ha pedido a Enrique que se case con ella.
Abuela:	¡Qué simpático!
Nieta:	¿Simpático? ¿Y sabes qué más le ha dicho Amalia? "Después de haber vivido contigo por cuatro años, he decidido tener hijos".
Abuela:	¿Y qué le ha contestado Enrique?
Nieta:	Él le dijo, "Yo he tenido y tengo trabajos insignificantes y no gano suficiente dinero". Y Amalia le ha contestado, "No te preocupes. Después de tener hijos, yo vuelvo a trabajar y tú te quedas en casa con ellos".
Abuela:	Es razonable, ¿no?
Nieta:	Es una confusión. Antes, todo era más fácil y sencillo.
Abuela:	¿Tú crees? Tu abuelo y yo hemos hecho lo mismo.
Nieta:	¿Cómo es eso?
Abuela:	Tu abuelo me gustaba desde que lo conocí, pero él no estaba muy interesado en mí. Yo decidí convencerlo.
Nieta:	¿Cómo?
Abuela:	Bueno, tú sabes cómo. Las mujeres sabemos cómo atraer a un hombre.
Nieta:	Y cuando lo convenciste...
Abuela:	Entonces lo visitaba en secreto.
Nieta:	¡Abuela!
Abuela:	¿Y por qué no? ¡Yo lo quería!
Nieta:	Sí, pero en esos tiempos...
Abuela:	Nada podía ser público, pero en privado...vivimos juntos varios años y luego vino tu madre al mundo.
Nieta:	¡Ay, Dios! ¿Y qué hicieron entonces?
Abuela:	Entonces tuvimos que casarnos, y todo ha terminado bien. Es decir, todo es siempre igual y la única diferencia entre Amalia y yo ha sido el estilo.

PALABRAS NUEVAS

SUSTANTIVOS *(NOUNS)*
la confusión   the confusion
la diferencia   the difference
el estilo   the style
el vecino   the neighbor

VERBOS *(VERBS)*
almorzando   (having lunch)
atraer   to attract
convencer   to convince
ha contestado   (he, she) has answered

ha dicho   (she) has said, has told
ha pedido   (she) has asked
(yo lo) quería   (I) loved (him)
ha sido   (it) has been
ha terminado   (it) has ended

ha venido   (she) has come
haber vivido   to have lived
han hecho   (you) have done
has visto   (you) have seen
he decidido   (I) have decid-
   ed
he visto   (I have seen)
he vivido   (I) have lived
hemos hecho   (we) have
   done

vuelvo a trabajar   (I) will
   go back to work

ADJETIVOS *(ADJECTIVES)*
confuso, a   confusing
igual   the same
insignificante   insignificant
público   public
razonable   reasonable
sencillo   simple

único, a   only

OTRAS PALABRAS *(OTHER
   WORDS)*
antes   in the old days
en privado   privately
es decir   that is to say
lo mismo   the same thing
¡Qué simpático!   How cute!
unos, as cuantos, as   a few

EJERCICIOS

I.   Answer in complete sentences.

1. ¿Quién es Amalia y qué quiere ella?

2. ¿Quién va a quedarse en casa a cuidar niños y por qué?

3. ¿Qué quiso decir la abuela con "Tu abuelo y yo hemos hecho lo mismo"?

4. ¿Por qué todo terminó bien para la abuela?

5. ¿Por qué dice la abuela que todo es siempre igual y la única diferencia es el estilo?

1. _____

2. _____

3. _____

4. _____

5. _____

II.   The following sentences have mistakes. Rewrite them.

1. Yo he viviré muchos años y tendré mucha experiencia.

   _____

2. ¿Es rasonable qerer casarse con una muher tan hoven?

   _____

3. Antes, todo es más fácil y difícil.

   _____

4. Que sinpático es ver hugar a los niñas en el escuela.

   _____

5. Tú se quedas y yo iba al banco.

   _____

III. Composición. (A) Por celular (B) Por e-mail

(A) Look at the picture on page 308. Tell what is happening and how the story ends.
(B) Tell what differences in life styles you see between two generations within your family.

    Cuán distintos son los estilos de vida en dos generaciones distintas.

1. Describe what and how each generation eats at home. 2. Mention how they spend their free time. 3. Tell what their greatest fears (**temores**) and hopes (**esperanzas**) are.
4. Indicate what each generation thinks are the most important priorities (**prioridades**) in life.

ESTRUCTURAS DE LA LENGUA
THE PRESENT PERFECT TENSE

A. The present perfect tense indicates that the event, action, or state of being of the verb *has happened very recently.*

B. Regular formation of the present perfect tense:

AR verbs **Enviar**	**—¿Les has enviado el dinero?** *Have you* (fam. sing.) *sent them the money?*	**—Todavía no se lo *he* enviado.** I *have* not yet *sent* it to them.
ER verbs **Responder**	**—¿No han respondido Uds. su carta?** *Haven't you* (pl.) *answered* their letter?	**—Nosotros ya se la *hemos* respondido.** We *have* already *answered it* for them.
IR verbs **Recibir**	**—Entonces él, o ella, o Ud., ¿ya ha recibido el dinero?** Then he, or she, or you (polite sing.) have already received the money?	**—Sí, ellos todos ya lo *han* recibido.** Yo no. Yes, they all have already received it. Not I.

Rules:

1. The Spanish present prefect tense has two parts, as it does in English: The appropriate verb form of **haber** (*to have*, not to be confused with **tener,** which means *to own, to hold*) and the past participle that follows **haber,** telling us *what has occurred.*

2. The personal forms of **haber** (*to have*) are:

    Yo he _____   Nosotros-as hemos _____
    Tú has _____   Vosotros-as habéis _____
    Él; Ella; Ud. ha _____   Ellos; Ellas; Uds. han _____

3. To form the regular past participle, drop the **ar** from the **ar** infinitive. Add **ado** to the remaining stem of the verb, e.g., **enviar: envi + ado = enviado.**

4. Drop the **er** from the **er** and the **ir** from an **ir** infinitive. Add **ido** to the remaining stem, e.g., **responder: respond + ido = respondido** and **recibir: recib + ido = recibido.** Note: the past participle of **ir**, *to go*, is **ido** (*gone*), e.g., **He ido,** I have gone.

5. No word may separate the forms of **haber** and their *past* participles. Negatives and object pronouns precede the forms of **haber.** In questions the subject follows only the complete two-part tense.

C. Irregular past participles need to be memorized. Common irregular past participles are:

1. (a) Past participles ending in **to: abierto (abrir), cubierto (cubrir), escrito (escribir), puesto (poner), visto (ver), vuelto (volver).**

   (b) Past participles that are compounds of the above, e.g., **descubierto (descubrir), devuelto (devolver).**

2. Past participles ending in **cho: dicho (decir), hecho (hacer).**

3. Past participles ending in **ído**, e.g., **caído (caer), creído (creer), leído (leer), construído (construir), oído (oir), traído (traer).** Note the accent mark.

STUDY THE RULES, EXAMPLES, AND MODELS BEFORE BEGINNING THE EXERCISES

EJERCICIOS

I. We check on closing the house before leaving on vacation. Answer in a complete sentence using the present perfect tense and the cues suggested in parentheses. Role-play.

Model: —**¿Has olvidado la llave? (Yo no la)**   —**Yo no la he olvidado.**
Have you forgotten the key?   I have not forgotten it.

1. ¿Quién ha cerrado las ventanas? (Yo las) _____

2. ¿Quiénes han atendido a la electricidad? (Nosotros la) _____

3. ¿Han llevado ustedes el gato al vecino? (Nosotros lo) _____

4. ¿He dejado yo una noticia al cartero? (Tú se la) _____

5. ¿Ha traído Juan las maletas al carro? (Él las) _____

II. Ustedes están de vacaciones en Santo Domingo. Answer your friends' long distance calls and letters using the present perfect tense. Role-play.

Model: —**¿*Te cubres* contra el sol?**   —*Me he cubierto* contra el sol.
Do you cover yourself against the sun?   I have covered myself against the sun.

1. ¿*Abres* y *lees* tus cartas? _____

2. ¿*Oyen* ustedes la música típica? _____

3. ¿*Dices* mucho en inglés a los indígenas? (*natives*) _____

4. ¿*Ve* la familia cosas interesantes? _____

5. *¿Hacen* sus padres visitas a sus amigos allí? _____

6. ¿Se *ponen* todos loción protectora contra el sol? _____

7. *¿Escriben* tus hijos a mis hijos? _____

8. ¿Y *vuelve* tu hermana a casa antes que los demás? _____

III. Directed Dialogue. A foolish customer returned a small book. Respond in the present perfect tense. Role-play.

1. Dependiente: —¿Por qué ha devuelto usted ese libro? No es razonable devolverlo.

   Cliente: _____
   It has not been a reasonable book to me.

2. Dependiente: —¿Qué clase de libro ha pedido usted?

   Cliente: _____
   I have asked for a good book about nutrition (**nutrición**).

3. Dependiente: —Es el único libro sobre dietas que les ha gustado a todas las clientas.
   Cliente: _____
   It has not pleased me.

4. Dependiente: —Ese libro les ha ayudado a muchas a perder peso (*weight*).
   Cliente: _____
   You have not understood me.

5. Dependiente: —Por favor, usted no se ha explicado bien.
   Cliente: _____
   I have lived thin (**flaca**). I need a book in order to *gain* weight (**ganar peso**)!

IV. Speak up! Role-play

> **Situation:** Your friend asks what has happened to you. You tell your friend what has happened. [Three sentences are good. Four are very good. Five or more are excellent.]

> **Amigo(a):** —Dime, ¿qué te ha pasado?
> **Yo:**   —Pues, he tenido un problema con mi vecino.

> **Clues:** Tell your friend whether your problem has always been insignificant or great. Is it noise (**ruido**), his children, his dog, or what else? After you specify, say that you have decided to contact a lawyer (**abogado**). Comment whether your lawyer has understood the problem and has answered all your questions. How has all ended? Reasonably or in confusion?

Work Unit Thirty-Four
FAMILIAR COMMANDS

Puesto vacante

Anuncio clasificado: Necesitamos persona bilingüe para trabajar en una oficina durante el verano. Debe saber operar computadoras y máquinas de oficina. Conocimiento de mecanografía y taquigrafía útil. No se necesita experiencia. Salario negociable. Personas interesadas, presentarse a Vizcaíno y Cía., S.A., avenida Baltasar 555.

Pepe, el joven gerente, habla por teléfono en su oficina. Inocencia, estudiante universitaria, se presenta para postular al puesto.

Pepe:	¡Adelante! Soy Pepe Ruiz, el gerente de oficina. ¿Cómo te llamas?
Inocencia:	Me llamo Inocencia. Vengo por el puesto de secretaria.
Pepe:	Muy bien. ¡Siéntate! Voy a hacerte varias preguntas.
Inocencia:	Está bien. Y después, supongo que tendré que hablar con el presidente para obtener el empleo.
Pepe:	¡De ninguna manera! Yo tengo toda la autoridad aquí. Te diré un secreto. El presidente de la compañía es un viejo. Muchas veces, el pobre anciano se duerme en las conferencias. ¡Yo tengo que tomar todas las decisiones importantes!
Inocencia:	¡Ay! ¡Estoy tan impresionada!
Pepe:	Bueno. Vamos a comenzar. ¡Haz las cosas siguientes! Primero, ¡haz una lista de estos exportadores, en orden alfabético, en Word y en Excel! ¡Obtén dos copias y pon una copia en el archivo! Después, ¡toma dictado de una carta y manda la carta por fax a una tienda en Bogotá!
Inocencia:	A ver...aquí está la lista...una copia al archivo...y la carta por fax a Bogotá... ¡Terminé!
Pepe:	¡Estupendo! ¡No digas ni una palabra! El puesto es tuyo.

Entra Hugo Vizcaíno, presidente y dueño de la compañía.

Vizcaíno:	Inocencia, ¡dime cómo salió la entrevista!
Pepe:	¿Ustedes se conocen?
Inocencia:	¡Claro, es mi papá! ¡Un hombre muy capaz...y muy despierto!

PALABRAS NUEVAS

SUSTANTIVOS *(NOUNS)*
el anuncio clasificado the want ad
el archivo the file cabinet
el conocimiento the knowledge
el dueño the owner
el puesto the position

el gerente de oficina the office manager
la mecanografía the typing
la taquigrafía the shorthand

VERBOS *(VERBS)*
¡Adelante! Come in!
¡Dime! Tell me!
¡Haz! Make! Do!

¡Manda! Send!
¡Obtén! Obtain! Get!
¡Pon! Put!
postular to apply for
¡Siéntate! Sit down!
supongo (I) suppose
¡Toma! Take!

ADJETIVOS *(ADJECTIVES)*
bilingüe bilingual
capaz able
despierto, a alert
¡Estupendo! Excellent!
siguiente following
tuyo, a yours

útil useful
vacante vacant

OTRAS PALABRAS *(OTHER WORDS)*
Cía. (abbrev. of **Compañía**) Co.

¿Cómo salió? How did it go?
¡De ninguna manera! No way!
en orden alfabético in alphabetical order

EJERCICIOS

I. Answer in complete sentences.

1. ¿Qué necesita Inocencia?

2. ¿A qué persona necesita la compañía?

3. ¿Quién es Pepe?

4. ¿Por qué debe Pepe tomar todas las decisiones?

5. ¿Qué debe saber la secretaria?

6. ¿Por qué se conocen Inocencia y el señor Vizcaíno?

7. ¿Está el dueño medio dormido o muy despierto...es capaz o incapaz?

1. _____

2. _____

3. _____

4. _____

5. _____

6. _____

7. _____

II. Translate.

1. Come in, sit down, and write this fax.

_____

2. Are you (formal) a bilingual person?

_____

3. The following position is open.

_____

4. It is useful to make a list in alphabetical order.

_____

5. The Internet has thousands of new want ads every day.

_____

III. Composición. (A) Por celular (B) Por correo electrónico

(A) Look at the picture on page 314. Tell what is happening and how the story ends.
(B) Tell about a job interview. Include the following:
Una entrevista.
1. With whom you have the interview. 2. Why you want the job. 3. What kind of work it is. 4. Your qualifications and experience. 5. How the interview turned out (**salió**).

STUDY THE RULES, EXAMPLES, AND MODELS BEFORE BEGINNING THE EXERCISES

ESTRUCTURAS DE LA LENGUA
COMMANDS FOR THE FAMILIAR *TÚ*.

A. Regular affirmative commands for **tú** compared with the present tense for **tú**.

Present Tense Origin	**Affirmative Command**
1. **¿Tomas (tú) una fruta?** Are you taking a piece of fruit?	1. **¡Toma (tú) una pera!** Take a pear!
2. **¿Comes bastante?** Are you eating enough?	2. **¡Come un postre!** Eat a dessert!
3. **¿Decides entre la pera y un flan?** Are you deciding between the pear and a custard?	3. **¡Decide por el flan!** Opt for the custard!

Rules:

1. Regular affirmative **tú** commands are formed by dropping the **s** from the present tense of **tú**.
2. Use exclamation points before and after **tú** commands.
3. **Tú** may follow the command. The use of **tú** is optional. It is used for clarity or emphasis.

B. Irregular affirmative commands for **tú.**

From Infinitive Stems	Unique Affirmative *Tú* Commands
1. **¡Pon (tú) la mesa!** (*Poner*) Set the table, please!	1. **¡Di hola!** Say "Hi"!
2. **¡Sal de la cocina!** (*Salir*) Leave (get out of) the kitchen!	2. **¡Haz bien!** Do well!
3. **¡Ten paciencia!** (*Tener*) Have patience!	3. **¡Sé bueno!** Be good!
4. **¡Val un millón pronto!** (*Valer*) Be worth a million soon!	4. **¡Vé a la alameda!** Go to the mall!
5. **¡Ven con nosotros!** (*Venir*) Come with us!	

Rules:

> *Memorize* the irregular affirmative commands for **tú** that do not come from the present tense.

C. Regular negative commands for **tú**.

Present Tense First Person *Yo* Origin	Negative Commands for *Tú*
1. **Yo tomo la manzana** (*tomar*) I am taking the apple.	**¡No la tomes tú!** Don't you take it!
2. **Yo como el flan** (*comer*) I am eating the custard.	**¡No lo comas tú!** Don't you eat it!
3. **Yo extingo las velas** (*extinguir*) I extinguish the candles.	**¡No las extingas tú!** Don't you extinguish them!
4. **Yo se le digo a Elena** (*decir*) I'm telling it to Ellen.	**¡No se lo digas tú!** Don't you tell it to her!
5. **Yo no me pongo los zapatos** (*poner*) I'm not putting on my shoes.	**¡No te los pongas tú tampoco!** Don't you put them on either!

Rules:

1. Negative commands for **tú** are formed from the present tense stem of the first person, **yo.** Replace the **o** ending by **es** for **ar**-ending infinitives, and by **as** for **er**- and **ír**-ending infinitives, e.g., **Yo le hablo. ¡No le hables tú!** (*hablar*); **Yo lo hago. ¡No lo hagas tú!** (*hacer*); **Yo vengo. ¡No vengas tú!** (*venir*).

2. Memorize these additional sets of **tú** commands for easy recall: **¡Di! ¡No Digas!** (*decir*); **¡Pon! ¡No pongas!** (*poner*); **¡Sal! ¡No salgas!** (*salir*); **¡Ten! ¡No tengas!** (*tener*); **¡Val! ¡No valgas!** (*valer*).

3. Object pronouns and reflexive pronouns *precede the negative* command, but are attached to the end of the affirmative command, e.g., **¡Házmelo, por favor!** (Do it for me, please!) **¡No se lo hagas!** (Don't do it for him! [her, them]).

4. See Work Unit Sixteen for a comparison with the commands for **usted, ustedes, nosotros,** and for the use of the accent mark on affirmative commands that have attachments.

D. Irregular negative commands for **tú,** paired with their affirmative command forms. *Memorize.*

Affirmative	Negative	Affirmative	Negative
1. **¡Da!** Give!	**¡No des!** Don't give!	3. **¡Sé!** Be!	**¡No seas!** Don't be!
2. **¡Está!** Be!	**¡No estés!** Don't be!	4. **¡Vé!** Go!	**¡No vayas!** Don't go!

EJERCICIOS

I. ¿Qué debo hacer cuando visito otro país? Express the affirmative **tú** command in complete sentences. Use the vocabulary provided and exclamation points. Role-play.

Model: Caminar por sus calles.
     ¡Camina por sus calles!
     Walk through their streets!

(A) Using regular affirmative commands for **tú.**

1. hablar / su idioma. _____

2. aprender / sus costumbres. _____

3. vivir / como ellos. _____

4. tomar / solamente agua mineral. _____

5. usar / el transporte público. _____

(B) Using irregular affirmative commands for **tú.**

1. tener / paciencia. _____

2. ponerse / zapatos cómodos. _____

3. ir / por todas partes con calma. _____

4. decirles / buenas cosas de su país. _____

5. salir / para el aeropuerto a tiempo. _____

6. ser / un buen embajador. _____

7. venir / a casa pronto. _____

8. hacer / bien a todos. _____

II. ¿Qué no debo hacer en otro país? Use the negative command for **tú** in complete sentences. Use the vocabulary provided, and the exclamation points. Role-play.

Model: ¡Háblales en su idioma! (No / en inglés)
¡**No les hables en inglés!**
Don't speak to them in English!

1. ¡*Haz* bien! (No / dificultades) _____

2. ¡*Sal* de día! (No / a solas de noche) _____

3. ¡*Ten* confianza! (No / miedo) _____

4. ¡*Ponte* ropa ordinaria! (No / tu mejor ropa) _____

5. ¡*Ven* y *vé* con cuidado! (No / ni / sin el mapa del área) _____

6. ¡*Dales* recuerdos buenos! (No / una mala impresión) _____

7. ¡*Diles* "buenos días" a todos! (No / "hola") _____

8. ¡*Sé* cortés con todos! (No / desagradable) _____

9. ¡*Está* siempre de buen humor! (No / de mal humor) _____

10. ¡*Obtén* el pasaporte pronto! (No / el pasaporte más tarde) _____

III. Directed Dialogue: **Buscando un puesto** (*looking for a position*). Give me advice as a friend using the familiar **tú** commands. Role-play.

1. **Necesito un puesto.**

_____

Look for it in the classifieds!

2. **No puedo trabajar muchas horas.**

_____

Tell it to the manager!

3. **Es necesario ganar bastante para pagar mis estudios.**

_____

Decide how much you need!

4. **Tiene que ser un trabajo fácil.**

_____

Don't tell that to the manager!

5. **No sé cómo causar una buena impresión.**

_____

Put on your best clothing and answer everything.

IV. Give the following orders in the familiar command and using exclamation points.

Model: **Obtener** estas cosas útiles para la   **Obtén** estas cosas útiles para
oficina.   la oficina.
To get these useful things for the office.   *Get* these useful things for the office.

1. *Sentarse*, por favor. _____

2. *Escribir* el siguiente dictado. _____

3. *Mandar* la carta al dueño. _____

4. *Decirme* tus conocimientos de mecanografía. _____

5. *Estar* despierto. _____

6. *Ser* una secretaria capaz. _____

IV. **Speak up!** Role-play

Situation: Your friend, Marta, has a job interview tomorrow. You give Marta advice using the command forms for **tú.** [Three sentences are good; four very good; five or more excellent.]

Marta: Mañana tengo una entrevista importante para un puesto interesante. ¡Dime cómo debo prepararme para tener éxito!

Yo: Primero . . .

Clues: Be optimistic (**optimista**) and alert. Give your history of employment. Tell the owner about your useful knowledge of computers and bilingual shorthand, which office machines you know how to use, and what else you can do. Make a good impression with your clothing and hair. Speak clearly and calmly (**con calma**). Send the owner a letter of thanks, later, for the interview. Other ideas?

Part Two
IDIOMS AND DIALOGUES

Work Unit 1
EXPRESIONES CORTESES
POLITE EXPRESSIONS

Greetings *(Saludos)*

Familiar:	—Hola, amigo.	Hello, friend.
	—¡Saludos!	Greetings!
	—¿Cómo estás, Patricia?	How are you, Patricia?
	—¿Cómo te va, Pancho?	How are you doing, Pancho?
	—¿Qué tal?	What's up?
Formal:	—Buenos días, señor Rojas.	Good morning, Mr. Rojas.
	—Buenas tardes, señora Ruiz.	Good afternoon, Mrs. Ruiz (covers afternoon and early evening).
	—Buenas noches, señorita Paz.	Good night, Ms. Paz (covers late evening and night). ("Señorita" applies to a young, unmarried woman.)
	—¿Cómo está usted, doctor Orellana?	How do you do, Doctor Orellana?

Note: *To shake hands* is **Dar la mano.** (José y Raúl se dieron la mano.)

Come in *(Pase)*

Familiar:	—Pasa, Pepe.	Come in, Pepe.
	—Entren, amigos.	Get in, my friends.
	—Adelante, compadre.	Go ahead, buddy.
	—Haz el favor de entrar.	Please come in. (sing.)

Formal:
—Pase usted, por favor.   Please come in. (sing.)

—Hagan el favor de pasar.   Please come in. (pl.)

—Pasen, por favor.   Please come in. (pl.)

Note that with all such requests (except for idiomatic expressions), the verb is in the command form.

Welcome *(Bienvenido)*

—Bienvenido, Jorge.   Welcome, Jorge.   **Bienvenido** agrees in gender

—Bienvenida, María.   Welcome, María.   and number with the

—¡Bienvenidos todos!   Welcome everybody!   person(s) welcomed.

Introductions

—Me llamo José López.   My name is Joseph Lopez.   **Llamarse** *to be named,*
¿Cómo te llamas tú,   What is your name, child?   *to be called*
niño?

—Me llamo Pepe,   My name is Joey,   me llamo
mucho gusto.   pleased to meet you.   te llamas
                                                         se llama

—¿Y cómo se llama tu   And what is your sister's   nos llamamos
hermana?   name?   os llamáis
                                                         se llaman

—Mi hermana se llama Rosa.   My sister's name is Rose.

—Dispense, señorita.   Excuse me, miss. Is your
¿Se llama Ud. Rosa?   name Rose?

—Me llamo Rosa   My name is Rose Ortiz,
Ortiz, mucho gusto.   pleased to meet you.

—Mucho gusto.   Pleased to meet you.

—El gusto es mío.   The pleasure is mine.

Polite inquiries *(Preguntas corteses)*

Familiar:
—¿Qué tal, niño?   How are things, child?

—¿Cómo estás tú, Ana?   How are you, Ana?

—¿Y cómo anda tu salud, Vito?   And how's your health, Vito?

—¿Cómo te va en el trabajo? How are you doing at work?

Formal:	—¿Cómo está usted, Sr. Carrasco?	How are you, Mr. Carrasco?
	—¿Cómo le va en su nueva casa?	How are you doing in your new home?
	—¿Qué pasó con sus rosas?	What happened to your roses?
Familiar:	—Sin novedad.	Nothing much.
	—Muy bien.	Very well.
	—Todo bien.	Everything OK.
Formal:	—Estoy muy bien, gracias. ¿Y usted?	I am fine, thank you. And you?
	—Muchas gracias, todos estamos bien.	Thank you very much, we are all fine.
	—¡Cómo no! ¡Encantado!	Of course! Delighted!

Taking Leave

—Con permiso. Hasta mañana.	Excuse me. Until tomorrow.	**Con permiso** *Excuse me:* courtesy form when leaving early or upon inconveniencing a person; also, **dispense.**
—Le doy las gracias por la visita.	I thank you for the visit.	**Dar las gracias** *to thank*
—De nada, señor Valdés. (No hay de qué.)	You are welcome, Mr. Valdés. (You are welcome.)	
—Hasta luego. (Hasta la vista.)	Until later. (See you later.)	Farewells: fam.: **Hasta luego (hasta la vista);**
—Adiós.	Good-bye.	formal: **Adiós.**

STUDY THE IDIOMS BEFORE BEGINNING THE EXERCISES

EXERCISES

I. Write the expression that best completes the sentence, and circle the letter.

1. Cuando mi amigo entra en mi casa, yo le digo: _____

   a. —Bienvenido. b. —Adiós. c. —Dispense. d. —Sin novedad.

2. Si mi amigo me presenta a su profesor, le doy _____

   a. dinero. b. una revista. c. la mano. d. un beso.

3. Cuando mi madre me da la comida, yo le doy _____

   a. la mano.   b. las gracias.   c. un vaso de leche.   d. un dólar.

4. Acepto la invitación a la casa de un amigo cuando le digo: _____

   a. —Muy bien.   b. —Hola.   c. —Con permiso.   d. —Así, así.

5. Si *no* puedo aceptar una invitación digo: _____

   a. —De nada.   b. —Mucho gusto.   c. —Dispense.   d. —Servidor.

6. Si yo visito a una persona en el hospital le digo: _____

   a. —¿Cómo esta Ud.? b. —¿Cómo se llama Ud.?   c. —Dispense.   d. —Bienvenido.

7. Cuando una persona me da las gracias, le contesto: _____

   a. —Hasta luego.   b. —Bienvenido.   c. —De nada.   d. —Buenas noches.

8. Si quiero conocer a una persona le pregunto: _____

   a. —¿Cómo se llama Ud.?   b. —¿Qué es esto?   c. —¿Dónde estás?   d. —¿Adiós?

9. Antes de interrumpir una conversación digo: _____

   a. —Sin novedad.   b. —Con permiso.   c. —Gracias.   d. —No hay de qué.

10. Si el dueño de la compañía me dice "¿Qué tal?" Yo le respondo: _____

   a. —Muy bien, gracias.   b. —¡Saludos!   c. —Hágame el favor.   d. —Pase usted, por favor.

II.   Write *two* appropriate rejoinders in Spanish from the selection given. Circle the letters.

1. —Te doy las gracias: _____ / _____

   a. —No hay de qué.   b. —De nada.   c. —Buenas tardes.   d. —Todo bien.

2. —Te doy el dinero que necesitas: _____ / _____

   a. —Te doy las gracias.   b. —Bienvenido.   c. —De nada.   d. —Muchas gracias.

3. —¿Cómo estás?: _____ / _____

   a. —No hay de qué.   b. —Adiós.   c.—Bien, gracias.   d. —Estoy enfermo.

4. —¿Entro ahora?: _____ / _____

   a. —De nada.   b.—¡Entre Ud. por favor!   c. —Sin novedad.   d.—¡Haz el favor de pasar!

5. —¿Qué tal?: _____ / _____

   a. —Por favor.   b. —Sin novedad.   c. —Muy bien.   d. —¿Cómo te llamas?

6. —Hola: _____ / _____

   a. —Buenos días.   b. —Buenas tardes.   c. —Pasa.   d. —De nada.

7. —Adiós: _____ / _____

   a. —Hasta luego.   b. —Bienvenido.   c. —Hasta la vista.   d. —Sin novedad.

8. —¡Dispense! _____ / _____

   a. —Hola.   b. —Gracias.   c. —¡Entre!   d.—Pase usted.

III. Write the appropriate rejoinder, and then circle the letter.

1. Uds. llegan a mi casa por la mañana.

   Yo digo: — _____

   a. Buenos días.   b. Buenas tardes.   c. Buenas noches.

2. Yo pregunto: —¿Cómo está tu familia?

   Tú respondes: — _____

   a. Buenas tardes.   b. Adiós.   c. Sin novedad.

3. Yo pregunto: —¿Cómo se llama Ud.?

   Ud. responde: — _____

   a. Mi amigo se llama Juan.   b. Buenas tardes.   c. Me llamo Juan.

4. Yo digo: —¡Haga Ud. el favor de entrar!

   Ud. responde: — _____

   a. Le doy las gracias.   b. De nada.   c. Estoy bien.

5. Ud. dice:—Buenas tardes.

   Yo respondo: — _____

   a. Hola.   b. Muy bien, gracias.   c. No muy bien.

6. Ud. pregunta: —¿Se llama Ud. Laura?

   Yo respondo: — _____

   a. Sí, muchas gracias.   b. Sí, mucho gusto.   c. Sí, buenas noches.

7. Yo digo: —Adiós.

   Ud. responde: — _____

   a. Hasta la vista.   b. Dispense.   c. Mucho gusto.

8. Yo digo: —Me llamo Juan.

   Ud. responde: — _____

   a. Mucho gusto.   b. Dispense.   c. Hasta la vista.

9. Yo digo: —Yo te doy la mano.

   Tú dices: — _____

   a. Bien.   b. De nada.   c. Mucho gusto.

10. Yo digo: —Gracias.

    Tú respondes: — _____

    a. ¿Cómo está?   b. Buenos días.   c. No hay de qué.

IV. Rewrite the following sentences *with their letters* in the logical order of sequence.

   Model: —a. Hasta luego   b. Sin novedad.   c. ¿Qué tal?   d. Buenos días.

   1. (d.) *Buenos días*.   3. (b.) *Sin novedad*.

   2. (c.) *¿Qué tal?*   4. (a.) *Hasta luego*.

(A) a. Dices: —No hay de qué.   b. Te doy las gracias.   c. Tú me das un regalo.

1. _____
2. _____
3. _____

(B) a. Yo te doy la mano y digo: —Mucho gusto.   b. Tú respondes: —Me llamo Víctor, mucho gusto.   c. Yo pregunto: —¿Cómo te llamas?

1. _____
2. _____
3. _____

(C) a. —Entonces, lo invito para mañana.   b. —Haga Ud. el favor de venir a mi casa esta tarde.   c. —Muchas gracias.   d. —Dispense. Estoy enfermo hoy.

1. _____
2. _____
3. _____
4. _____

V.   Rewrite the sentence, using the correct expression for *how* or *what* : **¿Cómo?** or **¿Qué?**

1. ¿_____?   3. ¿_____?
   (se llaman ellos)   (está Ud.)

2. ¿_____?   4. ¿_____?
   (tal)   (te llamas)

                5. ¿_____?
                   (está tu familia)

VI. Complete from the selection below. (See the dialogues on pages 323–325.)

Juan: —_____ tardes, _____ profesor.
        1   2

El profesor: —Bienvenido, Juan Gómez: ¡Haga Ud. el _____ de entrar!
                                                        3

¿Me _____ Ud. la mano?
     4

Juan: —Sí, ¡_____ no! ¿Cómo _____ Ud.?
             5   6

El profesor: —Estoy bien; no estoy _____.
                                    7

Juan: —Deseo darle las _____ por la ayuda con el trabajo.

8

El profesor: —No hay de_____. ¿ _____tal, Juan? ¿Y la familia?

9   10

Juan: —_____ novedad. La familia _____ bien. Yo _____

11   12   13

bien. Tengo que regresar a casa ahora. _____ permiso. Buenas _____.

14   15

El profesor: — _____, Juan.

16

Selection: **adiós, buenas, cómo, con, da, enfermo, está, estoy, favor, gracias, está, tardes, qué, señor, sin, qué.**

VII. Copy the Spanish sentence. Then rewrite the sentence, substituting the expressions in parentheses for the appropriate words in *italics*. Make all necessary changes in the verb.

Model: —*Él* le da las gracias por *la comida.*   **He thanks him for the meal.**
            (Tú/dinero)   **Tú le das las gracias por el dinero.**
                                         (You thank him for the money.)

(A) *Yo* le doy las gracias por *la visita.*

1. (Nosotros/el favor) _____

2. (El maestro/la bienvenida) _____

3. (Sus amigos/su invitación) _____

4. (Tú/los regalos) _____

(B) *Ella* saluda *a Juan.*

1. (Yo/al profesor) _____

2. (Nosotros/a la vecina)_____

3. (Tú/mi padre) _____

4. (Los oficiales/al astronauta) _____

(C) *Señorita,* ¡haga Ud. el favor de *pasar*!

1. (Señora,/responder a la carta) _____

2. (Caballeros,/entrar) _____

3. (Señor,/salir ahora) _____

4. (Señoritas,/poner la mesa) _____

(D) *Niño*, ¡haz el favor de *abrir la puerta*!

1. (Ana,/escuchar al maestro) _____

2. (Chico,/leer el cuento) _____

3. (Prima,/llegar a tiempo) _____

4. (Hijo,/dar las gracias a mamá) _____

VIII. Replace **por favor** with the appropriate form of **hacer el favor de.** Make necessary changes in the verb form and in the word order.

    (A) Model: —¡Trabajen Uds. menos, por favor!   **¡Hagan Uds. el favor de trabajar** menos!
                 Work less, please! (*pl.*)   Please work less! (*pl.*)

1. ¡Saluden Uds., por favor! _____

2. ¡Tomen Uds. asiento, por favor! _____

3. ¡Salgan Uds. más tarde, por favor! _____

4. ¡Escriban Uds. su dirección, por favor! _____

5. ¡Hablen Uds. menos aquí, por favor! _____

    (B) Model: —¡Trabaje Ud. menos, por favor!   **¡Haga Ud. el favor de trabajar** menos!
                 Work less, please!   Please work less!

1. ¡Dé Ud. las gracias, por favor! _____

2. ¡Tome Ud. café, por favor! _____

3. ¡Ponga Ud. el libro aquí, por favor! _____

4. ¡Reciba Ud. este dinero, por favor! _____

5. ¡Coma Ud. más, por favor! _____

Work Unit 2
EL TIEMPO, LA EDAD, LAS SENSACIONES
THE WEATHER, AGE, SENSATIONS

A. El tiempo　　　　　*The Weather*

Hace . . .

1. —¿Qué tiempo hace?

2. —Hace (muy) buen tiempo.

3. —¿Hace calor?

4. —Hace sol pero no hace calor.

5. —Entonces está fresco.

6. —Sí, está fresco* pero no hace frío.

It is . . . (idiomatic)

What kind of weather is it? How is the weather?

It is (very) good weather.

Is it warm?

It is sunny but it is not hot.

Then it is cool.

Yes, it is cool but it is not cold.

Hace expresses *what kind of weather it is. It* is understood.

Muy emphasizes the adjectives **buen** and **mal.**

No appears before **hace** in the negative sentence.

Muy—Mucho; Poco.

1. —¿Hace muy mal tiempo?

2. —Sí, hace mucho calor. (Hace mucho frío.)

3. —¿Hace mucho viento?

4. —Hace poco viento pero hace mucho sol.

Very; Slightly

Is it very bad weather?

Yes, it is very hot. (It is very cold.)

Is it very windy?

It is slightly windy but it is very sunny.

Mucho emphasizes the nouns: **calor, fresco, frío, sol, viento.**

---

* **Está fresco** is commonly used for *it is cool* (weather).

1. —¿Está nevando ahora?	Is it snowing now?	Weather verbs that do not need **hace:**
2. —No. Está lloviendo.	No. It is raining.	**llover** (ue) to rain and
3. —¿No nieva aquí?	Doesn't it snow here?	**nevar** (ie) to snow
4. —Nieva poco, pero llueve mucho.	It snows a little, but it rains a great deal.	

B. Tener_____años (meses) *Idiomatic: to be_____years (months) old.*

---

1. —¿Cuántos años tienes tu?	How old are you? (*fam.*)	
(¿Cuántos años tiene Ud.?)	How old are you? (*formal*)	
2. —Tengo (treinta) años.	I am (thirty) years old.	*Age in numbers:* **tener . . . años**
3. —¿Y tu esposa?	And your wife?	**tener . . . meses** tengo, tienes, tiene
4. —Ella tiene veintiséis años.	She is twenty-six years old.	tenemos, tenéis, tienen

---

C. Tener sensaciones *Idiomatic: to be* *Sensations:*

---

1. —¿Qué tienen Uds.?	What is the matter with you? (*pl.*)	**tener** *to be the matter with*
2. —Tenemos (mucho) dolor de cabeza (dolor de muelas; dolor de estómago)	We have a (bad) headache. (toothache; stomachache)	**tener dolor de** . . . *to have a pain in* . . .

---

1. —¿Tienen Uds. calor?	Are you warm?	
2. —Tenemos (mucho) calor.	We are (very) warm.	**mucho** emphasizes the masculine nouns:
. . . . frío	. . . . cold	*warmth:* **calor** *cold:* **frío**
. . . . sueño	. . . . sleepy	*sleepiness:* **sueño**
. . . . interés	. . . . interested	*interest:* **interés**
. . . . miedo	. . . . afraid	*fear:* **miedo**

3. —¿Tienen Uds. hambre?   Are you hungry?

4. —Yo no tengo mucha   I am not very hungry,   **mucha** emphasizes the
hambre pero mi   but my brother is very   feminine nouns:
hermano tiene   thirsty.   *hunger:* **hambre**
mucha sed.   *thirst:* **sed**

STUDY THE IDIOMS BEFORE BEGINNING THE EXERCISES

EXERCISES

I. Write an affirmative answer in a complete Spanish sentence. Translate your answer into English.

1. ¿Está muy fresco en el otoño? _____

   _____

2. ¿Hace mucho frío y mucho viento en el invierno?_____

   _____

3. ¿Hace mucho calor en el verano? _____

   _____

4. ¿Hace mucho sol en Puerto Rico? _____

   _____

5. ¿Llueve mucho en abril? _____

   _____

6. ¿Está lloviendo mucho ahora? _____

   _____

7. ¿Nieva mucho en diciembre? _____

   _____

8. ¿Está nevando hoy? _____

   _____

9. ¿Hace muy buen tiempo en mayo? _____

   _____

10. ¿Hace muy mal tiempo en noviembre? _____

    _____

II. (A) Write an affirmative answer in a complete Spanish sentence, using the appropriate word for *very*: **muy** or **mucho.**

Model: —¿Hace calor?   Hace **mucho** calor.
        Is it warm?   It is very warm. (hot)

1. ¿Hace frío en el invierno? _____

2. ¿Hace calor en el verano? _____

3. ¿Está fresco en el otoño? _____

4. ¿Llueve en abril? _____

5. ¿Hace buen tiempo en la primavera? _____

6. ¿Hace mal tiempo en febrero? _____

7. ¿Nieva en enero? _____

8. ¿Hace viento en marzo? _____

(B) Write an affirmative answer using **poco** according to the model.

Model: —¿Hace mucho calor hoy?   Hace **poco** calor.
        Is it very warm today?   It is slightly (hardly) warm.

1. ¿Hace mucho sol hoy? _____

2. ¿Hace mucho frío hoy? _____

3. ¿Está muy fresco hoy? _____

4. ¿Hace mucho viento hoy? _____

5. ¿Llueve mucho hoy? _____

6. ¿Nieva mucho hoy? _____

7. ¿Hace mucho calor hoy? _____

III. Write a factual answer in a complete Spanish sentence. Place **no** before the verb *if* your answer is negative.

Model: —¿Hace **buen tiempo** en el desierto?   No hace **buen tiempo** en el desierto.
        Is it good weather in the desert?   It is not good weather in the desert.

1. ¿Nieva mucho en la Florida? _____

2. ¿Llueve mucho en el desierto? _____

3. ¿Está lloviendo dentro de la casa? _____

4. ¿Está fresco en la primavera? _____

5. ¿Está nevando dentro de la casa? _____

6. ¿Hace mucho calor en Alaska? _____

7. ¿Hace mucho frío en África? _____

8. ¿Hace mucho sol en Puerto Rico? _____

9. ¿Hace buen tiempo en Londres? _____

10. ¿Hace mal tiempo en California? _____

IV. Write an affirmative answer in a complete Spanish sentence, using the expression in parentheses. Be sure each sentence has a verb.

Model: —¿Qué tiempo hace en Bermuda?

_____   **Hace mucho sol en Bermuda.**
         (mucho sol)   It is very sunny in Bermuda.

1. ¿Qué tiempo hace en el verano?   _____
                                        (mucho calor)

2. ¿Qué tiempo hace en el invierno? _____
                                        (mucho frío)

3. ¿Qué tiempo hace en abril?   _____
                                        (llueve mucho)

4. ¿Qué tiempo hace en diciembre?   _____
                                        (nieva mucho)

5. ¿Qué tiempo hace en marzo? _____
                                        (mucho viento)

6. ¿Qué tiempo hace entre el frío de invierno y el calor de verano? _____

_____
                                        (fresco)

7. ¿Qué tiempo hace ahora?   _____
                                        (nevando mucho)

8. ¿Qué tiempo hace en este momento?   _____
                                        (lloviendo mucho)

9. ¿Qué tiempo hace en mayo? _____
                                        (muy buen tiempo)

10. ¿Qué tiempo hace en noviembre?   _____
                                        (muy mal)

V. Write a sentence, using the expressions in parentheses and the _appropriate form_ of **tener.**

Model: —(el chico/ interés en eso)   **El chico tiene interés en eso.**
                                                  The boy is interested in that.

1. (Nosotros/sueño aquí)_____

2. (Tú/frío sin abrigo)   _____

3. (Juan y Carlos/calor ahora)_____

4. (Ud./dolor de cabeza hoy) _____

5. (Anita/sed y bebe) _____

6. (Yo/hambre y como) _____

7. (Uds./miedo del agua)   _____

8. (Luis/dolor de dientes hoy)   _____

9. (Ud. y yo/dolor de estómago)_____

10. (Luis y Ud. / interés en ella)   _____

VI. Write an affirmative answer in a complete Spanish sentence beginning with **Ella tiene** and using the cue words in parentheses.

Model: —¿Si no duerme?

_____   **Ella tiene sueño si no duerme.**
       (sueño)   She is sleepy if she does not sleep.

1. ¿Si no come? _____
                          (hambre)

2. ¿Si no bebe? _____
                         (sed)

3. ¿Si no estudia? _____
                       (miedo)

4. ¿Y si no va al lago? _____
                         (calor)

5. ¿Y si no va al dentista? _____
                      (dolor de muelas)

6. ¿Y si no toma aspirinas? _____
                     (dolor de cabeza)

7. ¿Y si abre la puerta? _____
                       (frío)

8. ¿Y si come mucho? _____
                     (dolor de estómago)

9. ¿Y si hoy es su cumpleaños? _____
                     (quince años)

10. ¿Y si no duerme? _____
                     (sueño)

VII. Write an affirmative answer in a _short_ complete sentence using the appropriate word for _very_: **mucho, mucha, or muy,** according to the model.

Model: —¿Tienes hambre por la mañana?   Sí, tengo **mucha** hambre.
        Are you hungry in the morning?   Yes, I'm very hungry.

1. ¿Tienes frío en el invierno? _____

2. ¿Tenemos calor en el verano? _____

3. ¿Tienen ellos interés en eso? _____

4. ¿Tiene María hambre cuando no come? _____

5. ¿Tiene Pepe sed cuando no bebe? _____

6. ¿Tengo yo miedo cuando hay un examen? _____

7. ¿Tienes sueño cuando estás cansado? _____

8. ¿Tienes dolor de cabeza si no estás bien? _____

9. ¿Hace buen tiempo si hace fresco? _____

10. ¿Hace mal tiempo cuando llueve? _____

VIII.   Complete with the *appropriate form* of **hacer, tener, estar,** or a dash if no addition is necessary.

1. ¿Qué tiempo _____ ?
2. Yo _____ dolor de cabeza.
3. Ya no _____ mucho viento.
4. Pero _____ fresco.
5. Nosotros _____ dolor de dientes.
6. Hoy _____ mal tiempo.
7. No _____ buen tiempo.

8. ¿Cuántos años _____ ella?
9. Ellos _____ mucha hambre.
10. Siempre _____ nevando.
11. ¿Estás enfermo? ¿Qué _____?
12. No _____ lloviendo ahora.
13. Aquí _____ nieva poco.
14. No _____ llueve mucho.

15. Pero _____ calor, no hace frío.

IX.   Write the expression that best completes the sentence, and circle the letter.

1. Cuando hace mucho sol _____
   a. tenemos frío   b. tenemos hambre   c. hace frío   d. tenemos calor

2. En el cumpleaños de mi amiga, le pregunto: —_____
   a. ¿Tienes frío?   b. ¿Qué tienes?   c. ¿Cuántos años tienes?   d. ¿Qué tiempo hace?

3. Cuando está enferma, María _____
   a. tiene dolor   b. tiene quince años   c. hace calor   d. hace frío

4. Cuando visita al dentista, el niño _____
   a. hace viento   b. tiene miedo   c. tiene sed   d. hace buen tiempo

5. Si no bebo varios vasos de agua _____
   a. nieva   b. tengo sed   c. tengo frío   d. llueve

6. Cuando ella no toma el almuerzo _____
   a. es hombre   b. tiene hambre   c. hace mal tiempo   d. hace fresco

7. Si ella no duerme ocho horas _____
   a. tiene sed   b. está lloviendo   c. hace fresco   d. tiene sueño

8. Si Juan tiene veinte años y yo tengo quince, él _____
   a. tiene cinco años más   b. tiene un mes más   c. hace viento   d. nieva

9. Para saber si hace frío, pregunto: — _____
   a. ¿Qué tiempo hace?   b. ¿Cuántos años tiene?   c. ¿Qué tiene?   d. ¿Está nevando?

10. Si Ana está enferma le pregunto: — _____
    a. ¿Está lloviendo?   b. ¿Qué tienes?   c. ¿Cuántos años tienes?   d. ¿Qué tiempo hace?

X.   Write a rejoinder in a complete Spanish sentence using the *appropriate verb* and the expressions in parentheses.

1. Ud. dice: —Voy a comer.
   Yo respondo: — _____
   (Ud./mucha hambre)

2. Tú dices: —Bebo mucha agua fría.
   Yo respondo: — _____
   (Tú/mucha sed)

3. Él dice: —Vas a la cama temprano.
   Yo respondo: — _____

   (Yo/mucho sueño)

4. La madre dice: —Hace mucho viento hoy.
   Respondemos: — _____

   (Nosotros no/mucho frío)

5. María dice: —Hace mucho frío.
   Su padre responde: —_____

   (Y/nevando mucho)

6. Juan dice: —Tengo mucho calor hoy.
   Su amigo responde: — _____

   (Claro,/mucho sol)

7. Mi madre dice: —Debes llevar el paraguas.
   Yo respondo: — _____

   (¡No quiero porque no/lloviendo mucho!)

8. El médico dice: —Tu hermano debe tomar aspirinas y no puede comer hoy.
   Yo pregunto: — _____

   (¿ /él/dolor/estómago y/cabeza?)

9. La maestra pregunta: —¿Tiene Ud. hermanos menores?
   Yo respondo: — _____

   (Yo/quince años/y mis hermanos/quince meses)

10. La vecina dice: —¿Qué tiempo hace hoy?
    Mi madre responde: — _____

    (Siempre/muy mal/en noviembre)

Work Unit 3
LA HORA, LA FECHA
TELLING TIME, DATES

A. La hora   *Telling Time*

---

1. —¿Qué hora es?	What time is it?	Time is feminine.
2. —Es la una.	It is one o'clock.	**Una** is the *only* number in *feminine* form. **La** *precedes* **una.**
3. —¿Qué hora es ahora?	What time is it now?	**Las** *precedes all other hours.*
4. —Son las dos. No es la una.	It is two o'clock. It isn't one.	**No** is placed *before* **es** or **son** in a negative sentence.

---

1. —¿Son las cuatro?	Is it four o'clock?	**En punto** *on the dot; exactly.*
2. —Son las cuatro en punto.	It is four exactly.	

---

1. —¿Son las cinco y *treinta*?	Is it five *thirty*?	*Add the minutes after the hour. Use* **y** (plus, and).
2. —Sí, son las cinco y *media*.	Yes, it is *half past* five.	**Media** *half* (past)

---

1. —¿Son las ocho y *quince*?	Is it eight *fifteen*?	
2. —Sí, son las ocho y *cuarto*.	Yes, it is a *quarter* past eight.	**Cuarto** *quarter* (past)

---

1. —¿No son las doce menos cuarto?

Isn't it a *quarter* to twelve?

Use **menos** (minus, less) *to subtract the minutes from the hour.*

2. —No. Es la una menos cuatro.

No. It is *four* minutes *to* one.

Add minutes only up to thirty. Past the half hour, name the next hour, and subtract the required minutes. Use **menos.**

3. —Siempre salimos a almorzar entre las doce y media y la una menos veinte y cinco.

We always go out to lunch between half past twelve and twelve thirty-five.

---

1. —¿Cuándo comes más: por la mañana, por la tarde, o por la noche?

When do you eat more: in the morning, in the afternoon, or at night?

Por la mañana, por la tarde, por la noche *in the morning, afternoon, evening,* are used when *no hour is stated.*

2. —A las 8 de la mañana no tengo tiempo. A la una de la tarde y a las seis de la tarde como más.

At 8 A.M. I have no time. At 1 P.M.. and at 6 P.M. I eat more.

De la mañana A.M., **De la tarde** P.M. (afternoon and *early* evening are used when *the hour is stated*).

3. —¿A qué hora vas a dormir?

At what time do you go to sleep?

A la, a las mean *at* when telling time.

4. —Voy a la cama a las once de la noche.

I go to bed at eleven P.M.

¿A qué hora? is *at what time?*

De la noche is P.M. for late evening and night.

B. *La fecha*

The Date

1. —¿Qué día es hoy?

What day is it today?

Days and months are *not usually capitalized.*

2. —Hoy es viernes.

Today is Friday.

3. —¿A cuántos estamos?

What is the date?

The day and date *precede* the month.

4. —Estamos a doce de octubre.

It is October 12.

5. —¿Cuál es la fecha completa?

What is the complete date?

Except after **estamos a, el** is used before the date: **El doce de octubre**

6. —Hoy es viernes el doce de octubre.	Today is Friday, October 12.	*October 12.*
7. —¿Qué celebramos el doce de octubre?	What do we celebrate on October 12?	*On* is understood when **el** *precedes the date*: **El doce de octubre**
8. —Celebramos el **Día de la Raza** el doce de octubre.	We celebrate Columbus Day on October 12.	*On* October 12th.
9. —Y el **Día de las Américas** cae el catorce de abril.	And Pan American Day falls on April 14th.	
10.—¿Y el dos de mayo?	And on May 2?	
11.—El dos de mayo es el **Día de la Independencia** de España.	May 2 is Spain's Independence Day.	
12.—¿Y el cuatro de julio?	And the fourth of July?	
13.—El cuatro de julio es el **Día de la Independencia** de los Estados Unidos.	July 4 is the United States' Independence Day.	
14.—¿Cuándo celebramos la **Navidad?**	When do we celebrate Christmas?	Simple cardinal numbers express the date *except* for the first of the month.
15.—Celebramos el **Día de la Navidad** el veinte y cinco de diciembre.	We celebrate Christmas on December 25.	
16.—¿Qué fiestas caen el primero del mes?	What holidays fall on the first of the month?	**Primero** expresses the *first* day of the month.
17.—**El Año Nuevo** cae el primero de enero.	New Year's falls on January first.	
El **Día de los Inocentes** cae el primero de abril.	April Fools' Day falls on April first.	

STUDY THE IDIOMS BEFORE BEGINNING THE EXERCISES

EXERCISES

I. **Write the translation of the Spanish sentence.** Then (1) rewrite the Spanish sentence, substituting the expression in parentheses for the words in *italics*; (2) translate each Spanish sentence you write.

Model: —¿A qué hora *salen*?   **At what time do they leave?**
             (regresan)   (1) **¿A qué hora regresan?**   (2) **At what time do they return?**

1. ¿A qué hora *almuerzas*? _____

    a. (vas a la cama) (1) _____

    (2) _____

    b. (comemos) (1) _____

    (2) _____

    c. (estudian) (1) _____

    (2) _____

2. Salimos *a las seis de la tarde*. _____

    a. (a las once de la noche) (1) _____

    (2) _____

    b. (a las ocho de la mañana) (1) _____

    (2) _____

    c. (a la una de la tarde) (1) _____

    (2) _____

3. Estudian *por la noche*. _____

    a. (por la mañana) (1) _____

    (2) _____

    b. (por la tarde) (1) _____

    (2) _____

    c. (por la noche) (1) _____

    (2) _____

4. *¿Cuál es la fecha de* hoy? _____

    a. (¿A cuántos estamos?) (1) _____

    (2) _____

    b. (¿Qué fiesta cae?) (1) _____

    (2) _____

    c. (¿Qué día es?) (1) _____

    (2) _____

5. Hoy es *el primero de mayo.* _____

   a. (el dos de junio) (1) _____

   (2) _____

   b. (el veinte y uno de noviembre) (1) _____

   (2) _____

   c. (el veinte de octubre) (1) _____

   (2) _____

6. *Hoy es el* primero de abril.

   a. (Estamos a) (1) _____

   (2) _____

   b. (La fiesta cae) (1) _____

   (2) _____

   c. (Mañana es) (1) _____

   (2) _____

II. **¿Qué hora es?** Write an answer in a complete Spanish sentence.

1. (1 o'clock) _____

2. (2 o'clock) _____

3. (3 o'clock) _____

4. (5:15 P.M.) _____

5. (6:30 A.M.) _____

6. (6:45 P.M.) _____

III. Write an affirmative answer in a complete Spanish sentence using the verbs given in parentheses and the ideas given below the writing line.

1. ¿A qué hora de la mañana comes?

   (Como) _____

         (8 A.M.)

2. ¿A qué hora de la tarde sales a almorzar?

   (Salgo) _____

         (1 P.M.)

3. ¿Cuándo regresas a casa?

(Regreso) _____

(in the afternoon)

4. ¿A qué hora de la noche miras la T.V.?

(Miro) _____

(9:30 P.M.)

5. ¿Qué hora es cuando vas a dormir?

(Son/voy) _____

(10:40 exactly)

IV. Write an affirmative answer in a complete Spanish sentence, selecting the correct date. (Write out the numbers in Spanish in your answer.)

1. Hoy celebramos el Día de la Independencia norteamericana. ¿Cual es la fecha?

_____

a. 4 de julio   b. 1 de enero   c. 12 de octubre   d. 25 de diciembre

2. Hoy es la Navidad. ¿A cuántos estamos?

_____

a. 2 de mayo   b. 1 de enero   c. 25 de diciembre   d. 12 de febrero

3. Hoy es el Día de la Raza. ¿Cuál es la fecha?

_____

a. 4 de julio   b. 14 de julio   c. 12 de octubre   d. 12 de febrero

4. Hoy es el Día de Año Nuevo. ¿A cuántos estamos?

_____

a. 25 de diciembre   b. 4 de julio   c. 1 de enero   d. 1 de abril

5. Hoy es el Día de los Inocentes. ¿Cuál es la fecha?

_____

a. 1 de abril   b. 14 de abril   c. 2 de mayo   d. 2 de octubre

6. Hoy celebramos el Día de las Américas. ¿A cuántos estamos hoy?

_____

a. 4 de julio   b. 14 de abril   c. 2 de mayo   d. 1 de abril

V. Rewrite each sentence, correcting the expressions in *italics*.

1. La Navidad cae *el primero de enero*.

_____

2. Pregunto: —¿Cuál es la fecha de hoy? Tú respondes: —*Son las dos*.

_____

3. Pregunto: —¿Qué hora es? Tú respondes:—*Es el dos.*

_____

4. El Día de la Raza es *el cuatro de julio.*

_____

5. El Día de la Independencia norteamericana cae *el doce de octubre.*

_____

6. El Día de Año Nuevo cae *el veinte y cinco de diciembre.*

_____

7. El Día de las Américas cae *el dos de mayo.*

_____

8. El Día de la Independencia española cae *el catorce de abril.*

_____

VI. Write the question suggested by each statement. Use the cues in parentheses and question marks.

Model: —Ana es linda.   (Quién) **¿Quién es linda?** Who is pretty?

1. _____

   Hoy es martes el tres de marzo. (Cuál)

2. _____

   Estamos a jueves el trece de abril. (A cuántos)

3. _____

   Son las diez de la mañana. (Qué)

4. _____

   Comen a la una de la tarde. (A qué)

5. _____

   Celebramos la Navidad el veinte y cinco de diciembre. (Cuándo)

VII. Complete using the appropriate equivalent of *"what"*: **¿cómo?, ¿cuál?, ¿qué?** or **¿cuántos?**

1. ¿ _____ hora es?   3. ¿ _____ se llama Ud.?

2. ¿ _____ es la fecha de hoy?   4. ¿A _____ estamos?

           5. ¿A _____ hora comes?

VIII. Complete the sentence, using the appropriate verb: **es, estamos, llama,** or **son.** (The same verb may be used appropriately more than once.)

1. ¿A cuántos _____ hoy?
2. ¿Qué hora _____ ?
3. ¿Cómo se _____ su padre?
4. ¿Cuál _____ la fecha de hoy?

5. Hoy _____ lunes.
6. Hoy _____ martes.
7. _____ la una menos cuarto.
8. _____ las diez y media.

IX. Complete with the appropriate article **el, los, la, las.** Write a dash if *no* article is needed.

1. Hoy es _____ dos de junio.
2. Estamos a _____ diez de junio.
3. ¿Cuál es _____ fecha de hoy?
4. Hoy es _____ viernes.

5. Es _____ una de _____ tarde.
6. Son _____ ocho de _____ mañana.
7. Comemos a _____ cinco.
8. Miramos la televisión por _____ noche,
   o a _____ cuatro de _____ tarde.

X. Write the Spanish equivalent adapted from the dialogues, pages 339–341.

1. What time is it? _____
2. It is one P.M. _____
3. What time is it now? _____
4. It is two. It is not one. _____
5. Is it four o'clock exactly? _____
6. It is four forty. _____
7. Is it five thirty now? _____
8. Yes, it is half past five. _____

XI. Complete in Spanish. (Consult DIALOGUES, pages 339–341, for review.)

(A)

Luis: —¿Son las ocho?

Ana: —Sí, _____ _____ ocho.
         1   2

Luis: —¿Y ahora?

Ana: —Y ahora son _____ ocho y cinco.
         3

(B)

Pepe: —Siempre almuerzo antes de

_____ una. Como siempre,
  1

hoy salgo a _____ una
          2

_____ cuarto.
  3

Lola: —Es todavía temprano. Es
        solamente el mediodía.

_____ _____ doce
  4   5

_____ punto.
  6

(C)

Ana: —¿A _____ hora comes más,
        1

a _____ ocho _____ la
   2   3

mañana o a _____ una de
              4

_____ tarde?
  5

Paco: —A _____ una de _____ tarde
          6   7

como más. A _____ocho de
              8

_____ mañana corro a la escuela.
  9

Ana: —¿ _____ _____ hora vas a dormir,
         10   11

a _____ seis _____ _____
   12   13   14

tarde o _____ las once _____
           15   16

_____ noche?
  17

Juan: —Voy a dormir _____ _____
                      18   19

once _____ la noche.
        20

(D)

María: —¿Cuándo estudias, _____ la
                          1

mañana, _____ la tarde
          2

o _____ la noche?
    3

Pablo: —Estudio _____ la tarde o por
                  4

_____ noche. No tengo tiempo
  5

para estudiar más tempranо.

Work Unit 4
EN EL TRABAJO
AT WORK

¿De quién? Whose?

—¿De quién
  es la cuenta?
—Es mi cuenta.

Whose account is it?

It is my account.

El departamento de mercadeo The Marketing Department

—¿Qué departamento es?
—Es el departamento
  de mercadeo.

What department is it?
It is the Marketing Department.

De meaning *about;* **La clase
de mercadeo; la lección de
mercadeo.** The class *about*
marketing, etc.

Es verdad It is true. That's right.

—¿Estudias el programa?
—Sí, es verdad.

Are you studying the program?
Yes, that's right. (True, so)

Prestar atención To pay attention

—¿Prestas atención?
—Presto atención en
  la conferencia.

Do you pay attention?
I pay attention in the
conference.

prestar	
presto	prestamos
prestas	prestáis
presta	prestan

Querer a To love

		querer	
—¿Quieres al programador?	Do you love the programmer?	quiero	queremos
—Sí, quiero al programador.	Yes, I love the programmer.	quieres	queréis
		quiere	quieren

Querer decir To mean

—¿Qué quiere decir *PC*?	What does *PC* mean?	In **querer decir, querer** is conjugated; **decir** does *not* change its infinitive form.
—*PC* quiere decir *personal computer*.	*PC* means *personal computer*.	

¿Cómo se dice? How do you say?, how does one say?

—¿Cómo se dice *elementos de programación* en inglés?	How do you say *elementos de programación* in English?	**Se** represents impersonal *"you"* or *"one."*
—Se dice *software*.	One says *software*. (You say software.)	

Estar de pie To be standing

		estar	
—¿Para qué estás de pie?	Why are you standing?	estoy	estamos
—Estoy de pie para arreglar la lámpara.	I'm standing in order to fix the lamp.	estás	estáis
		está	están

Saber *before an infinitive* To know how (can)

		saber	
—¿Sabes navegar el internet?	Do you know how to surf the Internet?	sé	sabemos
—Sí, sé programar sitios web también.	Yes, I know how to program web sites, too.	sabes	sabéis
		sabe	saben

Salir bien en To pass (a test, a course, etc.)
Salir mal en To fail (a test, a course, etc.)

		salir	
—¿Sales mal o bien en las evaluaciones?	Do you fail or pass the evaluations?	salgo	salimos
—No salgo mal en las evaluaciones. Salgo bien porque soy bueno.	I don't fail the evaluations. I pass because I'm good.	sales sale	salís salen

Creer que sí (no) To believe so (not)

		creer	
—¿Van a eliminar nuestro departamento?	Are they going to eliminate our department?	creo	creemos
—Creo que no.	I think not.	crees	creéis
—Yo creo que sí: el jefe está nervioso.	I think yes: the boss is nervous.	cree	creen

¡Concedido! Agreed!

Por eso Therefore

A: —¡Concedido! Por eso, hay que trabajar. | Right! (Agreed!) Therefore, one must work.

STUDY THE IDIOMS BEFORE BEGINNING THE EXERCISES

EXERCISES

I. **Write the translation of the Spanish sentence.** Then (1) rewrite the Spanish sentence, substituting the expressions in parentheses for the words in *italics*; (2) translate each Spanish sentence you write.

> Model: —*Ellos* prestan atención *al circo.*   **They pay attention to the circus.**
> a. (Tú/al tigre) (1) **Tú prestas atención al tigre.**   **(2) You pay attention to the tiger.**

1. *Yo* quiero *a mi marido.* _____

   a. (Tú/al médico) (1) _____

   (2) _____

   b. (Nosotros/a los amigos) (1) _____

(2) _____

c. (Juan/a la chica) (1) _____

(2) _____

d. (Ana y Pepe/a sus hermanos) (1) _____

(2) _____

e. (Yo/al marido de Eva.) (1) _____

(2) _____

2. *Ellos* saben *tocar el piano.* _____

a. (Yo/cantar la canción) (1) _____

(2) _____

b. (María/bailar la bamba) (1) _____

(2) _____

c. (Tú/hablar español) (1) _____

(2) _____

d. (Tú y yo/jugar al tenis) (1) _____

(2) _____

e. (Ellos/tocar el violín) (1) _____

(2) _____

3. *Luis y Pedro* están *de pie.* _____

a. (Yo/de pie) (1) _____

(2) _____

b. (Ud. y yo/levantados) (1) _____

(2) _____

c. (Ud./sentado) (1) _____

(2) _____

d. (Tú/de pie) (1) _____

(2) _____

e. (Los empleados/de pie) (1) _____

(2) _____

4. *Yo* salgo *bien en el examen.* _____

a. (Tú/mal en la clase) (1) _____

(2) _____

b. (Juan y yo/bien en el examen) (1) _____

(2) _____

c. (Los alumnos/mal en sus estudios) (1) _____

(2) _____

d. (Yo/bien en los exámenes) (1) _____

(2) _____

5. ¿Qué quiere decir *la palabra*? _____

   a. (¿Qué/decir las frases?) (1) _____

   (2) _____

   b. (¿Qué/decir tú?) (1) _____

   (2) _____

   c. (¿Qué/decir Juan?) (1) _____

   (2) _____

6. *Yo* creo *que sí.* _____

   a. (Él y yo/que no) (1) _____

   (2) _____

   b. (La madre/que no) (1) _____

   (2) _____

   c. (Tú/que sí) (1) _____

   (2) _____

II. Complete the response.

1. —¿Estás sentado cuando trabajas?
   —No. Estoy _____ pie.

2. —¿Es tu pluma?
   —No. No sé _____quién es la pluma.

3. —¿Sabes programar?
   —Sí, Yo _____programar.

4. —¿Sabes escribir en Excel?·
   —No. No _____ _____en Excel.

5. —¿Sales mal en la entrevista?
   —No. Salgo bien _____ la entrevista.

6. —¿Quieres a tu asistenta (*assistant*)?
   —Sí, _____ _____mi asistenta.

7. —¿Quieres decir que ella es bonita?
   —Quiero _____ que es una buena asistenta.

8. —¿Cómo se dice *doctor* en inglés?
   —Se _____ *doctor* o _____
   dice *physician*.

9. —¿Hay que prestar atención en la reunión?
   —Sí, _____ _____ prestar atención.

10. —¿Es verdad?
    —Sí. Es _____.

11. —¿Cree tu jefe que sí?
    —_____ verdad. Mi jefe cree _____.

12. —¿Cree tu amigo que sí?
    —No. Mi amigo _____ que

13. —¿Crees que sí?
    —Sí, Yo _____ _____sí.

14. —¿Por eso prestas atención?
    —Sí, _____ eso _____ atención.

III. Write the appropriate rejoinder in Spanish, and circle the letter.

1. Ud. dice: —Sé escribir muy bien el español.

   Yo respondo: — _____

   a. ¿Cree Ud. que sí?   b. ¿A cuántos estamos hoy?   c. ¿Cómo se llama Ud.?

2. Ud. pregunta: —¿De quién es el libro?

   Yo respondo: — _____

   a. Creo que no.   b. Queremos al contador.   c. No sé de quién es.

3. Ud. dice: —¡Tome Ud. esta silla, por favor!

   Yo respondo: —Gracias pero _____

   a. quiero estar de pie.   b. quiero salir bien.   c. quiero hablar español.

4. Ud. dice:—Hay que salir bien en la evaluación.

   Yo respondo: _____

   a. ¡Concedido!   b. Sabemos bailar.   c. Estamos de pie.

5. Ud. dice: —Quiero a mi esposa.

   Yo respondo:— _____

   a. ¿Cómo se dice *esposa*?   b. ¿Qué quiere decir *esposa*?   c. ¡Por eso vives con ella!

IV. Write the expression that best completes the sentence, and circle the letter.

1. Cuando el jefe habla yo _____

   a. estoy de pie   b. presto atención   c. toco la guitarra   d. creo que sí

2. Cuando arreglo el muro _____

   a. quiero a mi padre   b. creo que sí   c. creo que no   d. estoy de pie

3. Cuando el empleado es trabajador yo _____

   a. lo quiero mucho   b. se dice: —chico   c. salgo mal   d. pienso que hay que salir

4. Para salir bien en la evaluación _____

   a. hay que trabajar   b. hay que salir mal   c. sé tocar el piano   d. aprendo el inglés

5. Para saber el dueño del lápiz pregunto: —_____

   a. ¿A quién quieres?   b. ¿Cómo se dice *lápiz*?   c. ¿De quién es esto?   d. ¿Qué es esto?

6. Para aprender una palabra le pregunto a la profesora: — _____

   a. ¿Qué quiere decir eso?   b. ¿Sales bien en el examen?   c. ¿Hay que aprender?
   d. ¿Sabes leer?

7. Para saber una pronunciación yo pregunto: — _____

   a. ¿Hay que estudiar?   b. ¿Cómo se dice esto?   c. ¿De quién es?   d. ¿A quién quieres?

8. Practico la guitarra porque quiero _____

   a. estar de pie   b. salir bien en inglés   c. bailar a la música   d. saber tocar música

9. Trabajo mucho para _____

   a. creer que sí   b. ser rico   c. prestar atención   d. estar de pie

10. Si es verdad yo digo: — _____

    a. Creo que sí   b. Creo que no   c. Por eso   d. Hay que reír.

V. Write the entire expression from the second column that means the *same* as the word in *italics*. Before each expression write its corresponding letter.

1. *Escucho* _____ a. ¿Qué quiere decir?

2. *¿Qué significa?* _____ b. de pie

3. *¿A quién amas?* _____ c. ¡Concedido!

4. *¡Cómo no!* _____ d. Presto atención.

5. *levantado* _____ e. ¿A quién quieres?

Work Unit 5
UN SÁBADO EN EL PARQUE
A SATURDAY IN THE PARK

Asistir a To attend

—¿No asistes a la escuela hoy?	Don't you attend school today?	**asistir**	
		asisto	asistimos
		asistes	asistís
—No asisto hoy. Es sábado.	I don't today. It's Saturday.	asiste	asisten

---

Ir a + *noun* To go to

—¿Adónde vas?	Where are you going?	**ir**	
		voy	vamos
—Voy al parque.	I'm going to the park.	vas	vais
		va	van

Ir de paseo To go for a walk

—¿Por qué vas al parque?	Why are you going to the park?
—Voy de paseo allí.	I'm going for a walk there.

Subir a To get on *(vehicle)*

—¿Cómo vas a llegar al parque?	How are you going to get to the park?	**subir**	
		subo	subimos
		subes	subís
—Primero, subo al tren.	First, I get on the train.	sube	suben

---

	bajar	
Bajar de To get off (*vehicle*)	bajo	bajamos
Entrar en To enter	bajas	bajáis
	baja	bajan

—¿Y luego?   And then?

		entrar	
—Luego, bajo del	Then, I get off the train and	entro	entramos
tren y entro en el	enter the park.	entras	entráis
parque.		entra	entran

Ir a + *infinitive* to be going to (do); **Dar un paseo a pie** to take a walk; **Dar un paseo a caballo** to ride horseback; **Dar un paseo en bicicleta** to take a ride on a bicycle; **Dar un paseo en automóvil** to take a ride in a car.

		dar	
—¿Qué vas a hacer en el parque?	What are you going to do in the park?	doy	damos
		das	dais
—Voy a dar un paseo a pie o en bicicleta.	I'm going to take a walk, or go bicycle riding.	da	dan
—¿No das un paseo a caballo?	Don't you go horseback riding?		
—Sí, doy un paseo a caballo cuando tengo dinero.	Yes, I ride when I have money.		
—¿Por qué no das un paseo en automóvil?	Why don't you take a ride in a car?		
—No doy paseos en automóvil porque no tengo automóvil.	I don't go riding in a car because I have no car.		

Por todas partes Everywhere
Todo el mundo Everyone, everybody

—¿Quién está en el parque?	Who is in the park?
—Todo el mundo está allí.	Everyone is there.
Por todas partes hay gente y flores.	Everywhere there are people and flowers.

Poner la mesa To set the table
Salir de To leave
Regresar a casa To go home
Estar en casa To be at home
Tocar el piano, el violín, la guitarra
To play the piano, violin, guitar

To express "home" use
1. **a casa** after a verb of
locomotion: **correr, volver**
2. **en casa** after **estar**

—¿Cuándo sales del parque?

When do you leave the park?

—Salgo del parque temprano para volver a casa.

I leave the park early to return home.

—¿Qué haces en casa?

What do you do at home?

—En casa, primero pongo la mesa. Después de comer, toco el piano y mis hermanos tocan el violín y la guitarra.

At home, first I set the table. After eating, I play the piano, and my brothers play the violin and the guitar.

poner

pongo	ponemos
pones	ponéis
pone	ponen

STUDY THE IDIOMS BEFORE BEGINNING THE EXERCISES

EXERCISES

I. **Write the translation of the sentence.** Then (1) rewrite the Spanish sentence, substituting the expressions in parentheses for the words in *italics;* (2) translate each Spanish sentence you write.

Model: *Me* gusta el vodka *con hielo.*
    a. (Les/con agua)

I like vodka with ice.
(1) **Les gusta el vodka con agua.**
(2) **They like vodka with water.**

1. *Yo* doy un paseo *a caballo.* _____

   a. (Tú/a pie) (1) _____

   (2) _____

   b. (Uds./en automóvil) (1) _____

   (2) _____

   c. (Nosotros/en bicicleta) (1) _____

   (2) _____

2. *Nosotros* bajamos *del tren.*

   (a) (El piloto/del avión) (1) _____

   (2) _____

   b. (Los amigos/del coche) (1) _____

   (2) _____

   c. (Yo/del autobús) (1) _____

   (2) _____

3. *Todo el mundo* asiste *al teatro.*

   a. (Yo/a la escuela) (1) _____

   (2) _____

   b. (Ellos/al cine) (1) _____

   (2) _____

   c. (Nosotros/a las fiestas) (1) _____

   (2) _____

4. *Yo* pongo la mesa *con el mantel.* _____

   a. (Tú/la mesa con vasos) (1) _____

   (2) _____

   b. (Ana y yo/la mesa con cucharas) (1) _____

   (2) _____

   c. (Marta/la mesa con cuchillos) (1) _____

   (2) _____

   d. (Yo/la mesa con servilletas) (1) _____

   (2) _____

5. *Tú y yo* entramos *en el cine.* _____

   a. (Ud./en la casa) (1) _____

   (2) _____

   b. (Ud. y Juan/en la clase) (1) _____

   (2) _____

   c. (Yo/en la escuela) (1) _____

   (2) _____

6. *Yo* voy de paseo *por todas partes.*

a. (Yo/de paseo al parque) (1) _____

(2) _____

b. (Tú/de paseo a casa) (1) _____

(2) _____

c. (Ellos/de paseo al cine) (1) _____

(2) _____

d. (Tú y yo/de paseo al centro) (1) _____

(2) _____

II. Write an affirmative answer in a complete Spanish sentence. *Then translate your answers.*

Model: —¿**Vuelas** a Cancún el sábado?
—**Vuelo** a Cancún el sábado.   I fly to Cancun on Saturday.

1. ¿Asistes a la escuela los lunes? _____

_____

2. ¿Vas de paseo al parque? _____

_____

3. ¿Subes al tren para ir al parque? _____

_____

4. ¿Bajas del tren y entras en el parque? _____

_____

5. ¿Primero das un paseo a pie y luego en bicicleta? _____

_____

6. ¿Sabes tocar un instrumento como el violín? _____

_____

7. ¿Está todo el mundo por todas partes del parque? _____

_____

8. ¿Sales del parque para ir a casa? _____

_____

9. ¿Pones la mesa antes de comer? _____

_____

10. ¿Tocas la guitarra, el piano y el violín en casa?

_____

III. Write a *logical* or factual answer in a complete Spanish sentence.

1. ¿Quién asiste al trabajo, *todo el mundo* o *nadie*?

_____

2. ¿Qué sabe Ud. tocar bien, *las paredes* o *la guitarra*?

_____

3. ¿Hay mucha gente por todas partes *en el campo* o *en la ciudad*?

_____

4. ¿Antes de comer, pones la mesa con *un mantel* o con *una manta*?

_____

5. ¿Cuándo das un paseo en bicicleta a la playa, *el lunes* o *el sábado*?

_____

6. ¿De dónde sales a las tres, *del cine* o *de la escuela*?

_____

7. ¿A qué subes para llegar al piso del vecino, *al ascensor* o *al avión*?

_____

8. ¿Cómo regresas a casa, *a caballo* o *a pie*?

_____

9. ¿Por dónde das un paseo a caballo, por *la calle* o por *el parque*?

_____

10. ¿Adónde entras a las ocho de la mañana, *al dormitorio* o *a la clase*?

_____

IV. Write the appropriate response or rejoinder, and circle the letter.
1. —Vamos al gimnasio (gym) todos los días.

_____

a. —Todo el mundo da paseos.   b. —Siempre asistimos a los ejercicios.

c. —Entramos en casa.

2. —Vamos a comer.

   _____

   a. —Voy a poner la mesa.   b.—Voy a dar un paseo.
                      c.—Voy a bajar del tren.

3. —Son las nueve de la mañana.

   _____

   a. —Es hora de entrar en la oficina.   b. —Es hora de poner la mesa.
                      c. —Es hora de ir a dormir.

4. —Voy al parque.

   _____

   a. —¿Va Ud. a pie?   b. —¿Sale Ud. del cine?
                      c. —¿Entra Ud. en la tienda?

5. —¿Dónde hay oficinistas?

   _____

   a. —Hay muchas compañías.   b. —Están por todas partes.
                      c.—Todo el mundo es oficinista.

V.   Write the expression that best completes the sentence, and circle the letter.

1. Cuando doy un paseo al centro _____
   a. voy a pie   b. subo al avión   c. voy a caballo   d. asisto a la clase

2. Voy al parque porque deseo _____
   a. tocar el piano   b. salir mal   c. ir de paseo   d. poner la mesa

3. Cuando hace buen tiempo _____va de paseo.
   a. el automóvil   b. todo el mundo   c. la guitarra   d. la bicicleta

4. En la primavera todo el mundo da paseos _____
   a. en las escuelas   b. por todas partes   c. en los edificios   d. en los museos

5. Prestamos atención al maestro cuando _____
   a. asistimos   b. salimos   c. estamos de pie   d. damos paseos

VI.   Rewrite the following sentences *with their letters* in a *logical sequence*.
   Para llegar al trabajo: *To reach my job.*
   a. Entro en la oficina. 1. _____
   b. Bajo del tren. 2. _____
   c. Subo al tren. 3. _____

　　d. Salgo de mi casa. 4. _____

　　e. Veo que todo el 5. _____
　　　mundo asiste.

VII. Complete in Spanish.

1. Voy _____ casa.

2. Estoy _____casa.

3. Doy un paseo _____ bicicleta.

4. Pedro baja _____ automóvil.

5. Él va _____paseo al centro.

6. Doy un paseo _____ pie.

7. Subimos _____ tren.

8. Asisto _____ la clase.

9. Damos un paseo _____ automóvil.

10. Entras _____ la clase.

VIII. Complete, using an appropriate expression from the selection provided below.

1. La esposa: —¿No vas _____ trabajo hoy, Paco?

2. Paco: —Yo no _____ hoy porque es sábado.

3. La esposa: —Entonces, ¿adónde _____?

4. Paco: —Voy _____ paseo al parque. Allí doy un paseo _____ pie o _____ bicicleta. Si tengo dinero _____ un paseo _____ caballo.

　　5. La esposa: —Aquí tienes dinero para _____

　　　un _____ a caballo.

　　　Paco: —Gracias, amor.

Selection: **al, voy, dar, de, doy, en, paseo, vas, a**

Work Unit 6
LA CITA; EXPRESIONES TEMPORALES
THE APPOINTMENT; EXPRESSIONS OF TIME

Juan: —¿Asistes al cine a menudo?	Do you go to the movies often?	*Sinónimos* **a menudo** often
Alicia: —Asisto muchas veces con mis amigos.	I go often with my friends.	**muchas veces** often
J: —¿Deseas ir de nuevo hoy?	Do you want to go again today?	*Sinónimos* **de nuevo** again
A: —¿Otra vez? Sí. Gracias.	Again? Yes. Thanks.	**otra vez** again
J: —¿Deseas ir conmigo en seguida?	How about going with me right away?	*Antónimos* **en seguida** right away (immediately)
A: —No. Más tarde. Tengo mucho trabajo.	No. Later. I have a great deal of work.	**más tarde** later
J: —¿No terminas en seguida?	Won't you be finishing at once?	*Antónimos* **en seguida** at once
A: —No. Termino poco a poco hoy.	No. I'll be finishing little by little (gradually) today.	**poco a poco** little by little (gradually)
J: —¿Así no llegamos tarde?	Won't we arrive late this way?	*Antónimos* **tarde** late
A: —No. Llegamos a tiempo.	No. We'll arrive on time.	**a tiempo** on time
J: —¿Trabajaste también el sábado pasado?	Did you work last Saturday, too?	*"Last _____"* **el sábado pasado** last Saturday
A: —Sí, y trabajé toda la semana pasada, el mes pasado y el año pasado.	Yes, and I worked all last week, last month, and last year.	**la semana pasada** last week **el año pasado** last year **el mes pasado** last month
J: —¿Y trabajas el	And *next* Saturday?	*"Next _____"*

	sábado que viene?		**el año que viene** next year
A:	—El sábado próximo, la semana próxima, el mes próximo, y el año próximo.	*Next* Saturday, next week, next month, and next year.	**el año próximo** next year *Antónimos* _____ **pasado-a** last _____ **próximo-a** (que viene) next
J:	—Así trabajas mucho pero estudias pocas veces, como yo.	Then you work a great deal, but you study rarely, like me.	*Antónimos* **pocas veces** rarely **a menudo** (muchas veces) often
A:	—No. Estudio a menudo (muchas veces).	No. I often study.	
J:	—Entonces ¿vas conmigo al cine todas las semanas?	Then will you go with me to the movies every week?	*Antónimos* **todas las semanas** every week
A:	—No voy ni esta noche, ni esta semana, ni este mes, ni este año.	No, I'm not going tonight, or this week, or this month, or this year.	**esta semana** this week **todas las noches** every night **esta noche** tonight
J:	—¿Por qué no deseas salir conmigo ahora?	Why don't you want to go out with me now?	**todos los días** every day **hoy** today **todos los meses** every month
A:	—No tengo tiempo para hablar contigo hoy ni todos los días, ni todos los meses, ni todos los años.	I don't have time to chat with you today, or every day, or every month, or every year.	**este mes** this month **todos los años** every year **este año** this year

STUDY THE IDIOMS BEFORE BEGINNING THE EXERCISES

I.   (1) Write an affirmative answer in a complete Spanish sentence. (2) Translate your answer into English.

    Model: —¿**Vives** con tu novia en tu apartamento?   —**Vivo** con mi novia en mi apartamento.
                                                   I live with my girlfriend in my apartment.

  1. ¿Asistes a fiestas a menudo? (1) _____
      (2) _____

  2. ¿Fuiste a muchas fiestas el mes pasado? (1) _____
      (2) _____

  3. ¿Llegas muchas veces a tiempo? (1) _____
      (2) _____

4. ¿Deseas ir de nuevo? (1) _____
   (2) _____

5. ¿Quieres ir en seguida? (1) _____
   (2) _____

6. ¿Terminas el trabajo para la clase más tarde? (1) _____

   _____

   (2) _____

7. ¿Estudias pocas veces este año como el año pasado? (1) _____

   _____

   (2) _____

8. ¿Luego aprendes poco a poco? (1) _____
   (2) _____

9. ¿Pero trabajaste mucho toda la semana pasada? (1) _____

   _____

   (2) _____

10. Entonces ¿irás a México el año próximo como todos los años? (1) _____

    _____

    (2) _____

11. ¿Celebras el cumpleaños la semana próxima? (1) _____

    _____

    (2) _____

12. ¿Vas al campo otra vez el mes que viene? (1) _____
    (2) _____

13. ¿Das una fiesta esta semana como todas las semanas? (1) _____

    _____

    (2) _____

14. ¿Sales esta noche como todas las noches? (1) _____
    (2) _____

15. ¿Asistes al trabajo hoy como todos los días? (1) _____

    _____

    (2) _____

II. Write the expression that best completes the sentence, and circle the letter.

1. Para ver todas las buenas películas hay que ir al cine _____
    a. a menudo b. sin dinero c. a caballo d. con dolor

2. Conocen muchos países porque viajan a Europa _____
    a. todos los días b. todos los años c. más tarde d. en seguida

3. Ayer mi novia me visitó y hoy me visitará _____
    a. poco a poco b. de nuevo c. sin importancia d. frecuentemente

4. El restaurante se abre a las seis y nosotros entramos a comer _____
    a. con mucho frío b. con tristeza c. con apetito d. con pobreza

5. Si no podemos salir en seguida, vamos a salir _____
    a. más tarde b. anoche c. el mes pasado d. otra vez

III. Write the expression that best completes the answer, and circle the letter.

1. —¿Cómo aprendes el español?
    —Lo aprendo _____
    a. el año pasado b. todos los meses c. poco a poco

2. —¿Hay que amar hoy?
    —Siempre hay que amar _____
    a. todos los días b. el mes pasado c. el año pasado

3. —¿Presta tu marido atención a menudo?
    —Sí, _____
    a. escucha muchas veces b. presta atención cuando quiere c. estudia pocas veces

4. —¿Cuándo celebramos un cumpleaños?
    —Lo celebramos _____
    a. todos los años b. todos los meses c. todas las semanas

5. —¿Pones la mesa de nuevo?
    —Sí, la pongo _____
    a. pocas veces b. otra vez c. el mes pasado

IV. Write the expression that means the *opposite* of the expression in *italics*. Circle the letter.

1. Caminan *pocas veces.*_____
   a. poco a poco   b. a menudo   c. más tarde   d. la próxima semana

2. Van *la semana próxima.* _____
   a. la semana pasada   b. antes   c. tarde   d. la semana que viene

3. Aprenden *en seguida.*_____
   a. en punto   b. a tiempo   c. poco a poco   d. a menudo

4. Viene *más tarde.*_____
   a. muchas veces   b. en seguida   c. pocas veces   d. el año pasado

5. Llega a *tiempo.* _____
   a. en seguida   b. tarde   c. en punto   d. a menudo

V. Complete in Spanish with the appropriate expression from the selection below.

1. Pepe: —¿Sales _____ menudo?

2. Lola: —Sí, salgo muchas _____.

3. Pepe: —¿Tienes tiempo para salir _____ noche?

4. Lola: — _____ seguida no tengo tiempo, pero _____ tarde sí.

5. Pepe: —Entonces salgamos temprano para llegar al cine _____ tiempo.

6. Lola: —Salimos todas _____ semanas y nunca llegamos tarde. ¡No lo repitas _____ nuevo la semana _____!

Selection: **a, de, en, esta, las, más, próxima, veces**

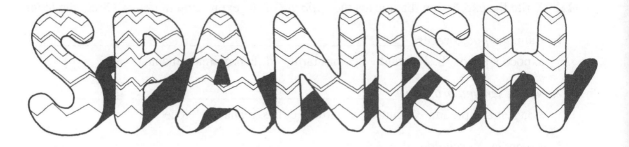

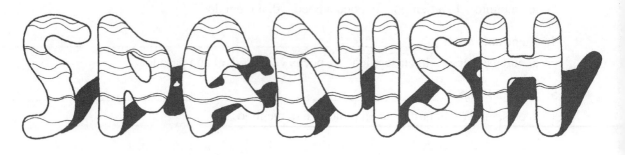

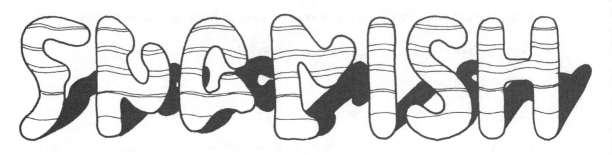

Vocabulary
SPANISH-ENGLISH

A

a at, in, to, on; **a causa de** because of; **a la derecha** on the right; **a menudo** often; **a veces** at times

a fondo thoroughly

a la vez at the same time

a tiempo on time

abajo below

abierto, -a open

abogado, -a *m. f.* lawyer

abrazarse to embrace

abrigo *m.* overcoat

abril *m.* April

abrir to open

abuela *f.* grandmother; **abuelita** *f.* grandma; **abuelo** *m.* grandfather; **abuelos** *m. pl.* grandparents, grandfathers

aburrido, -a bored

acá here, around here

acabar de (regresar) to have just (returned)

acabar de to have just

accesar to access

accidente *m.* accident

acción *f.* action

aceite *m.* oil; **aceite de ricino** castor oil

aceptar to accept

acerca de about, concerning

acercarse to approach

acero *m.* steel

acordarse(ue) de to remember

acostarse(ue) to go to bed

actividad *f.* activity

activo, -a active

actor *m.* actor

actriz *f.* actress

actual present day

adelante! come in!

además besides, moreover

adentro inside

adicto, -a addicted

adiós good-bye

administración *f.* management, administration

admirar to admire

¿adónde? where

adorable adorable

adorar to worship, to adore

aeropuerto *m.* airport

afeitarse to shave oneself

aficionado *m* fan (sports, etc.); **ser aficionado-a** to be a fan of

afortunadamente fortunately

africano, -a African

afuera outside

agencia de viajes *f.* travel agency

agosto August

agradable agreeable

agua *f.* water

agujero *m.* hole

ahora now; **ahora mismo** right now; **por ahora** for now

ahumado, a smoked

aire *m.* air; **al aire libre** in the open air

aire acondicionado air conditioner

al to the, at the, in the **al aire libre** outdoors; **al fin** finally, at last; **al + inf.** upon __ing; **al dar** upon striking; **al menos** at least; **al seguir(i)** in following

ala *m.* wing

alacrán *m.* scorpion

aldea *f.* village, town

alegre happy, lively, cheerful; **me alegro mucho;** I'm very happy, I'm glad

alegremente happily

alemán, -a *m./f.* German

Alemania *f.* Germany

alfombra *f.* carpet

algo something

algodón *m.* cotton

alguien someone, somebody

algún(o), -a some; **algunas veces** sometimes

alimentos *m. pl.* food

allá there, around there

allí there

alma *m.* soul

almacén *m.* store

almacenar to store

almohada *m./f.* pillow

almorzar(ue) to lunch

almuerzo *m.* lunch; **almorzar** to have lunch

aló *m.* hello

alquiler *m.* rent

alrededor around

alto, -a tall, high

alumno, -a *m./f.* student

amable friendly, pleasant

amarillo, -a yellow

ambicioso, -a ambitious

ambos, -as both

americano, -a *m./f.* American

amigo, -a *m./f.* friend

amistades *f.* circle of friends

amor *m.* love

anaranjado, -a orange

ancho, -a wide

anciano *m.* old man

andar to go, to walk; **andar en bicicleta** to go bicycle riding

ángel *m.* angel

anillo *m.* ring; **anillo de diamantes** diamond ring

animal *m.* animal

año *m.* year; **Año Nuevo (el)** New Year; **el año pasado** last year; **tener ___ años** to be ___ years old; **¿cuántos años tiene Ud.?** how old are you?

anoche last night

ansioso, -a anxious, worried

antes (de) before

antiguo, -a ancient, former

anuncio clasificado *m.* want ad

apartamento *m.* apartment

apellido *m.* surname

apendicitis *f.* appendicitis

apetito *m.* appetite

aplicado, -a studious

apreciar to appreciate

aprender to learn

aprisa in a hurry

apurarse to hasten, to hurry

apuro *m.* haste

aquel that; **aquella** *f.* that; **aquellas** *f. pl.* those; **aquellos** *m. pl.* those

aquí here

araña *f.* spider

árbol *m.* tree

archivo *m.* file cabinet

aritmética *f.* arithmetic

armadura *f.* armor

armario *m.* closet

arqueólogo, a archeologist

arreglar to arrange, to fix

arriba above, up

arriendo *m.* rent, rental

arroz *m.* rice

artefacto *m.* artifact

artículo *m.* article

artista *m./f.* artist

asa *f.* handle

asado, -a roasted

ascensor *m.* elevator

asesinato *m.* murder

así so, (in) this way; **así, así** so, so

asiento *m.* seat

asistente, -a assistant

asistir (a) to attend

asombrado-a surprised

aspiradora *f.* vacuum cleaner

astuto, a astute

asunto *m.* topic

asustado, -a scared

asustar to scare

atados tied up

atención *f.* attention; **prestar atención** to pay attention; **con atención** attentively

atentamente attentively

aterrizar to land (plane)

atleta *m./f.* athlete

atractivo, -a attractive

atraer to attract

atrapar to trap

aumento *m.* increase

aún even

aunque although

autobús *m.* bus

automóvil *m.* automobile

autor *m.* author

autoridad *f.* authority

avenida *f.* avenue

aventura *f.* adventure

avión *m.* airplane

avisar to inform

ayer yesterday

ayuda *f.* aid, help

azar *m.* chance

azúcar *m.* sugar

azul blue

B

bailar to dance

baile *m.* dance

bajar to go down, to put down; **bajar (de)** to get down (from)

bajito, -a short

bajo, -a low, short

balcón *m.* balcony

bañarse to bathe oneself

bancarrota *f.* bankruptcy

banco *m.* bank, bench

banda *f.* band; **banda de música** music band

bandera *f.* flag

baño *m.* bath; **cuarto de baño** *m.* bathroom

banquero, -a *m./f.* banker

barato, -a cheap

barbería *f.* barber shop

barco *m.* ship, boat

barra *f.* bar, rod

barril *m.* barrel

barrio *m.* district

bastante enough

basura *f.* garbage

beber to drink

bebida *f.* drink

béisbol *m.* baseball

bello, -a pretty

bendito, -a blessed

besarse to kiss one another

beso *m.* kiss

biblioteca *f.* library

bicicleta *f.* bicycle

bien well, good

bienes raíces *m.pl.* real estate

bienvenido, -a welcome

bilingüe bilingual

billete *m.* ticket, bill

blanco, -a white

blusa *f.* blouse

boca *f.* mouth

boda *f.* wedding

bodega *f.* grocery store

boleto *m.* ticket

bolsillo *m.* pocket

bonito, -a pretty

borracho, -a drunk

borrador *m.* eraser

bosque *m.* woods

bostezar to yawn
bostezo *m.* yawn
bota *f.* boot
botar to throw away
bote *m.* boat
botella *f.* bottle
brazo *m.* arm
breve brief
brillante brilliant
bueno, -a good, well; all right
bufanda *f.* muffler
buscar to look for

C
caballero *m.* gentleman
caballo *m.* horse; **a caballo** on horseback
cabello *m.* hair
caber to fit
cabeza *f.* head
cada each; **cada vez** every time
caer to fall; **caerse** to fall down; **se cayó** he fell down
café *m.* coffee, café (informal restaurant)
cafetería *f.* cafeteria
caja *f.* box
calcetines *m. pl.* socks
calentamiento *m.* warming
calidad *f.* quality
caliente warm, hot
calle *f.* street
calor *m.* heat; **hacer (mucho) calor** to be (very) warm (weather); **tener calor** to be warm (persons)
calvo, -a bald
calzoncillo *m.* short (clothing)
cama *f.* bed; **guardar cama** to stay in bed
camarero, -a waiter, waitress
cambiar to change, exchange
caminar to walk, to go
camino *m.* road
camisa *f.* shirt
campamento *m.* camp;
campo *m.* field, country

Canadá (el) *m.* Canada
canal *m.* channel
cáncer *m.* cancer
canción *f.* song
candidato, a candidate
cansado, -a tired
cantado, -a sung
cantar to sing
capaz capable, able
capital *f.* capital
capitán *m.* captain
capítulo *m.* chapter
cara *f.* face
cárcel *f.* jail
cariñosamente affectionately
carnaval *m.* carnival
carne *f.* meat
carnicero, -a *m./f.* butcher
caro, -a expensive, dear
carrera *f.* career
carro *m.* car
carta *f.* letter
cartera *f.* purse, wallet
cartero *m./f.* letter carrier
cartón *m.* cardboard
casa *f.* house; **en casa** at home; **casa particular** private house; **Casa Blanca (la)** the White House
casarse to get married
casarse (con) to marry
casi almost
caso *m.* case
castellano *m.* Spanish, Castilian
castillo *m.* castle
causa *f.* cause
caverna *f.* cave
caviar *m.* caviar
celebrar to celebrate
celebridad *f.* celebrity
celos *m./pl.* jealousy
cena *f.* supper; **cenar** to have supper
centavo *m.* cent
central central
centro *m.* downtown
cerca (de) near
cercano, -a nearby
cerdo, -a pig

ceremonias *f.* ceremonies
cereza *f.* cherry
cero *m.* zero
cerrado, -a closed
cerrar(ie) to close
cesto, -a *m./f.* basket
chaleco *m.* vest
champán *m.* champagne
chaqueta *f.* jacket
charlar to chat
cheque *m.* check
chica *f.* girl
chico *m.* boy
chileno, -a Chilean
chino, -a *m./f.* Chinese
chocar to crash
chocolate *m.* chocolate
chófer or **chofer** *m./f.* driver
cielo *m.* sky; **mi cielo** my darling
cien(to) a hundred
ciencia *f.* science
cierto, -a (a) certain
cine *m.* movie(s)
circo *m.* circus
cita *f.* date, appointment
ciudad *f.* city
ciudadano, -a citizen
civilización *f.* civilization
¡claro! of course!
claro, -a clear
clase *f.* **sala de clase** classroom
clima *m.* climate
clínica *f.* doctor's office
coche *m.* car; **en (por) coche** by car; **coche patrullero** patrol car
cocina *f.* kitchen; **clase de cocina** *f.* cooking class
cocinar to cook
cocinero, -a *m./f.* cook
cocodrilo *m./f.* crocodile
cohete *m.* rocket
coleccionar to collect
colega *m.* classmate, schoolmate
colegio *m.* high school, private boarding secondary school
colgar(ue) to hang up
color *m.* color

comedor *m.* dining room

comentario *m.* comment

comenzar(ie) to begin

comer to eat

comercial commercial

comerciante *m./f.* business person

comestibles *m. pl.* groceries

cometer faltas to make errors

comida *f.* meal, dinner, food

como like, as

¿cómo? how? what do you mean? **¡cómo no!** of course! **¿cómo que no?** what do you mean, "no"?

cómodo, -a comfortable; **cómodamente** comfortably

compadecía was sympathetic

compañero, -a *m./f.* companion, friend

compañero, -a de clase *m./f.* classmate

compañía *f.* company

comparar to compare

compasivo, -a compassionate

complicación *f.* complication

complicado, -a complicated

compra *f.* purchase; **ir de compras** to go shopping

comprar to buy

comprender to understand

computadora *f.* computer

comunicación *f.* communication

con with **conmigo** with me; **contigo** with you (*fam.*)

con todo el corazón with all my heart

¡concedido! agreed!

concierto *m.* concert

concurso *m.* contest

conducir to drive, to lead

confesión *f.* confession

conflicto *m.* conflict

confusión *f.* confusion

congelado, -a frozen

conocer to know (acquainted)

conocerse to become acquainted

conocimiento *m.* knowledge

consecuencia *f.* consequence

conseguir to obtain

consejero, -a *m./f.* counselor

consejo *m.* advice

conservar to conserve

considerar to consider

construir to construct

consultorio *m.* clinic

consultorio sentimental *m.* advice to the lovelorn

contabilidad *f.* accounting

contador, -a accountant

contar(ue) to narrate, to tell, to count

contento, -a happy; **contentamente** happily

contestar to answer

contra against

contrato *m.* contract

conversación *f.* conversation

conversar to converse, to chat

copiar to copy

corazón *m.* heart

corbata *f.* tie

correcto, -a correct; **correctamente** correctly

corredor *m.* aisle, corridor

correr to run

cortar to cut

cortés polite

corto, -a short

cosa *f.* thing

cosméticos *m. pl.* cosmetics

costa *f.* coast

costar(ue) to cost; **cuesta** it costs

crecer to grow

creer to believe, to think; **creer que sí (no)** to believe so (not)

crema *f.* cream

criminal *m./f.* criminal

crisis *f.* crisis

crudo, -a raw

cruel cruel

cruzar to cross

cuaderno *m.* notebook

cuadro *m.* picture

¿cuál? which (one)?, what?

cuando when; **¿cuándo?** when?

¿cuánto, a? how much? **¿cuánto tiempo?** how long?; **¿cuántos, -as?** how many?; **¿cuántos años tiene?** How old is he (she)?; **¿a cuántos estamos hoy?** what's today's date?

cuarto *m.* room, quarter; **cuarto de baño** bathroom; **cuarto de charla** chat room

cubano, -a Cuban

cubrir to cover

cuchara *f.* spoon

cucharada *f.* spoonful

cucharita *f.* teaspoon

cuchillo *m.* knife

cuello *m.* collar, neck

cuenta *f.* bill

cuento *m.* story

cuerdo-a sane

cuerpo *m.* body

cuesta it costs

cuidadoso, -a careful

cuidar to take care of

culpa *f.* fault

culpable guilty

cultivar to grow

culto, -a cultured

cultural cultural

cumpleaños *m.* birthday

cumplir con to fulfill

cuñado *m.* brother-in-law

curar to cure

curioso, -a curious

cuyo-a whose

D

dama *f.* lady

dar to give; **dar la mano** to shake hands; **dar las gracias** to thank; **dar un paseo** to take a walk; **dar un paseo a caballo, a pie, en automóvil** to go horseback riding, to take a walk, to take a drive

de of, from; than; **de acuerdo** in agreement; agreed; **de compras** shopping; **de día** by day; **de la mañana** A.M.; **de la noche** P.M.; **de la tarde** P.M.; **de nada** you're welcome; **de ninguna manera** by no means; **de noche** at night; **de nuevo** again; **de pie** on foot; **de repente** suddenly
de inmediato immediately
debajo (de) below, underneath
deber to owe, must; duty
débil weak
decidir to decide
decir to say, to tell; **¿cómo se dice . . .?** how do you say . . .?
decisión *f.* decision
dedo *m.* finger
defender(ie) to defend
definición *f.* definition
deforme misshapen
dejar to leave, to permit, to let; **dejar caer** to drop
del of the, in the
delante (de) in front (of)
delgado, -a slender, thin
delito *m.* offense, crime
demás *m. pl.* others
demasiado, -a too much
democracia *f.* democracy
demonio *m.* demon
dentro inside
dependiente, -a *m./f.* clerk
deportado, -a deported
deportar to deport
derecho *m.* the right; straight ahead; **a la derecha** to the right
desafortunadamente unfortunately
desagradable unpleasant
desayuno *m.* breakfast; **desayunar(se)** to eat breakfast; **tomar el desayuno** to have breakfast

descansar to rest
describir to describe
descubrimiento *m.* discovery
descubrir to discover
desde from, since
desear to wish, to want
desearán they will want
deseo *m.* wish
desesperado, -a desperate
desgracia *f.* misfortune
desierto, -a deserted
desnudo, -a naked
desodorante *m.* deodorant
despacio slowly
despedir(i) to dismiss, to fire
despegar to take off (plane)
despertar(ie) to awake others
despertarse(ie) to wake oneself, wake up
después (de) after(wards)
detalle *m.* detail
detestar to detest
detrás de behind
devorar to devour
Día de la Raza Columbus Day (October 12)
Día de los Inocentes April Fool's Day (April 1)
día *m.* day; **al día siguiente** the next day; **buenos días** good morning; **de día** by day; **día libre** day off; **todos los días** everyday
diamante *m.* diamond
diario *m.* diary
diario, -a daily
diciembre December
dictado *m.* dictation
dictadura *f.* dictatorship
diente *m.* tooth
dieta *f.* diet
diferencia *f.* difference
diferente different
difícil difficult
dificultad *f.* difficulty
diligente diligent
dinámico, -a dynamic
dinero *m.* money

Dios *m.* God; **¡Dios mío!** My God!
diputado, -a reputee, representative
director, -a *m./f.* principal
dirigir to direct; **dirigirse** to go toward
disco compacto *m.* CD
discurso *m.* speech
discutían they were discussing
dispense Ud. excuse me
disputa *f.* dispute
distinto, -a different
divertir(ie) to amuse
divertirse(ie) to enjoy oneself
divino, -a divine
divorciado, -a divorced
doblar la esquina to turn the corner
docena *f.* dozen
doctor, -a *m./f.* doctor
documento *m.* document
dólar *m.* dollar
dolor *m.* ache, pain; **dolor de cabeza (muelas, estómago)** headache (toothache, stomachache); **. . . de pecho** chest pain
domingo *m.* Sunday
dominó *m.* dominoes
doncella *f.* damsel
donde where; **¿dónde?** where?
dormido, -a asleep
dormir(ue) to sleep
dormitorio *m.* bedroom
dos two
drama *m.* drama, play
ducha *f.* shower
dueño, -a *m.* owner
duermo I sleep
dulce sweet; **dulces** *m. pl.* candy
durante during; for (time)
¿Durmió? Did you sleep?
duro, -a hard

E
e and
edad *f.* age

edificio *m.* building
egipcio, -a Egyptian
ejercicio *m.* exercise
ejército *m.* army
él he, it
el *m.* the
elección *f.* election
eléctrico, -a electric
electrónico, -a electronic
elefante, -a elephant
elegante elegant
elemental elementary
ella she, it; **ellas** they, them
emigrante *f./m.* emigrant
emocionante exciting
empezar(ie) to begin
empleado, -a *m./f.* employee, clerk
empleo *m.* job, employment
empresa *f.* firm
en in, on, at; **en casa** at home; **en punto** sharp, exactly; **¿en qué puedo servirle?** what can I do for you?; **en seguida** immediately; **en serio** seriously; **en vez de** instead of; **en voz baja** in a whisper
enamorado, -a in love
encender to switch on
encontrar(ue) to meet, to find
energía *f.* energy
enérgico, -a energetic
enero January
enfermedad *f.* illness
enfermero, -a *m./f.* nurse
enfermo, -a sick, ill
engordar to get fat
enojado, -a angry
enojo *m.* anger
enorme enormous, large
ensalada *f.* salad; **ensalada de papas** potato salad
enseñanza *f.* teaching
enseñar to show, to teach
entender(ie) to understand
entero, –a entire, all
entonces then
entrada *f.* ticket, entrance
entrar (en) to enter

entre between, among
entre los dos between the two (of us)
entretanto meanwhile
entrevista *f.* interview
entrevistador, -a interviewer
entusiasmo *m.* enthusiasm
envejecerse to grow old
enviar to send
época *f.* period of time
equipado, -a equipped
equipo *m.* team
equivocado, -a mistaken
era was
eran they were
error *m.* error
eructo *m.* burp
es is **(ser)**
esa *f.* that; **esas** *f. pl.* those
escape *m.* escape
¡Escribe! Write!
escribir *m.* to write
escritor, -a *m./f.* writer
escritorio *m.* desk
escuchar to listen to
escuela *f.* school; **escuela superior** high school
ese *m.* that; **esos** *m. pl.*
eso that (*neut.*) **por eso** therefore
esos *m. pl.* those
espacio *m.* space
espalda *f.* back
España *f.* Spain
español, -a Spanish *m./f.* Spaniard
especie *f.* species
espectro *m.* ghost
espejo *m.* mirror
espera *m.* (noun) wait
esperanza *f.* hope
esperar to hope, to wait for
espía *m./f.* spy
espléndido, -a splendid
esposa *f.* wife
esposo *m.* husband
esposos *m. pl.* husbands, husband and wife, Mr. and Mrs.
esquiar to ski
esta *f.* this; **esta noche** tonight

estación *f.* season, station
estación espacial *f.* space station
estado *m.* state
Estados Unidos *m. pl.* United States
estante *m.* shelf
estar to be; **estar bien (mal)** to be well (ill); **está bien** O.K.; **¿cómo está usted?** how are you?; **estar de pie** to be standing
estas *f. pl.* these
estás you are (*fam. s.*)
este *m.* east
este *m.* this
estilo *m.* style
esto this (*neut.*)
estómago *m.* stomach
estos *m. pl.* these
estrecho, -a narrow
estrella *f.* star
estreñido, -a constipated
estudiante *m./f.* student
estudiar to study
estudiar para to study to become …
estudios *m. pl.* studies
estudioso, -a studious
estupendo, -a stupendous
estupidez *f.* stupidity
estúpido, -a stupid
etiqueta *f.* label
Europa *f.* Europe
evento *m.* event
exactamente exactly
examen *m.* examination
examinar to test
excavar to excavate
excelente excellent
excursión *f.* trip
exhausto, -a exhausted
éxito *m.* success
experiencia *f.* experience
experto, -a expert
explicar to explain
explorador, -a *m./f.* explorer, Boy Scout, Girl Scout
explorar to explore
extraño, -a strange

extraordinario, -a extraordinary

extravagante extravagant

extremista extremist

F

fábrica *f.* factory

fácil easy

fácilmente easily

falda *f.* skirt

falla *f.* fault

falta *f.* mistake

faltar to be missing

familia *f.* family; **toda la familia** the whole family

familiar *m./f.* family member

famoso, -a famous

fantasma *m.* ghost

fantástico, -a fantastic

farmacia *f.* pharmacy

fatigado, -a tired

favor *m.* favor; **hacer el favor de + *inf.*** please; **por favor** please

favorito, -a favorite

fax *f.* fax

fecha *f.* date; **¿cuál es la fecha de hoy?** what is today's date?; **¿a cuántos estamos hoy?** what is today's date?

felicidad *f.* happiness

¡Felicidades! Congratulations!

¡Felicitaciones! Congratulations!

feliz happy, content

felizmente happily

feo, -a ugly

ferozmente ferociously

ferrocarril *m.* railroad

ficticio, -a fictitious

fiebre *f.* fever

fiesta *f.* party

fila *f.* line

fin *m.* end; **al fin** at last; **fin de semana** *m.* weekend; **por fin** finally

fiscal *m./f.* district attorney

flaco, -a thin, skinny

flor *f.* flower

floristería *f.* flower shop

flotar to float

forma *f.* form

fortuna *f.* fortune

foto(grafía) *f.* photo(graph)

fotocopia *f.* photocopy

fotógrafo, -a photographer

frac *m.* tuxedo

fracaso *m.* failure

francés *m.* French, Frenchman; **francesa** Frenchwoman

Francia *f.* France

frase *f.* sentence

frecuentemente frequently

frente *m.* front; **al frente** in front

fresco, -a fresh, cool

frijol *m.* bean

frío, -a cold, cool; **hacer frío** to be cold (weather); **tener frío** to be cold (persons)

frito, -a fried

fruta *f.* fruit

fuente *f.* fountain

fuera (de) outside (of)

fuerte strong

fumar to smoke

funcionar to function

furioso, -a furious

fútbol *m.* football, soccer

futuro *m.* future

G

gafas *f. pl.* sunglasses

ganar to earn, to win

garganta *f.* throat

gaseosa *f.* soda

gastar to spend, waste

gato, -a *m./f.* cat

generación *f.* generation

generalmente generally

generoso, -a generous

genético, -a genetic

gente *f.* people

geografía *f.* geography

gerente de oficina *m.* office manager

gigante giant, gigantic

gimnasio *m.* gym

global global

golpe *m.* blow

gordo, -a fat

gorra *f.* cap

gota *f.* drop

gozar to enjoy

gracias *f. pl.* thanks; **dar las gracias** to thank; **muchas gracias** thank you very much

gramática *f.* grammar

gran great

grande big, large

gratis free

grave serious

grieta *f.* crack

gris gray

gritar to shout

grito *m.* shout

grueso, -a thick

guante *m.* glove; **guante de béisbol** baseball glove

guapo, -a handsome

guardar to keep; **guardar cama** to stay in bed

guerra *f.* war

guía *m.* guide

guía telefónica *f.* phone guide

guitarra *f.* guitar

guitarrista *m./f.* guitarist

gustar to like, to be pleasing; **me, te, le gusta** I, you, (he), (she), you like(s); **nos, os, les gusta** we, you, they like.

gusto *m.* pleasure; **con mucho gusto** gladly, with much pleasure

H

ha conocido has known

ha dicho has said

había there was, were

habilidad *f.* skill

habitación *f.* room

hablar to speak

hacer to do, to make; **hacer buen (mal) tiempo** to be good (bad) weather; **hacer frío (calor, sol, viento, fresco)** to be cold (warm, sunny, windy, cool) weather;

hacer el favor de + *inf.* please; **hacer preguntas** to ask questions; **hace una semana (un mes, etc.)** (a month ago, etc.)

haga el favor de + *inf.* please

hallar to find

hambre *f.* hunger; **tener hambre** to be hungry

hasta until, up to

hasta la vista until I see you again; **hasta luego** until then; **hasta mañana** until tomorrow

hay there is, there are; **no hay de qué** you're welcome; **hay que** + *inf.* one must

¡Haz! Make!

he escrito I have written

he hecho I have done

he terminado I have finished

he visto I have seen

helado *m.* ice cream

hemos vuelto we have returned

herencia *f.* inheritance

herir to hurt, to wound

hermana *f.* sister; **hermano** *m.* brother; **hermanos** *m. pl.* brother(s) and sister(s)

hermoso, -a beautiful

héroe *m./f.* hero

hice I made, did **(hacer)**

hierba *f.* grass

hierro *m.* iron

hija *f.* daughter; **hijo** *m.* son; **los hijos** *m. pl.* son(s) and daughter(s)

hijita, -o *f./m.* little daughter, little son

hinchado, -a swollen

hispánico, -a Hispanic

hispano, -a Hispanic, Spanish-speaking

hispanoamericano, -a Spanish-American

historia *f.* story, history

histórico, -a historic

hoja *f.* leaf

hola hello

hombre *m.* man

hombro *m.* shoulder

honor *m.* honor

honrado, -a honest, honorable

hora *f.* hour, time; **¿a qué hora?** at what time?; **a la una** at one o'clock; **a las dos** at two o'clock; **a esta(s) hora(s)** at this time; **por hora** by the hour; **¿qué hora es?** what time it it?; **es la una** it's one o'clock; **son las dos** it's two o'clock

hormiga *f.* ant

horrible horrible

hospital *m.* hospital

hotel *m.* hotel

hoy today

hueso *m.* bone

huevo *m.* egg; **huevos duros** hard-boiled eggs

huir to flee

hurrá *m.* hurrah

I

ícono *m.* icon

idea *f.* idea

idioma *m.* language

idiota *m./f.* idiot

iglesia *f.* church

ignorante *m./f.* ignorant person

imagen *f.* image

imaginación *f.* imagination

imaginario, -a imaginary

impermeable *m.* raincoat

importa is important

importante important

imposible impossible

impresión *f.* impression

impresionar to impress

impuesto *m.* tax

indefenso-a defenseless

independencia *f.* independence

indígena *m.* native

indio, -a *m./f.* Indian

indocumentado, -a illegal immigrant

infierno *m.* hell

información *f.* information

Inglaterra *f.* England; **inglés** *m.* English, Englishman; **inglesa** Englishwoman

inglés *m.* English language, English

ingresar to enter (college army, etc)

inmediatamente immediately

inocente innocent

inodoro *m.* toilet, odorless

inolvidable unforgettable

inoxidable stainless

insistir to insist

instrumento *m.* instrument

intacto, -a intact

inteligencia *f.* intelligence

inteligente intelligent

intención *f.* intention

interés *m.* interest

interesante interesting

interesar to interest

interesarse to be interested

internet *m.* Internet

interrumpir to interrupt

investigación *f.* investigation

investigar to investigate

invierno *m.* winter

invitación *f.* invitation

invitado, -a *m./f.* guest; invited

invitar to invite

ir go; **ir a casa (a la escuela, de paseo)** to go home (to school, for a walk); **ir de compras** to go shopping

isla *f.* island

Italia *f.* Italy

italiano, -a Italian

izquierdo *m.* left; **a la izquierda** to the left

J

jabón *m.* soap

jamás never, not ever, ever

jardín *m.* garden

jefe, -a *m./f.* boss; **jefe del ejecutivo** chief executive

joven *m./f.* young person

juego *m.* game
jueves *m.* Thursday
juez *m.* judge
jugar(ue) to play
jugo *m.* juice; **jugo de naranja** orange juice
julio July
junio June
junto together
justo, -a just

K
kilómetro *m.* kilometer

L
la *f.* the
La Paz Bolivian capital
labio *m.* lip
laboratorio *m.* laboratory
lado *m.* side; **al lado de** beside, next to; **por otro lado** on the other hand
ladrón, -a *m./f.* thief
lago *m.* lake
lámpara *f.* lamp
lana *f.* wool
lanza *f.* lance
lápiz *m.* pencil
largo, -a long
las *f. pl.* the, them; **las (veo)** (I see) them
lástima pity; **¡qué lástima!** what a shame!
lata *f.* can
latín *m.* Latin
latinoamericano, -a Latin-American
lavadora y secadora *f.* washer and dryer
lavaplatos *m.* dishwasher
lavar(se) to wash (oneself)
le him, you *in Spain*
le to him, to her, to you, to it
le gusta he, she, you, it (like)s
le gustaron he, she, you, it liked
lección *f.* lesson
leche *f.* milk
lectura *f.* reading
leer to read
legumbres *f. pl.* vegetables

lejos de far from
lengua *f.* language, tongue
lento, -a slow
les to them, to you
les gusta they, you like
letrero *m.* sign
levantado, -a up, standing
levantarse to get up
leve light
ley *f.* law
liberal liberal
libertad *f.* liberty, freedom
libra *f.* pound
libre free
libro *m.* book
limón *m.* lemon
limpio, -a clean
lindo, -a pretty
lista *f.* list; **lista de platos** menu
listo, -a ready
llamada *f.* call
llamar to call; **llamar a la puerta** to knock at the door; **llamar(se)** to (be) called; to (be) name(d); **¿cómo se llama Ud?** what's your name.
llave *f.* key
llegar a ser to become
llegar to arrive
llenar to fill
llevar to carry, to wear, to take
llorar to cry
llover(ue) to rain
llueve it rains, it's raining
lluvia *f.* rain
lo *m.* him, it, you; **los** *m. pl.* the, them, you; **lo importante** the important thing; **lo siento (mucho)** I'm (very) sorry; **lo que** what
lo que what (in a statement)
Lo siento I am sorry about it, I regret it
loco, -a crazy
locura *f.* madness
locutor *m.* announcer
Londres London
loza *f.* chinaware

luchar to fight
luego next, then; **hasta luego** until then, see you later
lugar *m.* place
lujoso, -a luxurious
luna *f.* moon
luna de miel *f.* honeymoon
lunes *m.* Monday
luz *f.* light

M
madera *f.* wood; **de madera** wooden
madre *f.* mother
maduro, -a ripe
maestro, -a *m./f.* teacher; **maestro de ceremonias** master of ceremonies
magnífico, -a magnificent
maíz *m.* corn
mal badly, ill
maleta *f.* suitcase
malhechor *m.* evildoer
malo, -a bad, ill
mamá *f.* mom, mommy
mañana *f.* morning, tomorrow; **de la mañana** A.M.; **por la mañana** in the morning; **hasta mañana** until tomorrow
¡Manda! Send!
mandar to order, to send
manejar to drive
manera *f.* way, manner
mano *f.* hand; **dar la mano** to shake hands; **en las manos de** in the hands of
mantel *m.* tablecloth
mantequilla *f.* butter
manzana *f.* apple
mapa *m.* map
máquina *f.* machine
mar *m.* sea
maravilla *f.* marvel
maravilloso, -a marvelous
marca *f.* mark; **marca registrada** registered trademark
marcar to dial

marchar to walk
marido *m.* husband
marisco *m.* shellfish
mármol *m.* marble
martes *m.* Tuesday
más most, more; **más tarde** later; **lo más pronto posible** as soon as possible
matemática *f.* math
material *m.* material
matón, -a thug, bully
matrimonio *m.* wedding
mayo May
mayor older, larger
me (to) me, myself
me gusta I like
me pregunto I wonder
me presento I introduce myself
mecanografía *f.* typing
mediano, -a medium
medianoche *f.* midnight
medias *f. pl.* stockings
médico *m./f.* doctor
medio, -a half; **en medio de** in the middle of; **media hora** half an hour
mejilla *f.* cheek
mejor better; **el mejor** best
melodía *f.* melody
memoria *f.* memory
menor younger, smaller
menos few, less, minus; **al menos** at least
mensaje *m.* message; **mensaje de texto** text message
mentir(ie) to lie
mentón *m.* chin
menudo, -a small; **a menudo** often
mercado *m.* market
mercadeo *m.* marketing
mes *m.* month; **el mes pasado** last month
mesa *f.* desk, table; **poner la mesa** to set the table
mesero, -a waiter, waitress

meter to put (in)
método *m.* method
metro *m.* subway
mexicano, -a Mexican
México Mexico
mezcla *f.* mixture
mí me
mi, mis my
micrófono *m.* microphone
miedo *m.* fear
mientras while
mientras leía while I was reading
miércoles Wednesday
migra (slang) *f.* the U.S. Immigration and Naturalization Service
mil one thousand
milagro *m.* miracle
millonario, -a millionaire
mineral mineral
mínimo, -a minimum, minimal
minuto *m.* minute
mío, -a (of) mine, my
¡Mira! Look!
mirar to look (at)
miserable wretched
mismo, -a same; **lo mismo** the same
mitad *f.* half
modelo *m.* model
moderno, -a modern
molestar to bother
momento *m.* moment
mono *m.* monkey
monstruo *m.* monster
montaña *f.* mountain
monte(s) *m. (pl.)* hill(s)
monumento *m.* monument
morder to bite; **morder el polvo** to bite the dust
moreno, -a dark-haired, dark-eyed brunette*
morir(ue) to die
mostrar(ue) to show
mover(ue) to move
mozo *m.* boy, waiter

muchacha *f.* girl; **muchacho** *m.* boy (teenagers)
mucho, -a much, a lot
muchos, -as many
muebles *m. pl.* furniture
muerto, -a dead
mujer *f.* woman, wife
mujer de negocios *f.* businesswoman
mundo *m.* world; **todo el mundo** everyone
muñeca *f.* doll
músculo *m.* muscle
museo *m.* museum
música *f.* music
músico *m./f.* musician
muy very; **muy bien** very well

N

nacer to be born
nación *f.* nation
nacional national
nada nothing; **de nada** you're welcome
nadar to swim
nadie no one, anyone
naranja *f.* orange
nariz *f.* nose; **narices** *pl.* noses
natación *f.* swimming
navaja *f.* razor
navegar to sail
Navidad *f.* Christmas; **Feliz Navidad** Merry Christmas; **Día de Navidad** Christmas Day
necesario, -a necessary
necesitar to need
negativo, -a negative
negocio *m.* business
negro, -a black
nene *m.* infant
nervioso, -a nervous
ni nor, not even
ni . . . ni neither . . . nor

*For some Central Americans **moreno** means *black*.

nieta *f.* granddaughter; **nieto** *m.* grandson; **nietos** *m. pl.* grandchildren
nieva it snows, it's snowing
nieve *f.* snow
nilón *m.* nylon
ninguno, -a none
niño, -a *m./f.* child
¡No digas! Don't say!
¿no? really?, no?
no importa it doesn't matter
noche *f.* night; **buenas noches** good night, good evening; **de noche** at night; **de la noche** P.M.; **esta noche** tonight; **por la noche** in the evening, at night
nombre *m.* name
normal normal
norteamericano, -a North American
nos us, to us, ourselves
nos gusta we like
nosotros, -as we, us
nota *f.* grade, note
notar to note, to comment on
noticia *f.* news
novedad *f.* novelty; **sin novedad** as usual
novela *f.* novel
noviembre November
nuestro, -a (of) our(s)
Nueva York New York
nuevo, -a new; **de nuevo** again
Nuevo Mundo New World
número de teléfono *m.* phone number
número *m.* number
número equivocado *m.* wrong number
numeroso, –a numerous
nunca never

O

o or
obedecer to obey
obligado, -a obliged
obra *f.* work
obrero, -a worker
observar to observe

octubre October
ocupado, -a (en) busy (with)
odiar to hate
oficina *f.* office
ofrecer to offer
oír to hear
ojo *m.* eye
olor *m.* smell
olvidar to forget
ópera *f.* opera
operación *f.* operation
operar to operate
opinión *f.* opinion
oportunidad *f.* opportunity
optimista optimistic
orden *f.* order
ordenar to order
oreja *f.* ear
orgullo *m.* pride
oro *m.* gold
osado, -a bold, daring
otoño *m.* autumn
otro, -a (an)other; **otros, -as** others(s); **otras veces** on other occasions

P

paciencia *f.* patience
paciente *m./f.* patient
padre *m.* father; **padres** *m. pl.* parents, mother(s) and father(s)
pagar to pay (for)
página *f.* page
país *m.* country
paja *f.* straw
pájaro *m.* bird
palabra *f.* word
palacio *m.* palace
pálido, -a pale; **se puso pálido** he turned pale
pan *m.* bread
panadería *f.* bakery
panadero *m.* baker
pantalla *f.* screen
pantalones *m. pl.* pants
pantano *m.* swamp
pañuelo *m.* handkerchief
papá *m.* dad, father
papas *f. pl.* potatoes; **papas fritas** French fries
papel *m.* paper

papelito *m.* small piece of paper
paperas *f.pl.* mumps
paquete *m.* package
par *m.* pair
para for, in order to; **para que** in order that; **¿para qué?** why?
parada *f.* stop, military parade
paraguas *m.* umbrella
paraíso *m.* paradise
parar to stop
pardo, -a brown
parecer to look like, seem; **¿qué te parece?** what do you think of it?
pared *f.* wall
pareja *f.* pair, couple
pariente *m./f.* relative; **parientes** *pl.* relatives
parque *m.* park; **parque zoológico** *m.* zoo
párrafo *m.* paragraph
parte *f.* part; **por todas partes** everywhere
participar to participate
particular private, particular
partido *m.* game, match, political party
partir to leave, to depart
pasado, -a past; **el año pasado** last year; **el mes pasado** last month; **la semana pasada** last week
pasaje *m.* fare, ticket
pasajero, -a passenger
pasar to spend (time), to happen; **pasar un buen (mal) rato** to have a good (bad) time; **¡pase Ud.!** come in!; **¿qué le pasa a Ud.?** what's the matter with you? **¿qué pasa?** what's going on?
Pascua Florida *f.* Easter
paseo *m.* walk; **dar un paseo** to take a walk; **ir de paseo** to go for a walk
pasión *f.* passion

pasillo *m.* aisle
pasta dentífrica *f.* toothpaste
pastel *m.* cake, pie
patatas *f. pl.* potatoes
patio *m.* yard
patria *f.* country, motherland
patrón, -a *m./f.* boss
patrullero *m.* patrol car
payaso *m.* clown
paz *f.* peace
pecho *m.* chest
pedazo *m.* piece
pedir(i) to request, ask for
pegar to beat
peinarse to get combed
película *f.* movie
peligroso, -a dangerous
pelo *m.* hair
pelota *f.* ball
pensador, -a thinker
pensar(ie) to think; **pensar en** to think of; **pensar + inf.** to intend
pensión *f.* boarding house
peor worse
pequeño, -a small
pera *f.* pear
perder(ie) to miss, to lose
pérdida *f.* loss
perdóneme excuse me
perezoso, -a lazy
perfección *f.* perfection
perfecto, -a perfect
periódico *m.* newspaper
periodista *m./f.* journalist
permiso *m.* permission; **con permiso** excuse me
pero but
perro, -a *m./f.* dog; **perrito** *m.* puppy
persona *f.* person
personaje *m.* character
personalidad *f.* personality
pesado, -a heavy
pescado *m.* fish
peso *m.* weight
petróleo *m.* oil
piano *m.* piano
pie *m.* foot; **a pie** on foot; **al pie de** at the bottom of; **estar de pie** to be standing

piedra *f.* stone
piel *f.* skin
pierna *f.* leg
piloto *m.* pilot
pimienta *f.* pepper
pintar to paint; **pintado, -a** painted
pintura *f.* painting
pipa *f.* pipe
piscina *f.* swimming pool
piso *m.* floor, story, apartment; **piso de arriba (abajo)** upstairs (downstairs)
pizarra *f.* blackboard
plan *m.* plan
planeta *m.* planet
planta *f.* plant
plasma *m.* plasma
plata *f.* silver
plato *m.* dish (of food)
playa *f.* beach
plaza *f.* square, plaza
pluma *f.* pen
pobre poor
pobreza *f.* poverty
poco, -a few, little; **pocas veces** few times; **poco a poco** little by little; **poco después** shortly afterward **un poco de** *m.* a little of
poder(ue) to be able; **puede** he, she, (you) can, is (are) able; **no poder más** not to be able to go on
podremos we will be able
policía *m./f.* police officer
político *m./f.* politician
pollo *m.* chicken
¡Pon! Put!
pondremos we will put
poner to put, to place; **poner la mesa** to set the table
ponerse to put on, to become
por for, through, by, times (multiply); **por ahora** for now; **por avión** by plane; **por entero** entirely; **por eso** therefore; **por favor** please; **por fin** at last; **por hora** per hour; **por**

la mañana (tarde, noche) in the morning (afternoon, evening); **por otro lado** on the other hand; **por supuesto** of course; **por todas partes** everywhere; **por todo mi cuerpo** all over my body
¿por qué? why?
porque because
portugués, -a *m./f.* Portuguese
posible possible
positivo, -a positive
postre *m.* dessert
postular to apply for
potente powerful
pozo *m.* well
practicar to practice
práctico-a practical
precio *m.* price
preferido, -a favorite
preferir(ie) to prefer
pregunta *f.* question; **hacer preguntas** to ask questions
preguntar to ask; **preguntar por** to ask about
prehistórico, -a prehistoric
prensa *f.* press
preocupado, -a worried
preparar to prepare
presentar to present; to introduce
presente *m.* present; **me presento** I introduce myself
presidencia *f.* presidency
presidente *m.* president
prestar to lend; **prestar atención** to pay attention; **prestar juramento** to be sworn in
pretérito *m.* preterite
primavera *f.* spring
primero, -a first
primo, -a *m./f.* cousin
princesa *f.* princess
principal main
prisa *f.* speed, haste; **de (con) prisa** in a hurry

prisión *f.* prison
privilegio *m.* privilege
problema *m.* problem
procesador de texto *m.* word processor
procesión *f.* procession
producto *m.* product
profesional *f./m.* professional
profesor, -a *m./f.* teacher
profundo, -a deep
programa *m.* program
prometer to promise
prometido *m.* fiancé
prometidos *m.* engaged couple
pronto soon
pronunciar to pronounce
propina *f.* tip
propio, -a own
proponía was proposing
propósito purpose
protagonista *m.* main character
provisto, -a provided
próximo, -a next
público *m.* public
pueblo *m.* town
puedo I can **(poder)**
puente *m.* bridge
puerco *m.* pig
puerta *f.* door
puertorriqueño, -a Puerto Rican
pues well
puesto *m.* job, position
pulga *f.* flea
pulsar to click
pulso *m.* pulse
punto *m.* period; **en punto** on the dot (on time)
pupitre *m.* desk
purificar to purify
puro, -a pure

Q
que that, than, who; **¡qué!** how . . .!, what a . . .!, what!; **¿qué?** what?, which?; **¿qué hay?** what's the matter?, what's up?; **¿qué le pasa a Ud.?** what's the matter with you?; **¿qué pasa?** what's going on?; **¿qué tal?** how's everything?; **que viene** next, that is coming; **lo que** what
quedar to remain
querer(ie) to want, to love; **querer a** to love . . .; **querer decir** to mean; **¿qué quiere decir. . .?** what does . . . mean?
querido, -a dear
queso *m.* cheese
quien (es) who; **¿quién (es)?** who?; **¿a quién(es)?** to whom?; **¿de quién(es)?** whose?, of whom?; **¿para quién?** for whom?
química *f.* chemistry, chemicals
quitarse to take off (clothing)

R
rabo *m.* tail
racial racial
radio *m./f.* radio
radioactivo, -a radioactive
rancho *m.* ranch
rápido, -a rapid; **rápidamente** rapidly
raro, -a strange
rascacielos *m.* skyscraper
rato *m.* a while; **pasar un buen (mal) rato** to have a good (bad) time
ratón, -a mouse
razonable reasonable
real real
realizar to achieve
realmente really
recepcionista *f.* receptionist
receta *f.* prescription
recibir to receive
recién recently
reconstruir to reconstruct
recordar(ue) to remember
recuerdo *m.* memory
refresco *m.* cool drink, refreshment

regalar to present a gift
regalo *m.* gift
registrar to register
regla *f.* rule
regresar to return
regreso *m.* return
reina *f.* queen; **reina de belleza** beauty queen
reír(í) to laugh
relámpago *m.* lightning
reloj *m.* watch
remediar to remedy
remoto, -a far away
reparar to repair
repetir(i) to repeat
resfriado *m.* cold (illness)
resistir to resist
respetado, -a respected
respirar to breathe
responder to answer
responsabilidad *f.* responsibility
respuesta *f.* answer
restaurante *m.* restaurant
retirado, -a retired
retrato *m.* portrait
reunión *f.* meeting, get-together
reunirse(ú) to meet by appointment
revista *f.* magazine
rico, -a rich; **¡qué rico!** how delicious!
riesgo *m.* risk
risa *f.* laughter
ritmo *m.* rhythm
robar to steal, to rob
rodilla *f.* knee
rojo, -a red
romántico, -a romantic
romper to break
ropa *f.* clothes; **ropa interior** *f.* underwear
rosa *f.* rose
rositas de maíz *f. pl.* popcorn
roto, -a broken
rubio, -a blond
ruido *m.* noise
ruso, -a *m./f.* Russian

S

sábado *m.* Saturday

saber to know; **saber** + *inf.* to know how to

saborear to savor

sacar to take out, to stick out *(fam.)*; **sacar fotos** to take pictures; **sacar una nota** to get a mark

sal *f.* salt

¡Sal! Leave!

sala *f.* living room; **sala de clase** classroom; **sala de emergencia** emergency room; **sala de espera** *f.* waiting room

salir (de) to leave, to go out; **salir bien (mal)** to make out well (badly), to pass (fail); **salir el sol** sunrise

salmón *m.* salmon

salón *m.* hall; **salón de banquetes** catering hall

salsa *f.* sauce

saltar to jump

salud *f.* health

saludable healthy

saludar to greet

salvación *f.* salvation

salvadoreño, -a Salvadorean

sangre *f.* blood

santo, -a *m./f.* saint

satélite *m.* satellite

satisfecho, -a satisfied

se *(reflex.)* himself, herself, yourself, itself, themselves, yourselves; **se** + *3rd person vb.* one, they, you *(in a general sense)*

se hace tarde it is getting late

se iba was going away

se veía was seen

secretaria, -o secretary

secreto *m.* secret

secundario, -a secondary

sed *f.* thirst; **tener sed** to be thirsty

seda *f.* silk

seguida; en seguida at once

seguir(i) to follow

seguro, -a sure, certain

seis six

sello *m.* postage stamp

semáforo *m.* traffic light

semana *f.* week; **todas las semanas** every week

senador, -a senator

sencillo, -a simple

señor *m.* Mr., sir, gentleman

señora *f.* Mrs., lady

señorita *f.* Miss, lady

sensual sensual

sentado, -a seated

sentarse(ie) to sit down

sentido *m.* sense, feeling

sentir(ie) to feel (followed by a noun); to regret; **lo siento (mucho)** I'm (very) sorry

septiembre September

ser to be; **ser la hora de** + *inf.* to be time to

ser humano *m.* human being

será it will be

sería it would be

serio, -a serious

servicio *m.* service

servidor, -a at your service

servilleta *f.* napkin

servir(i) to serve; **sirve para** is used for

sesenta sixty

setenta seventy

si if, whether

sí yes; **sí que** indeed

siempre always

¡Siéntate! Sit down!

siesta *f.* nap, short rest

siglo *m.* century

significar to mean; **esto significa** this means

siguiente following, next

silencio *m.* silence

silla *f.* chair

sillón *m.* armchair

simbolizar to symbolize

similar similar

simpático, -a nice, pleasant

sin without

sin embargo however

sincero, -a sincere

¿Sintió? Did you feel?

sitio *m.* place

sobra *f.* remnant, trash

sobre on, over, about

sobre *m.* envelope

sobre todo especially

sobrina *f.* niece; **sobrino** *m.* nephew; **sobrinos** *m. pl.* nephew(s) and nieces(s)

sofá *m.* couch, sofa

sol *m.* sun; **hacer sol** to be sunny; **salir el sol** sunrise

solamente only

soldado *m./f.* soldier

solicitud *f.* application

solitario, -a lonely

sólo only

solo, -a alone

solterón *m.* bachelor

solución *f.* solution

sombrero *m.* hat

somos we are **(ser)**

son they are **(ser)**

sonar(ue) to ring

sonido *m.* sound

sonreír(í) to smile

soñar to dream

sopa *f.* soup

soplar to blow (out)

sordo, -a deaf

sorprendido, -a surprised

sorpresa *f.* surprise

sótano *m.* basement

su, sus his, her, their, your, its

subir to go up; **subir a** to get into, go up to; **subir en avión** to go up in a plane

subterráneo *m.* subway

suburbio *m.* suburb

sudar to sweat

sueldo *m.* salary

suelo *m.* ground

suena rings

sueño *m.* dream; **tener sueño** to be sleepy

suerte *f.* luck

suficiente enough

sufría used to suffer

sufrimiento *m.* suffering

sufrir to suffer

supermercado *m.* supermarket

supieron they found out

supo he found out **(saber)**

suponer to suppose

sur *m.* south

T

tal such (a); **¿qué tal?** how are things?

talento *m.* talent

taller *m.* workshop

tamaño *m.* size

también also

tampoco neither, not . . . either

tan so, as

tan . . . como as . . . as

tantísimas gracias so many thanks

tanto, -a so much, as much

tantos, -as as many, so many

tapa *f.* cover

taquigrafía *f.* shorthand

tarde *f.* afternoon, late; **buenas tardes** good afternoon; **de la tarde** P.M.; **más tarde** later; **por la tarde** in the afternoon; **tarde o temprano** sooner or later

tarea *f.* task, homework

tarjeta *f.* card

taxi *m.* taxi

taza *f.* cup

té *m.* tea

te you, to you, yourself

te gusta you (*fam.*) like

teatro *m.* theater

techo *m.* ceiling, roof

tecnología *f.* technology

tela *f.* cloth, fabric

telefonear to telephone

teléfono *m.* telephone

teléfono celular *m.* cell phone

telenovela *f.* soap opera

televidente *m.* TV viewer

televisión *f.* television

televisor *m.* television set

temblar to tremble

temperatura *f.* temperature

temprano early

tendero *m.* storekeeper

tendremos we will have

tendríamos we would have

tenedor *m.* fork

tener to have; **tener . . . años** to be . . . years old; **tener calor** to be warm; **tener éxito** to be successful; **tener hambre** to be hungry; **tener interés** to be interested; **tener miedo** to fear; **tener preso** to hold prisoner; **tener prisa** to be in a hurry; **tener que + *inf.*** to have to; **tener razón** to be right; **tener sed** to be thirsty; **tener sueño** to be sleepy; **¿qué tiene Ud.?** what's the matter with you?

tenis *m.* tennis

tercer, tercero, -a third

terminar to end, to finish

termita *f.* termite

terremoto *m.* earthquake

terreno *m.* terrain, land

testigo *m.* witness

ti you

tiburón *m.* shark

tiempo *m.* time, weather; **a tiempo** on time; **hacer buen (mal) tiempo** to be good (bad) weather; **por mucho tiempo** for a long time; **al mismo tiempo** at the same time

tienda *f.* store; **tienda de ropa** clothing store; **tienda de comestibles** grocery store

tierra *f.* earth

tigre *m.* tiger

tijeras *f. pl.* scissors

timbre *m.* bell

tímido, -a timid

tinta *f.* ink

tío *m.* uncle; **tía** *f.* aunt; **tíos** *m. pl.* aunt(s) and uncle(s)

tirar to throw

tiza *f.* chalk

tocadiscos *m.* CD player

tocado, -a played (mus.)

tocar to play (an instrument); to touch, to knock

todavía still

todo, -a all, everything; **todo el día** *m.* all day; **todo el mundo** everybody

todos, -as every, all; **todos los días** everyday; **todas las semanas** every week

¡Toma! Take!

tomar to take, to drink; **tomar asiento** to get seated

tomate *m.* tomato

tono *m.* tone; **tono de llamada** call tone

tonto, -a silly, stupid, dumb

tópico *m.* topic

torpe dull, stupid

torta *f.* cake; **torta de novia** wedding cake

tortilla *f.* omelet

tostada *f.* toast

trabajador hardworking

trabajar to work

trabajo *m.* work

traer to bring

traficante *m.* dealer (illegal)

tráfico *m.* traffic

traje *m.* suit; **traje de baño** bathing suit; **traje de correr** *m.* jogging suit; **traje de novia** wedding gown

trataban were treating, were trying

tratar de to deal with, to try to, to treat

tremendo, -a tremendous

tren *m.* train

triste sad

tristemente sadly

tristeza *f.* sadness

trusa *f.* bathing suit

tú you

tu, tus your (*fam.*)

tulipán *m.* tulip

turista *m./f.* tourist

U

Ud(s). you (abbrev.)

último, -a last

un(o), una *m./f.* a, an, one; **unos, -as** some, a few; **un poco de . . .** a bit of . . .

único, -a only, unique

universidad *f.* university

urna *f.* urn

usar to use, to wear

usted (es) you (*pl.*)

útil useful

V

va he, she, you go (es) **(ir)**

vacaciones *f. pl.* vacation; **las vacaciones de verano** summer vacation

vacante vacant

vago, -a *m./f.* vagrant, bum

valdrá la pena it will be worthwhile

valer to be worth; **vale** it costs

valiente brave

van they go **(ir)**

varios, -as several

vaso *m.* glass

veces times; **a veces** at times; **algunas veces** sometimes; **otras veces** other times

vecindario *m.* neighborhood

vecino, -a *m./f.* neighbor, (*adj.*) neighboring

vegetal *m.* vegetable

vela *f.* candle

¡Ven! Come!

vencer to defeat, to conquer

vendedor, -a salesperson

vender to sell

¿Vendrá? Will he/she come?

venidero, -a future

venir to come

venta sale; **a la venta** for sale

ventana *f.* window

ventanilla *f.* window (of a car or bus)

ventilación *f.* ventilation

verano *m.* summer

verdad *f.* truth; **¿no es verdad?** isn't it so?; **¿verdad?** right?

verde green

vestido *m.* dress, suit

vestido, a (de) dressed (in)

vestirse(i) to dress oneself

vez *f.* time; **por primera vez** for the first time; **a veces** at times; **algunas veces** sometimes; **muchas veces** many times, often; **otra vez** again; **otras veces** on other occasions; **pocas veces** a few times

viajar to travel

viaje *m.* trip

viajero, -a *m./f.* traveler

victorioso, -a victorious

vida *f.* life; **mi vida** my darling

videojuego *m.* video game

vidrio *m.* glass

viejo, -a old; **el viejo** old man

viento *m.* wind; **hacer viento** to be windy

viernes *m.* Friday

vinagre *m.* vinegar

vino *m.* wine

violencia *f.* violence

violento, -a violent

violín *m.* violin

virtual virtual

virus *m.* virus

visita *f.* visit

visitar to visit

Víspera *f.* **de Todos los Santos** Halloween

vista *f.* view, sight; **hasta la vista** until I see you again

vitamina *f.* vitamin

vivir to live

volar(ue) to fly

volumen *m.* volume, book

volver(ue) to return; **volver a mirarlo** to see something again

volverse loco to become crazy

votar to vote

voto *f.* vote

voz *f.* voice; **en voz baja** in a whisper

vuelo *m.* flight

vuestro, -a (of) your(s) (*fam.*)

Y

y and

ya now, already

¡ya lo creo! I should say so!

ya no no longer

yo I

yo no not I

Z

zanahoria *f.* carrot

zapatos *m.* shoes

Vocabulary
ENGLISH-SPANISH

A

a, an **un, -a**
able **capaz**
able, can **poder(ue)**
to be able **poder**
above **arriba, sobre**
absent **ausente**
to access **accesar**
accountant **el contador, la contadora**
accounting **la contabilidad**
achieve **lograr**
action **la acción**
addicted **adicto, -a**
administration **la administración**
adorable **adorable**
advice **el consejo;** to the lovelorn **consultorio sentimental**
affectionately **cariñosamente**
after **después (de)**
afternoon **la tarde;** good afternoon **buenas tardes;** in the afternoon **por la tarde;** P.M. **de la tarde**
again **de nuevo, otra vez**
against **contra**
agreed **de acuerdo**
agreed! **¡concedido!** in agreement **de acuerdo**
air conditioner **aire acondicionado**
air **el aire;** in the open air **al aire libre**
airplane **el avión**
aisle **el pasillo, el corredor**
all day **todo el día**

all over my body **por todo mi cuerpo**
all right **bueno, -a**
all **todo, -a**
already **ya**
always **siempre**
A.M. **de la mañana**
ambitious **ambicioso, -a**
to amuse **divertir(ie)**
ancient **antiguo, -a**
angel **el ángel**
anger **el enojo**
angry **enojado, -a**
animal **el animal**
announcer **el locutor, la locutora**
another **otro, -a**
answer **la respuesta;** to answer **contestar, responder**
ant **la hormiga**
apartment **el piso, el apartamento**
apple **la manzana**
application **la solicitud**
to apply for **postular**
appointment **la cita**
to approach **acercarse**
April **abril**
archeologist **el arqueólogo, la arqueóloga**
arm **el brazo**
armchair **el sillón**
army **el ejército**
around **alrededor**
to arrange **arreglar**
to arrive **llegar**
artifact **el artefacto**
as **como;** as . . . as **tan . . . como**

as many, so many, **tantos, -as**
to ask for **pedir**
asleep **dormido, dormida**
assistant **el asistente, la asistenta**
astute **astuto, -a**
at **a, en;** at once **en seguida;** at the **al, a la, en el, en la;** at last **al fin;** at least **al menos**
at the same time **a la vez**
to attend **asistir**
to (pay) attention **prestar atención**
attentively **con atención**
to attract **atraer**
aunt **la tía**
August **agosto**
authority **la autoridad**
automobile **el automóvil**
autumn **el otoño**
avenue **la avenida**

B

bachelor **el solterón, el soltero**
back **la espalda**
bad **malo, -a**
bald **calvo, -a**
band **la banda**
bankruptcy **la bancarrota**
barber shop **la barbería**
barrel **el barril**
basement **el sótano**
basket **el cesto, la cesta**
to bathe oneself **bañarse**
bathing suit **la trusa**
bathroom **el cuarto de baño**

to be **estar**; to be standing **estar de pie**; to be well (ill) **estar bien (mal)**

to be **ser**; to be a fan of **ser aficionado, a**; to be time to **ser hora de + *inf.*;** to be afraid **tener miedo**; be cold **tener frío**; be hungry **tener hambre**; be in a hurry **tener prisa**; be sleepy **tener sueño**; to be successful **tener éxito**; be thirsty **tener sed**; be warm **tener calor**; be . . . years old **tener . . . años**

to be born **nacer**

beach **la playa**

bean **el frijol**

to beat **pegar**

beautiful **hermoso, -a**

beauty **la belleza**; beauty queen **la reina de belleza**

because **porque**; because of **a causa de**

to become **llegar a ser**

to become acquainted **conocerse**

to become crazy **volverse loco**

bed **la cama**

bedroom **el dormitorio**

before **antes (de)**

behind **detrás (de)**

to believe **creer**; believe so (not) **creer que sí (no)**

bell **el timbre**

below **abajo**

best **el mejor**

better **mejor**

between **entre**

between the two (of us) **entre los dos**

bicycle **la bicicleta**

big **grande**

bilingual **bilingüe**

bill **la cuenta**

birthday **el cumpleaños**

bit of **un poco de . . .**

to bite **morder**; to bite the dust **morder el polvo**

blackboard **la pizarra**

blond **rubio, -a**

blood **la sangre**

blouse **la blusa**

blow **el golpe**

to blow (out) **soplar**

blue **azul**

boat **el bote, el barco**

body **el cuerpo**

bone **el hueso**

book **el libro**

boot **la bota**

bored **aburrido, -a**

boss **el jefe, la jefa**

both **ambos, -as**

to bother **molestar**

boy **el niño, el chico, el muchacho**

brave **valiente**

bread **el pan**

to break **romper**

to breakfast **desayunarse**

breakfast **el desayuno**

to bring **traer**

broken **roto, -a**

brother **el hermano**; brother-in-law **el cuñado**

brown **pardo, -a**

brunette **moreno, -a**

building **el edificio**

burp **el eructo**

bus **el autobús**

businessman **el hombre de negocios**

businessperson **el comerciante, la comerciante**

businesswoman **la mujer de negocios**

butcher shop **la carnicería**

butter **la mantequilla**

to buy **comprar**

by **por**; by no means **de ninguna manera**; by plane **por avión**

C

cake **la torta**

call **la llamada**; call tone **el tono de llamada**

to call **llamar**

camp **el campamento**

can **poder(ue)**

can (container) **la lata**

Canada **el Canadá**

cancer **el cáncer**

candidate **el candidato, la candidata**

candle **la vela**

cap **la gorra**

capable **capaz**

captain **el capitán**

car **el carro, el coche**

cardboard **el cartón**

career **la carrera**

careful **cuidadoso, -a**

carnival **el carnaval**

carpet **la alfombra**

carrot **la zanahoria**

to carry **llevar**

Castillian **el castellano**

castle **el castillo**

cat **el gato, la gata**

catering hall **el salón de banquetes**

cave **la caverna**

caviar **el caviar**

CD **el disco compacto**

celebrity **la celebridad**

cell phone **el teléfono celular**

century **el siglo**

chair **la silla**

chalk **la tiza**

champagne **el champán**

chance **el azar**

to change **cambiar**

channel **el canal**

character **el personaje**

to chat **charlar**

chat room **cuarto de charla**

cheerful **alegre**

cheese **el queso**

chemical **químico, -a**

chemistry **la química**

chest **el pecho**

chest pain **el dolor de pecho**

chief executive **el jefe del ejecutivo**

Chilean **el chileno, la chilena**

chin **el mentón**

chinaware **la loza**

Chinese **el chino, la china**

Christmas **la Navidad**
church **la iglesia**
circle of friends **las amistades**
citizen **el ciudadano, la ciudadana**
civilization **la civilización**
class **la clase**
classmate **el colega**
classroom **la sala de clase**
clean **limpio, -a**
to click **pulsar**
clinic **la clínica**
cloth **la tela**
clothes **la ropa;** clothing store **la tienda de ropa**
coffee (house) **el café**
cold **el frío** (weather); **el resfriado** (illness); to be cold (persons) **tener frío;** to be cold weather **hacer frío**
to collect **coleccionar**
color **el color**
Columbus Day **el Día de la Raza**
to comb (oneself) **peinarse**
Come! **¡Ven!**
to come **venir**
come in! **¡adelante!**
comfortable **cómodo, -a**
comment **el comentario**
communication **la comunicación**
company **la compañía**
compassionate **compasivo, -a**
complication **la complicación**
complicated **complicado, -a**
computer **la computadora**
concert **el concierto**
confession **la confesión**
conflict **el conflicto**
confusion **la confusión**
Congratulations! **¡Felicidades! ¡Felicitaciones!**
consequence **la consecuencia**
to conserve **conservar**
to consider **considerar**
constantly **constantemente**

constipated **estreñido, -a**
to construct **construir**
contest **el concurso**
contract **el contrato**
cool **fresco, -a**
corn **el maíz**
corridor **el corredor**
cotton **el algodón**
country **el país, la patria** (nation)
cousin **el primo, la prima**
cover **la tapa**
crack **la grieta**
to crash **chocar**
crazy **loco, -a**
crisis **la crisis**
crocodile **el/la cocodrilo**
cruel **cruel**
Cuban **el cubano, la cubana**
cultured **culto, -a**
cup **la taza**
curious **curioso, -a**
curtain **la cortina**
to cut **cortar**

D

to dance **bailar**
dangerous **peligroso, -a**
date **la cita**
date **la fecha;** what's today's date? **¿cuál es la fecha de hoy? ¿a cuántos estamos hoy?**
daughter **la hija**
day **el día;** the next day **al día siguiente;** day off **el día libre;** everyday **todos los días**
deaf **sordo, -a**
to deal with, to try to **tratar de**
December **diciembre**
deep **profundo, -a**
to defeat, to conquer **vencer**
defense attorney **el abogado defensor**
defenseless **indefenso, -a**
definition **la definición**
democracy **la democracia**
demon **el demonio**
deodorant **el desodorante**
department store **el almacén**

to deport **deportar**
deported **deportado, -a**
deputee **el diputado, la diputada**
desk **el escritorio, la mesa, el pupitre** (small student's classroom desk)
dessert **el postre**
detail **el detalle**
to devour **devorar**
to dial **marcar**
diamond **el diamante;** diamond ring **el anillo de diamantes**
diary **el diario**
dictation **el dictado**
Did you feel? **¿Sintió?**
Did you sleep? **¿Durmió?**
to die **morir(ue)**
diet **la dieta**
different **diferente**
difficult **difícil**
to dine **cenar, comer;** dining room **el comedor;** dinner **la cena, la comida**
discovery **el descubrimiento**
dish **el plato**
dishwasher **el lavaplatos**
to dismiss, to fire **despedir(i)**
district attorney **el fiscal, la fiscal**
district **el barrio**
divided by **dividido por**
divine **divino, -a**
divorced **divorciado, -a**
doctor **el doctor, la doctora, el médico, la médica**
doctor's office **el consultorio**
document **el documento**
dog **el perro, la perra**
to do **hacer;** to do well (on an examination) **salir bien;** to do poorly **salir mal**
doll **la muñeca**
Don't say! **¡No digas!**
door **la puerta**
downstairs **piso de abajo**
dozen **la docena**
dress **el vestido**

to dress oneself **vestirse(i)**
to drink **beber, tomar**
to drive **conducir, manejar, guiar**
driver **el chófer, chofer**
to drop **dejar caer**
drunk **borracho, -a**
duty **el deber**
dynamic **dinámico, -a**

E
ear **la oreja, el oído** (inner)
early **temprano**
to earn **ganar**
earth **la tierra**
earthquake **el terremoto**
easy **fácil**
to eat **comer**
egg **el huevo;** hard-boiled eggs **huevos duros**
Egyptian **egipcio, -a**
election **la elección**
electronic **electrónico**
elephant **el elefante**
elevator **el ascensor**
to embrace **abrazarse**
emergency **la emergencia;** emergency room **la sala de emergencia**
emigrant **el emigrante, la emigrante**
to end **terminar**
energetic **enérgico, -a**
energy **la energía**
engaged couple **los prometidos**
England **Inglaterra;** English **el inglés;** Englishman **el inglés;** Englishwoman **la inglesa**
English language **el inglés**
to enjoy **gozar**
enough **bastante**
enough **suficiente**
to enter (college army, etc.) **ingresar**
to enter **entrar**
enthusiasm **el entusiasmo**
entirely **por entero**
envelope **el sobre**
to envy **envidiar**
equals **son**

equipped **equipado, -a**
eraser **el borrador**
error **la falta**
even **aún**
evening **la tarde;** in the evening **por la tarde;** P.M. **de la tarde**
every **todo, -a;** everybody **todo el mundo;** every Sunday **todos los domingos;** everything **todo;** every time **cada vez;** every week **todas las semanas;** everywhere **por todas partes**
evildoer **el malhechor**
examination **el examen**
to excavate **excavar**
excellent **excelente**
to exchange **cambiar**
exciting **emocionante**
excuse me! **¡dispense Ud.!, ¡perdón!, ¡perdóneme Ud.!**
exercise **el ejercicio**
exhausted **exhausto, -a**
expert **el experto, la experta**
to explain **explicar**
expensive **caro, -a**
extremist **extremista**
eye **el ojo**

F
face **la cara**
failure **el fracaso**
to fall **caer**
fall **el otoño**
family **la familia**
fan (sports, etc.) **aficionado, -a**
far (from) **lejos (de)**
fare **el boleto**
father **el padre**
fault **la falla, la culpa**
fax **el fax**
fax machine **la máquina de fax**
to fear (be afraid) **tener miedo de**
February **febrero**

to feel (followed by a noun); to regret **sentir(ie)**
feeling **el sentido**
ferociously **ferozmente**
few **poco, -a; pocos, -as**
fiancé **el prometido**
fictitious **ficticio, -a**
field **el campo**
fifteenth birthday (girl's) **la quinceañera**
to fight **luchar**
file cabinet **el archivo**
to fill **llenar**
finally **por fin**
finger **el dedo**
firm (business) **la empresa**
to fit **caber**
flea **la pulga**
to flee **huir**
flight **el vuelo**
floor **el piso**
to forget **olvidar**
flower **la flor;** flower shop, **la floristería**
to fly **volar(ue)**
to follow **seguir;** in following **al seguir**
foot **el pie**
for **para, por**
fork **el tenedor**
fortunately **afortunadamente**
fortune **la fortuna**
found out (they) **supieron**
fountain **la fuente**
France **Francia**
free **libre;** (for) free **gratis**
French **el francés;** Frenchman **el francés;** Frenchwoman **la francesa**
Friday **viernes**
friend **la amiga, el amigo**
from **de, desde**
front **el frente**
frozen **congelado, -a**
fruit **la fruta**
to fulfill **cumplir con**
to function **funcionar**
furious **furioso, -a**
furniture **muebles** *m.*
future **el futuro**

G

garbage **la basura**
garden **el jardín**
generation **la generación**
genetic **genético, -a**
gentleman **el señor**
Germany **Alemania**; German (lang. and person) **el alemán; la alemana**
to get fat **engordar**
to get late **hacerse tarde**
to get married **casarse**
to get off, down (from) **bajar de**
to get on **subir a**
to get seated **tomar asiento**
to get up **levantarse**
ghost **el fantasma, el espectro**
gigantic **gigante**
girl **la niña; la chica, la muchacha**
to give **dar**; give thanks **dar las gracias**
glass **el vidrio**; (for drinking) **el vaso**
global **global**
gloves **los guantes** *m.*
to go **ir**; go down **bajar**; go for a walk **ir de paseo, dar un paseo**; go home **ir a casa**; go on foot **ir a pie**; go out **salir**; go shopping **ir de compras**; go to school **ir a la escuela**; go up **subir**
gold **el oro**
good **bien, bueno, -a**
good-bye **adiós**
to go to bed **acostarse(ue)**
granddaughter **la nieta**
grandfather **el abuelo**
grandmother **la abuela**
grandparents **los abuelos**
grandson **el nieto**
grass **la hierba**
gray **gris**
green **verde**
groceries **los comestibles**
grocery store **la bodega, la tienda de comestibles**
ground **el suelo**

to grow old **envejecer**
guide **el guía, la guía**
guilty **culpable**
gym **el gimnasio**

H

hair **el pelo, el cabello**
half **medio, -a**; (one) half **la mitad**; half an hour **media hora**
Halloween **la Víspera de Todos los Santos**
hand **la mano**; to shake hands **dar la mano**
handkerchief **el pañuelo**
to hang up **colgar(ue)**
to happen **pasar**
happiness **la felicidad**
happy **alegre, contento, -a, feliz**
hardworking **trabajador, -a**
has said **ha dicho**
haste **el apuro**
to hasten, to hurry **apurarse**
hat **el sombrero**
to hate **odiar**
(I) have done **he hecho**
(I) have finished **he terminado**
to have just **acabar de**
(I) have seen **he visto**
to have **tener**; to have to **tener que**; to have just **acabar de**
(I) have written **he escrito**
head **la cabeza**; headache **el dolor de cabeza**
health **la salud**
healthy **saludable**
to hear **oír**
heart **el corazón**
heat **el calor**; to be warm (weather) **hacer calor**; to be warm (persons) **tener calor**
heavy **pesado, -a**
hell **el infierno**
hello **hola**
hello (telephone) **aló**
help **la ayuda**
to help **ayudar**
hen **la gallina**

her **su, sus, la, (para) ella**
here **aquí**
hero **el héroe**
high **alto, -a**
him **lo, le, (para) él**
his **su, sus**
Hispanic **hispano, -a**
to hit (accident) **chocar**
hole **el agujero**
home **la casa**, at home **en casa**
homework **la tarea, el trabajo**
honeymoon **la luna de miel**
horrible **horrible**
horse **el caballo**
hospital **el hospital**
hotel **el hotel**
hour **la hora**
house **la casa**; private house **una casa particular**
how? **¿cómo?**; how are you? **¿cómo está Ud.?**; how are things? **¿qué tal?**
how many? **¿cuántos, -as?**
how much? **¿cuánto, -a?**
how old is he (she)? **¿cuántos años tiene?**
however **sin embargo**
human **humano, -a**
human being **el ser humano**
hunger **el hambre**; to be hungry **tener hambre**
hurrah **el hurrá**
to hurt (oneself) **doler**
to hurt (somebody) **herir**
hurry **la prisa**; in a hurry **de (con) prisa**
husband **el marido**

I

I am sorry about it, regret it **lo siento**
I wonder **me pregunto**
icon **el ícono**
idiot **el idiota, la idiota**
ignorant person **el/la ignorante**
illegal immigrant **el indocumentado, la indocumentada**
illness **la enfermedad**

image **la imagen**
imaginary **imaginario, -a**
imagination **la imaginación**
immediately **de inmediato**
important **importante;** is
    important **importa;**
    important thing **lo**
    importante
to impress **impresionar**
in **en**
in a hurry **a prisa**
increase **el aumento**
infant **el nene, la nena**
to inform **avisar**
in front **al frente**
in front of **delante de**
inheritance **la herencia**
innocent **inocente**
in order to **para**
in the middle **en medio de**
ink **la tinta**
inside **adentro, dentro**
intact **intacto, -a**
intelligent **inteligente**
intention **la intención**
interested **interesado, -a**
Internet **el internet**
to interrupt **interrumpir**
interview **la entrevista**
interviewer **el entrevistador,**
    la entrevistadora
to investigate **investigar**
invitation **la invitación**
iron **el hierro**
Italian (lang.) **el italiano;**
    (person) **el italiano, la**
    italiana
Italy **Italia**

J
jacket **la chaqueta**
jail **la cárcel**
January **enero**
jealousy **los celos**
job **el empleo, el puesto**
jogging suit **el traje de**
    correr
jokingly **en broma**
journalist **el periodista, la**
    periodista
judge **el juez, la jueza**
July **julio**

just **justo, -a**

K
to keep **guardar**
key **la llave**
to kiss one another **besarse**
kitchen **la cocina**
knee **la rodilla**
knife **el cuchillo**
to know **conocer;**
    (acquainted), **saber;** to
    know how **saber +** *inf.*
knowledge **el conocimiento**

L
label **la etiqueta**
lady **la dama**
lamp **la lámpara**
to land (plane) **aterrizar**
language **la lengua, el**
    idioma
large **grande**
last **último, -a**
late **tarde**
later **más tarde**
to laugh **reír(í)**
law **la ley**
lawyer **el abogado, la**
    abogada
lazy **perezoso, -a**
to learn **aprender**
at least **a lo menos**
to leave **salir (de),** partir,
    dejar
Leave! **¡Sal!**
left **el izquierdo;** to the left
    a la izquierda
leg **la pierna**
lesson **la lección**
to let **dejar**
letter-carrier **el cartero, la**
    cartera
liberty, freedom **la libertad**
to lie **mentir(ie)**
life **la vida**
lightning **el relámpago**
to like (be pleasing) **gustar**
line **fila** *f.*
lips **los labios**
to listen (to) **escuchar**
little **poco, -a;** little by little
    poco a poco

to live **vivir**
living room **la sala**
long **largo, -a**
Look! **¡Mira!**
to look (at) **mirar**
loss **la pérdida**
love **el amor**
to love **querer (a)**
luck **la suerte**
lunch **el almuerzo;** to have
    lunch **almorzar(ue)**
luxurious **lujoso, -a**

M
machine **la máquina**
madness **la locura**
magazine **la revista**
main character **el, la**
    protagonista
to make **hacer**
Make! **¡Haz!**
management **la**
    administración
to manufacture **fabricar**
many **muchos, -as**
map **el mapa**
marble **el mármol**
March **marzo**
mark (grade) **la nota;** to get
    a mark **sacar una nota**
mark **la marca**
market **el mercado**
marketing **el mercadeo**
to marry **casarse (con)**
marvelous **maravilloso, -a**
master of ceremonies
    maestro de ceremonias
math **la matemática**
May **mayo**
meal **la comida**
to mean **querer decir,**
    significar; what does . . .
    mean? **¿qué quiere**
    decir . . .?
meanwhile **entretanto**
meat **la carne**
medium **mediano, -a**
to meet by appointment
    reunirse(ú) con
memory **el recuerdo**
menu **la lista de platos**

Merry Christmas **Feliz Navidad**
method **el método**
Mexico **México**
microphone **el micrófono**
in the middle **en medio de**
midnight **la medianoche**
milk **la leche**
millionaire **el millonario, la millonaria**
minimum **el mínimo**
minus **menos**
minute **el minuto**
miracle **el milagro**
mirror **el espejo**
misfortune **la desgracia**
Miss **(la) señorita**
misshapen **deforme**
to be missing **faltar**
to miss, to lose **perder(ie)**
mistaken **equivocado, -a**
mixture **la mezcla**
model **el modelo**
Monday **lunes**
money **el dinero**
monkey **el mono, la mona**
monster **el monstruo**
month **el mes**
moon **la luna**
more **más**
morning **la mañana;** good morning **buenos días;** in the morning **por la mañana**
mother **la madre**
mountain **la montaña**
mouse **el ratón, la ratona**
mouth **la boca**
movie **la película**
movies, movie theater **el cine**
Mr. **(el) señor**
much **mucho, -a**
muffler **la bufanda**
mumps **las paperas**
muscle **el músculo**
museum **el museo**
music **la música**
musician **el músico**
my **mi, mis; mío, -a**

N

naked **desnudo, -a**
name **el nombre;** what is your name? **¿cómo se llama Ud.?, ¿cómo te llamas?**
nap **la siesta**
napkin **la servilleta**
to narrate, to tell **contar(ue)**
narrow **estrecho, -a**
native **el indígena**
to navigate **navegar**
near **cerca (de)**
neck **el cuello**
to need **necesitar**
negative **negativo, -a**
neighbor **el vecino, la vecina**
neighborhood **el vecindario, el barrio**
neither ... nor **ni ... ni**
neither, not ... either **tampoco**
nephew **el sobrino**
nervous **nervioso, -a**
never **nunca, jamás**
new **nuevo, -a;** nothing's new **sin novedad**
New York **Nueva York**
newspaper **el periódico**
niece **la sobrina**
night **la noche;** good night (evening) **buenas noches;** last night **anoche;** at night **de noche**
no? **¿no?**
noise **el ruido**
none **ninguno, -a**
noon **el mediodía**
no one **nadie**
north **el norte**
nose **la nariz; las narices** (*pl.*)
not I **yo no**
notebook **el cuaderno**
nothing **nada**
November **noviembre**
now **ahora**
number **el número**
nurse **el enfermero; la enfermera**
nylon **el nilón**

O

obliged **obligado, -a**
to obtain **obtener**
October **octubre**
odorless **inodoro, -a**
of **de;** of course **por supuesto**
office **la oficina**
office manager **el gerente de oficina**
often **a menudo**
oil **el aceite** (cooking), **el petróleo** (petroleum); castor oil **aceite de ricino**
O.K. **está bien**
old **viejo, -a;** to be ___ years old **tener ___ años**
older **mayor**
omelet **la tortilla**
on **en, sobre**
on time **a tiempo**
one **un, una, uno**
only **solamente, sólo; único, -a**
to open **abrir**
opera **la ópera**
opinion **la opinión**
opportunity **la oportunidad**
optimistic **optimista**
or **o, u**
orange **la naranja**
orange (color) **anaranjado, -a**
orange juice **jugo de naranja**
order **la orden**
others(s) **otra(s), otro(s)**
our **nuestro, -a**
outside **afuera**
outside (of) **fuera (de)**
over **sobre**
overcoat **el abrigo**
to owe **deber**
own **propio, -a**
owner **el dueño, -a**

P

package **el paquete**
page **la página**
pain **el dolor**
pair **el par, la pareja**

palace **el palacio**
pants **los pantalones**
paper **el papel**
paradise **el paraíso**
paragraph **el párrafo**
parents **los padres**
park **el parque**
party **la fiesta**
past **el pasado**
patrol car **el patrullero**
pen **la pluma**
pencil **el lápiz**
people **la gente**
pepper **la pimienta**
perfection **la perfección**
period of time **la época**
permission **el permiso;**
    excuse me **con (su)**
    permiso
to permit, let **dejar**
to phone **telefonear**
phone guide **la guía**
    telefónica
phone number **el número de**
    teléfono
photocopy **la fotocopia**
photographer **el fotógrafo, la**
    fotógrafo
picture **el cuadro, el**
    grabado
piece of paper (small) **el**
    papelito
pig **cerdo, -a**
pillow **la almohada**
pilot **el piloto**
pity **lástima;** what a pity!
    ¡qué lástima!
place **el lugar, el sitio**
plan **el plan**
plant **la planta**
planet **el planeta**
plasma **el plasma**
to play a game **jugar(ue)**
to play the piano **tocar el**
    piano
played (mus.) **tocado, -a**
pleasant **simpático, -a**
please **hacer el favor de +**
    inf.; **por favor**
plus **y**
P.M. **de la tarde, de la**
    noche

pocket **el bolsillo**
politician **el político, la**
    político
poor **pobre**
popcorn **las rositas de maíz**
portrait **el retrato**
Portuguese (lang. and person)
    el portugués; el
    portugués, la
    portuguesa
positive **positivo, -a**
possible **posible**
postage stamp **el sello**
potatoes **las patatas, las**
    papas (Latin-American)
pound **la libra**
poverty **la pobreza**
powerful **potente**
practical **práctico, -a**
to prefer **preferir(ie)**
prehistoric **prehistórico, -a**
to prepare **preparar**
prescription **la receta**
present **el regalo**
to present **presentar**
to present a gift **regalar**
presidency **la presidencia**
president **el presidente**
press **la prensa**
pretty **bonito, -a, lindo, -a**
price **el precio**
pride **el orgullo**
principal **el director**
prison **la prisión**
privilege **el privilegio**
professional **el profesional,**
    la profesional
program **el programa**
to propose **proponer**
provided **provisto, -a**
to purify **purificar**
purpose **el propósito**
Put! **¡Pon!**
to put **poner**
to put on, to become **ponerse**

Q
quality **la calidad**
quarter **el cuarto**
question **la pregunta;** to
    question **preguntar**

R
racial **racial**
radio **la radio, el radio**
radioactive **radioactivo, -a**
railroad **el ferrocarril**
rain **la lluvia;** to rain **llover**
    (ue)
raincoat **el impermeable**
raw **crudo, -a**
razor **la navaja**
to read **leer**
ready **listo, -a**
real estate **los bienes raíces**
really **realmente**
reasonable **razonable**
to rebuild **reconstruir**
receptionist **el/la**
    recepcionista
red **rojo, -a**
to register **registrar;**
    registered trademark
    marca registrada
relative **el pariente, la**
    pariente; relatives **los**
    parientes
to remedy **remediar**
to remember **recordar(ue)**
remnant **la sobra**
to remove **sacar**
rent **el alquiler**
rental **el arriendo**
to repair **reparar**
to repeat **repetir(i)**
to request, ask for **pedir(i)**
research **la investigación**
to resist **resistir**
respected **respetado, -a**
responsibility **la**
    responsabilidad
restaurant **el restaurante**
retired **retirado, -a**
to return **regresar, volver**
    (ue)
returned **vuelto**
rich **rico, -a**
riddle **la adivinanza**
ride, walk **el paseo**
right **el derecho**
right **el derecho;** to the right
    a la derecha; to be right
    tener razón
right now **ahora mismo**

right? ¿verdad?
ring el anillo
to ring sonar; it rings suena
ripe maduro, -a
risk el riesgo
road el camino
rocket el cohete
romantic romántico, -a
roof el techo
room el cuarto, la habitación
rose la rosa
rule la regla
Russian (lang. and person) el ruso; el ruso, la rusa

S
sad triste; sadness la tristeza
to sail navegar
salad la ensalada
salary el sueldo
salesperson el vendedor, la vendedora
salmon el salmón
salt la sal
Salvadorean salvadoreño, -a
salvation la salvación
same mismo, -a
sane cuerdo, -a
satellite el satélite
Saturday sábado
sauce la salsa
to savor saborear
to say, tell decir; how do you say . . .? ¿cómo se dice . . .?
to scare asustar
scared asustado, -a
scissors las tijeras
scorpion el alacrán
screen la pantalla
sea el mar
season la estación
seat el asiento
seated sentado, -a
secret el secreto
secretary el secretario, la secretaria
to see ver
senator el senador, la senadora

to send enviar
Send! ¡Manda!
sense el sentido
sensual sensual
sentence la frase
September septiembre
to serve servir(i)
shark el tiburón
sharp en punto
to shave oneself afeitarse
shellfish el marisco
shirt la camisa
shoes los zapatos
short bajo, -a, bajito, -a, corto, -a
short (clothing) el calzoncillo
shorthand la taquigrafía
shoulder el hombro
sick enfermo, -a
sightseeing bus el autobús turístico
sign el letrero, el cartel
silver la plata
similar similar
simple sencillo, -a
to sing cantar
sir (el) señor
Sit down! ¡Siéntate!
size el tamaño
skill la habilidad
skin la piel
skirt la falda
sky el cielo
to sleep dormir(ue); to be sleepy tener sueño
slender delgado, -a
small pequeño, -a
smell el olor
smile la sonrisa
to smile sonreír(í)
to smoke fumar
smoked ahumado, -a
snow la nieve; to snow nevar(ie); it snows nieva
so tan; so many thanks tantísimas gracias; so much tanto
so-so así, así
soap el jabón
soap opera la telenovela
socks los calcetines

soda la gaseosa
sofa el sofá
soldier el soldado, la soldado
solution la solución
son el hijo
song la canción
soon pronto; as soon as possible lo más pronto posible; sooner or later tarde o temprano
soul el alma
south el sur
South America la América del Sur, Sudamérica; South American sudamericano, -a
space el espacio
space station estación espacial f.
Spain España; Spaniard el español, la española
Spanish language el español
to speak hablar
species la especie
speech el discurso
speed la prisa
to spend (time) pasar; (money) gastar
spider la araña
spoon la cuchara
spoonful la cucharada
spring la primavera
spy el/la espía
stainless inoxidable
star la estrella
to stay in bed guardar cama
steel acero m.
still todavía
stockings las medias
to stop parar
store la tienda
to store almacenar
story el cuento
strange extraño, -a; raro, -a
straw la paja
street la calle
strong fuerte

student **el alumno, la alumna, el estudiante, la estudiante**

to study **estudiar**; to study to become … **estudiar para**

stupid **tonto, -a; estúpido, -a**

stupidity **la estupidez**

style **el estilo**

subway **el metro**

success **el éxito**

such (a) **tal**

suddenly **de repente**

to suffer **sufrir**

sugar **el azúcar**

suit **el traje**

suitcase **la maleta**

summer **el verano**

summer vacation **las vacaciones de verano**

sun **el sol**; to be sunny **hacer sol**

Sunday **domingo**

sung **cantado, -a**

sunglasses **las gafas**

supermarket **el supermercado**

supper **la cena**

to suppose **suponer**

surname **el apellido**

surprised **asombrado, -a; sorprendido, -a**

swamp **el pantano**

to sweat **sudar**

to swim **nadar**

swimming **la natación**

swimming pool **la piscina**

to switch on **encender**

swollen **hinchado, -a**

T

table **la mesa**; to set the table **poner la mesa**

tablecloth **el mantel**

to be worth while **valer la pena**

to take **tomar**; to take a walk **dar un paseo**; take a horseback ride **dar un paseo a caballo**; to go

on foot **ir a pie**; to take a car ride **dar un paseo en automóvil**; to take out **sacar**; to take pictures **sacar fotos**

to take care of **cuidar**

to take off (clothing) **quitarse**

to take off (plane) **despegar**

Take! **¡Toma!**

tall **alto, -a**

tax **el impuesto**

taxi **el taxi**

tea **el té**

to teach **enseñar**; teaching **la enseñanza**

teacher **el maestro, la maestra, el profesor, la profesora**

team **el equipo**

teaspoon **la cucharita**

technology **la tecnología**

to telephone **telefonear**

telephone **el teléfono**

television **la televisión**; T.V. viewer **el televidente**

temple **el templo**

ten **diez**

termite **la termita**

terrain **el terreno**

text **el texto**; text message **el mensaje de texto**

thank you (very much) **(muchas) gracias**

that **ese, esa, aquel, aquella** *(dem. adj.)*, **que** *(rel. pro.)*

the **el, los** *(masc.)*, **la, las** *(fem.)*

theater **el teatro**

their **su, sus**

them **los, las, (para) ellos, -as**

then **luego, entonces**

there **allí**

there is, are **hay**; there was, there were **había**

therefore **por eso**

these **estos, -as**

thick **grueso, -a**

thin **delgado, -a; flaco, -a**

to think (of) **pensar (en)**

thinker **el pensador, la pensadora**

third **tercer, -a**

thirst **la sed**; to be thirsty **tener sed**

thoroughly **a fondo**

to be named **llamarse**

topic **el asunto**

to treat **tratar**

those **aquellos, -as; esos, -as**

thousand **mil**

throat **la garganta**

to throw **tirar**

to throw away **botar**

thug **el matón, la matona**

Thursday **jueves**

ticket **el pasaje**

tie **la corbata**

tiger **el tigre**

time **el tiempo; la vez** at the same time **al mismo tiempo, a la vez**; on time **a tiempo**; few times **pocas veces**; many times **muchas veces**

time **la hora**; at what time? **¿a qué hora?**; at one o'clock **a la una**; at two o'clock **a las dos**; what time is it? **¿qué hora es?**; it's one o'clock **es la una**; it's two o'clock **son las dos**; on the dot **en punto**

times **las veces**; (multiply) **por**

tip **la propina**

tired **cansado, -a; fatigado, -a**

to **a**

today **hoy**

together **junto**

toilet **el inodoro**

tomato **el tomate**

tomorrow **mañana**; until tomorrow **hasta mañana**

tongue **la lengua**

too much **demasiado, -a**

tooth **el diente**

to the **al, a la, a los, a las**

town **el pueblo, la aldea**

traffic light **el semáforo**
train **el tren**
to trap **atrapar**
to travel **viajar;** travel agency **la agencia de viajes**
tree **el árbol**
to tremble **temblar**
tremendous **tremendo, -a**
trip **la excursión, el viaje**
truth **la verdad**
Tuesday **martes**
tuxedo **el frac**
typing **la mecanografía**

U

ugly **feo, -a**
umbrella **el paraguas**
uncle **el tío**
under **debajo (de)**
to understand **comprender, entender (le)**
underwear **la ropa interior**
unforgettable **inolvidable**
unfortunately **desafortunadamente**
unique **único, -a**
United Nations **las Naciones Unidas**
United States **Estados Unidas**
unpleasant **desagradable**
until I see you again **hasta la vista**
until then **hasta luego**
up **arriba;** upstairs **piso de arriba**
urn **la urna**
us **nos, para nosotros, -as**
U.S. Immigration and Naturalization Service **la migra** (slang)
to use **usar**
useful **útil**

V

vacant **vacante**
vacation **las vacaciones**
vacuum cleaner **la aspiradora**
vagrant **el vago, la vaga**
vegetables **las legumbres, los vegetales**

ventilation **la ventilación**
very **muy**
victorious **victorioso, -a**
video game **el videojuego**
village **la aldea**
vinegar **el vinagre**
violence **la violencia**
violent **violento, -a**
virtual **virtual**
virus **el virus**
to visit **visitar**
vitamin **la vitamina**
voice **la voz;** in a low voice **en voz baja**
vote **el voto**

W

waiter **el mozo, el camarero; el mesero, la mesera**
waiting **la espera;** waiting room **la sala de espera**
to wake **despertar(ie)**
to wake oneself, awake **despertarse(ie)**
walk **el paseo;** to walk **caminar;** to take a walk **dar un paseo**
wall **la pared**
wallet **la billetera, la cartera**
to want **desear, querer(ie)**
want ad **el anuncio clasificado**
war **la guerra**
warming **el calentamiento**
was **era**
was going away **se iba**
was seen **se veía**
was sympathetic **se compadecía**
to wash oneself **lavarse**
washer and dryer **la lavadora y secadora**
to waste, to spend **gastar**
watch **el reloj**
water **el agua**
way, the manner **la manera**
we **nosotros, -as**
weak **débil**
to wear **llevar, usar**

weather **el tiempo;** to be good (bad) weather **hacer buen (mal) tiempo;** to be warm (cold) **hacer calor (frío);** to be sunny (windy) **hacer sol (viento);** to be cool **estar fresco**
wedding **la boda;** wedding cake **la torta de novia;** wedding gown **el traje de novia**
wedding **el matrimonio**
Wednesday **miércoles**
week **la semana;** last week **la semana pasada;** next week **la semana próxima, que viene**
weight **el peso**
welcome **bienvenido, -a;** you're welcome **de nada, no hay de qué**
well **bien, bueno, -a**
well (water) **el pozo**
what (in a statement) **lo que**
what? **¿qué?, ¿cuál?;** what for? **¿para qué?;** what's going on? **¿qué pasa?;** what's the matter? **¿qué hay?;** what's the matter with him? **¿qué tiene él?**
when **cuando**
when? **¿cuándo?**
where **donde**
where? **¿dónde?**
which **que** (rel. pro.)
which? **¿qué + noun?**
which (one)? **¿cuál?;** which (ones)? **¿cuáles?**
while **mientras**
white **blanco, -a**
White House **la Casa Blanca**
who **que** (rel. pro.); who? **¿quién? -es?;** whom? to whom? **¿a quién? -es?;** whose? of whom? **¿de quién -es?**
whose **cuyo, -a**
why? **¿por qué?**
wide **ancho, -a**

wind **el viento;** to be windy **hacer viento**

window **la ventana, la ventanilla** *(car or bus)*

wine **el vino**

wing **el ala**

winter **el invierno**

wish **el deseo**

to wish **desear, querer**

with **con;** with all my heart **con todo el corazón;** with me **conmigo;** with you *(fam.)* **contigo**

without **sin;** without stopping **sin parar**

witness **el testigo**

woman **la mujer**

wonder **la maravilla**

wood **la madera**

wooden **de madera**

woods **el bosque**

wool **la lana**

word **la palabra**

word processor **el procesador de texto**

work **el trabajo**

to work **trabajar**

worker **el obrero, la obrera**

workshop **el taller**

worried **preocupado, -a; ansioso, -a**

worse **peor**

to worship **adorar**

to be worth **valer**

wretched **miserable**

to write **escribir**

Write! **¡Escribe!**

wrong number **el número equivocado**

Y

yawn **el bostezo**

to yawn **bostezar**

year **el año**

yellow **amarillo, -a**

yesterday **ayer**

you **tú** *(fam.)*

you **usted (es)** *(formal);* **Ud(s).** (abbrev.)

young man (woman) **el (la) joven**

younger **menor**

your **su, sus** *(formal)*

your **tu, tus** *(fam.)*

Z

zoo **el parque zoológico**

Verb Reference Chart

A.   Typical Regular AR, ER, IR Infinitives. Present Tense and Commands

Subject Pronouns	AR: Cantar—to sing		ER: Comer— to eat		IR: Vivir—to live	
	Present	Preterite	Present	Preterite	Present	Preterite
Yo	canto	canté	como	comí	vivo	viví
Tú	cantas	cantaste	comes	comiste	vives	viviste
Él, Ella, Ud.	canta	cantó	come	comió	vive	vivió
Nosotros (as)	cantamos	cantamos	comemos	comimos	vivimos	vivimos
Vosotros (as)	cantáis	cantasteis	coméis	comisteis	vivís	vivisteis
Ellos (as), Uds.	cantan	cantaron	comen	comieron	viven	vivieron
Direct Commands	¡Canta tú! ¡No cantes! ¡Cante(n) Ud(s).! Sing! ¡Cantemos! Let us sing!		¡Come tú! ¡No comas! ¡Coma(n) Ud(s).! Eat! ¡Comamos! Let us eat!		¡Vive tú! ¡No vivas! ¡Viva(n) Ud(s).! Live! ¡Vivamos! Let us live!	

B.   Common Level One Irregular and Spelling-Changing Verbs: Present Tense, Preterite Tense, and Direct Commands

Infinitive	PRESENT TENSE is listed first PRETERITE TENSE is listed second	Direct Commands
Andar to go, to walk	*regular in the present tense: See Chart A.* anduve anduviste anduvo anduvimos anduvisteis anduvieron	*regular commands: See Chart A.*
Caber to fit	quepo cabes cabe cabemos cabéis caben cupe cupiste cupo cupimos cupisteis cupieron	¡Quepa(n) Ud(s).! ¡Cabe tú! ¡No quepas! ¡Quepamos!
Caer to fall	caigo caes cae caemos caéis caen caí caíste cayó caímos caísteis cayeron	¡Caiga(n) Ud(s).! ¡Cae tú! ¡No caigas! ¡Caigamos!
Conocer to know	conozco conoces conoce conocemos conocéis conocen *regular in the preterite tense: See Chart A.*	¡Conozca(n) Ud(s).! ¡Conoce tú! ¡No conozcas! ¡Conozcamos!
Creer to believe	*regular in the present tense: See Chart A.* creí creíste creyó creímos creísteis creyeron	*regular commands: See Chart A.*

Dar to give	doy das da damos dais dan di diste dio dimos disteis dieron	¡Dé Ud.! ¡Den Ud(s).! ¡Da tú! ¡No des! ¡Demos!
Decir to say, to tell	digo dices dice decimos decís dicen dije dijiste dijo dijimos dijisteis dijeron	¡Diga(n) Ud(s).! ¡Di tú! ¡No digas! ¡Digamos!
Estar to be (health, etc)	estoy estás está estamos estáis están estuve estuviste estuvo estuvimos estuvisteis estuvieron	¡Esté(n) Ud(s).! ¡Está tú! ¡No estés! ¡Estemos!
Hacer to do, to make	hago haces hace hacemos hacéis hacen hice hiciste hizo hicimos hicisteis hicieron	¡Haga(n) Ud(s).! ¡Haz tú! ¡No hagas! ¡Hagamos!
Ir to go	voy vas va vamos vais van fui fuiste fue fuimos fuisteis fueron	¡Vaya(n) Ud(s).! ¡Vé tú! ¡No vayas! ¡Vamos!
Leer to read	*regular in the present tense: See Chart A.* leí leíste leyó leímos leísteis leyeron	*regular commands:* *See Chart A.*
Oír to hear	oigo oyes oye oímos oís oyen oí oíste oyó oímos oísteis oyeron	¡Oiga(n) Ud(s).! ¡Oye tú! ¡No oigas! ¡Oigamos!
Poder can, to be able	puedo puedes puede podemos podéis pueden pude pudiste pudo pudimos pudisteis pudieron	None
Poner to put	pongo pones pone ponemos ponéis ponen puse pusiste puso pusimos pusisteis pusieron	¡Ponga(n) Ud(s).! ¡Pon tú! ¡No pongas! ¡Pongamos!
Querer to want	quiero quieres quiere queremos queréis quieren quise quisiste quiso quisimos quisisteis quisieron	¡Quiera(n) Ud(s).! ¡Quiere tú! ¡No quieras! ¡Queramos!
Saber to know (facts), to know (how)	sé sabes sabe sabemos sabéis saben supe supiste supo supimos supisteis supieron	¡Sepa(n) Ud(s).! ¡Sabe tú! ¡No sepas! ¡Sepamos!
Salir to go out, to leave	salgo sales sale salimos salís salen *regular in the preterite tense: See Chart A.*	¡Salga(n) Ud(s).! ¡Sal tú! ¡No salgas! ¡Salgamos!
Ser to be	soy eres es somos sois son fui fuiste fue fuimos fuisteis fueron	¡Sea(n) Ud(s).! ¡Sé tú! ¡No seas! ¡Seamos!

Tener to have	tengo tienes tiene tenemos tenéis tienen tuve tuviste tuvo tuvimos tuvisteis tuvieron	¡Tenga(n) Ud(s).! ¡Ten tú! ¡No tengas! ¡Tengamos!
Traer to bring	traigo traes trae traemos traéis traen traje trajiste trajo trajimos trajisteis trajeron	¡Traiga(n) Ud(s).! ¡Trae tú! ¡No traigas! ¡Traigamos!
Venir to come	vengo vienes viene venimos venís vienen vine viniste vino vinimos vinisteis vinieron	¡Venga(n) Ud(s).! ¡Ven tú! ¡No vengas! ¡Vengamos!
Ver to see	veo ves ve vemos veis ven vi viste vio vimos visteis vieron	¡Vea(n) Ud(s).! ¡Ve tú! ¡No veas! ¡Veamos!

C. Imperfect Tense

	Regular			Irregular		
Subjects	**AR: Tomar**	**ER: Comer**	**IR: Vivir**	**Ir**	**Ser**	**Ver**
Yo	tomaba	comía	vivía	iba	era	veía
Tú	tomabas	comías	vivías	ibas	eras	veías
Él; Ella; Ud.	tomaba	comía	vivía	iba	era	veían
Nosotros-as	tomábamos	comíamos	vivíamos	íbamos	éramos	veíamos
Vosotros-as	tomabais	comíais	vivíais	ibais	erais	veíais
Ellos; Ellas; Uds.	tomaban	comían	vivían	iban	eran	veían

D. Regular Future, Conditional, Present Progressive, Present Perfect Tenses

1. AR-ending infinitives, e.g., Tomar (*to take*)

Subject Pronouns	**Future**	**Conditional**	**Present Progressive**	**Present Perfect**
	will take	*would take*	*am (is are) taking*	*have (has) taken*
Yo	tomaré	tomaría	estoy tomando	he tomado
Tú	tomarás	tomarías	estás tomando	has tomado
Él; Ella; Ud.	tomará	tomaría	está tomando	ha tomado
Nosotros-as	tomaremos	tomaríamos	estamos tomando	hemos tomado
Vosotros-as	tomaréis	tomaríais	estáis tomando	habéis tomado
Ellos; Ellas; Uds.	tomarán	tomarían	están tomando	han tomado

2. ER-ending infinitives, e.g., Comer (*to eat*)

Subjects	*will eat*	*would eat*	*Am (is, are) eating*	*have (has) eaten*
Yo	comeré	comería	estoy comiendo	he comido
Tú	comerás	comerías	estás comiendo	has comido
Él; Ella; Ud.	comerá	comería	está comiendo	ha comido
Nosotros-as	comeremos	comeríamos	estamos comiendo	hemos comido
Vosotros-as	comeréis	comeríais	estáis comiendo	habéis comido
Ellos; Ellas; Uds.	comerán	comerían	están comiendo	han comido

3. IR-ending infinitives, e.g., Vivir (*to live*)

Subjects	*will live*	*would live*	*am (is, are) living*	*have lived*
Yo	viviré	viviría	estoy viviendo	he vivido
Tú	vivirás	vivirías	estás viviendo	has vivido
Él; Ella; Ud.	vivirá	viviría	está viviendo	ha vivido
Nosotros-as	viviremos	viviríamos	estamos viviendo	hemos vivido
Vosotros-as	viviréis	viviríais	estáis viviendo	habéis vivido
Ellos; Ellas; Uds.	vivirán	vivirían	están viviendo	han vivido

E. Irregular Verbs in One or More of These Tenses: *First person singular only is given.*
Consult **D** *for endings of the complete conjugations.*
*Asterisk indicates irregular form.

Infinitive	Future	Conditional	Present Progressive	Present Perfect
Decir: to say, tell	Yo **diré***	**diría***	estoy **diciendo***	he **dicho***
Hacer: to do, make	Yo **haré***	**haría***	estoy haciendo	he **hecho***
Ir: to go	Yo iré	iría	estoy **yendo***	he ido
Leer: to read	Yo leeré	leería	estoy **leyendo***	he **leído***
Oír: to hear	Yo oiré	oiría	estoy **oyendo***	he **oído***
Poder: to be able	Yo **podré***	**podría***	estoy **pudiendo***	he podido
Poner: to put	Yo **pondré***	**pondría***	estoy poniendo	he **puesto***
Querer: to want	Yo **querré***	**querría***	estoy queriendo	he querido
Saber: to know	Yo **sabré***	**sabría***	estoy sabiendo	he sabido
Salir: to go out	Yo **saldré***	**saldría***	estoy saliendo	he salido
Tener: to have	Yo **tendré***	**tendría***	estoy teniendo	he tenido
Valer: to be worth	Yo **valdré***	**valdría***	estoy valiendo	he valido
Venir: to come	Yo **vendré***	**vendría***	estoy **viniendo***	he venido

Like present participle of **leer:**
caer-cayendo,
creer-creyendo,
traer-trayendo,

Like past participle of **leer:**
caer-caído
creer-creído
traer-traído

Answer Key
LECCIONES PREPARATORIAS

Lesson I: La casa

Exercise A. 1. No señor (señorita, señora), no es la puerta. Es el teléfono. 2. No señor (señorita, señora), no es el radio. Es la puerta. 3. Sí señor, es la lámpara. 4. No señor, no es el hermano. Es el padre. 5. No señor, no es la hermana. Es la madre 6. No señor, no es el disco. Es la mesa. 7. Sí señor, es la ventana. 8. No señor, no es el teléfono. Es el disco compacto. 9. No señor, no es la cocina. Es el televisor. 10. No señor, no es la sala. Es la flor.

Lesson II: Una oficina

Exercise A. 1. Es un libro. 2. Es un cuaderno. 3. Es una silla. 4. Es una copiadora. 5. Es un cuadro. 6. Es un bolígrafo. **Exercise B.** 1. Sí señor (señorita, señora), es un papel. 2. Sí señor (señorita, señora), es un cuaderno. 3. No señor (señorita, señora), es una silla. 4. No señor (señorita, señora), es un bolígrafo. **Exercise C.** 1. Es un lápiz. 2. Es un libro. 3. Es un cuadro. 4. Es una mapa. 5. Es un televisor. 6. Es una ventana. 7. Es una puerta. 8. Es un gato.

Lesson III: La ciudad

Exercise A. 1. Es una revista. 2. Es un policía. 3. Es un edificio. 4. Es un coche. 5. Es una mujer. **Exercise B.** 1. No es una revista. Es un periódico. 2. Es un hombre. 3. No es un coche. Es un autobús. 4. Es el cine. 5. No es un profesor. Es un policía. **Exercise C.** 1. El hombre está en la oficina. 2. El policía está en la calle. 3. La madre está en la cocina. 4. El radio está en la mesa. 5. La mujer está en la puerta.

Lesson IV: Los alimentos

Exercise A. 1. Compro dos botellas de leche. 2. Compro un pan. 3. Compro jugo de naranja. 4. Compro helado (de chocolate). 5. Compro queso. **Exercise B.** 1. No compro helado. Compro mantequilla. 2. No compro naranjas. Compro manzanas. 3. No compro dulces. Compro huevos. 4. Sí, compro flores. 5. No compro dos Coca-Colas. Compro dos botellas de leche.

Lesson V: Acciones

Exercise A. 1. El hombre escribe en la computadora. 2. La niña come el pan. 3. La mujer sale del edificio. 4. El policía bebe la Coca-Cola. 5. El hombre lee el periódico. **Exercise B.** 1. La mujer no mira la televisión. Escucha el radio. 2. Sí, la niña canta. 3. El policía no corre. El policía descansa. 4. Carlos no estudia. Mira la televisión. 5. María no come el queso. Bebe la leche.

Lesson VI: Descripciones

Exercise A. 1. El hombre es grande. 2. El libro es difícil. 3. El profesor es viejo. 4. El niño es gordo. 5. La madre es trabajadora. **Exercise B.** 1. El elefante no es pequeño. Es grande. 2. No hay pocos oficinistas en la oficina. Hay muchos. 3. La casa no está aquí. Está allí. 4. El helado está delicioso. 5. El hombre come mucho.

Lesson VII: El cuerpo humano

Exercise A. 1. Es una rodilla. 2. Es un brazo. 3. Es una boca. 4. Es un pecho. 5. Es un hombro. **Exercise B.** 1. No son orejas; son brazos. 2. No son bocas; son orejas. 3. No son narices; son piernas y pies. 4. No son mentones; son labios. 4. No son cuellos; son manos. **Exercise C.** 1. los ojos. 2. las piernas, los pies. 3. la boca. 4. las orejas. 5. las manos. 6. el estómago.

Part One: Structures and Verbs

Work Unit 1:
Answers to Reading Exercises: ¿Qué es más importante?

Exercise I. (A) 1. universidad 2. libro de historia 3. canciones en el iPod 4. celular 5. el televisor 6. programas 7. examen 8. necesito 9. limpias 10. telenovela...después **Ex. I. (B)** 1. la lección sobre España y América 2. computadora 3. el programa 4. habla por el celular 5. después **Exercise II.** 1. Yo necesito estudiar. 2. Es mejor estudiar después. 3. Es mi programa favorito. 4. El examen es importante. **Exercise III.** 1. padre 2. sala 3. libro 4. programa 5. frase 6. hermano 7. también 8. con 9. madre 10. ahora 11. hay 12. mira 13. noche 14. lee 15. amor **Exercise IV.** Compositions are ad lib.

Answers to Grammar Exercises: The Noun and the Definite Article (Singular)

Exercise I. (A) 1. La computadora es importante. 2. La telenovela ... 3. La lección de español ... 4. El programa de música ... 5. La conversación ... **Ex. I. (B)** 1. El muchacho Roberto habla español. 2. La estudiante Ana ... 3. El amigo Luis ... 4. La muchacha Gloria ... 5. El señor profesor ... **Exercise II.** 1. Es el libro. 2. Es el padre. 3. Es la madre. 4. Es el celular. 5. Es el periódico. 6. Es el hombre. 7. Es la mujer. 8. Es el televisor. 9. Es la mesa. 10. Es la clase. **Exercise III.** 1. El señor Moreno mira el programa de televisión esta noche. 2. La profesora Mendoza necesita el programa con la lección de historia. 3. El presidente Guzmán entra en la ciudad capital de la nación mañana. 4. La señorita Gómez estudia el idioma en la universidad. 5. La señora Molina escucha el radio todo el día y toda la noche. **Exercise IV.** 1. El profesor habla español y lee el español. Ahora estudia el ... 2. La estudiante estudia el francés y lee el francés. Ahora estudia el ... 3. El muchacho habla italiano y lee el italiano. Ahora estudia el ... 4. Luis habla inglés y lee el inglés. Ahora estudia el ... 5. La muchacha habla alemán y lee el alemán. Ahora estudia el ... **Exercise V. (A)** 1. Pancho estudia el inglés en el avión de México. 2. ...en la ciudad. 3. ...en el coche. 4. ...en la casa. 5. ...en el tren. **Ex. V. (B)** 1. Pancho también escucha el inglés en la avenida. 2. ...en el iPod. 3. ...en las canciones. 4. ...en la calle. 5. ...en las telenovelas en inglés. **Ex. V. (C)** 1. Lee el periódico. 2. ...el libro de gramática. 3. ...el diccionario. 4. ...el vocabulario. 5. ...la novela en inglés. **Ex. V. (D)** 1. Miran la ciudad de Nueva York. 2. ...el metro. 3. ...la calle importante de Wall Street. 4. ...la televisión interesante. 5. ...el programa favorito. 6. ...el mapa de toda la nación. **Exercise VI.** 1. La 2. la 3. la 4. la 5. el 6. X 7. La 8. la 9. X 10. el 11. el 12. la 13. el 14. El 15. el 16. X 17. el 18. el 19. la 20. la **Exercise VII.** Sample answers are provided. Your variations are encouraged. **(A)** La clase de español es mi clase favorita. El español es mejor que el chino. **(B)** Yo necesito el disco de español. El diccionario también es importante. **(C)** El examen de español es muy fácil. No es importante. Es posible estudiar mañana.

Work Unit 2:
Answers to Reading Exercises: ¿Dónde queremos vivir?

Exercise I. (A) 1. c 2. c 3. a 4. c 5. c 6. c 7. c 8. b 9. b 10. a **Ex. I. (B)** 1. vivir 2. la ciudad 3. sus clases 4. Todas las ciudades grandes 5. comer (o trabajar) **Exercise II.** 1. La gente va a las oficinas para trabajar. 2. Van a los restaurantes a comer. 3. Es más importante leer el periódico. 4. Hay que mirar más los semáforos en las avenidas grandes. 5. Es mejor llegar con mucha prisa.

Exercise III. 1. libro 2. amor 3. cine 4. importante 5. una 6. dinero 7. ahora 8. descansar
Exercise IV. 1. a, d 2. b, f 3. a, c, d 4. d, e **Exercise V.** Compositions are ad lib.

Answers to Grammar Exercises: The Noun and the Definite Article (Plural)

Exercise I. 1. Los chicos son estudiosos. 2. Las avenidas... 3. Los semáforos... 4. Los autobuses... 5. Las luces... 6. Los hombres... 7. Las mujeres... 8. Los museos... 9. Los celulares... 10. Los años... **Exercise II.** 1. Estudio todos los libros sobre España. 2. Necesito todos los folletos. 3. Uso todos los mapas. 4. Escucho todas las canciones y todos los programas desde España. 5. Uso todos los metros y los carros allí. 6. Escucho todos los idiomas en MP3. 7. Visito todas las universidades y los museos allí. **Exercise III.** 1. La Habana habla español. 2. Venezuela ... español. 3. Perú ... español. 4. EUA ... inglés. 5. México ... español. **Exercise IV.** 1.a. El amor es todo. 1.b. Pero la experiencia es (la) profesora. 2.a. La televisión es importante. 2.b. Pero el aire fresco es necesario. 3.a. Las ciudades aquí son grandes. 3.b. Pero los parques son pequeños. 4.a. Los programas de TV son tontos. 4.b. Pero los museos son interesantes. 5.a. Las universidades son excelentes. 5.b. Pero el dinero es importante para pagarlas. **Exercise V.** 1. Sí, los padres también. 2. Sí, los hermanos ... 3. Sí, los abuelos ... 4. Sí, los tíos ... 5. Sí, los niños ... **Exercise VI.** Oral proficiency: Ad lib.

Work Unit 3:
Answers to Reading Exercises: ¿Qué necesitas tú para ser feliz?

Exercise I. (A) 1. negocios 2. venderlas 3. nadar 4. romántico 5. sala de espera 6. música...escritores 7. tranquilo 8. feliz **Ex. I. (B)** Ad lib. **Exercise II.** 1. d 2. e 3. a 4. b 5. c **Exercise III.** 1. abraza 2. estrella 3. ruidoso 4. otro 5. película 6. una 7. escritor 8. romántico 9. tranquilo 10. oficina **Exercise IV.** Ad lib.

Answers to Grammar Exercises: The Present Indicative Tense: Regular AR Conjugation.

Exercise I. (A) 1. Sí. Él... 2. ... Ella... 3. ... Ellos... 4. ... Ellas... 5. ...Nosotros-as... **Ex. I. (B)** 1. Yo bailo y canto. 2. Él baila y canta.. 3. Ud. baila y canta. 4. Tú bailas y cantas. 5. Uds. bailan y cantan. 6. Tú y yo bailamos y cantamos. 7. Ella baila y canta. 8. Ellas bailan y cantan. 9. Ellos bailan y cantan. 10. Nosotros bailamos y cantamos. **Ex. I. (C)** 1.a. Sí. Ella trabaja. b. No. Nosotros no trabajamos. 2.a. Sí. Ellas cocinan mucho. b. No. El amigo no cocina. 3.a. Sí. Los amigos escuchan rap. b. No. Tú y yo no escuchamos. 4.a. Sí. Yo nado bien en el mar. b. No. Ellos no nadan bien. 5.a. Sí. Ellos cenan en los restaurantes. b. No. Yo no ceno. **Ex. I. (D)** 1. ¿No aterriza él en México? 2. ¿No besa Estela a Luis? 3. ¿No desea nadar Luis? 4. ¿No es John un hombre culto? 5. ¿No abraza Estela a John? **Exercise II.** 1. Sí. Debo tomar el autobús al aeropuerto. 2. No, después. Mi padre llega por avión esta noche. 3. Por supuesto. Mi hermano va a saludarlo en la sala de espera. 4. No. Vamos a cenar a un restaurante. 5. Bueno, vamos a comprar flores para la casa. **Exercise III.** Ad lib.

Work Unit 4:
Answers to Reading Exercises: ¿Quién es más fuerte?

Exercise I. (A) 1. tímido y pequeño ... desagradables 2. Horrible ... héroe ... bebe ... come 3. pantalla ... gigantes ... puertas 4. Jamás ... gigantes 5. el brazo de un gigante ... muertos 6. fuertes **Ex. I. (B)** Ad lib. **Ex. I. (C)** 1. g 2. f 3. e 4. a 5. b 6. c 7. d **Exercise II.** 1. rompe 2. está 3. sabe 4. tímido 5. antes 6. uno 7. romántico 8. abren 9. no 10. tomar 11. estrella **Exercise III.** Ad lib. **Exercise IV.** 1. c,f 2. d 3. e 4. a,b

Answers to Grammar Exercises: The Present Indicative Tense: Regular ER and IR Conjugations.

Exercise I. (A) 1. Sí. Ella... 2. Sí. Él... 3. Sí. Ellas... 4. Sí. Nosotros... 5. Sí. Ellos... **Ex. I. (B)** 1. Yo respondo... 2. Ud. responde... 3. Tú respondes... 4. Ella responde... 5. Uds. responden...

6. Ud. y yo respondemos... 7. Ellos responden... 8. Él responde... 9. Nosotras respondemos... 10. Él y ella responden... **Ex. I. (C)** 1.a. Sí, nosotros corremos al concierto. b. La niña tímida corre también. 2.a. Sí, yo respondo... b. María responde... 3.a. Sí, ellos aprenden... b. Nosotros aprendemos... 4.a. Sí, José lee... b. Yo leo... 5.a. Sí, nosotros comprendemos... b. Los muchachos comprenden... **Ex. I. (D)** 1. No, yo no corro... 2. No, yo no me rompo... 3. No, María y yo no creemos... 4. No, ellos no venden... 5. No, yo no bebo... **Exercise II. (A)** 1. Sí, él parte hoy en secreto. 2. Sí, nosotros (nosotras)... 3. Sí, ellas... 4. Sí, ellos... 5. Sí, nosotros... **Ex. II. (B)** 1. Tú asistes... 2. Ud. asiste... 3. Ellos asisten... 4. Uds. asisten... 5. Ella y yo asistimos... 6. Ellas asisten... 7. Yo asisto... 8. Él asiste... 9. Ella asiste... 10. Nosotras asistimos... **Ex. II. (C)** 1.a. Sí, Carlos recibe dinero. b. Sí, las hermanas también reciben dinero. 2.a. Sí, los amigos escriben... b. Nosotros escribimos... 3.a. Sí, yo vivo... b. Los primos viven... 4.a. Sí, Ud. cubre... b. Nosotros cubrimos... 5.a. Sí, nosotros subimos... b. Luis sube... **Ex. II. (D)** 1. No, nosotros no partimos. 2. No, yo no asisto a la fiesta. 3. No, Juanita no recibe la invitación. 4. No, no escribimos la respuesta. 5. No, ellos no suben también al automóvil. **Exercise III. (A)** 1. Señor López, Ud. entra... 2. Señora Gómez, Ud. cree... 3. Profesor Ruiz, Ud. vive... 4. Señorita Marín, Ud. toca... 5. Doctor Muñoz, Ud. escribe... **Ex. III. (B)** 1. Pepe, tú trabajas... 2. Ana, tú contestas... 3. Carlos, tú aprendes... 4. Niño, tú corres... 5 Niña, tú describes... **Ex. III. (C)** 1. ¿Comprendo yo...? 2. ¿Corre Carlitos...? 3. ¿Desean los niños...? 4. ¿No asistimos él y yo...? 5. ¿No tomamos Pedro y yo...? **Exercise IV.** 1. Vivimos en Estados Unidos. 2. Hablamos inglés. Comprendemos el... 3. Subimos... 4. No llevamos... 5. Leemos... **Exercise V.** Ad lib.

Work Unit 5:
Answers to Reading Exercises: ¿Vacaciones? No, gracias.

Exercise I. (A) 1. vacaciones...España 2. pasaje...internet 3. Cuál...apellido 4. Cómo...cuándo 5. tonto **Ex. I. (B)** 1. Porque en enero es invierno en España. 2. Para los ignorantes. 3. Porque si él debe preguntar, es demasiado. 4. La llama "máquina estúpida". 5. Decide quedarse en casa. **Exercise II.** Ad lib. **Exercise III.** Ad lib.

Answers to Grammar Exercises: Interrogative Words

Exercise I. 1. ¿Cuánta experiencia tiene Ud.? 2. ¿Cuánto dinero puede Ud. contribuir? 3. ¿Cuántos votos piensa Ud. atraer? 4. ¿Cuántas voluntarias . . . 5. ¿En cuántos debates . . . **Exercise II.** 1.a. ¿A quién escribe Ana . . . ? 1.b. Ana escribe a su nuevo amigo, Luis. 2.a. ¿Cuándo toma Luis el tren? 2.b. Luis toma el tren ahora. 3.a. ¿Cuántos amigos leen las cartas? 3.b. Tres amigos leen . . . 4.a. ¿Dónde sufre Luis un accidente? 4.b. Luis sufre . . . en el tren. 5.a. ¿Qué leemos . . . ? 5.b. Leemos la noticia. 6.a. ¿Quién corre al hospital? 6.b. Ana corre al hospital. 7.a. ¿Quiénes preguntan mucho? 7.b. Las chicas preguntan mucho. 8.a. ¿Cómo le mandamos una tarjeta Marta y yo? 8.b. Le mandamos una tarjeta de prisa. 9.a. ¿Por qué no sufre Luis ahora? 9.b. Porque regresa a casa. 10.a. ¿Para qué vamos a comprar un regalo? 10.b. Para celebrar la cura de Luis. 11.a. ¿Qué flores compramos? 11.b. Compramos rosas y tulipanes. **Exercise III.** 1.a. ¿Cómo aprenden Uds. a pintar? 1.b. Asistimos a las clases de pintura (*painting*). 2.a. ¿Por qué pintan Uds.? 2.b. Debemos pintar. 3.a. ¿Cuáles venden Uds.? 3.b. Vendemos todas. 4.a. ¿Para qué venden Uds.? 4.b. Vendemos para ganar dinero. 5.a. ¿A quiénes explican Uds. el trabajo? 5.b. Explicamos a los tontos que preguntan mucho. **Exercise IV.** 1. ¿A quiénes debe Ud. dinero? 2. ¿Cuántos dólares necesita Ud.? 3. ¿Para qué? 4. ¿Por qué necesita Ud. todo esto ahora? 5. ¿Adónde va Ud.? ¿A cual? 6. ¿Qué estudia Ud.? 7. Magnífico. Mañana Ud. trabaja aquí. **Exercise V.** Ad lib.

Work Unit 6:
Answers to Reading Exercises: Los hombres somos muy inteligentes.

Exercise I. 1. Antonio debe ir al supermercado. 2. Antonio dice que no necesita lista porque tiene excelente memoria. 3. En el supermercado, Antonio no sabe qué comprar. 4. María, la asistenta en el supermercado, ayuda a Antonio a comprar. 5. Sí, Alicia está contenta con las compras del supermercado. 6. Antonio toma el crédito por comprar las cosas correctas sin lista. **Exercise II.**

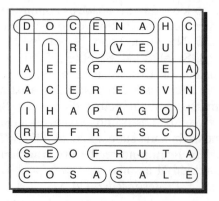

Exercise III. Ad lib. **Exercise IV.** 1. b, d 2. c 3. e 4. a **Exercise V.** Ad lib.

Answers to Grammar Exercises: The Indefinite Articles: *Un, Una, Unos, Unas* **Alguno, Ninguno**

Exercise I. 1. Necesito un pan. 2. Compro comida en el supermercado. 3. Unos dependientes ayudan. 4. Compro unas bananas. 5. Pago demasiados dólares. **Exercise II.** 1. Solamente algunos productos. 2. Solamente alguna asistencia. 3. Solamente algún pescado. 4. Solamente algunas frutas. 5. Solamente algún dinero. **Exercise III.** 1. Ningún músico . . . 2. Ninguna comida . . . 3. Ningunos artistas . . . 4. Ningunas amigas . . . 5. Ninguna está feliz. **Exercise IV.** 1. algunos 2. ningunos 3. algún 4. ningún 5. alguna 6. Ninguna 7. algunas 8. ningunas 9. Alguno 10. Ninguno **Exercise V.** Ad lib.

Work Unit 7:
Answers to Reading Exercises: El secreto de la felicidad.

Exercise I. (A) Andrés necesita viajar mucho y hacer muchas cosas. 2. Porque tiene piscina en casa. 3. Porque va a la ópera cada lunes y viernes donde vive. 4. Porque hace todas sus compras en E-bay. 5. Porque cada semana y cada mes come en buenos restaurantes donde vive. **Ex. I. (B)** 1. Ad lib. **Exercise II.** 1. primavera 2. mes 3. amor 4. mayo 5. invierno 6. sol **Exercise III.** 1. e 2. f 3. g 4. h 5. b 6. a 7. c 8. d **Exercise IV.** Ad lib.

Answers to Grammar Exercises: Cardinal Numbers 1–31; Times: Days, Months; Seasons

Exercise I. 1. nueve 2. veinte y tres (veintitrés). 3. diez 4. doce 5. veinte y uno (veintiuno) 6. treinta 7. diez y seis (dieciséis) 8. ocho 9. quince 10. veinte y siete (veintisiete) 11. diez y siete (diecisiete) 12. catorce 13. seis 14. cuatro 15. treinta. **Exercise II.** 1. abril 2. mayo 3. junio 4. agosto 5. septiembre 6. octubre 7. diciembre 8. enero 9. diciembre 10. primero **Exercise III.** 1. La primavera produce las primeras flores. 2. En el invierno hace mucho frío. 3. En el verano hace mucho calor. 4. Celebro mi cumpleaños en . . . 5. Mis estación favorita es . . . porque . . . **Exercise IV.** 1. Es la. . . (1:15) 2. Son las. . . (2:30). 3. Son las. . . (12:15). 4. Es la. . . (12:35). 5. Son las. . . (10:45). **Exercise V.** 1. . . . tres y media de la tarde. 2. . . . una menos cuarto (quince) de la tarde. 3. . . . cuatro menos veinte de la mañana. 4. . . . hora es? 5. . . . a las cuatro de la tarde. **Exercise VI.** 1. Sí, salimos de la casa a las cinco de la tarde. 2. Sí, tomamos el almuerzo a la una de la tarde. 3. Sí, dormimos a las once menos veinte de la noche. 4. Sí, tomamos el desayuno a las nueve y media de la mañana. 5. Sí, escuchamos las instrucciones a la una menos cuarto de la tarde. **Exercise VII.** 1. a. Hoy no es miércoles el treinta y uno de diciembre. b. Hoy es jueves el primero de enero. 2. a. No es todavía la primavera en el mes de junio. b. Tenemos . . . el verano en el mes de julio. 3. a. No son las doce del mediodía. b. Es la una de la tarde. 4. a. No llegamos el miércoles el treinta de septiembre. b. Llegamos el jueves el primero de octubre. 5 a. No celebramos el día de la Navidad el veinte y cuatro de noviembre. b. Celebramos . . . el veinte y cinco de diciembre. **Exercise VIII.** 1. . . .lunes, martes, miércoles, jueves y viernes. 2. El sábado. . . 3. El domingo. . . 4. . . . siete. . . 5. . . . treinta y un. . . 6. . . . veinte y cuatro. . . 7. . . . a las ocho y media de la mañana. 8. . . . veinte y una. . . 9. a las tres y veinte y cinco de la tarde. 10. . . . a las once menos veinte de la noche. **Exercise IX.** Ad lib. **Exercise X.** 1. a. El hombre usa (la) gorra, (la) chaqueta, (los) pantalones y (la) bufanda. b. La mujer usa (el) sombrero, (el) abrigo, (las) botas y (los) guantes. c. Yo uso chaqueta, sombrero, guantes y bufanda. Ad lib. 2. a. La chica usa la blusa, la falda, los calcetines y los zapatos. b. El chico usa el traje de correr y los zapatos de correr. c. Yo uso (los) pantalones, (los) calcetines y (los) zapatos. Ad lib. 3. a. Las chicas usan la trusa o el traje de baño, las gafas y el sombrero. b. El salvavidas usa el pantalón corto, la camiseta y las sandalias. c. Yo uso la trusa en la piscina, las sandalias y las gafas. Ad lib. 4. a. El hombre usa el traje, la camisa, la corbata, el paraguas. b. La mujer usa el impermeable, los chanclos y las medias. c. Yo uso (el) impermeable y el paraguas. Ad lib.

Work Unit 8:
Answers to Reading Exercises: Así es la vida.

Exercise I. (A) 1. Pedrito hace fotocopias todo el día. 2. Quiere conocer a una muchacha para salir con ella, oír sus palabras y gozar de su compañía. 3. Josefina es una bella contadora. 4. Josefina no acepta la invitación porque no está interesada. 5. Acepta la invitación con mucho gusto. **Ex. I. (B)** Ad lib. **Exercise II.** 1. Usted no me conoce. Soy Pedro. 2. Perdone, aquí tiene usted sus papeles. 3. No estoy interesada. No quiero salir. 4. Sí, por supuesto, quiero salir contigo. **Exercise III.** 1. f, g 2. e 3. b, d 4. c, a **Exercise IV.** Ad lib.

Answers to Grammar Exercises: Irregular Verbs of the Present Indicative Tense

Exercise I. 1. —Yo salgo ahora. 2. Yo conozco. . . 3. Yo vengo. . . 4. Yo le traigo. . . 5. Yo caigo. . . 6. Yo hago. . . 7. Yo pongo. . . 8. Yo voy. . . 9. Yo oigo. . . 10. Yo le doy. . . **Exercise II. (A)**1. Tú vienes a la fábrica, dices a mi jefe cómo está todo y le das el reporte. 2. Él viene . . . dice . . . da . . . 3. Ellos vienen . . . dicen . . . dan . . . 4. Nosotros venimos . . . decimos . . . damos . . . 5. Ud. viene . . . dice . . . da . . . 6. Yo vengo . . . digo . . . doy . . . **Ex. II. (B)** 1. Tú vas a casa y lees el discurso que tienes que aprender. 2. El Sr. Correa va . . . lee . . . tiene . . . 3. Las doctoras van . . . leen . . . tienen . . . 4. Tú y yo vamos . . . leemos . . . tenemos . . . 5. Uds. van . . . leen . . . tienen . . . 6. Yo voy . . . leo . . . tengo . . . **Exercise III.** 1.a. Voy al zoológico. 1.b. Ellos también van . . . 2.a. Veo el animal feroz. 2.b. Ellos también ven . . . 3.a. Juan trae comida. 3.b. Yo también traigo . . . 4.a. Conozco al amigo . . . 4.b. Nosotros conocemos . . . 5.a. Sé la fecha . . . 5.b. Ellas también saben. 6.a. Salgo hoy para el hospital. 6.b. Nosotros salimos . . . 7.a. Pongo las flores en la mesa. 7.b. Nosotros ponemos . . . 8.a. Hago preparaciones . . . 8.b. Ellas también hacen . . . **Exercise IV.** 1. (Yo) salgo de la casa ahora. 2. (Yo) traigo . . . 3. (Yo) vengo . . . 4. (Yo) veo . . . 5. (Yo) pongo . . . 6. (Yo) doy . . . 7. (Yo) hago . . . 8. (Yo) digo . . . 9. (Yo) sé . . . 10. (Yo) tengo . . . 11. (Yo) conozco . . . 12. (Yo) oigo . . . 13. (Yo) voy . . . 14. (Yo)(me) caigo . . . 15. (Yo) digo . . . **Exercise V.** Ad lib.

Work Unit 9:
Answers to Reading Exercises: Personalidades y Enojos.

Exercise I. (A) 1. Carlos es enérgico y Felipe es perezoso. 2. Carlos desea correr, visitar a su amigo Raúl y jugar al fútbol. 3. Carlos dice que Felipe es un cerdo. 4. Felipe lanza una lata de frijoles. 5. Felipe lastima una rodilla a Carlos. **Ex. I. (B)** 1. Yo cocino en la casa. 2. El tío es la persona más dinámica. 3. No es bueno enojar a los amigos. 4. Yo prefiero descansar en un fin de semana. 5. Es bueno descansar una pierna lastimada en el sofá. **Exercise II.** 1. Voy a comer y dormir. 2. Hoy estoy muy cansado. 3. Él debe hacer todo lo que no quiere. 4. Mi amigo está muy enojado. 5. ¡Cuidado! Debes descansar. **Exercise III.** 1. c 2. d 3. b 4. e 5. a **Exercise IV.** Ad lib.

Answers to Grammar Exercises: Uses of the Preposition *a*

Exercise I. 1. Camino al trabajo con amigos. 2. Corro al autobús. 3. Escribo mucho en el trabajo. 4. Voy al parque después. 5. Regresamos a las casas. **Exercise II.** 1. Salgo a la oficina 2. Corro al metro. 3. Asisto a la escuela. 4. Voy al parque. 5. Vuelvo a la casa. 6. . . . voy al museo, a los almacenes o al concierto. 7. Ando a la biblioteca, al zoológico y al centro. **Exercise III.** 1. Escucho el español con atención. 2. . . .al padre . . . 3. . . . .a los músicos. . . 4. . . . a las amigas. . . 5. . . . . los discos. . . 6. . . . . a Luis. . . 7. . . . . a los obreros. . . 8. . . . . el teléfono . . . 9. a la madre . . . 10. . . . . a Ana. . . **Exercise IV.** 1. a. Necesito el lápiz. b. Necesito al amigo. 2. a. Visito el país. b. . . . a los primos. 3. a. No escucho el radio. b. . . . a la madre. 4. a. Prefiero las melodías. b. . . . a la vecina. 5. a. Conozco el programa. b. . . . al señor. **Exercise V.** 1. Miro el drama y al actor principal 2. Miramos al artista y las pinturas 3. Todos miramos el autobús y al señor guía. 4. Miro a la gente y los rascacielos. 5. Miro los animales y a los niños. **Exercise VI.** 1. Vengo a oír al presidente esta noche. 2. No lo quiero escuchar por la T.V. . . . 3. Principio a comprender más su política. 4. Enseño a mi hermano a comprender . . . 5. Claro, aprendemos a votar con inteligencia. 6. Ayudo a mis amigos a decidir. 7. Seguro, invitamos a los otros a votar . . . 8. A los pocos días los otros van a decidir votar . . . 9. Al salir de la cabina de votar deseo gritar "Gracias a Dios por la democracia". **Exercise VII.** 1. Prefiero jugar al . . . 2. Aprendo a jugar bien el . . . 3. Principio a practicar (por la tarde) 4. Invito a . . . a practicar conmigo 5. Enseño a (Daniel) a jugar bien. 6. El maestro de tenis ayuda a todos a practicar bien. 7. Muchos vienen a aprender. 8. Debemos practicar todos los días. 9. Sé jugar mejor ahora. **Exercise VIII.** Ad lib.

Work Unit 10:
Answers to Reading Exercises: Ser pobre es muy difícil.

Exercise I. (A) 1. mexicano...rico 2. caviar...champán 3. pulgas...ratones...de plástico 4. optimista...cantar... 5. difícil...Estados Unidos. **Ex. I. (B)** 1. dice...oigo...oyen 2. doy...piensa 3. tienen...tiene 4. trae...traemos 5. vas...va **Exercise II.**

Exercise III. 1. d 2. c 3. a 4. e 5. b **Exercise IV.** Ad lib.

Answers to Grammar Exercises: Uses of the Preposition *de*

Exercise I. 1. Los lápices son del hijo. 2. . . . de la hija 3. . . . del abuelo 4. . . . de Juan. 5. . . . de mi padre. 6. . . . de los hermanos. 7. . . . de María y de Pedro. 8. . . . de sus amigos. 9. . . . de las primas. 10 . . .del marido y de la esposa **Exercise II.** 1. Las casas son del señor Alarcón. 2. Ella es la madre de la muchacha. 3. Somos los supervisores del obrero. 4. Es el padre de la amiga. 5. Es la clase del estudiante de español. **Exercise III.** 1. Es el libro de la prima 2. Son las bicicletas de los muchachos. 3. Son los cuadernos del hombre. 4. Es . . . de mis padres. 5. Es . . . del primo. 6. Son . . . de Juan y de Luisa. 7. Son . . . de la mujer. 8. Es . . . de las hermanas. 9. Es . . . de los chicos. 10. Son . . . del muchacho. **Exercise IV.** 1. Es de los Estados Unidos. 2.

Enseña la clase de historia. 3. Mi casa es de piedra y de madera. 4. Las cortinas son de algodón y de nilón. 5. Mi abuelo es de Canadá. 6. Mi reloj es de plata y de oro. 7. Mi marido habla del parque. 8. Mi esposa va a la clase de inglés. 9. Mi blusa y mi falda son de lana y de seda. 10. La profesora de español enseña aquí. **Exercise V.** 1. Acabo de llegar de un partido de fútbol. 2. Gozo más de jugar. 3. No sé jugar. Trato de aprender. 4. Un amigo del equipo enseña a jugar. 5. No debo pagarle. Es gratis. 6. Los aficionados ayudan al equipo a ganar casi siempre. 7. Comienzo a practicar a las cuatro. 8. Termino de practicar antes de las seis. 9. No dejo de practicar ni un día para ser campeón. 10. Quizás prefiero más ser aficionado al fútbol americano. **Exercise VI.** 1. Ud. necesita salir a jugar al tenis. 2. Ud. debe tratar de aprender. 3. Ud. acaba de pesar doscientas libras. 4. Ud. va a gozar de jugar al tenis. 5. Ud. necesita dejar de comer todo el día y caminar mucho. **Exercise VII.** Ad lib.

Work Unit 11:
Answers to Reading Exercises: ¿Quién es mejor?
Exercise I. 1. Porque los tres desean el mismo empleo. 2. Melchor dice que él es muy trabajador. 3. Inés dice que ella es muy buena con computadoras, con comunicación y con administración. 4. Mario dice que él no es tan bueno como Melchor e Inés. 5. El entrevistador piensa que Mario es honesto y le da el puesto. **Exercise II.**

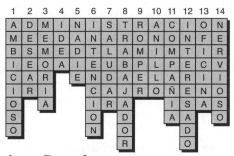

Answers to Grammar Exercises: *Ser* to be
Exercise I. 1. La joven es de los Estados Unidos. 2. Yo soy. . . 3. Tú eres. . . 4. Ud. es. . . 5. Ella es. . . 6. Roberto es. . . 7. Nosotros somos. . . 8. Tú y yo somos. . . 9. Uds. son. . . 10. Eduardo y Pablo son. . . **Exercise II.** 1. Sí, es un sudamericano heroico. 2. Sí, es un norteamericano noble. 3. Sí, es un cubano patriótico. 4. Sí, es una artista mexicana. 5. Sí, es una poeta chilena. **Exercise III.** 1.a. ¿A qué hora es la comida? b. La comida es a las seis. 2.a. ¿Dónde es la comida? b. La comida es en el restaurante "Olé". 3.a. ¿Cuándo son las comidas mejores? 3.b. Las comidas son mejores los días martes. 4.a. ¿Tú eres amigo(a) del teatro? 4.b. Yo siempre soy amigo(a) del teatro. 5.a. ¿Por qué son buenas algunas comedias? 5.b. Porque son muy cómicas. **Exercise IV.** 1. a. Soy de los Estados Unidos. b. El chico es de los Estados Unidos también. 2. a. Somos americanos. b. Ellos son. . . 3. a. Tú y yo somos personas. b. Los hermanos son. . . 4. a. Yo soy alumno -a b. La chica es alumna . . . 5. a. Ud. y el Sr. Delibes son del siglo veintiuno. b. La señora es del . . . **Exercise V.** 1. —Soy chofer. 2. —Sí, soy norteamericano -a. 3. —Mis ojos son negros. 4. —Soy inteligente y hermoso -a. 5. —Mis padres son de los Estados Unidos. 6. —Mi padre es capitán. 7. —Somos alumnos del Sr. López. 8. —Mi casa es azul. 9. —La mesa y la silla son de madera. 10. —Deseo ser programador -a. **Exercise VI.** Ad lib.

Work Unit 12:
Answers to Reading Exercises: Ramón está enfermo.
Exercise I. (A) 1. La madre de Ramón está asustada porque él dice que está muy enfermo. 2. El doctor es viejo y delgado, y la enfermera es joven y gorda. 3. El examen muestra que el pulso de Ramón es normal y la temperatura no es alta. 4. La enfermera cree que Ramón está estreñido. 5. Ramón dice que está mucho mejor. **Ex. I. (B)** 1. Mi marido está preocupado por mi salud. 2. Estoy todo el día en cama cuando estoy enfermo-a. 3. Mi cabeza está caliente y yo

sufro. 4. Cuando estoy estreñido tomo dos cucharadas de aceite de ricino. 5. Cuando tengo un accidente voy a la sala de emergencia. **Exercise II.** 1. Su madre está triste y preocupada. 2. Estoy mejor, tengo hambre, quiero comer. 3. Ay, cómo sufre mi pobre hijo. 4. En ese momento suena el teléfono. **Exercise III.** 1, a, e 2. b 3. c 4. d, f. **Exercise IV.** Ad lib.

Answers to Grammar Exercises: *Estar* to be; contrasting uses of *Estar* and *Ser*

Exercise I. 1. (Yo) estoy muy bien hoy. 2. Los padres están . . . 3. El hermano está . . . 4. Tú también estás . . . 5. Nosotros estamos . . . **Exercise II.** 1. —No estoy en otro planeta. Estoy en la tierra. 2. —No estoy triste cuando recibo dinero. Estoy alegre. 3. —Mis amigos y yo no estamos presentes en la reunión. Mis amigos y yo estamos ausentes. 4. —Los relojeros no están de pie cuando arreglan relojes. Los relojeros están sentados. 5. — Las oficinas no están abiertas los domingos. Las oficinas están cerradas. 6. —Los comerciantes no están sentados todo el día. Los comerciantes están ocupados. 7. —La gente en el hospital no está bien. La gente en el hospital está enferma. 8. —La gente no está descansada al fin del día. —La gente está cansada al fin del día. **Exercise III.**1a. El periódico ya está abierto. 1.b. Las revistas también están abiertas. 2.a. El alumno ya está aburrido. 2.b. Toda la clase también está aburrida. 3.a. La madre ya está cansada. 3.b. El padre también está cansado. 4.a. Joselito ya está sentado. 4.b. Los otros niños también están sentados. 5.a. Los clientes ya están ocupados. 5.b. Las clientas también están ocupadas. **Exercise IV.** 1. . . . está . . . 2. . . . es . . . 3. . . . está . . . 4. . . . es . . . 5. . . . es . . . 6. . . . está . . . 7. . . . es . . . 8. . . . está . . . 9. . . . está . . . 10. . . . son . . . **Exercise V.** Ad lib. **Part II. Exercise I.** 1. Nada está pasando. 2. Mi hermano está leyendo. 3. No estamos comiendo. 4. Está preparando un pollo asado. 5. Sí, algunos están viniendo ahora. 6. Bueno, yo te estoy invitando a comer con nosotros. **Exercise II.** 1. Estoy hablando del Museo de Arte. 2. Estoy mirando algunas pinturas. 3. Estoy oyendo (escuchando) una grabación y comprendiendo mucho más. 4. Estoy diciendo la verdad. 5. Yendo a los museos estoy aprendiendo a gozar del arte mucho más.

Work Unit 13:
Answers to Reading Exercises: El cuarto de charla.

Exercise I. 1. Hugo es bajo, gordo y calvo, y su nombre de internet es Roldán. 2. Zatán tiene grandes planes y todos sus planes tienen éxito. 3. Akata trabaja de espía industrial; es un trabajo peligroso pero emocionante. 4. Los ejercicios y la dieta tienen éxito porque ahora tiene enormes músculos y el peso perfecto. 5. Hugo quiere comenzar la dieta mañana y después encontrar una muchacha hermosa. **Exercise II.**

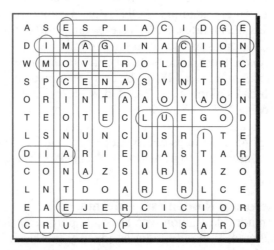

Exercise III. 1. Él accesa el internet y charla con sus amigos. 2. Ellos impresionan a sus amigos con sus aventuras. 3. Él es un héroe para todos. 4. Ellos van a comer una magnífica cena. 5. Él dice que tiene músculos, pero miente. **Exercise IV.** Ad lib.

Answers to Grammar Exercises: Descriptive Adjectives and Limiting Adjectives

Exercise I. 1. Juana es tan alta y elegante como Juan. 2. Luisa es tan inglesa y rubia como Luis. 3. Josefa es tan española y morena como José. 4. Angela es tan sincera y agradable como Angel. 5. Carla es tan alemana y práctica como Carlos. **Exercise II.** 1. Los hijos son niños gordos. 2. Las ciencias son difíciles. 3. Los chicos ingleses son primos. 4. Los tíos son médicos españoles. 5. Las abuelas son señoras españolas. 6. Las madres son mujeres inteligentes y prácticas. 7. Las tías son personas liberales. 8. Los señores son deportistas alemanes. No son españoles. **Exercise III.** 1. a. Muchas contestan bien. b. Muchas recepcionistas contestan bien. c. Muchas recepcionistas lindas contestan bien. d. Muchas recepcionistas lindas y amables contestan bien. 2. a. Los muchachos hablan hoy. b. Todos los muchachos hablan hoy. c. Todos los muchachos españoles hablan hoy. d. Todos los muchachos españoles hablan inglés hoy. e. Todos los muchachos españoles hablan poco inglés hoy. 3. a. Mi amiga lee aquí. b. Mi amiga lee revistas aquí. c. Mi amiga lee varias revistas aquí. d. Mi amiga lee varias revistas interesantes aquí. e. Mi amiga lee varias revistas interesantes y cómicas aquí. 4.a. El autor escribe ahora. b. . . . una historia. c. . . . una historia famosa. d. El autor ruso escribe ahora una historia famosa. e. El otro autor ruso . . . **Exercise IV.** 1. Algunos obreros españoles trabajan mucho. Algunas obreras españolas trabajan mucho también. 2. Ellas compran sombreros bonitos y baratos. Ellas compran también muchas faldas bonitas y baratas. 3. La familia tiene otro coche nuevo y lindo. La familia tiene también otra casa nueva y linda. 4. Los turistas ven bastantes ciudades grandes y hermosas. Los turistas ven también varios países grandes y hermosos. **Exercise V.** Ad lib.

Work Unit 14:
Answers to Reading Exercises: ¡Ahora Juan es necesario!

Exercise I. (A) 1. jóvenes y trabajadores...indocumentados 2. deportar...milagro 3. dura...justa...volver a México 4. caen...rotos...grietas 5. ser deportado...trabaja...dinero **Ex. I. (B)** 1. Necesito treinta días para reparar las grietas. 2. El terremoto en la falla es muy grande. 3. Aunque el diputado es un buen hombre, no puede hacer nada. 4. Muchos Mexicanos deportados retornan a Estados Unidos. 5. La policía tiene presos a muchos indocumentados. **Exercise III.** 1. d 2. e 3. b 4. c 5. a **Exercise III.** 1. Mi nombre es (write your name), mi apellido es (write your surname) y yo soy de (write your city and country). 2. Yo no sé dónde están mis documentos, pero tengo amigos que pueden decir quién soy yo. 3. Estoy once días en esta cárcel y necesito un milagro para volver a ser libre. 4. El milagro es querer vivir en esta ciudad después de este trato.

Answers to Grammar Exercises: Cardinal Numbers: 31–Three Billion

Exercise I. 1. Es setecientos. 2. Es quinientos. 3. Es novecientos. 4. Es sesenta y siete. 5. Es ciento cincuenta. 6. Es mil quinientos. 7. Es novecientos ocho. 8. Es trescientos treinta. 9. Es ciento quince. 10. Es quinientos cinco. **Exercise II.** 1. Treinta y diez son cuarenta. 2. Ochenta menos veinte son sesenta. 3. Cien por dos son doscientos. 4. Mil dividido por dos son quinientos. 5. Treinta y cinco y treinta y seis son setenta y uno. **Exercise III.** 1. Cuarenta y un. . . 2. Cincuenta y una. . . 3. Ciento una. . . 4. Cien. . . 5. Ciento quince. . . 6. Seiscientas noventa y una. . . 7. Doscientas. . . 8. Doscientos sesenta y un. . . 9. Trescientos setenta y un. . . 10. Cuatrocientas ochenta y una. . . **Exercise IV.** 1. . . . novecientos noventa y una personas. 2. . . . mil . . . 3. . . . mil setecientos diez y siete . . . 4. . . . dos mil seiscientas sesenta y seis . . . 5. un millón de . . . 6. . . . dos millones . . . 7. . . . mil millones de . . . 8. . . . tres mil millones . . . **Exercise V.** 1. Estamos a . . . 2. La fecha de mañana es . . . 3. . . . el doce de octubre de mil cuatrocientos noventa y dos. 4. . . . el cuatro de julio de mil setecientos setenta y seis. 5. . . . el veinticinco de diciembre de dos mil cuatro. 6. . . . el primero de enero de dos mil cinco. 7. . . . el catorce de febrero de dos mil seis. 8. . . . el primero de abril de dos mil siete. **Exercise VI.** Free Dialogue. 1. Tengo . . . años. 2. La fecha de mi nacimiento es . . . 3. Mi dirección es calle (avenida) . . . número . . . ciudad de . . . 4. Busco el puesto de . . . Tengo (no tengo) experiencia.

5. Quiero ganar . . . dólares al año. 6. En este banco tengo . . . dólares. **Part Two. Exercise I.**
1. Tiene tantos años como dientes. 2. . . . tanto pelo como . . . 4. . . . tantas amigas como . . .
Tengo (no tengo) experiencia. 5. . . . tanta fama como . . . 6. . . . tantas mentiras como . . .
Exercise II. 1. La heroína es más simpática que el monstruo. 2. La medicina cura más que el
amor. 3. Un coche es menos costoso que un yate. 4. Una casa cuesta más de mil dólares.
Exercise III. Ad lib.

Work Unit 15:
Answers to Reading Exercises: ¡Quiero esa casa!
Exercise I. 1. Antonieta y Jorge comparan varias casas en una revista de bienes raíces. 2. La
segunda les gusta porque tiene un buen techo y los impuestos son menores, la cuarta porque las
paredes son mejores. 3. La primera porque el terreno es un pantano y la tercera porque tiene mal
olor, mala ventilación y el primer piso está sucio. 4. Porque con cinco dormitorios puede tener
cinco hijos. **Exercise II.** 1. Las arañas y los fantasmas viven en el pantano. 2. Los impuestos son
malos para los bienes raíces. 3. El terreno mayor es mejor y es más bonito. 4. El carro cuesta una
fortuna y está sucio. 5. El piso del dormitorio es feo. **Exercise III.** Querida Antonieta: Vamos a
comparar la casa fea con la bonita. Si la primera es mejor, la compramos aunque esté sucia.
Exercise IV. Ad lib.

Answers to Grammar Exercises: Ordinal Numbers, Shortening of Adjectives *bueno* and *malo*
Exercise I. 1. Veo algún buen reloj. 2. Alguna va a la buena tienda. 3. Paso el primer día solo
mirando la tienda. 4. Leo durante la primera hora de la tarde. 5. Tengo el mal
pensamiento . . . 6. Cuento esta mala cosa a mi amiga. 7. En el cine lleno ocupo el tercer
asiento . . . 8. Luego, en la casa escribo la tercera línea . . . **Exercise II.** 1. Es un buen hombre.
2. No hace malas decisiones. 3. No tiene un mal pensamiento. 4. Siempre tiene una buena idea.
5. No comete malos errores. **Exercise III.** 1. Soy el número uno. Gano el primer premio.
2. . . . número tres. . . . tercer premio. 3. . . . número cuatro. . . . cuarto premio. 4. . . . número
cinco. . . . quinto premio. 5. . . . número siete. . . . séptimo premio. **Exercise IV.** 1. sexta visita
2. . . . octava blusa. 3. . . . novena pregunta. 4. . . . décima falta. 5. . . . primera hamburguesa.
Exercise V. 1. Deseo el primer dólar. 2. Quiero ver un buen drama. 3. Deseo ser el mejor y el
más rico de la compañía. 4. Es más fácil la tercera hora. 5. Escribo la quinta frase. **Exercise VI.**
1. séptima 2. sexta 3. buen 4. malas 5. primeros 6. buenas 7. tercer 8. primer 9. buenos 10. segun-
da. **Exercise VII.** 1.b. Simón es un mejor vecino. 1.c. Tomás es el mejor vecino. 2.b. Las segun-
das . . . son peores. 2.c. las últimas . . . son las peores. 3.b. . . . es menor. 3.c. . . . es la menor.
4.b. son mayores. 4.c. . . . son los mayores. 5.b. Es más rico que . . . 5.c. . . . es el más rico.
Exercise VIII. Ad lib.

Work Unit 16:
Answers to Reading Exercises: La solución de Gustavo.
Exercise I. (A) 1. da órdenes...trabajan sin parar 2. a su casa...enciende 3. un bar...cerrar la
boca 4. amigos...marido y mujer 5. un perro...órdenes **Ex. I (B)** 1. Beba un vodka y cante un
poco. 2. Sepa que yo soy un hombre muy bueno. 3. ¡Tenga un buen viaje! 4. Vea y oiga este
concierto excelente. 5. Vaya al carro y use la herramienta nueva. **Exercise II.** 1. La camarera
está contenta con la propina. 2. El perro obedece las órdenes. 3. Estamos listos para volar. 4. El
marido está cansado. 5. Para el taxi y sube. **Exercise III.** Ad lib. **Exercise IV.** 1. f, g 2. b 3. a, c
4. d, e.

Answers to Grammar Exercises: Formation and Use of the Direct Commands
Exercise I. (A) 1. ¡Coma Ud. bien! 2. ¡Camine Ud. mucho! 3. ¡Tenga Ud. paciencia!
4. ¡Venga a visitarme Ud. mucho! 5. ¡Esté Ud. bien! **Ex. I. (B)** 1. ¡Tomen Uds. asiento! 2. ¡No

fumen Uds.! 3. ¡Hagan Uds. ejercicios! 4. ¡Vayan Uds. al gimnasio! 5. ¡No sean Uds. perezosos!
Ex. I (C) 1. ¡Corramos . . . ! 2. ¡No bebamos . . . ! 3. ¡Vivamos . . . ! 4. ¡Vamos . . . ! 5. ¡Demos
. . . ! **Exercise II. (A)** 1. —Sí, ¡vaya Ud. ahora! 2. —Sí, ¡responda Ud. ahora! 3. —Sí, ¡escriba
Ud. ahora! 4. —Sí, ¡compre Ud. ahora! 5. —Sí, ¡lea Ud. ahora! **Ex. II. (B)** 1. —Sí, ¡hablen Uds.
ahora! 2. —Sí, ¡aprendan Uds. ahora! 3. —Sí, ¡coman Uds. ahora! 4. —Sí, ¡anden Uds. ahora!
5. —Sí, ¡corran Uds. ahora! **Ex. II. (C)** 1. —¡Estudiemos ahora mismo! 2. —¡Bebamos . . . !
3. —¡Asistamos . . . ! 4. —¡Entremos . . . ! 5. —¡Leamos . . . ! **Exercise III. (A)** 1. —Bueno,
¡venga Ud. tarde! 2. . . . oiga Ud. . . . 3. . . . conozca Ud. . . . 4. . . . haga Ud. . . . 5. . . . ponga
Ud. . . . 6. . . . sea Ud. . . . 7. . . . dé Ud. . . . **Ex. III. (B)** 1. —Bueno, ¡sepan Uds. la verdad!
2. . . . digan Uds. . . . 3. traigan Uds. . . . 4. estén Uds. . . . 5. . . . tengan Uds. . . . 6. . . . vean Uds. . . .
7. . . . salgan Uds. . . . 8. . . . oigan Uds. . . . **Exercise IV.** 1. Trabaje Ud. 2. Haga Ud. 3. Asista Ud.
4. Sea Ud. 5. Traiga Ud. 6. Sepa Ud. 7. Venga Ud. 8. Vaya Ud. 9. Conozca Ud. 10. Estudie Ud.
Exercise V. Ad lib.

Work Unit 17:
Answers to Reading Exercises: Nuestros hijos son nuestro orgullo.
   Exercise I. (A) 1. contrato...casa 2. Luisa...azul...alacranes 3. gordo...quince 4. su
dedo...idiota 5. desnuda...y borracha **Ex. I. (B)** 1. Pon tu cama en ese cuarto. 2. El corredor y el
dormitorio son azules. 3. El padre está furioso porque su hijo está borracho. 4. Los invitados
están juntos en la plaza. 5. El espejo y la lámpara no caben allá. **Exercise II.**

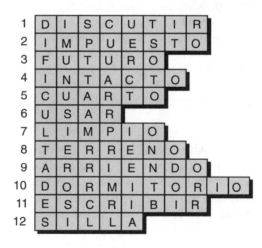

Exercise IV. Ad lib.

Answers to Grammar Exercises: Possessive Adjectives
   Exercise I. 1. Tengo mis cuadernos. 2. . . . sus casas. 3. tus comidas. 4. sus lecciones. 5. . . .
sus programas. . . **Exercise II.** 1. No. Es nuestro cuadro. 2. . . . nuestro coche. 3. No. Son nues-
tros hijos. 4. . . . nuestras amigas. 5. . . . nuestros amigos. **Exercise III.** 1. Sí. Uso tu abrigo.
2. . . . tus pantalones 3. . . . Leo tu diario. 4. . . . Deseo tus camisas. 5. . . . Necesito tus discos.
Exercise IV. 1. No son los lápices de él. Son de ella. 2. . . . los zapatos de él. Son de ella. 3. No
es la amiga de él. Es de ella. 4. . . . el reloj de él. Es de ella. 5. No son las hermanas de él. Son de
ella. **Exercise V.** 1. No es el coche de Uds. Es el coche de ellos. 2. . . . la pelota de Uds. Es la
pelota de ellos. 3. No son las chaquetas de Uds. Son las chaquetas de ellos. 4. . . . los abrigos de
Uds. Son los abrigos de ellos. 5. No es la familia de Uds. Es la familia de ellos. **Exercise VI.**
1. Vendo mis coches. 2. . . . nuestra computadora. 3. . . . sus ejercicios. 4. . . . sus cuartos. 5. . . .
tu casa. 6. . . . su orden. 7. . . . nuestro mapa. 8. . . . nuestra respuesta. 9. . . . su casa. 10. . . . sus
preguntas. **Exercise VII.** 1. mi 2. tu 3. nuestras . . . tus . . . mis 4. nuestros. **Exercise VIII.** Ad
lib.

Work Unit 18:
Answers to Reading Exercises: ¡Cuántos recuerdos!
 Exercise I (A) 1. La Sra. Cristina tiene cuatro hijos y catorce nietos. 2. José es abogado y Eugenia es vendedora. 3. Tito quiere ir a la universidad pero no tiene dinero. 4. Tito decide ir al ejército. 5. Porque Tito está en el ejército y el país está en guerra. **Ex. I (B)** 1. Muchos latinos van al ejército porque son pobres. 2. Después de ir al frente, los soldados reciben dinero para estudiar. 3. Hay muchas fotos de la familia en el cuarto. 4. En nuestro país hay miles de emigrantes con sueños. 5. Los ancianos tienen muchos recuerdos. **Exercise II.** 1. c 2. e 3. a 4. b 5. d
Exercise III. 1. La anciana y su nieto van a la fuente. 2. Los soldados latinos sonríen y saludan en el retrato. 3. Ellos pueden quedarse si quieren. 4. La casa puede ser fea pero es barata. 5. El doctor está curioso, pero la madre está preocupada. **Exercise IV.** Ad lib.

Answers to Grammar Exercises: Demonstrative Adjectives
 Exercise I. (A) 1. Compro este escáner. 2. Compro estos programas. 3. Compro este lápiz. 4. Compro estos papeles. 5. Compro esta pintura. **Ex. I. (B)** 1. ¿Deseas esa silla ahí? 2. ¿Deseas ese escritorio ahí? 3. ¿Deseas esos periódicos ahí? 4. ¿Deseas esos libros ahí? 5. ¿Deseas esas impresoras ahí? **Ex. I. (C)** 1. Miren aquellas fotografías allí. 2. Miren aquellas pinturas allí. 3. Miren aquella obra de arte allí. 4. Miren aquel cuadro allí. 5. Miren aquella estatua allí.
Exercise II. 1. Reciben este papel y aquel libro. 2. Esta palabra . . . esa frase 3. . . . ese comprador . . . aquel vendedor. 4. . . . esa puerta . . . aquella ventana. 5. . . . esta bota . . . ese zapato?
Exercise III. 1. Leemos estos periódicos y esos artículos. 2. . . .estas sillas . . . aquellas camas 3. estos sombreros . . . aquellos vestidos. 4. . . . esas clases . . . aquellos profesores. 5. . . . esos vestidos . . . aquellas faldas. **Exercise IV.** 1. ¿Este amigo? Sí, gracias. 2. ¿Esta revista? . . . 3. ¿Estos cuentos? . . . 4. ¿Estas fotos? . . . 5. ¿Esta cámara? . . . **Exercise V.** 1. ¿Ese postre? No, gracias. 2. ¿Esa sopa? . . . 3. ¿Esos libros? . . . 4. ¿Esas manzanas? . . . 5. ¿Esos amigos? . . .
Exercise VI. 1. esta . . . ese 2. aquella 3. estos . . . esos 4. aquellos 5. aquellos . . . aquella 6. estos . . . esta 7. esa . . . 8. esos. **Exercise VII.** Ad lib.

Work Unit 19:
Answers to Reading Exercises: Alta tecnología, ¡aquí y ahora!
 Exercise I (A) 1. f 2. f 3. f 4. f 5. f **Ex. I (B)** 1. La civilización tiene un futuro maravilloso. 2. Él piensa que tú pagaste con demasiado entusiasmo. 3. ¿Cómo puedo botar este modelo? 4. El comercial habla sobre tecnología moderna. 5. Él explica la definición clara de su televisor. **Exercise II.** Ad lib. **Exercise III.** 1. bueno 2. mejor 3. menor 4. volver 5. tonto 6. esposa 7. abrir 8. ruido

Answers to Grammar Exercises: Adverbs; Exclamatory ¡Qué!
 Exercise I. 1. Pasan los domingos perezosamente. 2. Llega misteriosamente. 3. Reaccionan nerviosamente. 4. La contestan felizmente. 5.Van alegremente. **Exercise II.** 1. Juan trabaja poco. 2. . . . ahora. 3. Nunca. . . 4. menos. . . 5. . . . cerca. 6. Mañana. . . 7. . . . allí 8. después. 9. . . . tarde. 10. . . . mal. **Exercise III.** 1. Explica lenta y claramente. 2. Comprende exacta y perfectamente. 3. Habla sincera y honestamente. 4. Escucha simpática y amablemente. 5. Termina honesta y agradablemente. **Exercise IV.** 1. ¡Qué rápido corren los trenes! 2. ¡Qué lejos . . . ! 3. ¡Qué cerca . . . ! 4. ¡Qué pobre . . . ! 5. ¡Qué ricos . . . ! **Exercise V.** 1. ¡Qué casas! ¡Qué casas tan altas! 2. ¡Qué madre! ¡Qué madre tan buena! 3. ¡Qué niños! ¡Qué niños tan lindos! 4. ¡Qué cielo! ¡Qué cielo tan azul! 5. ¡Qué escuela! ¡Qué escuela tan grande! **Exercise VI.** 1. ¡Qué programa tan interesante! 2. ¡Qué año tan importante! 3. ¡Qué joven tan simpático! 4. ¡Qué mujeres tan amables! 5. ¡Qué cervezas tan buenas! **Exercise VII.** Ad lib.

Work Unit 20:
Answers to Reading Exercises : Generaciones
 Exercise I (A) 1. hija...nieta 2. pizza...fácil 3. peligroso...calentamiento...petróleo 4. Fría...raciales...calientes 5. hambre...guerras...especies **Ex. I (B)** 1. Tres generaciones que

hablan de cosas tristes. 2. La vida moderna puede ser difícil y complicada. 3. ¡Los problemas raciales no son fáciles! 4. Todas las guerras, calientes o frías, son terribles. 5. La basura química es nuestro nuevo monstruo. **Exercise II.** Ad lib. **Exercise III.** 1. e, h 2. a, g 3. c, f 4. b, d **Exercise IV.** Ad lib.

Answers to Grammar Exercises: Stem-Changing Verbs of *ar* and *er* Infinitives

Exercise I. (A) 1. Tú piensas ir mañana. 2. Diego piensa. . . 3. Diego y María piensan . . . 4. Tú y yo pensamos . . . 5. Uds. piensan . . . 6. Yo pienso . . . **Ex. I. (B)** 1. ¿Almuerza Ud. a las doce? 2. ¿Almorzamos. . .? 3. ¿Almuerzan. . .? 4. ¿Almuerza. . .? 5. ¿Almuerzo. . .? 6. ¿Almuerzas. . .? **Exercise II.** 1. Ellos comienzan el viaje. 2. ¿Encuentras tú. . .? 3. Ana y él entienden. . . 4. Él empieza. . . 5. Uds. no vuelven a. . . 6. Ella pierde. . . 7. Ud. no lo cierra. . . 8. Yo recuerdo. . . 9. ¿No lo empiezan ellas. . .? 10. Nosotros contamos. . . **Exercise III.** 1. Uds. comienzan a las cuatro. 2. Uds. cierran los libros a las diez. 3. Uds. pueden venir temprano. 4. Uds. vuelan a Madrid. 5. Nosotros queremos viajar en coche. 6. Nosotros no entendemos la novela. 7. Nosotras encontramos comida en la cafetería. 8. Yo nunca cuento los dólares. 9. Yo pierdo cien dólares. 10. Tú vuelves a casa con nosotros. **Exercise IV.** 1. Nosotros no empezamos la comida ahora. Ella sí que empieza la comida ahora. 2. . . . no almorzamos . . . almuerza . . . 3. no entendemos . . . . . . entiende . . . 4. . . . no comenzamos a comer . . . comienza a comer . . . 5. . . . no movemos . . . mueve . . . 6. . . . no cerramos . . . cierra . . . 7. . . . no queremos . . . quiere . . . 8. no podemos comer . . . puede 9. no volvemos . . . vuelve . . . 10. no jugamos . . . juega . . . **Exercise V.** 1. ¡No pierda Ud.! 2. ¡No perdamos! 3. ¡No piensen Uds.! 4. ¡No pensemos! 5. ¡No cuentes tú! 6. ¡No contemos! 7. ¡No defiendan Uds.! 8. ¡No defendamos! 9. ¡No vuelvas tú! 10. ¡No volvamos! **Exercise VI.** 1. (Yo) pienso en el trabajo. 2 (Yo) comienzo 3. (Yo) no entiendo. . . 4. (Yo) pierdo . . . 5. Yo cierro . . . 6. Yo quiero . . . 7. Yo almuerzo. . . 8. Yo recuerdo. . . 9. Yo vuelvo . . . 10. Yo muestro . . . **Exercise VII.** Ad lib.

Work Unit 21:
Answers to Reading Exercises: ¡Cuánto trabajo!

Exercise I (A) 1. Gastón desea ir a trabajar, pero no tiene energías. 2. Ernesto quiere estudiar mucho y ganar millones. Empieza mañana. 3. Uno debe sentarse en una silla cómoda y pensar en riesgos y consecuencias. 4. Porque mañana es domingo y Ernesto debe descansar. 5. Lila propone un concurso de bostezos. **Ex. I (B)**

Exercise II. 1. Yo entiendo que trabajar ahora es peligroso. 2. Un buen profesional debe ser ambicioso. 3. Siéntate y piensa qué puedes hacer. 4. Él paga millones de dólares en impuestos. 5. Nosotros necesitamos descansar de tanta pereza. **Exercise III.** Ad lib.

Answers to Grammar Exercises: The Complementary Infinitive: The Infinitive after *ir a*, *tener que*, and *para*

Exercise I. 1. (Yo) tengo que comer. 2. (Tú) tienes que . . . 3. Juan tienen que . . . 4. Uds. tienen que . . . 5. Ud. tiene que . . . 6. Ana y yo tenemos que . . . 7. Juan y Ana tienen que . . .

Exercise II. 1. Los tíos no van a leer esta noche. 2. Susana no va a . . . 3. Tú no vas a . . . 4. Uds. no van a . . . 5. Marta y yo no vamos a . . . 6. Yo no voy a . . . 7. Él no va a . . . **Exercise III.** 1. ¿Estudiamos para comprender? 2. ¿Aprendemos más después de vivir? 3. ¿Charlamos antes de dormir? 4. ¿Trabajamos para vivir mejor? 5. ¿Necesitamos dinero por ser pobres? **Exercise IV.** 1. Por amor 2. Por suerte 3. Para mis hijos 4. Para salir 5. Para 6. Por 7. Para 8. Por **Exercise V.** 1. — 2. para 3. a 4. que 5. — 6. a 7. — 8. a (para) 9. — 10. — **Exercise VI.** Ad lib.

Work Unit 22:
Answers to Reading Exercises: ¡Qué vida tan cruel!
   Exercise I. (A) 1. tardes...mira...el televisor 2. Adela...triste...miserable 3. él...al hospital 4. hijos...prisión 5. temprano...un resfriado **Ex. I (B)** 1. T 2. F 3. F 4. F 5. T **Exercise II.** 1. Mañana cierran la oficina y no puedo trabajar. 2. ¿Por qué vuelves a la casa tan temprano? 3. Él necesita una operación del corazón en el hospital. 4. Yo creo que todos tenemos resfriados tarde o temprano. **Exercise III.**

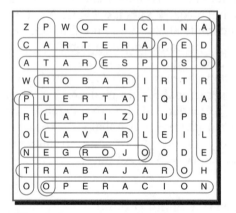

Exercise IV. Ad lib. **Exercise V.** Ad lib.

Answers to Grammar Exercises: Prepositional Pronouns
   Exercise I. 1. Compran el regalo con él y es para él. 2. . . . con ellos . . . para ellos. 3. . . . con ella . . . para ella. 4. . . . con ellas . . . para ellas. 5. . . . conmigo . . . para mí. 6. . . .contigo . . . para ti. 7. . . . con Uds. . . . para Uds. 8. . . . con nosotros . . . para nosotros. 9. . . . con vosotros . . . para vosotros. 10. . . . con Ud. . . . para Ud. **Exercise II.** 1. Vivo cerca de ellos. 2. . . . sin ellos. 3. . . . para ellas. 4. . . . a Uds. 5. . . . con nosotros. **Exercise III.** 1. Trabajo dentro de la oficina. 2. Escribo sin Microsoft. 3. Hay mucho tráfico delante del edificio. 4. Hay mucho ruido sobre los techos. 5. Deseo vivir más cerca del trabajo. **Exercise IV.** 1. ¿Para mí? Gracias. 2. ¿Conmigo? . . . 3. ¿Sin mí? . . . 4. ¿Cerca de nosotros -as? . . . 5. ¿Con Uds? . . . **Exercise V.** 1. Sí. Asisten conmigo. 2. . . . con nosotros. 3. . . . conmigo. 4. . . . con Uds. 5. . . . contigo (con Ud.). **Exercise VI.** 1. Compran el regalo para mí y para él. 2. El niño juega conmigo y con mi amigo. 3. Ella corre a él, no a Ud. 4. El hombre trabaja sin nosotros y sin ella. 5. Ella vive cerca de ti y al lado de ellos. **Exercise VII.** Ad lib.

Work Unit 23:
Answers to Reading Exercises: Así es el mundo
   Exercise I. (A) 1. Ellos tienen dinero para cincuenta invitados, la lista de invitados y las tarjetas de invitación. 2. Debe escribir el nombre del salón de banquetes. 3. Deben ir a comprar los sobres y los sellos. 4. Le pide encontrar una floristería, una tienda de arriendos de frac, una banda de música y un hotel. 5. Los dos son muy complicados, muy caros y hacen llorar. **Ex. I (B)** 1. Las complicaciones de un matrimonio son muy grandes. 2. La fiesta, el fotógrafo y la floristería cuestan una fortuna. 3. El internet ayuda, pero uno debe trabajar duro para casarse.

4. Hay muchas cosas que uno debe buscar, encontrar y comprar. 5. Nunca es fácil escribir la lista de invitados. **Exercise II.** The name of the catering hall is in Pablo's pants. 2. Of course, wars and weddings cost too much. 3. The stamps and the envelopes must be bought before buying the flowers. 4. This is too much! Why don't we live together without getting married? 5. The mother of the bride wants to live with you. How do you think she is? **III.** Ad lib.

Answers to Grammar Exercises: Direct Object Pronouns

Exercise I. 1. Sí que los tienes. 2. . . . lo toman. 3. . . .la tiene. 4. . . . las sabe. 5. . . .lo tienen. **Exercise II.** 1. Me necesitan a mí en el jardín. 2. La ven a Ud. . . . 3. Lo observan a él. 4. Te invitan a ti. 5. Los hallan a Uds. 6. Nos describen a nosotros. 7. Las buscan a ellas. **Exercise III. (A)** 1. Sí que la invitan a ella. 2. . . . lo prefieren a él. 3. . . . las quieren a ellas. 4. . . . los ven a ellos. 5. . . . los escuchan a ellos. **Ex. III. (B)** 1. Sí, los ven a Uds. 2. . . . lo necesitan a Ud. (te necesitan a ti). 3. . . . me comprenden a mí. 4. . . . nos visitan a nosotros 5. . . . me observan a mí. **Exercise IV. (A)** 1. No deseo leerlo. 2. ¿No quiere visitarlos? 3. No vamos a comerte. 4. ¿No pueden vernos? 5. No deben mirarme. 6. No voy a construirla. **Ex. IV. (B)** 1. No te esperamos ver. 2. ¿No las sabes hacer? 3. No la prefiere contestar. 4. ¿No me pueden comprender? **Exercise V.** 1. Sí, los llevo. 2. Sí, las llevo. 3. Sí, te llevo. 4. Sí, las llevo. 5. Sí, la llevo. **Exercise VI.** 1. ¡No lo enseñes tú! 2. ¡No me llames tú! 3. ¡No la visiten Uds.! 4. ¡No nos miren Uds.! 5. ¡No los invitemos! **Exercise VII.** 1. ¡Visítalo tú! 2. ¡Mírennos Uds.! 3. ¡Contestémosla! 4. ¡Úselos Ud.! 5. ¡Imítenme Uds.! **Exercise VIII.** 1. Sí, yo la veo. 2. No, ella no me mira. 3. Sí, lo saluda ella a él. 4. Él la lleva mucho al cine. 5. Sus padres no lo saben. 6. No quiero saludarla. 7. ¡Salúdala tú! 8. No. ¡No la saludes tú! Yo voy a saludarla mañana. 9. ¡Entonces, saludémosla juntos! **Exercise IX.** Ad lib.

Work Unit 24:
Answers and Reading Exercises: ¡Entréguenme sus votos!

Exercise I. 1. astuto…votos 2. vota…promete…piscina 3. aumentar…mínimo…seis 4. cien dólares…gratis 5. muestra…dos elefantes **Exercise II.** Comprar una casa con cien dólares es imposible. 2. Los políticos prometen mucho durante las elecciones. 3. Él ve tres elefantes en el jardín y pregunta, "¿Por qué no cuatro?" 4. Los discursos aumentan cuando la elección está cerca. 5. El presidente debe ser un hombre inteligente y astuto. **Exercise III.** 1. f 2. i 3. m 4. a 5. h 6. b 7. c 8. o 9. l 10. d 11. n 12. k 13. e 14. j 15.g **Exercise IV.**

#								
1	P	O	L	I	T	I	C	O
2	R	E	C	O	R	D	A	R
3	E	L	E	C	C	I	O	N
4	S	U	E	L	D	O		
5	I	M	P	O	S	I	B	L	E
6	D	I	S	C	U	R	S	O
7	E	N	C	O	N	T	R	A	R
8	N	E	C	E	S	A	R	I	O
9	C	A	N	D	I	D	A	T	O
10	I	N	V	I	T	A	D	O	S
11	A	R	R	E	G	L	A	R

Exercise V. Ad lib.

Answers to Grammar Exercises: Indirect Object Pronouns

Exercise I. 1. Los vendedores me venden. 2. . . .le 3. . . .le 4. . . .te 5. . . .le 6. nos. . . 7. les . . . 8. les. . . 9. . . . les 10. . . .les **Exercise II.** 1. Él les da el mensaje a Pedro y a Anita. 2. Ella les dice . . . a los hijos. 3. . . . les escriben . . . a Ana y a María. 4. . . . nos traen . . . a nosotros. 5. . . . les explica . . . a Elisa y a ti. **Exercise III. (A)** 1. No les deseo leer. 2. No nos quieren hablar. 3. No te puede mostrar. 4. ¿No me van a llamar? 5. ¿No le debemos decir? **Ex. III. (B)** 1. No quiero hablarles. 2. No deseo llamarle. 3. No espera escribirme. 4. No pueden explicarte. 5. No van a enviarnos. **Exercise IV.** 1. ¡Hábleme Ud.! 2. ¡Escríbanos Ud.! 3. ¡Respóndannos Uds.! 4. ¡Léannos Uds.! 5. ¡Vendámosle! **Exercise V.** 1. ¡No nos muestre Ud.! 2. ¡No nos lea Ud.! 3. ¡No me enseñen Uds.! 4. ¡No les escriban Uds.! 5. ¡No le respondamos! **Exercise VI.** 1.a. Estoy llamándolos. b. Los estoy llamando. 2.a. Estamos enviándolas. b. Las estamos enviando. 3.a. Está pagándola. 3.b. La está pagando. 4.a. Su esposa está dándole. 4.b. Le está dando. 5.a. Mi hermana está mandándola. 5.b. La está mandando. **Exercise VII.** 1. Explícame. ¿Qué es? 2. ¡Gracias! Esa inversión te da mucho dinero, ¿eh? 3. ¿Y tú me das regalos a mí? ¡Qué bueno eres! 4. Sí, esto va a darnos mucha alegría. 5. Seguro que sí. Pienso que debemos darles algo. **Exercise VIII.** Ad lib.

Work Unit 25:
Answers and Reading Exercises: ¿Qué nos gusta?

Exercise I. 1. Quiere invitarla a un restaurante lujoso. 2. Están impresionados porque hay cuadros en las paredes y las alfombras son gruesas. 3. Beatriz quiere comer salmón ahumado y Julio le propone una sopa de zanahoria o una gran ensalada. 4. Julio quiere confesar que no tiene suficiente dinero. 5. Julio está contento porque no hay más salmón. **Exercise II.**

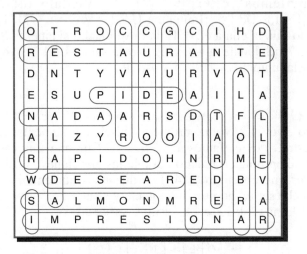

Exercise III. Ad lib.

Answers to Grammar Exercises: *Gustar* **to be pleasing, to like**

Exercise I. 1. No le gusta el salmón. 2. . . . no le gustan. . . 3. no le gustan . . . 4. no le gusta . . . 5. no le gustan . . . **Exercise II.** 1. A nosotros no nos gustan los precios. 2. A Ud. no le gustan . . . 3. A Uds. no les gustan . . . 4. A mis hermanas no les gustan . . . 5. A su amigo no le gustan . . . 6. A Luisa y a Juan no les gustan . . . 7. A ti no te gustan . . . 8. A mí no me gustan . . . 9. A Pedro no le gustan . . . 10. A Lola no le gustan . . . **Exercise III.** 1. A nosotras sí nos gusta tomar café. 2. A Juan sí le gusta el tenis. 3. A las maestras sí les gustan las clases. 4. A mi amiga sí le gusta ir. 5. A mí sí me gustan . . . 6. A ti sí te gustan . . . 7. A Ud. sí le gustan . . . 8. A los chicos sí les gusta . . . 9. A nosotros sí nos gustan . . . 10. A Uds. sí les gusta. **Exercise IV.** 1. —Me gusta mucho. 2. —Nos gusta . . . 3. —Me gustan. . . 4. —Nos gustan . . . 5. —Me gusta . . . **Exercise V.** 1. —A nosotros no nos gusta. 2. —A él no le gusta. 3. —A ella no le gustan. 4. —A ellos no les gustan. 5. A ellas no les gusta. **Exercise VI.** 1. te gusta 2. me gusta 3. A . . . les gusta 4. . . . él . . . le gusta . . . ella . . . le 5. . . . mí me gusta. **Exercise VII.** Ad lib.

Work Unit 26:
Answers and Reading Exercises: Tito fue, vio y decidió
Exercise I. 1. Primero, Tito se perdió, y segundo, la comida fue mala. 2. Él peguntó cómo lle-gar a su hotel y nadie quiso ayudarle. 3. Él quiso conversar con la gente joven. 4. Porque hay oportunidades, hay trabajo y todo se mueve. 5. El millonario se hizo rico de nuevo. **Exercise II.** 1. C 2. E 3. A 4. B 5. D **Exercise III.** Ad lib. **Exercise IV.** 1. c, g 2. d, f 3. b, e 4. a.

Answers to Grammar Exercises: The Preterite Indicative: Regular Verbs
Exercise I. 1. Juan entró a las tres y salió a las cuatro. 2. Tú entraste . . . saliste . . . 3. Tú y yo entramos . . . salimos . . . 4. Ud. entró . . . salió . . . 5. Uds. entraron . . . salieron . . . 6. Mis amigos entraron . . . salieron . . . 7. Yo entré . . . salí . . . **Exercise II.** 1. Ud. recibió la carta anoche. 2. Yo arreglé . . . 3. Yo imprimí . . .4. Nosotros encontramos . . . 5. María buscó . . . 6. Uds. terminaron . . . 8. Pedro y Juan escribieron . . . 8. Tú respondiste . . . 9. Él y yo perdimos . . . 10. Tú describiste . . . **Exercise III.** 1. a. —Sí, usé el paraguas. b. —Mi marido usó el paraguas también. 2. a. . . . aprendí . . . b. —Mi hermano aprendió . . . 3. a. . . . invité . . . b. Los padres invitaron . . . 4. a. . . . recibí . . . b. —Ud. recibió (tú recibiste) . . . 5. a. . . . comieron . . . b. —Mi prima comió . . . 6. a. . . . bebimos . . . b. —Las chicas bebieron . . . 7. a. . . . visitó . . . b. —Tú y yo visitamos . . . 8. a. . . .comió . . . b. —Ellas comieron . . . 9. a. . . . viajaron . . . b. —Yo viajé . . . 10. a. . . . Ud. recibió (tú recibiste) . . . b. —Nosotros recibimos . . . **Exercise IV.** 1. Juan entró en la cocina. 2. Tomó . . . 3. Comió . . . bebió 4. . . . llegaron . . . 5. Bebieron . . . 6. . . . salieron . . . bailaron . . . 7. Escucharon . . . cantaron . . . 8. volvimos . . . **Exercise V.** Ad lib.

Work Unit 27:
Answers and Reading Exercises: Sí, pero...
Exercise I. (A) 1. F 2. F 3. C 4. C 5. C **Ex. I. (B)** 1. Nosotros supimos que Rodrigo tiene una bodega buena. 2. Nosotros volvimos a nuestra aldea cuando tuve una niña. 3. Al menos eso no me inquieta ahora. 4. La paz viene a muchos cuando envejecen. 5. Ella engordó y él perdió sus dientes. **Exercise II.** 1. fue 2. preguntó 3. miraste 4. volvió 5. hablaron **Exercise III.** 1. d 2. f 3. a 4. b 5. h 6. c 7. e 8. g **Exercise IV.** Ad lib.

Answers to Grammar Exercises: The Preterite Indicative: Irregular Verbs
Exercise I. (A) 1. Yo tuve la carta ayer y la puse en la mesa. 2. Pedro tuvo . . . puso . . . 3. Pedro y yo tuvimos . . . pusimos . . . 4. Ud. tuvo . . . puso . . . 5. Los chicos tuvieron . . . pusieron . . . **Ex. I. (B)** 1. Uds. hicieron la compra y la trajeron a la casa. 2. Ud. hizo . . . trajo . . . 3. Yo hice . . . traje . . . 4. La alumna hizo . . . trajo . . . 5. Nosotros hicimos . . . trajimos . . . **Ex. I. (C)** 1. Mi madre dijo que sí y dio las gracias. 2. Ud. dijo . . . dio . . . 3. Yo dije . . . di . . . 4. Nosotros dijimos . . . dimos . . . 5. Los abuelos dijeron . . . dieron . . . **Ex. I. (D)** 1. La niña fue buena sólo cuando estuvo con los padres. 2. Yo fui bueno . . . estuve . . . 3. Tú fuiste bueno . . . estuviste . . . 4. Ellas fueron buenas . . . estuvieron . . . 5. Ellas y yo fuimos buenos . . . estuvimos . . . **Ex. I. (E)** 1. Yo fui al teatro donde vi una buena comedia. 2. Diego fue . . . vio . . . 3. Diego y yo fuimos . . . vimos . . . 4. Mi amiga fue . . . vio . . . 5. Tú fuiste . . . viste . . . **Ex. I. (F)** 1. Los primos leyeron la noticia y la creyeron. 2. Nosotras leímos . . . creímos. 3. Yo leí . . . creí. 4. Tú leíste . . . creíste. 5. Ud. leyó . . . creyó. **Ex. I. (G)** 1. María oyó gritos cuando estuvo . . . 2. Ellos oyeron . . . estuvieron . . . 3. María y yo oímos . . . estuvimos . . . 4. Tú oíste . . . estuviste . . . 5. Yo oí . . . estuve . . . **Ex. I. (H)** 1. Juan anduvo mucho y supo que pudo hacerlo porque quiso hacerlo. 2. Juan y yo anduvimos . . . supimos . . . pudimos . . . quisimos. 3. Juan y Ana anduvieron . . . supieron . . . pudieron . . . quisieron. 4. Yo anduve . . . supe . . . pude . . . quise. 5. Tú anduviste . . . supiste . . . pudiste . . . quisiste. **Exercise II.** 1. Las piedras cayeron. 2. Las niñas vinieron. 3. Nosotros tuvimos razón. 4. Nosotros hicimos los viajes. 5. Ellos hicieron los viajes.

6. Ellas trajeron las revistas. 7. Uds. fueron a los cines. 8. Nosotros fuimos jóvenes. 9. Uds. dijeron las verdades. 10. Uds. dieron ayuda. 11. Ellos oyeron los discos. 12. Uds. creyeron los artículos. 13. Ellas leyeron los cuentos. 14. Ellas fueron bonitas. 15. Tú también fuiste al mercado. **Exercise III.** 1. Mis amigos estuvieron . . . 2. Fui a la tienda. 3. Traje treinta dólares. 4. Yo hice las compras. 5. Nosotros pusimos las compras en la cocina. **Exercise IV.** 1. Vine a la casa de Anita. 2. Fue . . . 3. trajeron . . . 4. Ellos le dijeron . . . 5. Luego oyeron . . . 6. Pudieron . . . 7. Quise . . . 8. . . . tuve que . . . 9. Anduve . . . 10. Supe que Anita tuvo . . . **Exercise V.** Ad lib.

Work Unit 28:
Answers and Reading Exercises: Juan nunca fue persona fácil

Exercise I. 1. Juan pidió ver el paraíso. 2. No le gustaron, porque la camisa fue muy corta, las alas no fueron cómodas y no hubo calzoncillos. 3. No le gustaron, porque los cuartos fueron pequeños y las ventanas no cerraron bien. 4. No le gustaron, porque las frutas no estuvieron maduras. 5. Le gustaron, porque fueron hechos con buena tela. **Exercise II.** 1. ¿Está la perfección en el infierno? 2. La fruta está dura como el mármol. 3. Las alas de los ángeles son siempre blancas. 4. Cuando él murió, muchas mujeres lloraron. **Exercise III.** Ad lib. **Exercise IV.** 1. ala...acero 2. Ándate...ni...ni 3. de acuerdo...calidad 4. investigo...investigó . . . nada 5. corto...escribe **Exercise V.** Ad lib.

Answers to Grammar Exercises: *Nunca, nada, nadie* in Emphatic and Unemphatic Negation

Exercise I. (A) 1. Nadie está de acuerdo con las reglas. 2. Nadie está cómodo aquí. 3. Nadie puede salir de aquí. **Ex. I. (B)** 1. Nunca gozo... 2. Nunca como ... 3. Nunca descanso... **Ex. I. (C)** 1. Las almas nada trabajan. 2. Las almas nada bailan como el hip hop. 3. Nada comunican las almas aquí a los vivos. **Exercise II.** 1a. No se permite ni mejorar ni criticar algo. b. Tampoco se permite investigar algo. 2a. No se puede ni fumar ni tomar una cerveza. b. Tampoco se puede tener un perro. 3a. No es cortés ni abrazar ni besar a un ángel. b. Tampoco es cortés enamorarse. 4a. No es posible asistir ni al cine ni al teatro. b. Tampoco es posible volar de vacaciones. **Exercise III.** 1. María y yo no leímos nada. 2. No mira nadie la televisión cuando lee. 3. Ella no quiere tomar ni la sopa ni la ensalada. 4. No desea comer unas frutas tampoco. 5. No quieren comida ninguna. **Exercise IV. (A)** 1. a. ¿Siempre? Yo nunca canto en casa. b. Yo no canto nunca. 2. a. Ud. nunca toma el desayuno temprano. b. Ud. no toma nunca el desayuno temprano. 3. a. Laura y Antonio nunca pasan el verano en la escuela. b. Laura y Antonio no pasan nunca el verano en la escuela. **Ex. IV. (B)** 1. a. ¿María? Nadie vino a mi casa con esquíes. b. No vino nadie. 2. a. ¿La familia? Nadie fue a esquiar en el invierno. b. No fue nadie a esquiar. 3. a. ¿Ellos? Nadie tiene esquíes. b. No tiene nadie esquíes. **Ex. IV. (C)** 1. a. ¿Algo? Él nada sabe de México. b. Él no sabe nada. 2. a. ¿Algo? Él nada contestó a la profesora. b. Él no contestó nada. 3. a. ¿Algo? Los niños nada oyen. b. No oyen nada. 4. a. ¿Algo? Los turistas nada necesitan. b. No necesitan nada. **Ex. IV. (D)** 1. a. Ningún regalo compraron. b. No compraron ningún regalo. 2. a. Ningunas flores llevaron. b. No llevaron ningunas flores. 3. a. Ni el padre ni la madre fue con ellos. b. No fue con ellos ni el padre ni la madre. 4. a. Tampoco fue la hermana con ellos. b. La hermana no fue tampoco. **Exercise V.** 1. Nadie prepara un desayuno como nuestra madre, ¿verdad? 2. Nuestro padre y yo nunca preparamos el desayuno. 3. Pero mi hermana nada toma para el desayuno ni tú tampoco, ¿verdad? 4. Tú no comes ni tomas jugo de naranja, ¿verdad? 5. Tú no tomas nada (tú nada tomas). ¡Solamente café! Ningún desayuno es malo para la salud, ¿verdad? **Exercise VI.** Ad lib.

Work Unit 29:
Answers and Reading Exercises: Dos grandes descubrimientos

Exercise I. 1. Carrillo es un arqueólogo y trabajó en las ruinas de Caracas. 2. Encontró dos artefactos religiosos muy importantes. 3. Porque purificaba el mal olor. 3. Era la marca de Dios para registrar relámpagos. 5. Se sentaban cada día a adorar a Dios. **Exercise II.**

Exercise III. Ad lib.

Answers to Grammar Exercises: Imperfect Tense

Exercise I. 1. Eran las ocho de la noche. 2. Estábamos delante del museo. 3. Esperábamos a la policía. 4. Yo veía que la gente iba en todas direcciones. 5. Los policías decían que faltaban algunos artefactos. 6. Queríamos mirar unas urnas griegas de época antigua. 7. Pensaban atraparlo por las marcas que quedaban. 8. Verdad, no sabíamos nada más del crimen ni conocíamos a los criminales. **Exercise II.** 1. Ya la sabía antes. 2. Ya lo entendía antes. 3. Ya los tenía antes. 4. Ya los conocíamos antes. 5. Él ya estaba allí antes de las cuatro. **Exercise III.** 1. Íbamos a veces. 2. La veíamos repetidas veces. 3. A menudo comprábamos entradas caras. 4. Otros estrenos eran buenos de vez en cuando. 5. Algunas veces nos gustaban las rositas de maíz que comíamos. **Exercise IV.** Ad lib.

Work Unit 30:
Answers and Reading Exercises: Lunas de miel inolvidables

Exercise I. 1. Oropel desea regalar un viaje al centro de la tierra. 2. Platiño quiere regalar una luna de miel en la estación espacial. 3. Gabriel y Raquel sonreirán a seis mil millones de seres humanos. 4. Serán la pareja más famosa del siglo porque viajarán al centro del planeta. 5. Raquel y Gabriel quieren una luna de miel en New Jersey. **Exercise II.** 1. Contrataré trabajadores y ellos fabricarán una computadora. 2. Nosotros lograremos un futuro mejor. 3. Un día, los seres humanos vivirán en la luna. 4. Eso costará una fortuna, pero yo seré feliz. 5. Yo quiero navegar el internet, no el agua. **Exercise III.** 1. Yo sonreiré, pero, ¿sonreiría ella si todos sonríen? 2. Usted puede ir porque ellos no pueden y no podrán en el futuro. 3. Él sería alguien importante, y nosotros seremos felices. 4. ¿Cuánto costaría la boda? Costará mucho. 5. Tú pagarás porque ni él ni ella pueden pagar. **Exercise IV.** Ad lib.

Answers to Grammar Exercises: The Future and the Conditional Tenses

Part One: Exercise I. 1. Todos los billonarios volarán al espacio. 2. La gente usará carros eléctricos. 3. Nosotros comeremos sólo píldoras. 4. Yo iré a la luna. 5. Nadie será ignorante. **Exercise II.** 1. Nosotros tendremos que tomar el tren a las seis. 2. Tú te pondrás el abrigo y saldrás a las cinco. 3. Los otros saldrán temprano también. 4. Yo vendré a la estación antes que nadie. 5. Así valdrá la pena ir al campo por un fin de semana. **Exercise III.** Te diré más mañana. 2. Habrá mucho trabajo mañana. 3. Podrás (podrá) hacerlo pasado mañana. 4. Sabré explicarlo pronto. 5. Algunos sí querrán ayudarnos. 6. Posiblemente cabremos todos en un solo carro.

7. Harán el viaje en dos carros. **Exercise IV (A)** 1. Yo los envidiaré bastante. 2. Naturalmente, nosotras tendremos celos. 3. Así las celebridades lograrán más fama. 4. La torta y la cena costarán tres fortunas. 5. Mil seiscientos invitados cabrán en los salones. 6. Sí, vendrá gente famosa, especialmente científicos espaciales. 7. La compañía cinematográfica pagará la luna de miel. 8. La pareja saldrá en dos días. 9. Los padres pondrán las cosas en diez edificios. 10. Nosotros nunca querremos una boda igual a ésa. **Ex. IV (B)** 1. Según los científicos, hará buen tiempo allá. 2. Claro, nuestras celebridades no sabrán de peligros. 3. Ninguno dirá que no son valientes. 4. Nadie los podrá criticar. 5. Habrán gastado un billón de dólares. **Part Two: Exercise I.** 1. Sí, saldría, de tener tiempo. 2. Tú no vendrías a mi casa, pero yo sí vendría a tu casa. 3. Habría poca gente allí. 4. Tendríamos que comprar un regalo. 5. Algunos darían los regalos a la pareja y otros los mandarían a la casa. **Exercise II.** 1. Los parientes dirían, ¡Qué boda tan pobre! 2. ¡Qué estupidez! No valdría la pena. 3. Yo no querría ser astronauta en mi luna de miel. 4. Sin tener yo empleo, nunca podríamos tú y yo casarnos. 5. Yo sabría vivir con mucho menos de un billón de dólares. **Exercise III.** Ad lib.

Work Unit 31:
Answers and Reading Exercises: ¡Número equivocado!

Exercise I. 1. Quieren tomar el taxi juntos porque así pueden ahorrar dinero. 2. David perdió el papelito con el número de teléfono y la dirección de María. 3. David llamó a las tres primeras Marías que vio en la guía. 4. María tenía que esperar el taxi en la calle delante de su casa. 5. Ad lib. **Exercise II.** Ad lib. **Exercise III.** 1. La pérdida del boleto me dejó triste. 2. Ella bostezó y fue a la cama sin lavarse. 3. Tú te afeitas sin apuro. 4. Él se despertó y se peinó. 5. Nos reunimos en la plaza y fuimos al banco. **Exercise IV.** Ad lib.

Answers to Grammar Exercises: The Reflexive Verbs

Exercise I. 1. Yo me despierto temprano y me levanto. 2. Tú te afeitas y te peinas. 3. La familia de arriba se lava y se baña con apuro. 4. Nos quitamos el pijama y nos ponemos la ropa para el día. 5. Las familias ya se sientan a la mesa y se desayunan. 6. Uds. se van y se apuran al trabajo. 7. De noche nos sentimos bien y nos divertimos. 8. Luego todos se acuestan y se duermen entre las diez y las once. **Exercise II.** 1. ¡Acuérdense de cerrar la ventana! 2. ¡Apúrese Ud. ahora al taxi que espera! 3. ¡Póngase la chaqueta nueva para el vuelo! 4. ¡Quitémonos los zapatos en el avion! 5. ¡Siéntense en la fila adelante! **Exercise III.** 1. Sí, los hermanitos están bañándose. 2. Sí, mi hermana está vistiéndose. 3. Sí, mi papá está afeitándose. 4. Sí yo estoy apurándome. 5. Sí, estamos preparándonos para salir ahora. **Exercise IV.** 1. Sí, quiero despertarme a tiempo. 2. Todos pueden levantarse temprano. 3. Debemos reunirnos con todos los parientes esta noche. 4. La familia desea desayunarse afuera esta mañana. 5. Voy a divertirme mandando mensajes por teléfono. **Exercise V.** Ad lib.

Work Unit 32:
Answers and Reading Exercises: Mi nieto, el médico

Exercise I. El nieto le pide consejo para su abuelita. 2. Le duele la garganta porque repite mucho a su nieto que él debe llegar a tiempo. 3. La abuela no duerme porque desde las nueve y hasta las tres el nieto toca música. 4. El médico dijo al nieto que él debe escribir la receta para su abuelita. 5. Al final el nieto llegó a ser un gran médico y la abuela se casó con el doctor. **Exercise II.** 1. Ella fue al doctor y le pidió una receta. 2. Él empezó a estudiar para llegar a ser gerente. 3. Tú sentiste dolor en tu garganta. 4. Ellos tocaron música en su dormitorio. 5. Felicitaciones. Mañana usted dormirá muy bien. **Exercise III.** 1. c, f 2. b 3. e 4. a, d **Exercise IV.** Ad lib.

Answers to Grammar Exercises: IR Stem-Changing Verbs. Class II and Class III
    Part One: Exercise I. 1. Las niñas duermen nueve horas. 2. Yo duermo ocho horas.
3. Nosotros dormimos siete horas. 4. Mi abuelo duerme diez horas. 5. Los padres duermen seis
horas. **Ex. II. (A)** 1. Me siento mal. Siento dolor de cabeza. 2. Nosotros todos nos sentimos
enfermos. Sentimos dolor de estómago. 3. El otro equipo se siente así-así. Siente dolor de pie.
4. Todos los futbolistas no se sienten muy bien. Sienten dolor de pecho. **Ex II. (B)** 1. Los afi-
cionados se divierten y se mueren de risa de los chistes. 2. El capitán del equipo se divierte y se
muere de risa. 3. Yo me divierto y me muero de risa. 4. Nosotros todos nos divertimos y nos
morimos de risa. **Exercise III. (A)** 1. Prefiero . . . No miento. 2. Nosotros todos preferimos . . .
No mentimos. 3. Mis amigos prefieren . . . No mienten. 4. Elena prefiere . . . No miente.
Ex. III. (B) 1. Nos vestimos con elegancia y nos sonreímos al espejo. 2. Los jóvenes se
visten . . . y se sonríen . . . 3. Mi amiga se viste . . . y se sonríe . . . 4. Usted se viste . . . y se son-
ríe. **Ex. III. (C)** 1. Algunos invitados piden un helado de . . . y lo sirven a otros. 2. El hermanito
pide un helado de . . . y lo sirve a otros. 3. Yo también pido un helado de . . . y lo sirvo a otros.
4. Nosotros pedimos un helado de . . . y lo servimos a otros. **Ex. III. (D)** 1. Los amigos repiten
los chistes y ríen otra vez. 2. Nosotros repetimos . . . y reímos . . . 3. También el amigo triste
repite . . . y ríe . . . 4. Yo repito el chiste y río . . . **Exercise IV.** 1. siente. 2. siento . . . sirvo.
4. pido. 5. divierte. 6. Se divierten. 7. sonreímos. 8. río. 9. siento. 10. prefieren. 11. despiden.
12. servimos.
    Part Two: Exercise I. (A) 1. ¡Imposible! Usted no durmió veintitrés horas anoche. 2. . . . Ud.
no sintió frío bajo el sol tropical. 3. . . . Ud. no pidió un millón al banco. 4. . . . Ud. no rió al oír
chistes malos. 5. . . . Ud. no repitió de memoria todo el libro. **Ex. I. (B)** 1. ¡Imposible! Uds. no
vistieron en oro a la niña. 2. . . . Uds. no mintieron mil veces ayer. 3. . . . Uds. no prefirieron
perder la lotería. 4. . . . Uds. no sirvieron vino en la fiesta. 5. . . . Uds. no murieron de hambre
ayer. **Exercise II. (A)** 1. Pero yo dormí mucho ayer. 2. . . . yo sentí dolor ayer. 3. . . . pedí dinero
ayer. 4. . . . reí mucho ayer. 5. . . . repetí todo ayer. **Ex. II. (B)** 1. El marido ayer también prefirió
descansar. 2. Las enfermeras . . . sirvieron helado. 3. El marido sonrió . . . 4. El marido casi
murió de dolor . . . 5. Las enfermeras lo sintieron . . . **Exercise III.** 1. sirvieron. 2. servimos.
3. sentí. 4. murió. 5. ¿Pidió? 6. pedí. 7. sirvió. 8. prefirió. 9. murió. **Exercise IV.** Ad lib.

Work Unit 33:
Answers and Reading Exercises: Distintos estilos
    Exercise I. 1. Amalia es la hija del vecino y pidió a su amigo Enrique que se case con ella.
2. Enrique va a cuidar niños porque no tiene un buen trabajo y Amalia va a trabajar. 3. La abuela
quiso decir que vivió junto con el abuelo sin casarse. 4. Porque tuvo a su hija y se casó. 5.
Porque la abuela y Amalia vivieron vidas muy similares. **Exercise II.** Yo he vivido muchos años
y tengo mucha experiencia. 2. ¿Es razonable querer casarse con una mujer tan joven? 3. Antes,
todo era más fácil y sencillo. 4. Qué simpático es ver jugar a las niñas. 5. Tú te quedas y yo voy
al banco. **Exercise III.** Ad lib.

Answers to Grammar Exercises: Present Perfect Tense
    Exercise I. 1. Yo las he cerrado. 2. Nosotros la hemos atendido. 3. Nosotros lo hemos lleva-
do. 4. Tú se la has dejado. 5. Él las ha traído. **Exercise II.** 1. Las he abierto y las he leído. 2. La
hemos oído. 3. Les he dicho mucho en inglés. 4. La familia las ha visto. 5. Ellos las han hecho.
6. Todos se la han puesto. 7. Mis hijos les han escrito. 8. Ella ya ha vuelto a casa antes que los
demás. **Exercise III.** 1. No ha sido un libro razonable para mí. 2. He pedido un buen libro sobre
nutrición. 3. No me ha gustado. 4. Ud. no me ha entendido (comprendido). 5. He vivido flaca.
Necesito un libro para ganar peso. **Exercise IV.** Ad lib.

ANSWER KEY

Work Unit 34:
Answers and Reading Exercises: Puesto Vacante
    Exercise I. 1. Inocencia necesita el puesto de secretaria. 2. La compañía necesita una secretaria bilingüe para trabajar durante el verano. 3. Pepe es el gerente de Vizcaíno y Cía., S.A. 4. Pepe debe tomar todas las decisiones porque el presidente es muy viejo. 5. La secretaria debe saber operar computadoras y máquinas de oficina, y debiera conocer mecanografía y taquigrafía. 6. Inocencia y el señor Vizcaíno se conocen porque Inocencia es su hija. 7. El dueño es muy despierto y muy capaz. **Exercise II.** 1. Adelante, siéntate y escribe este fax. 2. ¿Es usted una persona bilingüe? 3. El siguiente puesto está abierto. 4. Es útil hacer una lista en orden alfabético. 5. El internet tiene miles de anuncios clasificados cada día. **Exercise III.** Ad lib.

Answers to Grammar Exercises: Familiar Commands
    Exercise I. (A) 1. ¡Habla su idioma! 2. ¡Aprende sus costumbres! 3. ¡Vive como ellos! 4. ¡Toma solamente agua mineral! 5. ¡Usa el transporte público! **Ex. I. (B)** 1. ¡Ten paciencia! 2. ¡Ponte zapatos cómodos! 3. ¡Vé por todas partes! 4. ¡Diles buenas cosas! 5. ¡Sal para el aeropuerto! 6. ¡Sé un buen embajador! 7. ¡Ven a casa pronto! 8. ¡Haz bien a todos! **Exercise II.** 1. ¡No te hagas dificultades! 2. ¡No salgas a solas de noche! 3. ¡No tengas miedo! 4. ¡No te pongas tu mejor ropa! 5. ¡No vengas ni vayas sin el mapa del área! 6. ¡No les des una mala impresión! 7. ¡No les digas "hola" a todos! 8. ¡No seas desagradable con todos! 9. ¡No estés siempre de mal humor! 10. ¡No obtengas el pasaporte más tarde! **Exercise III.** 1. ¡Búscalo entre los anuncios clasificados! 2. ¡Dile al gerente! 3. ¡Decide cuánto necesitas! 4. ¡No digas eso al gerente! 5. ¡Ponte tu mejor ropa y contesta todo! **Exercise IV.** 1. Siéntate 2. Escribe 3. Manda 4. Di 5. Está 6. Sé **Exercise V.** Ad lib.

Part Two: Idioms and Dialogues

    Unit 1. Exercise I. 1. a 2. c 3. b 4. a 5. c 6. a 7. c 8. a 9. b 10. a **Exercise II.** 1. a, b 2. a, d 3. c, d 4. b, d 5. b, c 6. a, b 7. a, c 8. c, d **Exercise III.** 1. a 2. c 3. c 4. a 5. a 6. b 7. a 8. a 9. c 10. c. **Exercise IV. (A)** 1. c 2. b. 3. a **Ex. IV. (B)** 1. c 2. b 3. a **Ex. IV. (C)** 1. b 2. d 3. a 4. c **Exercise V.** 1. ¿Cómo se llaman ellos? 2. ¿Qué tal? 3. ¿Cómo está Ud.? 4. ¿Cómo te llamas? 5. ¿Cómo está tu familia? **Exercise VI.** 1. Buenas. 2. señor 3. favor 4. da 5. Cómo 6. está 7. enfermo 8. gracias 9. qué 10. Qué 11. Sin 12. está 13. estoy 14. Con 15. noches 16. Adiós **Exercise VII. (A)** 1. Nosotros le damos las gracias por el favor. 2. El maestro le da las gracias por la bienvenida. 3. Sus amigos le dan las gracias por su invitación. 4. Tú le das las gracias por los regalos. **Ex. VII. (B)** 1. Yo saludo al profesor. 2. Nosotros saludamos a la vecina 3. Tú saludas a mi padre. 4. Los oficiales saludan al astronauta. **Ex. VII. (C)** 1. Señora, ¡haga Ud. el favor de responder a la carta! 2. Caballeros, ¡hagan Uds. el favor de entrar! 3. Señor, ¡haga Ud. el favor de salir ahora! 4. Señoritas, ¡hagan Uds. el favor de poner la mesa! **Ex. VII. (D)** 1. Ana, ¡haz el favor de escuchar al maestro! 2. Chico, ¡haz el favor de leer el cuento! 3. Prima, ¡haz el favor de llegar a tiempo! 4. Hijo, ¡haz el favor de dar las gracias a mamá! **Exercise VIII. (A)** 1. ¡Hagan Uds. el favor de saludar! 2. ¡Hagan Uds. el favor de tomar asiento! 3. ¡Hagan Uds. el favor de salir más tarde! 4. ¡Hagan Uds. el favor de escribir su dirección! 5. ¡Hagan Uds. el favor de hablar menos aquí! **Ex. VIII. (B)** 1. ¡Haga Ud. el favor de dar las gracias! 2. ¡Haga Ud. el favor de tomar café! 3. ¡Haga Ud. el favor de poner el libro aquí! 4. ¡Haga Ud. el favor de recibir este dinero! 5. ¡Haga Ud. el favor de comer más!

    Unit 2. Exercise I. 1. Sí, está muy fresco en el otoño. Yes, it is very cool in autumn. 2. Sí, hace mucho frío y mucho viento en el invierno. Yes, it is very cold and very windy in winter. 3. Sí, hace mucho calor en el verano. Yes, it is very warm in summer. 4 Sí, hace mucho sol en Puerto Rico. Yes, it is very sunny in Puerto Rico. 5. Sí, llueve mucho en abril. Yes, it rains a lot in April. 6. Sí, está lloviendo mucho ahora. Yes, it is raining hard now. 7. Sí, nieva mucho en diciembre. Yes, it snows a lot in December. 8. Sí, está nevando hoy. Yes, it is snowing today. 9. Sí, hace muy buen tiempo en mayo. Yes, it is very good weather in May. 10. Sí, hace muy mal tiempo en noviembre. Yes, it is very bad weather in November. **Exercise II. (A)** Hace mucho frío en el invierno. 2. Hace mucho calor en el verano. 3. Está muy fresco en el otoño* 4. Llueve mucho en abril. 5. Hace muy buen tiempo en la primavera. 6. Hace muy mal tiempo en febrero. 7. Nieva mucho en enero. 8. Hace mucho viento en marzo. **Ex. II. (B)** 1. Hace poco sol. 2. Hace poco frío. 3. Está poco fresco. 4. Hace poco viento. 5. Llueve poco. 6. Nieva poco. 7. Hace poco calor. **Exercise III.** 1. No nieva mucho en la Florida. 2. No llueve mucho en el desierto. 3. No está lloviendo dentro de la casa. 4. Está fresco en la primavera. 5. No está nevando dentro de la casa. 6. No hace mucho calor en Alaska. 7. No hace mucho frío en África. 8. Hace mucho sol en Puerto Rico. 9. No hace buen tiempo en Londres. 10. No hace mal tiempo en California. **Exercise IV.** 1. Hace mucho calor en el verano. 2. Hace mucho frío en el invierno. 3. Llueve mucho en abril. 4. Nieva mucho en diciembre. 5. Hace mucho viento en marzo. 6. Hace mucho fresco entre el frío de invierno y el calor de verano. 7. Está nevando ahora. 8. Está lloviendo mucho en este momento. 9. Hace muy buen tiempo en mayo. 10. Hace muy mal tiempo en noviembre. **Exercise V.** 1. Nosotros tenemos sueño aquí. 2. Tú tienes frío sin abrigo. 3. Juan y Carlos tienen calor ahora. 4. Ud. tiene un dolor de cabeza hoy. 5. Anita tiene sed y bebe. 6. Yo tengo hambre y como. 7. Uds. tienen miedo del agua. 8. Luis tiene dolor de dientes hoy. 9. Ud. y yo tenemos dolor de estómago. 10. Luis y Ud. tienen interés en ella. **Exercise VI.** 1. Ella tiene hambre si no come. 2. Ella tiene sed si no bebe. 3. Ella tiene miedo si no estudia. 4. Ella tiene calor si no va al lago. 5. Ella tiene dolor de muelas si no va al dentista. 6. Ella tiene dolor de cabeza si no toma aspirinas. 7. Ella tiene frío si abre la puerta. 8. Ella tiene dolor de estómago si come mucho. 9. Ella tiene quince años si hoy es su cumpleaños. 10. Ella tiene sueño si no duerme. **Exercise VII.** 1. Sí, tengo mucho frío. 2. Sí, tenemos mucho calor. 3. Sí, ellos tienen mucho interés. 4. Sí, María tiene mucha hambre. 5. Si, Pepe tiene mucha sed. 6. Sí, Ud. tiene (tú tienes) mucho miedo. 7. Sí, tengo mucho sueño. 8. Sí, tengo mucho dolor de cabeza. 9. Sí, hace muy buen tiempo. 10. Sí, hace muy mal tiempo. **Exercise VIII.** 1. hace 2. tengo 3. hace 4. hace 5. tenemos 6. hace 7. hace 8. tiene 9. tienen 10. está 11. tienes 12. está 13. — 14. — 15. hace. **Exercise IX.** 1. d 2. c 3. a 4. b 5. b 6. b 7. d 8. a 9. a 10. b **Exercise X.** 1. Ud. tiene mucha hambre. 2. Tú tienes mucha sed. 3. Yo tengo mucho sueño. 4. Nosotros no tenemos mucho frío. 5. Y está nevando mucho. 6. Claro, hace mucho sol. 7. ¡No quiero porque no está lloviendo mucho! 8. ¿Tiene él dolor de estómago y de cabeza? 9. Yo tengo quince años y mis hermanos tienen quince meses. 10. Siempre hace muy mal tiempo en noviembre.

Unit 3. Exercise I. 1. At what time do you eat lunch? a. (1) ¿A qué hora vas a la cama? (2) At what time do you go to bed? b. (1) ¿A qué hora comemos? (2) At what time do we eat? c.(1) ¿A qué hora estudian? (2) At what time do they study? 2. We leave at six P.M. a. (1) Salimos a las once de la noche. (2) We leave at eleven P.M. b. (1) Salimos a las ocho de la mañana. (2) We leave at eight A.M. c. (1) Salimos a la una de la tarde. (2) We leave at one P.M. 3. They study in the evening (at night). a. (1) Estudian por la mañana. (2) They study in the morning. b. (1) Estudian por la tarde. (2) They study in the afternoon. c. (1) Estudian por la noche. (2) They study at night. 4. What is today's date? a. (1) ¿A cuántos estamos hoy? (2) What is today's date? b. (1) ¿Qué fiesta cae hoy? (2) What's today's holiday? c. (1) ¿Qué día es hoy? (2) What day is today? 5. Today is the first of May. a. (1) Hoy es el dos de junio. (2) Today is the second of June. b. (1) Hoy es el veinte y uno de noviembre. (2) Today is November 21st. c. (1) Hoy es el veinte de octubre. (2) Today is October 20th. 6. Today is the first of April. a. (1) Estamos a primero de abril. (2) Today is April 1st. b. (1) La fiesta cae el primero de abril. (2) The holiday falls on April 1st. c. (1) Mañana es el dos de abril. (2) Tomorrow is April 2nd. **Exercise II.** 1. Es la una. 2. Son las dos. 3. Son las tres. 4. Son las cinco y cuarto (quince) de la tarde. 5. Son las seis y media de

---

Está muy fresco is commonly used for "it is very cool" (weather).

la mañana. 6. Son las siete menos cuarto (quince) de la noche. **Exercise III.** 1. Como a las ocho de la mañana. 2. Salgo a almorzar a la una de la tarde. 3. Regreso a casa por la tarde. 4. Miro la T.V. a las nueve y media de la noche. 5. Son las once menos veinte en punto cuando voy a dormir. **Exercise IV.** 1. La fecha es el cuatro de julio. 2. Estamos a veinte y cinco de diciembre. 3. La fecha es el doce de octubre. 4. Estamos a primero de enero. 5. La fecha es el primero de abril. 6. Estamos a catorce de abril. **Exercise V.** 1. La Navidad cae el veinte y cinco de diciembre. 2. Es el dos de. . . 3. Son las dos. 4. El Día de la Raza es el doce de octubre. 5. El Día de la Independencia norteamericana cae el cuatro de julio. 6. El Día de Año Nuevo cae el primero de enero. 7. El Día de las Américas cae el catorce de abril. 8. El Día de la Independencia española cae el dos de mayo. **Exercise VI.** 1. ¿Cuál es la fecha de hoy? 2. ¿A cuántos estamos hoy? 3. ¿Qué hora es? 4. ¿A qué hora comen? 5. ¿Cuándo celebramos la Navidad? **Exercise VII.** 1. Qué 2. Cuál 3. Cómo 4. cuántos 5. qué **Exercise VIII.** 1. estamos 2. es 3. llama 4. es 5. es 6. es 7. Es 8. Son **Exercise IX.** 1. el 2. — 3. la 4. — 5. la; la 6. las; la 7. las 8. la; las **Exercise X.** 1. ¿Qué hora es? 2. Es la una de la tarde. 3. ¿Qué hora es ahora? 4. Son las dos. No es la una. 5. ¿Son las cuatro en punto? 6. Son las cinco menos veinte. 7. ¿Son las cinco y treinta ahora? 8. Sí, son las cinco y media **Exercise XI. (A)** 1 son, 2 las, 3 las **Ex. XI. (B)** 1. la, 2 la, 3 y, 4 Son, 5 las, 6 en **Ex. XI. (C)** 1 qué, 2 las, 3 de, 4 la, 5 la, 6 la, 7 la, 8 las, 9 la, 10 A, 11 qué, 12 las, 13 de, 14 la, 15 a, 16 de, 17 la, 18 a, 19 las, 20 de **Ex. XI. (D)** 1 por, 2 por, 3 por, 4 por, 5 la.

Unit 4. Exercise I. 1. l love my husband. a. (1) Tú quieres al médico. (2) You love the physician. b. (1) Nosotros queremos a los amigos. (2) We love the friends. c. (1) Juan quiere a la chica. (2) John loves the girl. d. (1) Ana y Pepe quieren a sus hermanos. (2) Ann and Joe love their brothers (and sisters). e. (1) Yo quiero al marido de Eva. (2) l love Eve's husband. 2. They know how to play the piano. a. (1) Yo sé cantar la canción. (2) I know how to sing the song. b. (1) María sabe bailar la bamba. (2) Mary knows how to dance la bamba. c. (1) Tú sabes hablar español. (2) You know how to speak Spanish. d. (1) Tú y yo sabemos jugar al tenis. (2) You and I know how to play tennis. e. (1) Ellos saben tocar el violín. (2) They know how to play the violin. 3. Louis and Peter are standing. a. (1) Yo estoy de pie. (2) I am standing. b. (1) Ud. y yo estamos levantados. (2) You and I are standing. c. (1) Ud. está sentado. (2) You are seated. d. (1) Tú estás de pie. (2) You are standing. e. (1) Los empleados están de pie. (2) The employees are standing. 4. I do well in (pass) the examination. a. (1) Tú sales mal en la clase. (2) You do poorly in (fail) the class. b. (1) Juan y yo salimos bien en el examen. (2) John and I do well on (pass) the examination (test). c. (1) Los alumnos salen mal en sus estudios. (2) The pupils do poorly (fail) in their studies. d. (1) Yo salgo bien en los exámenes. (2) I do well on (pass) the examinations. 5. What does the word mean? a. (1) ¿Qué quieren decir las frases? (2) What do the sentences mean? b. (1) ¿Qué quieres decir tú? (2) What do you mean? c. (1) ¿Qué quiere decir Juan? (2) What does John mean? 6. I believe so. a. (1) Él y yo creemos que no. (2) He and I believe not. b. (1) La madre cree que no. (2) The mother believes not. c. (1) Tú crees que sí. (2) You believe so. **Exercise II.** 1. de 2. de 3. sé 4. sé escribir 5. en 6. quiero a 7. decir 8. dice; se 9. hay que 10. verdad 11. Es; que sí 12. cree; no 13. creo que 14. por; presto **Exercise III.** 1. a 2. c 3. a 4. a 5. c **Exercise IV.** 1. b 2. d 3. a 4. a 5. c 6. a 7. b 8. d 9. b 10. a **Exercise V.** 1. d 2. a 3. e 4. c 5. b.

Unit 5. Exercise I. 1. I go horseback riding. a. (1) Tú das un paseo a pie. (2) You take a walk. b. (1) Uds. dan un paseo en automóvil. (2) You take a car ride. c. (1) Nosotros damos un paseo en bicicleta. (2) We take a bicycle ride. 2. We get off the train. a. (1) El piloto baja del avión. (2) The pilot gets off the plane. b. (1) Los amigos bajan del coche. (2) The friends get out of the car. c. (1) Yo bajo del autobús. (2) I get off the bus. 3. Everyone attends the theater. a. (1) Yo asisto a la escuela. (2) I attend the school. b. (1) Ellos asisten al cine. (2) They attend the movies. c. (1) Nosotros asistimos a las fiestas. (2) We attend the parties. 4. I set the table with the tablecloth. a. (1) Tú pones la mesa con vasos. (2) You set the table with glasses. b. (1) Ana y yo ponemos la mesa con cucharas. (2) Ann and I set the table with spoons. c. (1) Marta pone la mesa con cuchillos. (2) Martha sets the table with knives. d. (1) Yo pongo la mesa con servilletas. (2) I set the table with napkins. 5. You and I enter the movie house. a. (1) Ud. entra en la casa. (2) You enter the house. b. (1) Ud. y Juan entran en la clase. (2) You and John enter the class. c. (1) Yo entro en la escuela. (2) I enter the school. 6. I go for a walk everywhere. a. (1) Yo voy de paseo al parque. (2) I go for a walk to the park. b. (1) Tú vas de paseo a casa. (2) You go for a walk home. c. (1) Ellos van de paseo al cine. (2) They go for a walk to the movies. d. (1) Tú y yo vamos de paseo al centro. (2) You and I go for a walk downtown. **Exercise II.** 1. Asisto a la escuela los lunes. I attend school on Mondays. 2. Voy de paseo al parque. I go for a walk to the park. 3. Subo al tren para ir al parque. I get on the train to go to the park. 4. Bajo del tren y entro en el parque. I get off the train and enter the park. 5. Primero doy un paseo a pie y luego en bicicleta. First, I take a walk and then a bicycle ride. 6. Sé tocar un instrumento como el violín. I know how to play an instrument like the violin. 7. Todo el mundo está por todas partes del parque. Everyone is everywhere in the park. 8. Salgo del parque para ir a casa. I leave the park to go home. 9. Pongo la mesa antes de comer. I set the table before eating. 10. Toco la guitarra, el piano y el violín en casa. I play the guitar, the piano, and the violin at home. **Exercise III.** 1. Todo el mundo asiste al trabajo. 2. Sé tocar bien la guitarra. 3. Hay mucha gente por todas partes en la ciudad. 4. Antes de comer pongo la mesa con un mantel. 5. Doy un paseo en bicicleta a la playa el sábado. 6. Salgo de la escuela a las tres. 7. Subo al ascensor para llegar al piso del vecino. 8. Regreso a casa a pie. 9. Doy un paseo a caballo por el parque. 10. A las ocho de la mañana entro en la clase. **Exercise IV.** 1. b 2. a 3. a 4. a 5. b **Exercise V.** 1. a 2. c 3. b 4. b 5. a **Exercise VI.** 1. d 2. c 3. b 4. a 5. e **Exercise VII.** 1. a 2. en 3. en 4. del 5. de 6. a 7. al 8. a 9. en 10. en **Exercise VIII.** 1. al 2. asisto 3. vas 4. de, a, en, doy, a 5. dar, paseo

Unit 6. Exercise I. 1. (1) Asisto a fiestas a menudo. (2) I attend parties often. 2. (1) Fui a muchas fiestas el mes pasado. (2) I went to many parties last month. 3. (1) Llego muchas veces a tiempo. (2) I often arrive on time. 4. (1) Deseo ir de nuevo. (2) I want to go again. 5. (1) Quiero ir en seguida. (2) I want to go right away. 6. (1) Termino el trabajo para la clase más tarde. (2) I finish the work for the class later. 7. (1) Estudio pocas veces este año como el año pasado. (2) I rarely study this year like last year. 8. (1) Aprendo poco a poco. (2) l learn little by little. 9. (1) Trabajé mucho toda la semana pasada. (2) I worked hard all last week. 10. (1) Iré a México el año próximo como todos los años. (2) I will go to Mexico next year like every year. 11. (1) Celebro el cumpleaños la semana próxima. (2) I celebrate the birthday next week. 12. (1) Voy al campo otra vez el mes que viene. (2) I'm going to the country again next month. 13. (1) Doy una fiesta esta semana como todas las semanas. (2) I'm having (giving) a party this week like every week. 14. (1) Salgo esta noche como todas las noches. (2) l leave tonight like every night. 15. (1) Asisto al trabajo hoy como todos los días. (2) I attend work today like every day. **Exercise II.** 1. a 2. b 3. b 4. c 5. a **Exercise III.** 1. c 2. a 3. a 4. a 5. b **Exercise IV.** 1. b 2. a 3. c 4. b 5. b **Exercise V.** 1. a 2. veces 3. esta 4. En, esta 5. a 6. las, de, próxima.

Index

Numbers refer to pages.

MOVE TO THE HEAD OF YOUR CLASS
THE EASY WAY!

Barron's presents **THE E-Z SERIES** (formerly THE EASY WAY SERIES)—specially prepared by top educators, it maximizes effective learning while minimizing the time and effort it takes to raise your grades, brush up on the basics, and build your confidence. Comprehensive and full of clear review examples, **THE E-Z SERIES** is your best bet for better grades, quickly!

ISBN 978-0-7641-4256-7   **E-Z Accounting, 5th Ed.**
ISBN 978-0-7641-4257-4   **E-Z Algebra, 5th Ed.**
ISBN 978-0-7641-1973-6   **American History the Easy Way, 3rd Ed.**
ISBN 978-0-7641-3428-9   **American Sign Language the Easy Way, 2nd Ed.**
ISBN 978-0-7641-1979-8   **Anatomy and Physiology the Easy Way, 2nd Ed.**
ISBN 978-0-7641-2913-1   **Arithmetic the Easy Way, 4th Ed.**
ISBN 978-0-7641-4134-8   **E-Z Biology, 4th Ed.**
ISBN 978-0-7641-4133-1   **E-Z Bookkeeping, 4th Ed.**
ISBN 978-0-7641-0314-8   **Business Letters the Easy Way, 3rd Ed.**
ISBN 978-0-7641-4259-8   **E-Z Business Math, 4th Ed.**
ISBN 978-0-7641-2920-9   **Calculus the Easy Way, 4th Ed.**
ISBN 978-0-7641-4128-7   **E-Z Chemistry, 5th Ed.**
ISBN 978-0-7641-2579-9   **Creative Writing the Easy Way**
ISBN 978-0-7641-2146-3   **Earth Science the Easy Way**
ISBN 978-0-7641-1981-1   **Electronics the Easy Way, 4th Ed.**
ISBN 978-0-7641-3736-5   **English for Foreign Language Speakers the Easy Way**
ISBN 978-0-7641-1975-0   **English the Easy Way, 4th Ed.**
ISBN 978-0-7641-3050-2   **Forensics the Easy Way**
ISBN 978-0-7641-3411-1   **French the Easy Way, 4th Ed.**
ISBN 978-0-7641-2435-8   **French Grammar the Easy Way**
ISBN 978-0-7641-3918-5   **E-Z Geometry, 4th Ed.**
ISBN 978-0-7641-4261-1   **E-Z Grammar, 2nd Ed.**
ISBN 978-0-7641-3413-5   **Italian the Easy Way, 3rd Ed.**
ISBN 978-0-8120-9627-9   **Japanese the Easy Way**
ISBN 978-0-7641-3237-7   **Macroeconomics the Easy Way**
ISBN 978-0-7641-9369-9   **Mandarin Chinese the Easy Way, 2nd Ed.**
ISBN 978-0-7641-4132-4   **E-Z Math, 5th Ed.**
ISBN 978-0-7641-1871-5   **Math Word Problems the Easy Way**
ISBN 978-0-7641-2845-5   **Microbiology the Easy Way**
ISBN 978-0-8120-9601-9   **Microeconomics the Easy Way**
ISBN 978-0-7641-2794-6   **Organic Chemistry the Easy Way**
ISBN 978-0-7641-4126-3   **E-Z Physics, 4th Ed.**
ISBN 978-0-7641-2892-9   **Precalculus the Easy Way**
ISBN 978-0-7641-2393-1   **Psychology the Easy Way**
ISBN 978-0-7641-4129-4   **E-Z Spanish, 5th Ed.**
ISBN 978-0-7641-2263-7   **Spanish Grammar the Easy Way**
ISBN 978-0-8120-9852-5   **Speed Reading the Easy Way**
ISBN 978-0-7641-3410-4   **Spelling the Easy Way, 4th Ed.**
ISBN 978-0-7641-3978-9   **E-Z Statistics, 4th Ed.**
ISBN 978-0-7641-1360-4   **Trigonometry the Easy Way, 3rd Ed.**
ISBN 978-0-8120-9765-8   **World History the Easy Way, Vol. One**
ISBN 978-0-8120-9766-5   **World History the Easy Way, Vol. Two**
ISBN 978-0-7641-1206-5   **Writing the Easy Way, 3rd Ed.**

Barron's Educational Series, Inc.
250 Wireless Boulevard
Hauppauge, New York 11788
In Canada: Georgetown Book Warehouse
34 Armstrong Avenue
Georgetown, Ontario L7G 4R9

Please visit
www.barronseduc.com to view
current prices and to order books

(#45) R4/09

Words to the Wise for Students and Travelers

Here's a great reference book for high school and college students taking Spanish courses and a dependable language aid for travelers to Spanish-speaking countries. This comprehensive bilingual dictionary present approximately 100,000 words with translations in two separate sections:

- English to Spanish and Spanish to English
- American-style English translations
- Headwords printed in a second color for easy reference with translations, parts of speech, and pronunciation guide printed in black
- Phrases to demonstrate usage follow each definition
- Separate bilingual lists for numerals, phonetic symbols, abbreviations, and geographical names
- Full-color atlas-style maps

•EXTRA BONUS:

Free downloadable bilingual electronic dictionary for your PDA and/or computer

Also featured are concise grammar guides, regular verb conjugation lists, and many more language learning aids.

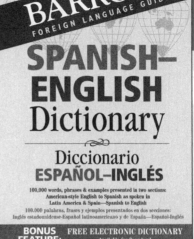

ISBN-13: 978-0-7641-3329-9
1,310 pages

ISBN-13: 978-0-7641-4005-1
912 pages

—And here's a bilingual dictionary designed especially for travelers!

Pocket sized for travelers to fit conveniently in their carry-on flight bags, **Barron's Spanish-English Pocket Dictionary** is also a great reference source for high school and college students taking Spanish. Nearly 70,000 words in two separate sections present:

- American-style English to Spanish and Spanish to English
- Headwords listed with translation, part of speech, and pronunciation
- Phrases to demonstrate usage follow each definition
- Separate bilingual lists present numbers, abbreviations, and more . . .

Abridged from Barron's comprehensive, full-size **Spanish-English Dictionary,** this good-looking pocket reference is an indispensable linguistic tool for travelers and students.

Please visit us at **www.barronseduc.com** to view current prices and to order books

(#174) R1/09

AUG   2009   IP

Broward County Library
Fort Lauderdale, FL 33301

R0114562578